# 本淳学洽
# 薪尽火传

## 周本淳先生百年诞辰纪念集

周先民　许芳红　主编

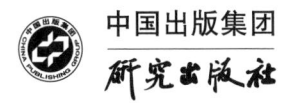

中国出版集团
研究出版社

**图书在版编目 (CIP) 数据**

本淳学洽　薪尽火传：周本淳先生百年诞辰纪念集 / 周先民，许芳红主编 . —— 北京：研究出版社，2021.12
　ISBN 978-7-5199-1109-6

Ⅰ.①本… Ⅱ.①周… Ⅲ.①周本淳（1921-2002）- 纪念文集 Ⅳ.① K826.14-53

中国版本图书馆 CIP 数据核字 (2021) 第 244419 号

出　品　人：赵卜慧
责任编辑：刘春雨


# 本淳学洽　薪尽火传：周本淳先生百年诞辰纪念集

周先民　许芳红　主编

研究出版社 出版发行
（100011　北京市朝阳区安华里 504 号 A 座）

北京中科印刷有限公司印刷　新华书店经销

2021 年 12 月第 1 版　2021 年 12 月北京第 1 次印刷
开本：710 毫米 ×1000 毫米　1/16　印张：33
字数：407 千字
ISBN 978 - 7 - 5199 - 1109 - 6　定价：98.00 元
邮购地址 100011　北京市朝阳区安华里 504 号 A 座
电话（010）64217619　64217612（发行中心）

版权所有·侵权必究
凡购买本社图书，如有印制质量问题，我社负责调换。

日本名古屋大学讲学时留影（1996年4月15日）
左起：今鹰真教授、周本淳、钱煦、杉山宽行副教授、编者

# 代　序

## 合肥西乡周氏与周本淳及桐城派之关系考论

### 张　强

摘要：周本淳先生是我国著名的文史研究专家，其人生经历与五四以来中华民族摆脱苦难、寻求自强的历程大体上相对应。太平军入皖时，周本淳先生的四世祖周盛华率六兄弟办团练。周盛华等战死后，其弟周盛波、周盛传继续与太平军对抗。李鸿章招募淮军时，建立了周盛波和周盛传率领的盛字营。在征伐太平天国及捻军的过程中，盛字营脱颖而出成为淮军的中坚力量。周母为择校煞费苦心，目的是让周氏兄弟走出狭隘的私塾天地，接受正在兴起的新式教育。从入养正小学读书再到考入浙江大学，周本淳先生在接受新式教育的过程中，在家庭的影响下接受了桐城派的治学方式及经世致用的思想。桐城派的考证、辞章之学培养了周先生严谨的治学态度，其入世进取的精神铸造了周先生关心国家前途和命运的耿直性格。桐城派一向有居官授业、家族传嬗、朋友切磋、同僚服膺等传统，周氏家族接受桐城派，与曾国藩、李鸿章有一定的关系。如淮军领袖李鸿章与周盛波、周盛传兄弟既是上下级关系，又是同乡。这样的前提下，周本淳先生自然会在家风的影响下关注桐城派。周先生的学术成果主要集中在四个方面：一是校点古籍；二是诗学研究；三是考证古籍中的错讹；四是诗词创作。四者相辅相成，反映了周先生治学的不同层面。周先生胸怀广阔，有为国家文化事业服务的坚定信念，有深厚的小学功底，治学上承章黄学派，其诗词创作是周先生解决古代诗学问题的重要武器。

关键词：周本淳；合肥西乡周氏；周氏宗谱及家风；桐城派；淮军、古籍校点

周本淳先生（1921—2002）是著名的文史研究专家，一生经历了中华民国和中华人民共和国两个时代，人生旅程大体上可分为三个阶段。第一个阶段从1921年出生到中华人民共和国成立以前；第二个阶段从中华人民共和国成立到1978年12月中共十一届三中全会宣布改革开放以前；第三个阶段从改革开放到2002年去世。从时间节点上看，周先生的三个人生阶段与五四以来中华民族摆脱苦难、寻求自强的历程大体上对应。可以说，变幻莫测的风云与周先生的人生拧结在一起，给人留下了深长的意味和不尽的想象空间。

周先生出生于安徽合肥西乡的一个耕读世家。追溯历史，合肥西乡周家是周平王次子姬烈的后人，在繁衍壮大中逐步形成了汝南、沛县、合肥西乡等三个居住中心。如《周氏宗谱》有"我庐州西乡周氏就乃由汝南周氏繁衍而来（其间堂号为爱莲，一直沿用到清朝，后因皇帝恩赐，更名为报本堂）。明朝初年由于战乱，始祖兴旺公自江西瓦家坝迁至江南江北省庐州府（现在的安徽省肥西县紫蓬镇）至今六百多年"①之说。

周本淳先生的四世祖周盛华有兄弟六人。周盛传记载道："予先世居合肥六十载，同产兄弟六人，予次第五。家有田数顷，力农自

---

① 报本堂《周氏宗谱》卷一《山周合族同修家谱序》。

食。"①太平军经略皖北时,周盛华率领周氏兄弟办团练自卫。史称:"咸丰三年,粤匪陷安庆,皖北土匪纷起,盛波兄弟六人,团练乡勇保卫乡里,屡出杀贼。"②当时,皖北合肥一带的团练声势最大,其中,紫蓬山的周盛华团练与周公山的张荫谷及张树声父子团练、大潜山的刘铭传团练等合称"三山"。"三山"互为犄角,相互支援。与此同时,他们又联合潘鼎新等团练筑堡,共同抗击太平军,如史有"粤寇扰皖北,(张树声)以廪生与其弟树珊、树屏治团杀贼……其时刘铭传、周盛波、潘鼎新辈皆相继筑堡,联为一气,皖北破碎,独合肥西乡差全"③之说。

后来,周盛华和三个弟弟不幸战死。如李鸿章在奏折中写道:"盛波以乡兵剿贼,兄弟六人,四殉王事。"④朱孔彰亦记载道:"刚敏公为将,法令严整而善得士心。兄弟六人,其四死于王事,惟与弟盛传积功至专阃。"⑤《清史稿》亦称:"兄盛华及弟三人皆死事,惟存盛波与弟盛传,以勇名。"⑥治清史的大部分学者认为,《清史列传》"稿本来源就是出于前清国史馆历朝纂修的《大臣列传》"⑦。民国初年,朱孔彰曾任清史馆编修,参加《清史稿》的编撰。更重要的是,编撰《清史稿》的学者大部分与周氏兄弟为同时代人,有的甚至相识,因此,这一说法是有依据的。

史有"五年,兄盛华阵亡"⑧之说,又有"四年二月,三伯父殉

---

① 周盛传:《磨历纪实·自叙》,周家驹编《周武壮公遗书》,台北文海出版社1969年据清光绪三十一年金陵刻本复印,第9页。
② 赵尔巽:《清史稿·周盛波传》,中华书局1977年版,第12082页。
③ 赵尔巽:《清史稿·张树声传》,中华书局1977年版,第12496页。
④ 不著撰者:《清史列传》,王钟翰点校,中华书局1987年版,第4404页。
⑤ 朱孔彰:《中兴将帅别传》,向新阳校点,岳麓书社2008年版,第275页。
⑥ 赵尔巽:《清史稿·周盛波传》,中华书局1977年版,第12082页。
⑦ 不著撰者:《清史列传》序言,王钟翰点校,中华书局1987年版,第1页。
⑧ 赵尔巽:《清史稿·周盛传传》,中华书局1977年版,第12084页。

难"①之说。周盛华何时遇难,多有不同的说法。不过,周盛传记录咸丰五年大事时写道:"二月初四日,贼众破圩入。时予与六弟先奉太夫人居他所。三兄督练守御,力不支,犹手刃数贼,乃被害……四兄力战突围出。"②周盛传是这一事件的当事人,据此,周盛波战死于咸丰五年二月当不成问题。此后,其弟周盛波、周盛传负责抚养周盛华等四兄弟的遗孤,并率众与太平军对抗。

同治元年(1862),为扩大兵源,曾国藩令掌机要的门生李鸿章到皖北招募淮军。史称:"十一年,国藩既克安庆,谋大举东伐。会江苏缺帅,奏荐鸿章可大用,江、浙士绅亦来乞师。同治元年,遂命鸿章召募淮勇七千人,率旧部将刘铭传、周盛波、张树声、吴长庆,曾军将程学启,湘军将郭松林,霆军将杨鼎勋,以行。又奏调举人潘鼎新、编修刘秉璋,檄弟鹤章总全军营务。"③李鸿章受命后,传张树声、刘铭传、周盛波、周盛传、潘鼎新、吴长庆等到安庆拜见曾国藩。经此,由血缘关系及乡邻组成的皖北团练整编后成为淮军。史称:"同治元年,李鸿章募淮军援江苏,令盛波就所部选募成军,曰盛字营。"④为了组建一支强悍的淮军,李鸿章采取"就所部选募成军"的方略,建立了周盛波和周盛传率领的盛字营、张树声率领的树字营、刘铭传率领的铭字营、潘鼎新率领的鼎字营、吴长庆率领的庆字营等五大营。

五大营成军后,赴上海受训,学习新式军械火枪火炮的使用方法。赵尔巽论述淮军战斗力时指出:"李鸿章创立淮军,一时人材蔚起,程学启实为之魁,功成身殒,开军遂微。铭军最称劲旅,树军、盛军、鼎军亦各骎骎。粤寇平而捻匪炽,曾国藩欲全湘军末路,主专

---

① 报本堂《周氏宗谱》卷二《行述》。
② 周盛传:《磨历纪实》,周家驹编《周武壮公遗书》,台北文海出版社1969年据清光绪三十一年金陵刻本复印,第14—15页。
③ 赵尔巽:《清史稿·李鸿章传》,中华书局1977年版,第12012页。
④ 赵尔巽:《清史稿·周盛波传》,中华书局1977年版,第12082页。

用淮军，平捻多赖其力。"① 攻破太平天国的首都天京（今江苏南京）以后，出于"欲全湘军"等私心，曾国藩提出用淮军"平捻"的主张。从此，李鸿章及淮军走向晚清政治舞台的中心。

在征伐太平天国及捻军的过程中，周盛波、周盛传领导的盛字营因骁勇善战，很快成为淮军中战斗力极为强悍的部队。如周家驹编辑其父周盛传的遗著时写道："时以铭、盛、鼎、树并称，号'淮上四军'。公又与刘壮肃齐名，有'肥水二传'之称，因先公与壮肃皆名传也。"② 同治二年（1863）六月，在李鸿章的亲自过问下，建立以周盛传为主将的传字营。史称："六月，李公以抚标亲兵千五百人改为传字三营属公，公始独将一军。是时，兄盛波军号'盛军'，刘公铭传军号'铭军'，公由溧阳偕铭、盛二军进攻广德州，拔其城。"③ 灭捻之后，周盛波"以母老陈请回籍终养"④，周盛传成为盛军的主将。朱孔彰评价周盛波（谥号刚敏）时写道："捻匪平，与弟盛传言曰：'吾二人同乞归不可，弟在军操练旧部，备缓急之用，以报君父。'故刚敏家居养母十余年，同时名卿或复出，坚辞不行。及海上有事，奉诏征，投袂而起，不遑恤私，其深明大义如此。"⑤ 经此，周盛传独掌盛军，鼎盛时马步军多达三十二营。

经过锤炼，盛字军成为淮军最有战斗力的军队。在这中间，周盛波、周盛传官拜一品，周氏家族出现一派兴旺的景象。如同治九年（1870），周盛波、周盛传兄弟在老家旧堡的基础上建成周老圩。周老圩是一座有防御功能的圩子，楼台亭阁点缀其间，可供居住的房屋有

---

① 赵尔巽：《清史稿·程学启传论》，中华书局1977年版，第12090页。
② 周家驹：《跋》，周家驹编《周武壮公遗书》，台北文海出版社1969年据清光绪三十一年金陵刻本复印，第1287页。
③ 朱孔彰：《中兴将帅别传》，向新阳校点，岳麓书社2008年版，第272—273页。
④ 赵尔巽：《清史稿·周盛波传》，中华书局1977年版，第12083页。
⑤ 朱孔彰：《中兴将帅别传》，向新阳校点，岳麓书社2008年版，第275页。

四百五十多间。此后，周氏家族又在周老圩的周边建成康湾圩、新圩、小圩、杨圩、罗坝圩、海螺冲圩等圩子。据统计，这些有防匪防盗功能的圩子极盛时，户丁达万人以上。

光绪二十一年（1895），袁世凯在小站督练新式陆军是晚清政治中的大事。其实，小站成为清王朝训练新军的基地，是在周盛波、周盛传加强津沽海防的前提下实现的。可以说，周氏兄弟领导的盛字军是清廷筹办北洋新军的基础。具体地讲，天津教案（同治九年，1870年）发生后，周盛传奉命进驻马厂（今河北沧州青县马厂）。史称："时李公移督直隶，疏调公所部屯卫畿辅。十年，营于青县马厂。十二年，奉檄遍勘海口情形。公建议以故明之新城上蔽津郡，旁临大沽、北塘附近扼要，旧有土城已圮，炮台亦形逼仄，不可用，请改筑。遂筑内外城各一，城内大炮台三，城上环置小炮七十有一，此外兵房、药库、仓廒、义塾及城外沟河桥闸惟备。"①驻防期间，周盛传主要从四个方面采取了加强海防和拱卫京畿的措施：一是加固大沽新城（今天津塘沽东南）；二是扩建炮台；三是兴建从马厂到大沽新城的大道；四是沿马新大道建驿站，形成了四十里一大站、十里一小站的布局。五年后即光绪元年（1875），周盛传率部进驻潦水套并操练新军。潦水套是大沽新城以西的第十一个小驿站，军士习惯上以"小站"相称，经此，小站成为清朝操练新军和津沽海防的指挥中枢。从这样的角度看，周盛传在小站练兵实开清朝小站练兵之先河。

经过长时间的建设，小站成为津沽之间的战略要地。在周盛传进驻之前，小站即潦水套是一片盐碱地；进驻之后，周盛传奉命屯田垦荒，通过开渠建闸，引南运河和海河水压碱，鼓励百姓围垦等，建成六万多亩的军垦稻田，十三万多亩的民垦稻田。经此，小站成为津沽

---

① 朱孔彰：《中兴将帅别传》，向新阳校点，岳麓书社2008年版，第273页。

著名的粮仓。在这期间，周盛传积极地建造商铺和发展商贸，为小站成为津沽之间的人声鼎沸的商埠创造了条件。

光绪十年（1884），还乡侍母的周盛波奉命在淮北招募淮军。史有"命在淮北选募精壮十营赴天津备防，责司训练"①之说。经过训练，五千精壮士兵开赴天津，成为加强津沽海防的重要力量，如史有"其后北洋筹防，全倚淮军，而以盛军为之中坚"②之说。

光绪十一年（1885），周盛传因母丧悲哀过度不幸去世。周盛波本打算居家守孝，然朝廷"夺情"，故重掌盛军并驻守津沽。光绪十四年（1888），唐山至芦台铁路的延长段津沽铁路建成，小站成为津沽铁路不可或缺的站点。稍后，周盛波率部建开平（今河北唐山开平）至山海关的铁路，如史有"津沽铁路告成，续办开平迤北至山海关，则提督周盛波所部万人，驰骋援应，不啻数万人之用"③之说。按：天津至山海关的铁路时至光绪二十年（1894）才通车。小站成为清廷训练新军的基地。除了与地理位置相关外，还与周氏兄弟兴建马新大道、津沽铁路、开平至山海关铁路相关，与周氏兄弟加强海防在小站屯田、练兵、发展商贸等相关。

1921年，周先生出生的年代，正是中国各种政治力量在新旧交替时不断分化和整合的年代。这一时间上距辛亥革命成功仅有十年，十年是百废待兴、除旧布新的十年。在经历恢复帝制和再造共和的过程中，一方面国民党通过北伐占据了中国政治的主导地位，另一方面共产党及其他的政治力量走上了中国政治的舞台。面对诡谲多变的形势，周母吴元玲担负起培养周氏兄弟周本厚和周本淳的责任。

据《剑桥中华民国史》，从1912年到1949年，在各种政治力量

---

① 赵尔巽：《清史稿·周盛波传》，中华书局1977年版，第12083页。
② 赵尔巽：《清史稿·程学启传论》，中华书局1977年版，第12090页。
③ 赵尔巽：《清史稿·交通志一》，中华书局1977年版，第4429页。

不断诉诸武力的较量中，中国人的平均寿命约35岁。这一血淋淋的事实诉说的道理是，生活在那样的时代，救万民于倒悬之中是每一个中国人的责任。周本淳先生的父亲早亡，其母吴元玲担负起培养周氏兄弟周本厚和周本淳的责任。吴家是合肥东乡的望族，吴元玲的父亲曾一度出任道州知州。面对列强步步进逼、军阀混战等错综复杂的局面，周母吴元玲下决心将两个孩子培养成有用之才。在这中间，周母以孟母三迁为榜样，将七八岁的周氏兄弟送到距家百里的养正小学读书。养正小学是皖北首屈一指的以传授西学为主的新式学堂，办在合肥东乡六家畈。六家畈是吴家的祖居地，为培养其子弟，吴氏家族即周先生外祖父的族人兴办了这所小学。

周母为择校煞费苦心，目的是让周氏兄弟走出狭隘的私塾天地，接受正在兴起的新式教育。客观地讲，这一举措是很有眼光的。经此，以入养正小学读书为起点，周氏兄弟走上了求学、放眼世界、探索人生的道路。

在抗日救亡的紧要关头，1938年，长兄周本厚投奔新四军。为了不牵累家庭，周本厚改名"萍"，因是老大，故取名"周伯萍"。以"萍"自名，与曹丕《秋胡行》、文天祥《过零丁洋》两诗叙写的浮萍意象有直接的关系。如《秋胡行》有"泛泛绿地，中有浮萍。寄身流波，随风靡倾"[①]句，后来，随风聚散的浮萍引申为漂泊不定、浪迹天涯之意。时至南宋末年，文天祥挖掘其意象，强调了浮萍漂泊不定又遭"雨打"的孤苦形象。如他在《过零丁洋》中写下了"山河破碎风飘絮，身世浮沉雨打萍……人生自古谁无死，留取丹心照汗青"这一震古烁今的诗句。周本厚改名投笔从戎意在明志，表达精忠报国的死士之心。当弟弟周本淳也要投身于抗日救亡的运动时，周伯萍说：自

---

① 曹丕：《秋胡行》，张强解评《三曹诗集》，三晋出版社2008年版，第40页。

古忠孝不能两全,我为国尽忠,你为家尽孝。从此,兄弟二人远隔千里,开始了各自的人生旅途。后来,周伯萍成为中华人民共和国的副部长及全权处理非洲事务的外交官;周本淳先生则担负起侍奉老母的责任,直到92岁去世。从某种意义上讲,尽忠虽然壮烈,但多有荣耀,更何况,负剑报国终有成功之日。与之相比,尽孝则是件默默无闻的事。特别是"举孝廉"不再成为选官制度,尽孝遂消解在忠君爱国的大义之中,其价值和意义似乎被更多的人遗忘。

从入养正小学读书再到考入浙江大学,周本淳先生接受的教育主要是新式的,不过,考察其思想行为的运动轨迹,周先生是以士的入世进取精神担当社会责任的。挖掘其思想行为运动的轨迹,则与家教及接受桐城派的思想有密切的关系。

一般认为,桐城派是清乾隆年间兴起的散文流派,作文时以明代唐宋派归有光等人的古文为典范。如在桐城人戴名世的悉心指导下,桐城人方苞(字灵皋)成为桐城派的开山鼻祖。戴名世叙述往事时写道:"盖灵皋与余往复讨论,面相质正者且十年。每一篇成,辄举以示余,余为之点定评论,其稍有不惬于余心,灵皋即自毁其稿。"[1] 此后,刘大櫆继承方苞之学成为桐城派的重镇,姚鼐继承刘大櫆的衣钵成为桐城派的集大成者。再后,桐城派后学将方苞、刘大櫆和姚鼐尊称为"三祖"。姚鼐感慨地记载道:"昔有方侍郎,今有刘先生,天下文章,其出于桐城乎?"[2] 桐城派的文章成为天下师法的对象,固然与其有精美的艺术形式相关,更重要的是,桐城派作文以"载道"为价值取向,建立了以经学为"道统"的思想体系。在古人看来,文是"道"的载体形式,经世致用是作文的灵魂。如明代唐宋派师法唐宋八大家,是

---

[1] 戴名世:《方灵皋稿序》,王树民编校《戴名世集》,中华书局1986年版,第54页。
[2] 姚鼐:《刘海峰先生八十寿序》,刘季高标校《惜抱轩诗文集》,上海古籍出版社1992年版,第114页。

因为八大家的古文是"文以载道"的典范。如明代唐宋派主将王慎中论述道:"学六经史汉最得旨趣根源者,莫如韩欧曾苏诸名家。"① 这一论述大体上道出了唐宋派注重经学即经世致用之学的思想倾向。

在师法唐宋八大家的过程中,桐城派对归有光(号震川)经世致用的思想表现了极大的兴趣。归有光治学主要从洛学即洛阳程颢、程颐理学和闽学即福建朱熹理学入手,在此基础上,探究六经及汉学。如清初钱谦益论述道:"先生钻研六经,含茹洛、闽之学而追溯其元本。谓秦火已后,儒者专门名家,确有指授,古圣贤之蕴奥,未必久晦于汉、唐,而乍辟于有宋。"② 这一说法准确地概括了归有光研治六经从程朱理学入手的基本情况。康熙年间昆山知县董正位亦论述道:"余读先生之《易图论》、《洪范传》,知其经学深邃。于《马政志》、《三途并用》诸议,知其世务通达。而浚吴淞江、三吴水利诸书,今方行其说,殆东南数百年之利。"③ 在这里,董正位撇开归有光作文时师法唐宋八大家的技巧不论,强调了归有光研习六经旨在为现实服务的精神。进而言之,钱谦益、董正位生活的年代早于桐城派,他们充分肯定了归有光作文以经学为逻辑起点的做法。

方苞以归有光为宗,作文以"义法"为灵魂,包含了对经学及程朱理学的体认。方苞论述道:"义即《易》之所谓'言有物'也,法即《易》之所谓'言有序'也,义以为经,而法纬之,然后为成体之文。"④ 这里所说的"义",是指作文时以程朱理学为思想内核。这里所说的"法",是指作文时的形式和技巧应为表达思想的载体。刘大櫆

---

① 王慎中:《寄道原弟书九》,《遵岩先生文集》卷四十一,嘉靖四十五年刘溱刻本。
② 钱谦益:《新刊震川先生文集序》,周本淳校点《震川先生集》,上海古籍出版社1981年版,第7页。
③ 董正位:《归震川先生全集序》,周本淳校点《震川先生集》,上海古籍出版社1981年版,第3—4页。
④ 方苞:《又书货殖传后》,刘季高校点《方苞集》,上海古籍出版社1983年版,第58页。

论述道："行文之道，神为主，气辅之。曹子桓、苏子由论文，以气为主，是矣。然气随神转，神浑则气灏，神远则气逸，神伟则气高，神变则气奇，神深则气静，故神为气之主。至专以理为主者，则犹未尽其妙也。盖人不穷理读书，则出词鄙倍空疏。人无经济，则言虽累牍，不适于用。故义理、书卷、经济者，行文之实。"①刘大櫆丰富了方苞的"义法"理论，强调作文时"神为气之主"与"以理为主"的统一，强调"义理、书卷、经济"为"行文之实"的思想，以儒家思想即经世致用的思想为内核。

在方苞、刘大櫆的基础上，姚鼐将作文之法总结为以"义理"为核心的"三端"。如他论述道："尝论学问之事，有三端焉，曰：义理也，考证也，文章也。是三者苟善用之，则皆足以相济；苟不善用之，则或至于相害。今夫博学强识而善言德行者，固文之贵也；寡闻而浅识者，固文之陋也。然而世有言义理之过者，其辞芜杂俚近，如语录而不文；为考证之过者，至繁碎缴绕，而语不可了当，以为文之至美，而反以为病者，何哉？其故由于自喜之太过，而智昧于所当择也。夫天之生才虽美，不能无偏，故以能兼长者为贵。而兼之中又有害焉。岂非能尽其天之所与之量，而不以才自弊者之难得欤？"②这里所说的"三端"，以"义理"为核心。"义理"初见于《礼记》，如《礼记·礼器》有"义理，礼之文"语，后经程朱理学的阐释，"义理"成为讲求儒家经义，探究名理的学问。姚鼐以这一概念阐释"学问"时，明确地表达了以程朱理学为评判是非标准的价值取向。在这里，"义理"，是指在明白畅达、富有韵味的行文中贯彻经世致用的思想；"考证"，是指用确凿的材料实事求是地论述问题；"文章"，是指作文时的讲究辞章即字句章法。从这样的角度看，桐城派受到追捧，是因为他们通

---

① 刘大櫆：《论文偶记》，舒芜校点《刘大櫆集》，人民文学出版社1998年版，第3页。
② 姚鼐：《述庵文钞序》，刘季高标校《惜抱轩诗文集》，上海古籍出版社1992年版，第61页。

过精心地研究唐宋派笔法及学习唐宋八大家古文，确立了以弘扬程朱理学为己任的作文之法。进而言之，关注桐城派除了需要关注他们讲究辞章的作文之法外，更重要的是，要关注他们以文章承担的入世进取精神，以天下为己任的文化使命。曹丕有"盖文章经国之大业，不朽之盛事"（《典论·论文》）之说，桐城派关心的作文之法，在本质上与曹丕所说的"文章"相通。

近人研究盛军及周氏兄弟时，大都认为周盛波、周盛传尚武少墨。不过，从周盛波、周盛传与时人往来的书札[1]中当知，这一说法多有欠妥之处。儒学是周氏家族培养子弟的逻辑起点，重视文教是周氏长期累积的家风。如周盛波之子周家谦博通经史，其著《六分池馆随笔》《槃盦诗钞》等表达了以儒家是非为是非的观点。又如周盛传之子周子昂在老家兴办光宗学校，专门培养周氏族人。在这中间，桐城派经世致用的文化精神给周氏家族以重要的影响。如周氏家族第七次修订宗谱时，请陈澹然（1859—1930）为宗谱撰文。陈澹然是桐城派后期的重要人物，熟悉湘军、淮军故事，与李鸿章、张之洞、陈宝箴、黎元洪、袁世凯等多有交往，曾搜集湘军史料撰写《江表忠略》。赵尔巽任《清史稿》总裁、桐城派马其昶任《清史稿》总纂时，陈澹然为分纂。又如桐城派后学、曾国藩弟子吴汝纶曾书写挽联吊唁周盛传[2]，等等。周盛波、周盛传兄弟成功后，注重文教，乃至于周氏家族与近在咫尺的桐城派人物建立了一定的关系。在这中间，以周盛波、周盛传建功立业为标志，周家经历了由耕读之家到建立军功成为"中兴将帅"的变化。不过，他们似乎更愿意恢复耕读之家的本色，走经

---

[1] 周盛波书札可参见博宝拍卖网公布的书影，周盛传书札可参见周盛传撰、周家驹续辑《周武壮公遗书》，台北文海出版社1969年版。

[2] 周家驹编：《周武壮公遗书·附录》，台北文海出版社1969年据清光绪三十一年金陵刻本复印，第1250页。

世致用之路。从这样的角度来看，续修宗谱时请陈澹然撰文绝非偶然之事，这里面隐藏着周氏家族推崇桐城派的意图，也从一个侧面传递了周氏家族以经世致用为治家理念的信息。陈澹然为《周氏宗谱》撰文的落款为"民国八年岁次已未夏月桐城陈澹然撰"（报本堂《周氏宗谱》卷三《事略》），这一时间比周本淳先生的出生时间早两年，据此，桐城派后学与周氏家族的关系应影响到周本淳先生的治学方式和人生态度。

细绎文献，周本淳先生有可能从三个方面接受桐城派的治学方式及经世致用的思想。

其一，桐城派一向有教授乡里、主讲异邑书院的文化传统。在"学者多归向桐城"[1]的过程中，桐城派的思想主张早已传播到全国各地，进而出现了以阳湖（今属江苏常州）人恽敬、张惠言为首的阳湖派，以严复、林纾、陈衍等为主的福建侯官派。合肥与桐城相邻，自然是桐城派思想传播的重要区域。在这样的背景下，周氏家族及周本淳先生势必要关注到桐城派的学术成果。事实上，桐城派一直是周本淳先生关注的重点对象。如《震川先生集》是周先生走上古籍校点之路时校点的第一部古籍，透过其整理归有光著作时关注桐城派的作为，当知周先生整理归有光著作与关注桐城派有直接的关系。如周先生校点《震川先生集》时，特别提到桐城派之祖方苞对归有光的评价。又如周先生写道："在散文风格上，归有光上继司马迁以及唐宋八大家的传统，下开方苞、姚鼐等桐城派散文的先河。"[2]这虽然是评论归有光在文学上的贡献，但强调了归有光对桐城派散文的开启作用。此外，周先生介绍归有光生平事迹时，特意强调了归有光在长兴县任知县时的作为，肯定了归有光的经世致用的思想。如果以此为绾合点，那么，

---

[1] 曾国藩：《欧阳生文集序》，《曾国藩全集·诗文》，岳麓书社2011年版，第204页。
[2] 周本淳校点：《震川先生集·前言》，上海古籍出版社1981年版，第3页。

周先生对桐城派经世致用的思想是有所体察的。如周先生标校《小仓山房诗文集》时指出:"陶渊明写过《自祭文》和《拟挽歌》诗,被人称为旷达。袁枚因为相信胡文炳说他七十六岁该死的话,就预先做自挽诗,并且广泛征求朋友预寄挽诗属和,姚鼐等都写了。"① 在标校袁枚诗文时,周先生除了注意到姚鼐为袁枚写的《墓志铭》之外,同时又有"姚鼐谓袁枚文章'通乎古法'"② 等语,这些都从不同的层面透露了周先生精通桐城派之学的信息。

其二,周氏家族以程朱理学为立家之本,与桐城派推崇程朱理学有共通之处。如周氏家族十一世续修家谱时,议定了"国有文方盛,家行孝本先。典章崇法守,理学绍心传"(抱本堂《周氏宗谱》卷四)的班辈排行方式。古人修订家谱主要有五个方面的意图,一是弘扬家风,追思先祖业绩;二是续补旧谱没有记载的家族新发生的大事,包括家族生死存亡时的大事以及光宗耀祖的大事件;三是家族在自身繁衍的过程中存在着向外迁徙和另立门户的可能,在这样的前提下,需要在修订宗谱时理清线索,不忘根本;四是续补或规定排行班辈,旨在强调宗族血缘关系;五是根据排行班辈的字义,表达家族的价值取向和规定家族发展的方向。从周氏家族续谱的行为中不难发现,周氏家族是以儒家入世进取的精神为本位和治家方略的。其中,"国有文方盛"规定了周氏家族以《诗》《书》传家为基本思路;"家行孝本先"规定了周氏家族以孝为先的家风;"典章崇法守"道出了周氏家族恪守儒家经义的家风;"理学绍心传"道出了周氏家族与宋代理学的关系。以此为逻辑起点,当知周氏家族续修宗谱时表达以儒学为立家之本的诉求,以宋代理学治家的理念。周氏十一世续谱时正是桐城派主导文坛之时,桐城派以程朱理学为宗,强调经世致用,与周氏续修宗谱的

---

① 周本淳标校:《小仓山房诗文集·前言》,上海古籍出版社1988年版,第9页。
② 周本淳标校:《小仓山房诗文集·前言》,上海古籍出版社1988年版,第12页。

思想多有相通之处。从这样的角度看，周本淳先生接受的教育虽然是新式教育，但家庭教育则是传统的，甚至与桐城派治学及经世致用的思想多有联系。具体地讲，周先生听从长兄的意见，将侍奉老母视为终生的责任，是由家风决定的；走上治学之路，与桐城派注重义理、考据、辞章有某种内在的联系；以凛然正气痛斥时弊，则是治学以经世致用为本位的生动写照。进而言之，桐城派的考证、辞章之学培养了周先生严谨的治学态度，其入世进取的精神铸造了周先生关心国家前途和命运的耿直性格。

其三，周盛波、周盛传有可能从曾国藩、李鸿章那里接受了桐城派的思想。曾国藩是桐城派后学，以姚鼐的私淑弟子自称；李鸿章是曾国藩入室弟子。周盛波、周盛传带领的紫蓬山团练在整编为淮军的过程中，分别受到曾国藩、李鸿章的节制。这样一来，极有可能从他们那里接受桐城派的思想。曾国藩论述道："乾隆之末，桐城姚姬传先生鼐善为古文辞，慕效其乡先辈方望溪侍郎之所为，而受法于刘君大櫆及其世父编修君范。三子既通儒硕望，姚先生治其术益精。历城周书昌永年为之语曰：'天下之文章，其在桐城乎！'由是学者多归向桐城，号'桐城派'，犹前世所称江西诗派者也。……当乾隆中叶，海内魁儒畸士崇尚鸿博，繁称旁证，考核一字，累数千言不能休。别立帜志，名曰'汉学'。深摈有宋诸子义理之说，以为不足复存，其为文尤芜杂寡要。姚先生独排众议，以为义理、考据、词章三者不可偏废。必义理为质，而后文有所附，考据有所归。一编之内，惟此尤兢兢。当时孤立无助，传之五六十年。近世学子稍稍诵其文，承用其说。道之兴废，亦各有时，其命也欤哉！"[①] 又论述道："为学之术有四：曰义理，曰考据，曰辞章，曰经济。"[②] 在赞同姚鼐之学的过程中，

---

① 曾国藩：《欧阳生文集序》，《曾国藩全集·诗文》，岳麓书社2011年版，第204—205页。
② 曾国藩：《劝学篇示直隶士子》，《曾国藩全集·诗文》，岳麓书社2011年版，第486页。

曾国藩强调了"经济"这一经世致用的内容。从本质上讲，"经济"与"义法""义理"相通，曾国藩将其单列，目的是突出经世致用的内容。此外，曾国藩所说的"经济"与刘大櫆所说的"经济"有某种内在的联系。从这样的角度看，曾国藩的"为学之术有四"，实际上是在有意识地强调桐城派经世致用的思想。

道光二十四年（1844）考中举人后，李鸿章奉父命以"年家子"的身份到湖南大儒曾国藩的府上受学。曾国藩因病居北京城南报国寺休养时，李鸿章"朝夕过从，求义理经世之学"[①]。从曾国藩以桐城派及姚鼐为师法对象，强调"经济"之学，再到李鸿章"讲求义理经世之学"，并按曾国藩的治学理念编校《经史百家杂钞》，这些都在一定程度上影响了周氏兄弟以及淮军将领周盛波、周盛传兄弟的思想行为。周盛华及三个弟弟战死后，周盛波、周盛传成为周家的顶梁柱，担负起抚养周盛华及四兄弟遗孤的责任，在他们接受桐城派思想的过程中，势必要给周氏家族以深刻的影响。此外，桐城派一向有居官授业、家族传嬗、朋友切磋、同僚服膺等传统，淮军领袖李鸿章与周盛波、周盛传兄弟既是上下级关系，又是同乡。在这样的前提下，周本淳先生自然会在家风的影响下关注桐城派。

新中国成立以后在南京第一中学供职的周先生满怀希望，全身心地投入教学之中，并深入研习中国古代文学。遗憾的是，一个满怀着赤子之心的希望祖国强大昌盛的读书人却遭受了不公正的待遇。

因打成右派，周先生过起了颠沛流离的生活。如落户江苏淮安县平桥公社孟集大队陆庄生产队时，全家八口挤在两间茅草屋中，周先生除了要参加各种繁重的农活外，还要担负起全家生活的责任。意想不到的事情发生了，因缺药少医，三女不幸离开人世。白发人送黑发

---

[①] 李鸿章：《李鸿章家书》，外文出版社 2012 年版，第 53 页。

人，是人生最大的不幸①。然而，周先生没有被击垮，继续面对惨淡的人生，相信国家一定会纠正错误的。

改革开放以后，周先生以前所未有的热情投入教学和古籍整理工作中。在这期间，应约校点了《震川先生集》（上海古籍出版社1981年版）、《唐音癸签》（上海古籍出版社1981年版）、《唐才子传校正》（江苏古籍出版社1987年版）、《诗话总龟》（人民文学出版社1987年版）、《小仓山房诗文集》（上海古籍出版社1988年版），重订了《苕溪渔隐丛话》（人民文学出版社1993年版）等古籍。此外，应程千帆先生之请，主持了《全清词·顺康卷》（中华书局2002年版）的审订工作。《全清词·顺康卷》共二十册，工作十分繁重，周先生不计名利，纠正了编纂过程中的大量错误。

周先生的学术成果主要集中在四个方面：一是校点古籍；二是诗学研究；三是考证古籍中的错讹；四是诗词创作。四者相辅相成，反映了周先生治学的不同层面。那么，周先生是如何将四者融为一体的？我以为，有四点值得注意。

其一，周先生胸怀广阔，有为国家文化事业服务的坚定信念。孟子有"富贵不能淫，贫贱不能移，威武不能屈"（《孟子·滕文公下》）和"穷则独善其身，达则兼济天下"（《孟子·尽心上》）之说，周先生一直以此相激励，将其奉为人生圭臬。如周先生在《〈离骚〉浅释》中论述道："今日言楚辞诸家，各执一词，或主遭忧，或言离愁，或持牢骚说，此皆于汉有征……然持此非彼，窃所未安。谨案：昔人解易，一名而有三义：变易、不易、易简，传为通谈。细绎史公全文，'离骚'一名，不妨统遭忧、离愁、牢骚之三义：自怨而生，所发者为牢骚；怨自何来，则遇谗见疏，亦即遭忧作辞之说；战国士风，朝秦

---

① 周本淳：《謇斋诗录·哀三女小华》，自印本，第36页。

暮楚，楚材晋用，习以为常。原才士见斥，本可去之他国。而楚为宗国，原为世臣，义难轻别。忧之核心则为欲别而不忍别、不能别，此又可为离别之忧作注脚。三义相辅相成……正不必是一而非二也。"在这里，"忧之核心则为欲别而不忍别、不能别"等语，虽然是在解说《离骚》，但完全可视为夫子自道。周先生从来没有因为"见斥"产生怨怼，相反，一直以屈原为榜样相激励，相信国家会迎来需要文化的春天。

其二，周先生有深厚的小学功底，治学上承章黄学派，能在娴熟地运用训诂、文字、音韵等知识的过程中，从版本入手发现别人不能发现的问题。如周先生的学识曾引起章黄学派的后学洪诚、徐复等先生的关注。如徐复先生有"晚稽校疏，无与比伦"[①]语，高度赞赏了周本淳先生的小学基本功。《震川先生集》是周先生改革开放初期出版的一部古籍校点著作，从时间上看，其开始校点时间很可能更早。如周先生在《震川先生集·前言》中写道："这次校点以《四部丛刊》影印的康熙时常熟刊本为底本，原由汪旭初先生断句，因汪先生已经逝世，新式标点和整理工作由我进行，主要用玉钥堂刻本为对校本，除文中明显错字径改外，其余校改均出校记，附于每卷之后。"[②]《震川先生集》实际上是由周本淳先生与汪旭初先生（1890—1963）共同完成的。汪旭初先生是江苏吴县人，原名东宝，后改名东，字旭初，号寄庵，别号寄生、梦秋，著名的语言文字学家，一生手不释卷，经史百家，无不研习。汪先生早年参加辛亥革命，后来从章太炎先生学习文字学等，与黄侃、钱玄同、吴承仕合称"章门四弟子"，曾出任《大共和日报》总编、中央大学文学院院长等职。1963年汪先生去世，因文献缺失，留下了诸多疑案。如周先生是否与汪先生有故？周先生接

---

① 徐复：《赞》，周先惠等编《我们的父亲母亲——周本淳钱煦追思录》。
② 周本淳校点：《震川先生集》，上海古籍出版社1981年版，第6页。

手校点是应上海古籍出版社之请，还是应汪旭初先生之请？然而，不管周先生是应谁之请，当知他有深厚的小学学养。

其三，周先生孜孜不倦地读书，善于"把见到的想到的一些不同意见记下来"①，造就了深厚的文史基础。如《读常见书札记》收录的考证文章涉及经、史、子、集等四部，如果没有焚膏继晷的精神，没有超乎寻常的阅读量是无法做到的。如程千帆先生评价道："友朋中老学不倦如袁伯业者，先生而外，无他人也。"②袁伯业，名遗，东汉人，袁绍从兄。曹操曾对袁伯业说："长大而能勤学者，惟吾与袁伯业耳。"③袁伯业以老而勤学著称，程先生称赞周先生时以袁伯业为喻，由衷地发出"先生而外，无他人也"赞叹之辞，生动地概括了周先生求真求实的治学态度，精准地勾勒出周先生"发愤忘食，乐以忘忧，不知老之将至"（《论语·述而》）的学人形象。

其四，诗词创作是周先生解决古代诗学问题的重要武器。在漫长的治学生涯中，周先生出版了诗学著作《诗词蒙语》，选编了《唐人绝句类选》，油印了《离骚浅释》，自费出版了旧体诗词集《寒斋诗录》等。在这中间，周先生独特的品诗和鉴赏能力成为他解决校点问题的重要法宝。如翻阅《陈与义集》（中华书局1982年版）时，看到"独留奏章在人间"等诗句时，周先生立即认识到"'章'当从《诚斋集》作'草'，平仄始叶"④。类似的例子比比皆是，这里不再赘举。

写到这里，我不禁想起莫砺锋先生在江苏省古代文学学会第一次理事会上谈到周先生时，他专门举例说明了《读常见书札记》一书的学术价值，认为这本不厚的著作解决了古代文史中许多重要的问题，

---

① 周本淳：《读常见书札记·自序》，江苏教育出版社1990年版。
② 程千帆：《闲堂书简》，上海古籍出版社2004年版，第287页。
③ 曹丕：《典论·自叙》，严可均《全上古三代秦汉三国六朝文·全三国文·魏八》，中华书局1958年版，第1097页。
④ 周本淳：《读常见书札记》，江苏教育出版社1990年版，第64页。

其分量超过那些砖头厚的研究成果。莫先生的一席话，引起在座五十多位知名学者及教授的共鸣。改革开放初期，周先生应程千帆、孙望等先生的邀请，先后为南京大学、南京师范大学两校的研究生授课，讲授诗学和小学。长江学者程章灿教授谈起听周先生授课的感受时说："周先生是一位治学严谨、不可多得的学者。他的诗词创作能力为他深入地研究唐诗提供了不可多得的视角。"如今，这些侍坐者大都成为国内外知名的学者。

蹈先贤之辙，续今日之华章。苏轼拜谒淮阴侯韩信庙以后，写下了"书轨新邦，英雄旧里"（苏轼《淮阴侯庙记》）的感慨。我真诚地希望，淮阴师范学院中国古代文学学科以周本淳先生等老一辈学者为榜样，为繁荣中国的文化事业无怨无悔地添砖献瓦。

原载《江南大学学报》2017年第5期

# 目 录

**遗文选登**

    手迹一组　3

    自传　12

    《蹇斋诗录》自序　16

    浙大学习生活之回忆　18

    晚年忆旧　21

    《二毋室论学杂著选》跋　34

    王驾吾教授　38

    纪念岳父钱琢如先生　40

    我的治学经验（六题）　42

**生平履历**

    詹佑邦　周本淳先生生平介绍　53

    周先民　周本淳先生年谱　56

    常国武　周本淳先生墓志　83

**治学风采**

    周先民　周本淳主要著述目录　87

    徐　复　赞　95

魏家骏　毕生勤奋地耕耘在中国文化的沃土上
　　　　　——评周本淳先生的治学成就　96

陈祖美　道德文章，铭戢不忘
　　　　　——怀念周本淳先生　103

郁贤皓　学术深厚和治学严谨的学者
　　　　　——记周本淳先生　113

曾枣庄　相知何必久相识　118

吴金华　《謇斋先生诗录》集锦　122

张宏生　风俗本自淳　138

潘荣生　厚积薄发　嘉惠士林
　　　　　——怀念一代硕儒周本淳先生　141

黄震云　唐代文史研究的重要贡献
　　　　　——周本淳教授新著《唐才子传校正》评价　150

童　岭　读《诗词蒙语》识小录　160

周先民　当代学林一鸿儒　165


## 人生剪影

张俊德　我与本淳　225

季家修　为人正直　治学严谨
　　　　　——缅怀本淳兄　229

晁　樾　刚直坦荡一书生
　　　　　——纪念老友周本淳教授　233

常国武　永怀良师益友周本淳学长　237

周勋初　古之遗直的现代遭际　241

章明寿　悼念周本淳教授　245

张景良　他的君子、学者形象，永存于我的记忆中　247

张闻玉　回忆周先生　251

杨德威　高山仰止
　　　　——沉痛悼念我们敬爱的导师周本淳先生　256

万德良　人生几见月当头　262

赵世隆　深切悼念周本淳恩师　267

贡泽培　诚挚的纪念　凝重的缅怀　270

林钟美　深深的缅怀　深深的惋惜　279

周轩进　二爷和父亲　282

钱永红　姑父周本淳与浙大师长的二三事　291

吕善庭　忆周本淳教授　297

程中原　我心目中的周本淳先生　301

周桂峰　天赐淮人一巨星
　　　　——怀念周本淳先生　305

施梓云　春风的回忆
　　　　——怀念周先生和钱老师　309

胡　健　先生本色是诗人　314

张乃格　怀念恩师周本淳、钱煦　319

沈立东　深厚优渥的学养　廉正清白的懿德
　　　　——追忆恩师周本淳先生在连云港的两件往事　329

文　廿　二十年师生缘
　　　　——怀念周本淳、钱煦先生　333

蔡恒齐　有时，我们疑心他就是唐宋的某一位诗人
　　　　——忆恩师周本淳先生　339

张青运　周先生的"禅意"　341

卢新元　繁华落尽现真淳
　　　　——忆恩师周本淳先生　345

沈若铭　蹇斋者　性本淳
　　　——周本淳先生二三事　350

张道锋　张汝舟致周本淳书信十通校释　355

## 悼诗一束

周孝敔　哭本淳侄并序　375

吴金华　四言诗·礼赞先贤十六韵
　　　——读《我们的父亲母亲》　376

王斯琴　悼念周本淳诗翁　378

符束明　悼诗（外一首）　379

郑天任　悼老友周本淳先生并钱煦大姐（二首）　380

吴在庆　追怀周本淳先生（四首）　381

王翼奇　七绝一首　383

丁大钧　悼念周本淳诗友乡兄　384

洪　桥　悼诗三首　385

苟德麟　哭周本淳先生　386

周先民　先父诞生九十周年纪念日记梦寄怀　387

## 恩泽难忘

周先惠　点点滴滴在心头　391

张　俊　半儿纪念　398

周先平　难以忘怀的父爱　404

那顺巴图　难忘的1978年春节　409

周先民　父　亲　413

高文军　淮阴师专的林荫道
　　　——记我的公公婆婆　437

周先林　小女儿的心声
　　　　——为爸爸百年诞辰而作　443
周武军　身教言教诗教，父亲教我做人　467
周润宁　我的爷爷奶奶　475
邬晓研　回忆我的外公外婆　480

## 附　录

周先民　关于设立本淳奖学金的申请信　482
詹佑邦　在"本淳奖学金"设立签字仪式上的讲话　485
周先民　在"本淳奖学金"设立签字仪式上的发言　487

编后记　490

# 遗文选登

# 手迹一组

从颜所乐师孔之时

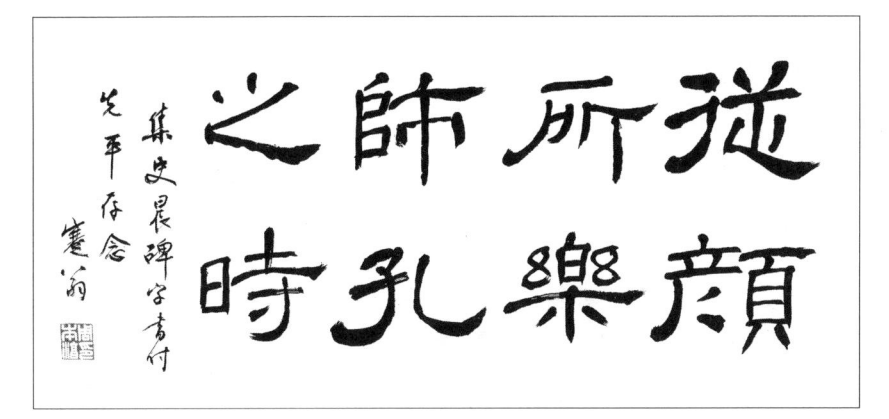

集史晨碑字书付

先平存念

    寒翁

### 林从龙见示汤阴岳王庙诗次韵奉酬

碑前泪堕土无干,扼腕常摧壮士肝。三字沉冤今古恨,千秋青史斗牛寒。舆情久已明邪正,旧里何当拜剑冠!读罢新诗难入寐,吁天一卷起重看。

次从龙同志谒汤阴岳王庙韵,冀他日亲献一觞也。壬戌(1982)冬孟蹇斋周本淳书于清江浦畔

### 花甲自述(1981)

行年六十化,一酌漫悠哉。谬听人呼老,谁怜心尚孩。彩衣犹许着,强项未知回。蹴鞠随儿戏,歌吟共妇咍。夜书勤校读,时命破愁哀。天道初阳复,神州吉运开。战灾足鸡黍,调鼎得盐梅。善启群英愤,高歌四化催。骥驽齐奋力,青老各呈才。拭目中华盛,先干庆捷杯。

辛酉长至,花甲既周,漫成十韵。

书付

平女存念

蹇翁于清江

## 满庭芳·母校浙江大学八五校庆（1982）

八五年华，万千才俊，总沐求是恩光。七洲今日，歌舞共称觞。犹喜神州再造，研科技，成果辉煌。争四化，同心戮力，人老几沧桑。

难忘当年事，黔山翠树，湄水朝阳。纵枵腹，琴书自乐洋洋。莫道浮沉卅载，空搔首，惭对门墙。桑榆景，愚公志业，休问鬓边霜。

调寄《满庭芳》母校八五大庆 四月一日西俗为愚人节，藕舫校长曾以愚公相勉，故末句及之。

周本淳敬献

## 喜送幼子入伍（1976）

喜送幼子入伍

喜遂从戎志，亲朋壮汝行。丈夫怜少子，万里看初程。宝剑常磨利，纯钢久炼成。相期真马列，慎勿骛虚名。

觉师斧正　受业周本淳呈

（此为先父抄呈业师王驾吾先生之诗稿，红字、红圈为王师批注：字字炼语，深意郑重，可谓合作。驾吾）

书付先平二首

  当年逐日更追风,晚服盐车峻坂中。汗血利民心自足,昂头一笑夕阳红。

近作一首书付

先平　存之

庚午端阳蹇翁

  数冢寰区总是春,汉胡战伐杳无尘。昭君大义光千古,留得青青慰远人。

  内蒙呼市、包头等地均有昭君青冢。或有询余孰处为真者。余应之曰:是处皆真,此盖昭君永生之证也。戏为廿八字。

书付
平女存念

辛酉七月蹇斋

## 致唐圭璋先生的信（1976）

圭璋前辈先生左右不亲

教诲七载梦寐仰慕之
情时萦旧怀近晤故友
及常困欲必得知
敬悉绥和减业日新不
胜欣跃晚自九五九年单信
振销绿入市五七干校游亲
响云岛名奉家下致谦安

平桥公社广阔天地平昼歌
方思特力献前躯耕自资
何期技身运动区历社直
为革位徒又童理旧业晓失妇
均压平桥中学任教多村贤
林颇冷亦怀诲务不多行有
注苏诗一过时思苏诗晓有读
注于宗入清又有查枝抒冯言
榴

王文诮等家昌未尽善因已十
得其九尧苏词为一代大宗旧
谐写不详晚为今日之用晚不推
周随烦欲以教译之晚参以诗文
时事为坡词作一详签师敢益
述师心收其教心惮之亲有所
奇讬不知垂垂菩为祈
希学有以教之辛甚多唐经

书甚难知烦
苫拳代为购色发笺，都书作见
代借一部书备加爱护孩来
后所行车堕厍村丛书未来
坡词与前借下一阆全宗词录
写另出类各言奉红纸祈见
示诸贵
宗神器后馋谢秋高维祈
珍掇
后学周本淳再拜上九七六年

圭璋前辈先生左右　不亲教诲，七载于兹。仰慕之情，时萦梦寐。近晤孙肃及常国武兄，得知

杖履绥和，德业日新，不胜欣跃。晚自六九年单位撤销转入市五七干校。入冬响应号召，举家下放淮安平桥公社。广阔天地，耳目一新。方思肆力畎亩，躬耕自资，何期投身运动，遍历社直各单位，旋又重理旧业。晚夫妇均在平桥中学任教。乡村质朴，颇洽本怀。课务不多，行有余力，差足告慰。暑中重读施注苏诗一过，转思苏诗既有施注于宋，入清又有查慎行、冯应榴、王文诰等家，虽未尽善，固已十得其九矣。苏词亦一代大宗，旧唯龙榆生先生《东坡乐府笺》，语焉不详，难为今日之用。晚不揣固陋，颇欲以教课之暇，参以诗文时事，为坡词作一详笺。非敢著述，聊以收其放心，俾三余有所寄托。不知当否。尚祈

前辈有以教之。幸甚！乡居得书甚难，拟烦

前辈代为物色《龙笺》一部。书价见示，当即奉寄。如一时难觅，千祈代借一部。当备加爱护，转录后即行奉璧。《彊村丛书》本《东坡词》亦盼借下一阅。《全宋词》中无出朱书之外者。统祈见示。诸费

尊神，容后趋谢。秋高维祈

珍摄

　　　　　　　　　　　后学　周本淳顿首上（1976）九·十

## 附　程千帆先生致周本淳信函一束

### （一）

本淳先生：

　　新诗深美闳约，有冯正中、欧阳永叔之风，惟一结少嫌直耳。瞽说幸勿罪也。所惠活页文史丛刊至 100 期，均收到。唯细检独缺 1—15 期合订本，不知能补赐一份否？感感。

　　即颂

著安！

千帆顿首<br>1981 年 5 月 17 日

### （二）

本淳先生：

　　承赐新作，适患感冒，卧床读之，精神为之一爽。先生非徒有性情，亦有济胜之具，使弟羡慕不已。写黄山景物数首尤好，少加谐趣，便到诚斋矣。前些时审定外国学生教材，过于疲累，一直未恢复元气，近又偃卧，嘱内人代笔，不恭不恭。

　　敬请

道安！

弟程千帆<br>1987 年 6 月 4 日

　　附致北山先生函，请转致为感。

## （三）

本淳先生：

　　收到札记新书，颇有前此未尝拜观者，深幸炎夏得此可以益智消暑。友朋中老学不倦如袁伯业者，先生而外，无他人也。弟年来日益衰眊，目瞀耳聋，虽仍读书而已无所发明，对新作不能不增愧矣。令郎想已安抵东瀛，念念。敬此布谢，

　　即颂

道安！

弟程千帆<br>1990 年 6 月 30 日

## （四）

本淳先生左右：

　　赐书敬悉。《全清词》前任编辑之校理实多讹谬，幸得先生为之纠正，或可达到出版标准，已将尊函转送勖初先生，仍乞先生续事校订，不胜铭感。

　　专肃祗颂

吟安！

弟程千帆拜上<br>1992 年 1 月 23 日

## （五）

本淳先生：

　　《全清词·顺康卷》第一册校样已出，谨呈阅。此书之校对工作，已与中华商定，由该局任之。兹送呈左右，乃欲先生略加披览，俾校其后部分时，在体例诸方面便于衔接而已。若发现有应订正之处，随

手注明,自所铭感,但不敢烦劳耳。五月底或六月初请将其直寄徐俊先生至感。

  专肃即颂

著安!

弟千帆上

1992 年 5 月 4 日

# 自 传

周本淳字寒斋，1921年出生于安徽合肥县西乡烧脉岗（今改为肥西县）。八九岁时随兄本厚由家塾赴外家肥东六家畈吴氏养正小学。1932年移家县城，慈父见背。1933年毕业于合肥二完小，1937年初中毕业。抗战开始，辍学乡居。1938年春，入安徽一临中于流波疃。同年6月19日敌机19架次狂轰滥炸，市民尸骸狼藉，惨不忍睹。次日凌晨，冒雨沿大别山流亡武汉。后学校将迁湘西，途中罹恶疾几死。至乾城县河溪镇，当时名安徽第一中学。次年至永绥（今湖南花垣县）文庙，改为国立八中高二部。高中期间，得遇名师张汝舟先生（1899—1982，名渡，以字行）。张先生给余影响最大者为两点：一是桐城姚鼐义理、考据、辞章三者并重，"必义理为之主，而后文有所附，考据有所归"之观点，强调做人为本，勿为名利所囿；二是张先生治学主张自出手眼，切勿随人俯仰。此皆对余之以钻研古籍为职志奠定根基。

1941年1月高中毕业，迫于生计，去里耶镇小学教书。6月，与同志四人步行800里，穿越湘川黔交界之群山，至遵义投考浙江大学文学院中国文学系，录取为公费生。从王驾吾先生（名焕镳，南通人）学桐城派古文，从郦衡叔先生（名承铨，南京人）学杜韩苏黄诗。其时家国多难，漂泊西南，乡关万里，读杜老乱离诸什，犹如为己而作。行走坐卧，不离吟诵，耳目所接，莫非诗材，触事成篇，行诸梦寐，几入痴迷之境。怀宁潘伯鹰先生于《时事新报·副刊》辟《饮河集》，专刊旧体诗词，余亦以"謇斋"笔名，厕身诸老之间。

1945年7月毕业，获文学士学位。日本虽降，道路未通，留遵义教书。先在遵义师范，后至省立高中。学生一心向学，余亦尽心尽力，师生相得。今学生皆近古稀，仍未断联系。次年六月，自费随浙大复员返回故乡。8月，接南京一中聘，任高中国文教员。1947年钱煦浙大毕业来南京，亦供职一中，东坡生日，结成伉俪。南京解放，两人皆留用。长兄本厚参加革命后改名伯萍，过江时任苏南行署财经副主任兼粮食局长，余侍奉老母至无锡，目睹干部之艰苦廉洁，与国民党判若天渊，乃一扫疑虑，积极投身革命。其后伯萍任华中行政办事处粮食局局长，老母随之住上海。当时工作学习极为紧张，上海均未暇省侍。抗美援朝时，余曾于《新华日报》介绍语文课贯彻思想教育之经验。南京郊区土改，余在浦口区参与。归来任一中教育工会副主席。国家成立粮食部，伯萍任办公厅主任。1953年往京探视，得览古都风貌。担任一中教研组长期间，全身心摸索经验。1954年冬，江苏省召开语文教学会议，除代表一中介绍经验外，还与钱震夏同志共同起草江苏省语文教学纲要。1955年江苏教育代表团赴江西，其中多为省内重点师范及中学之领导骨干，语文、数学教师各两名，我负责听课之总结工作。语文课试行汉语、文学分教，南京一中为试点校，我与颜景常副组长分教初一文学和汉语。1956年春，在苏州高中召开全省第二次语文教学会议，我虽已调至南京市教师进修学院，仍然代表一中介绍分教经验。暑期全国语文教学会议，余亦被邀出席，并参加文学课本修订工作。为适应分教，我写了《怎样学好语文》小册子，江苏人民出版社一版再版。我亦被推为南京市先进教育工作者代表。

此一阶段以教改为中心，全力以赴，古典文学则不暇顾及。上海古典文学出版社约编《宋诗选》，订立合约，业余时间全部投入，星期日总在颐和路南图古籍部阅览抄录。全部选目，曾请汪辟疆先生过目审订。文学课本古典分量大增，余开设"文学概论"及"中国古典文学"两门。搁置多年，忽开专课，饥汉得食，涸鲋逢泉，其乐无对。方期温故知新，尽力耕作，整风号召鸣放，余自恃清白，胸怀坦荡，据实陈词，罔顾当局颜色，遂遭不白之冤。1958年6月补为右派，五类处理，降薪三级。《宋诗选》二月份即催稿发排，出版社以政治理由撕毁合约。从此写稿不许署名。9月份，成立南京师专，余调管图书。1960年摘帽，工资调一级，1963年又调一级。两年右派，受害多端，但我以老庄自我排解，不为痛苦得失所困扰。管图书，正可借机多接触古籍，过去闻名而未见之书，可以按图索骥。比起同冤者，我时间最短，未离单位，聊以自慰。1965年去盱眙马坝劳动锻炼。劳动回来，长女小学毕业，幼子幼儿园结业，余携上北京。单位党委书记见告，伯萍已确定出国任大使，来人了解我之政治情况。心里暗忖，右派冤案可以了结。于是北京归来，游济南，登泰山，心情大快。岂知浩劫之来，摘帽仍为右派，仍受批判，然余怀坦然，心宽体胖，日饮无何。惟珍藏字画付诸劫火，不能忘情。1969年单位撤销，皆入市五七干校。干部下放，全家主动要求，余夫妇为厌倦城市之尔虞我诈，老母则向往自然。11月份至淮安平桥公社孟集大队陆庄生产队落户。原拟力耕自给，岂知"一打三反"，又为宣传队，领导社直机关运动。1972年又至平桥中学任教。老伴先我半年至平中。

"四害"既除，高校恢复。淮阴地区成立南师分院，1972年2月调余至政文科，8月老伴亦来，举家迁清江市。十一届三中全会平反冤假错案，余恢复发表权。分院改为淮阴师专，余在中文科。1981年，评为副教授，先是已为学术委员会主任。1982年初兼副校长。1983年淮阴撤区改市，成立政协，被推为副主席。1988年连任一届。1986年被评为教授。1977年接受上海古籍出版社之约，校点《唐音癸签》，我借机读书，四处求索，凡胡书所引材料能见原书者必取以检对，钩稽胡氏史实成《胡震亨家世、生平及著述考略》发表于杭大学报，获江苏省第一届社科优秀成果三等奖。《中国年谱综录》收入其中以代胡氏年谱。该书1981年印出，1985年再版，为余最初校点之书，用者称便。其后陆续出书，罗列于后：《震川先生集》（上海古籍出版社1985年版），《唐人绝句类选》（浙江古籍出版社1985年版），《唐才子传校正》（江苏古籍出版社1987年版），《小仓山房诗文集》（上海古籍出版社1987年版），《诗话总龟》（人民文学出版社1987年版）。又主编全国师专通用教材《古代汉语》（华东师范大学出版社1990年版），《读常见书札记》（1983年以前论文选集，江苏教育出版社1990年版），重订《苕溪渔隐丛话》（人民文学出版社1992年版）。享受政府特殊津贴，获曾宪梓教师奖。1993年底退休，仍为学报编委。1996年应日本名古屋大学邀请前往讲学，相交几位汉学教授。为中日友好尽其绵薄，亦退休后一乐事。

纵观余之一生，少罹忧患，中历坎壈，晚如啖蔗。但不管忧患或得意，余所求者不失读书人之本真。守此勿失，不问升沉荣辱，是为信条。

1998年6月写于淮阴师院（《诗词蒙语》所附）

# 《蹇斋诗录》自序

陈后山诗云："此生精力尽于诗，末岁心存力已疲。"每一诵之，辄心潮起伏。回首六十年间学诗往事，不禁感慨系之。余少喜诵诗，略通平仄，但喜其朗朗上口，粗识大意，而于诗中之韵、诗外之音，则茫然无所会心。抗战军兴，西南漂泊，一九四一年入国立浙江大学中国文学系，得从江宁郦衡叔先生（讳承铨，号愿堂）受诗业，重温昔时所诵习，仿佛豁然开朗。其时家国多难，只身西南，乡关万里，读杜公乱离之诗，犹如为己而作。行走坐卧，不离吟诵；耳目所接，莫非诗才；触事成篇，行诸梦寐，几入痴迷之境。怀宁潘伯鹰先生于《时事新报》创《饮河集》，专刊旧体诗词，余亦以蹇斋之名厕身作者之列。其时为诗，刻意追摹，学杜韩，效郊岛，复又酷爱坡仙，心仪其人，诗效其体，然境必己所亲历，情必己所感发，无病呻吟，优孟衣冠，固所不屑为。此余学诗最力、为诗最夥之阶段也。胜利复员，余忝南京一中教席，境不同于往岁，材复逊于漂流，所作渐稀。解放之初，力求新知，潜心教改，唯日不足，吟哦几至尽废。反右之际，文网日密，转喉触讳。余自恃清白，直言无隐，遂隶右军。诗词之语，最易深文罗织，故益以吟哦为戒，此余创作冰期，然旧嗜固未能或忘也。下放淮安，新知旧好有同嗜者，偶有唱和，遂又一发不可收拾。四害既除，拨乱反正，余来淮阴师专，抚今追昔，感事尤多。其后淮阴建市，余挂名政协副主席，或至外市取经，各种学术会议常于风景名胜区召开，游踪几半中国。名山胜景，触拨诗心，乃以七绝纪游，不复计其似杜似韩似欧苏似黄陈否也。此又诗作复苏渐趋高潮之一境。近年拜金迷雾，炒星歪风，贪黩枉法者屡有所闻见。心切愤愤，操笔直刺，但求明白痛快，不作雕章琢句，诗语乃有似张打油者，或贻俳谐之讥，亦不之恤，浑不知其为余之遣诗抑诗之遣余也。回顾五十余年所作，在浙大大学稿已佚去，蹇斋诗录尚存半帙，而愿师题字幸存，今即以统名前后所作，永志本师之教诲也。近年所作，随手抛掷，散佚亦多。谨将尚存者辑录成编，词曲联语，敝帚自珍，亦复附之篇末以付手民，非敢以言诗，聊存一生之鸿爪耳。知我罪我，非所计也。

甲戌小雪大雪之中肥西周本淳自序于淮阴师专蹇斋

# 浙大学习生活之回忆

1941年秋季，我考入浙大文学院中文系，一年级时在湄潭永兴场，二年级起在遵义。1945年7月毕业，又在遵义高中教一年国文，次年自费随浙大复员归里。时间过去四十多年了，但浙大的学习生活情景还历历在目。1982年母校八十五大庆，我有幸被邀，曾填一首《念奴娇》，对当时的学习生活颇感自豪：

　　八五年华，万千才俊，总沐求是恩光。七洲今日，歌舞共称觞。犹喜神州再造，研科技，成果辉煌。争四化，同心戮力，人老几沧桑。　难忘，当年事，黔山翠树，湄水朝阳。纵枵腹，琴书自乐洋洋。莫道浮沉卅载，空搔首，惭对门墙。桑榆景，愚公志业，休问鬓边霜。

"纵枵腹，琴书自乐洋洋"九个字确是当时生活的实录而毫不夸张。那时住的是会馆或民房，一年四季一床四斤重的棉被，很多人多半时间赤脚穿草鞋。吃的呢？经常是"八宝饭"，泥沙俱下。但大家学习的劲头很大，都有"以天下为己任"的气概。新生入学以后，竺可桢校长都要亲自讲一次话。竺先生是国际知名的科学大师，但他不只谈科学，却偏要提出王阳明的"致良知"学说，要大学生重视道德修养，这给新生留下深刻的印象。生活再苦，学习始终不懈，这和强调精神教育是分不开的。

那时的师生关系，可以说十分美好。老师千方百计鼓励学生学好。谭其骧先生教中国通史，为了多充实一些知识，他把自己的《资治通鉴》借我阅读，因而我的通史成绩达到优异。王驾吾先生是古文大家，他教唐宋文；郦衡叔先生教杜诗、苏黄诗，课堂听讲，课后自动习作。有作必改，决不嫌烦。郦先生生了一场肺炎，我们自动延医、守护，轮流照顾，认为理所当然。我们那时都无家可归，老师们处处关心，视同子弟。一件小事，我至今记忆犹新。四年级的端午节前，物价腾跃而囊空如洗，我信笔写了一首绝句发感慨道："炊珠爨桂寓公羞，一醉难为令节谋。莫问中原旧风俗，鲂鱼如雪酒如油。"被郦先生知道了，就一定邀我到他家过节，大打牙祭。在那艰难岁月，一顿酒饭谈何容易！

浙大的教学，强调打基础，强调学用结合。拿中文系来说，学古文要能作古文，学诗要能写诗。王耀武请王先生写《七十四师抗日阵亡将士纪念碑》，王先生要我们同时写，然后比较点拨。春秋佳日，登临赋诗，更是家常便饭。我有一首怀念哥哥的五律，中间一联原为"又逢风雨夜，难听短长鸡"。郦先生启发后改成"一般风雨夜，是处短长鸡"，比原句浑融多了。一次去山间采桂花，未见桂花却捡了一篮蘑菇，回来我写了一首七律："细路固山新雨滑，葛衣跣足稻风凉。天私吾觉能同野，气入顽心等是香。不见秋花来旧眼，漫堆朝菌活枯肠。闭门括口锄诗思，老树窥人月半床。"王先生一看，指出"来"字对不住"活"字，改为"横"。郦先生说"月半床"太平淡，改成"月上床"情趣就好得多。

那时学韩愈诗文就模仿韩愈，学东坡诗就模仿苏诗风格。这些看似"迂腐"的训练，我却认为终身受用不尽。我坎坷半生，终于厕身高校诗文讲席，业余从事古籍整理，拿自己所学为文化建设作贡献，不能不归功于浙大的教育，归功于老师们的教诲。

现在我已年将古稀，竺、王、郦诸先生先后作古，浙大回到杭州后建成金碧辉煌、大楼林立的一统校舍，远非在遵义时可比。但遵义时那种不怕生活艰苦而一心向学的精神，学用结合的教学方式，我以为还是永远值得纪念并加以发扬的。

原载《浙江大学在遵义》一书，浙江大学出版社1990年版

# 晚年忆旧

我们弟兄俩都出生在老家合肥西乡（今为肥西县）烧脉岗康湾圩。哥哥1920年3月15日出生，我是1921年12月22日。圩子对面二三里地是旗杆山，红壤丘陵长些松树。老百姓传说朱洪武时刘伯温发现这儿有"天子气"，就放火烧了龙脉，山岗都烧红了，所以叫烧脉岗。康湾圩的来历得从肥西周姓谈起。

合肥周姓有好几族，我们叫"山周"。原住江西瓦砾坝。明末大乱，安徽一带遭灾尤重，几至人烟灭绝。后来从江西和山东两地移民，江西来的左脚小拇指甲分岔，山东则否。我想今天习惯称江西老表，可能表明原来是亲戚。我们记得谱上的辈分一共是二十个字："国有文方盛，家行孝本先。典章从法守，礼乐在心传。"据说祖上在江西是烧窑的，俗称窑蛮子。听母亲说，有一次她在曾祖母房里擦煤油灯罩，失手掉到地上居然未碎，就信口说了句："这么结实是老窑蛮子烧的。"曾祖母就认真地批评说："你犯上了，不能说。"然后叙述老祖先就是烧窑的。又活灵活现讲祖坟的灵验。哪家子孙要办事用碗盏等等，头天天黑前在坟前焚香默祷，放个筐子在坟前，第二天天未亮前来就有一筐精美碗盏用，用过归还，家家都能借到。后来有家媳妇贪小，藏下了几件，第二天夜间就听到坟前有骂声，从此就再也借不到器皿了。曾祖母讲得非常认真，母亲后来讲给我们听，非常有趣。

迁到肥西后，世代务农兼开油坊榨油。"国"字辈"有"字辈都还住在油坊中。"盛"字辈大房、二房还是如此。

"盛"字辈正当太平天国时期，地方兴办团练。老太祖一共生了六个儿子。老大、老二本分务农。我们高祖盛华公行三，武艺特棒，在乡办团练。老四盛波、老五盛传跟着干。华公领头，当时住在罗坝圩。有一次老四、老五带着队伍出发在外，仇家伺机要偷袭罗坝，事前有人通知华公避一避。华公依仗自己的武艺和威势说："三爷把大腿伸到枪眼外边，他们知道是三爷，一根汗毛也不敢动。"后来走出圩子，他仍蹬着厚底靴，披着皮袍，架副金丝眼镜，大摇大摆地走，遇到大批敌人，众寡悬殊遇害了。四弟、五弟带队伍回来报了仇。这支队伍后来成为淮军四大主力的盛军，另三支为鼎（潘鼎新）、铭（刘铭传）、树（张树声）。老四、老五都积功至提督（武官一品），盛波赐谥刚敏，盛传赐谥武壮。《清史稿》和《中兴将帅别传》里都有传。传里都特别提到华公的首创之功。周氏成为肥西望族，用砖石修了周老圩，老四居北头称北头圩，老五居南头称南头圩，老母亲特别疼爱的小儿子老六居中间称中间圩。特别奏请朝廷建专祠在合肥后大街（今名安庆路）卫衙大关前奉祀华公，称老周公祠。门前有石牌坊、石狮子、石鼓等，很气派。正殿非常高大，神龛里供一个大牌位。祠的东边隔壁是昭忠祠，供奉许多小牌位，都是阵亡的军官。

我们的曾祖名家宽，跟在其叔父军中为基层军官，因为违反军纪被叔父失手打伤，不久就死了，还不到三十岁，叔父后悔不已。曾祖母守着两个儿子。四五两房对她非常尊重，每次从北京回来都到康湾看望，馈赠珍贵药品。

曾祖母在康湾置田产大约三四千亩，筑一个很大的土圩子，周长好几百米，挖有很深的壕沟。大门外有木吊桥，白天放下来通行，晚上抽掉跳板收在大门里。

祖父行成住东头，二叔祖行箴住西头，各成院落。中间几间高大瓦房曾祖母住,我们称之为大堂屋,炭火筒等都在大堂屋。祖父习武,二叔祖习文,据说曾祖母特别疼小儿子。祖父武功很好,力气又大,他喜欢耍钱,曾祖母管得严,他能抓住一条桌腿一跳就到围墙外面和一些人耍钱。他好像做过一任知县之类,任满在南京四房的朴园里候补,热天一夜暴病而卒,尚未满五十岁。现在想来可能是心脑血管的毛病。

  我们出世时,祖父母都已过世,只在二伯父家堂屋里看到祖父半身影像在一个大镜框里,像是画的。祖父一共三房儿子,大伯父孝楣,号龙溪,原来在保定清江武备学堂和蒋志清(介石)同班,毕业前一年,家门口一位同学因为跳马坑摔死了,曾祖母害怕长孙出事,就找关系花银子把孙子赎回家来。他没有什么事干,忽然异想天开开牛行,完全依靠别人,家产慢慢赔光了。大伯母姓孙,是祖母的内侄,生有一男二女,儿子本寿,在圩里是老大,倍受娇惯,不肯学习,但水性特好,又会打牲。因为我们母亲很迟才生育,所以他算过继给我们母亲,后来我们兄弟出世了,他有时还叫我母亲"妈妈",正常叫三妈。记得我们住在城里,用人老张从乡下进城,他告老张等一会儿,他去打只野鸡给三妈,果然兑现。他尤其擅长摸鱼踩鳖。在壕沟里听人喊一声大老爷来了,他立刻潜到水下,一两个时辰可以不露头。大伯母死了,大伯父经人做媒续娶一个姓丁的,有梅毒,传染了大伯父,两人不久相继死去。本寿后来从大堂屋搬到圩西小子开漕坊做酒,因为好赌,家产慢慢败光了,土改时划为中农。有一个儿子叫先平,进农校,"大跃进"时,同胞五六个除先平和大姐先荣嫁在外地活着外,在家的全饿死了。先平现在肥西化冈供销社做营业员,三个儿子皆已长大。先荣丈夫是裁缝,原来教过书,两人勤苦务农,改革开放后可以温饱。

  二伯父孝椿,字树萱,南京高等师范毕业,在老六门中是第一个大学毕业生。但毕业后不到外面谋事,而是在北头圩教几个小兄弟学英语，为家庭教师。我们小时候还看到他家里有好多厚厚的洋装书。他后来迷上了斗蟋蟀，秋天到城里养有上百只蟋蟀，对品种如数家珍。家产也在这其间消耗了。二伯母家是孔家圩的，"祥"字辈，生有一女一子。儿子叫本固，属马，父母都非常溺爱。他聪明能干，体育特棒，打拳、跳跃、玩单杠都非常利索，大伙称他"老划当"。后来我们家搬到城里老周公祠住，他在我家读六中实小，毕业后没有继续升学。国民党招收教导总队，他考上了就去南京当兵。抗战初南京沦陷，他从下关抢根木头浮过长江跑回家，后来参加游击队。抗战胜利后1946年，我回到合肥，他当连长负责西门城防，见过面。他原来妻子叫李德贞，未生育，后来又娶个姓余的也未生育。1949年后他依政策劳改，期满留场就业。20世纪80年代病死在农场，大约七十岁。

父亲排行第三，名孝植。年轻时曾进小书院读书，因高度近视无法跟班学习就退学了。他对乡邻比较宽厚，人们说他是"烂好人"。后来吸鸦片，田产渐被变卖。他有个最大的优点，家里大事小事都交由我母亲管。据说他喜欢吟诗，非常敏捷，常和圩内塾师唱和，一晚可以写一大本。可惜到今天我只记得一首七律的上半："人到无求品自高，风清月白乐陶陶。苑中响彻催花鼓，户外香飘夹竹桃。"后来他听从母亲的劝告戒了鸦片，为了我们读书搬到城里，不幸未到一年就病死了，才四十岁。

母亲吴元玲是肥东六家畈人。吴氏在肥东也是大族，因为地处巢湖边，早已通了小火轮，接受新事物比较快，有很多人在外面读书。外祖父做过道州知州，很懂中医，专门刻过李时珍《本草纲目》，死在任上。外祖母是南头圩昂四太爷（武壮公长子名家驹字子昂）的女儿，父母的亲事是昂四太爷做主的，所以我们家跟南头圩更亲一些。圩里鼎盛时期，小钢炮有上百门，家丁要吹号开饭。昂四太爷过世时，老六门中的晚辈个个都给孝服，布匹用了不计其数，办饭是四十八桌长流水。后来慢慢衰败了。

哥哥是母亲结婚十年才解怀的，所以是特大喜事。我的下面又生了一个妹妹本愚和小弟本弩，不幸都在抗日战争中病死了。我由邓奶妈带到五岁才断奶。听说小时候特别淘气，从外面到家一定要把搬得动的椅子凳子翻个四脚朝天。如果奶妈把它还原了，我一定大吵大闹非翻倒不可。

小时候我双脚长脓包疮，厉害时到大腿甚至下半身，别的地方很快平复，只有两只脚一年到头都不好。家里人带到合肥芜湖等洋医院治疗，花了很多钱总不得断根。记得医院的办法都是用药水洗，用硬板刷把疮全刷破，再用纱布缠得严严实实。脚包得很大，小时候的照片脚前总摆个花盆遮起来。发一回换个医院，人吃苦总不得好。后来烧脉岗来了个蛇花子，下巴挂着个肉瘤，人们叫他"老包"。他看着我的腿脚说，给一斗白米包好。家里人说，治好给你三斗。他的办法和洋医院截然相反，把患处包裹全部去掉，让全暴露在外面，用自配的药擦几回就好了，也就断了根。这件事给我的印象特别深刻，对江湖郎中治外科很佩服。抗日战争中我在永绥（今名花垣）小腿胫上生了湿疹，奇痒难忍，一抓就破，接着灌脓。校医搽药膏再用纱布裹起来总不见效，就说是脓疮腿治不好。后来赶场，遇到一个卖草药的，他说一角钱就能治好。叫我把绑腿松开，让患处通风，痒时不准用手抓，要用老姜擦。然后包一小包像茶叶末的草药撒到患处，果然几天就好了，一包药末还未用完。这是小时老包给我的启发。

八岁以前我们在圩里长大。圩子的自然环境很美，周长有好几百米的大土圩墙，是土夯的，足有一米多厚，外面是很深的壕沟。大门朝南偏东，东、西、北三面各有一个两层的更楼，上下都有枪眼，围墙上也有枪眼，用大土铳子防御。这种铳子连托带筒有丈把长。先填火药再装铅弹，用引信点火轰出去，射程有几十米，范围有大团簸大小。铳子架在枪眼里，后面有三根树棍做成的枪架托着，保持平射，用以防御壕外敌人的强渡。为了供应弹药，在西头有一间弹药库储存弹药，平时门锁着，但也有偷火药玩的。记得有一次毛狗子（大名本奥，四爷家的老二）弟兄几个偷火药玩，轰的一声把眉毛都烧了，以后就不再有人偷火药玩了。大门很气派，有四根门楣，上有"簪缨门第"四个大字，老百姓管它叫蓑衣桩。大门口两个大石鼓。大门很厚重，下面是门闸，有几十公分高。先上门闸，再关大门，门闩下面有一根木头顶着。大门两边有一副十字长联："山之高，水之清，清高门第；书也读，田也耕，耕读人家。"门外是壕沟，有吊桥，晚间把跳板抽回大门内。在东边还有一个小码头，放块跳板，可以在上面淘米、洗菜、洗衣服。门内有一尊大铁炮，下面有些轮子可以推动。也是用火药引信发射的铅弹，人们尊称它为"大将军"。小孩们喜欢骑到它身上玩，以至有一大段炮身磨得铮亮。大炮是平的又不太高，所以想爬高的孩子觉得不过瘾，就到大门口骑石鼓。圩外东南二三里处有旗杆山，红壤长些松树，据说原先那里有狼，放羊娃曾经找到狼窝抱回几只狼崽到圩内，老狼彻夜哀嗥，大人白天就叫把小狼送回去。

圩内四周都是大树，鸟雀很多，有十多种。我的印象中大家喜欢把鸟也人事化，比如称山蛮子（灰喜鹊）为贼（小偷），喜鹊为总甲，专门抓贼。叱克郎（杜鹃）为大老爷，黄鹂是军师，等等。体型最小的只有一节拇指大，黄绿色，我们叫"大瓣溜溜"，不知学名叫什么，好像百鸟园里也没见到过。至于斑鸠、鹧鸪有好多种，最普通的叫"火球子"，一身红毛，稍微大点的叫鹧鸪呆，比较稀罕的是珍珠斑，画眉、铜嘴善于鸣叫，常被养在笼中。壕沟边上有绿翠注视水中，忽地一下插下去就是一条小鱼。鹞鹰、苍鹰在天空盘旋，有时也到院中攫小鸡雏。因为树枝茂密，鸟雀兴旺繁育。人们认为树多鸟多是人家兴旺的象征，所以比较爱护，圩内终日鸣声不断。除我家外，他们都养鸽子，四爷最爱花鸟,他家花园里还栽有芭蕉。他家的八哥会说话,很灵,有时本焘到东头玩,要吃饭时,八哥会飞来喊:"大毛哥回家吃饭。"

壕沟水很深,鱼虾多,在码头跳板上淘米,只要淘米篮稍微放下水面几寸然后一提,里面准有许多小鱼。如果想吃大虾,用一只破旧的竹篮子放根咸肉骨头或糊锅巴,系根丈把长的绳子,用砖头压着沉到水下面,等几分钟迅速将篮子一提,里面准有十几只甚至几十只大虾,关键在出水时一定要迅速,稍一迟疑大虾就会溜掉。

稍微大一点就进私塾发蒙。先认字,然后背蒙童课本《三字经》《百家姓》《千字文》之类。主要是上半天,下午没事就在圩里到处玩。家家都养有狗,常常唆使它们赛跑咬架,赢了就直叫。我们哥俩也各认一条,哥哥的叫黄爪子,全身黑色,四只脚却是黄的。我的叫大花,一条大花狗。这两条狗很机灵,冬天居然能共同逮到野兔拖回来吃。

东头有专门的砻坊,擂稻舂米都在里面。稻先擂去壳成糙米,然后放石臼里舂,两人一递一石锤并且唱着数,很好玩。有一次我们俩在里头看舂米,忽然发现东边角落里有一窝小狗,非常好玩,就各抱一条玩。不料母狗从外面回来发现了就猛扑过来,我们吓得赶快放下小狗就跑,可已经来不及了。正在舂米的家广眼快,一下窜过来,一手抱一个把我俩从窗户塞出来,我们吓得一身汗。家广的背上被母狗咬得鲜血淋漓,至今记忆犹新。家广姓叶,是我们家的长工,很能干又肯干。后来我们在城里听说他得了噎食病(食道癌)一两年就死了。乡里人的土方子说是用七副啄木鸟的心肝就能治好,实际没用。我们家先后请过几个长工,主要任务是挑水(从圩外土井中挑到大水缸里)、种菜和擂稻舂米。我们唯一记得名字的就只有家广,那次危险给我们的印象太深了。古人说伏鸡搏狸、乳犬搏虎,动物爱护幼崽的天性太令人感动。

童年相仿的常在一起玩捏泥巴、打磕等。有个表兄赵裕逊,兔唇，但人非常聪明，手尤灵巧，泥巴在他手里，捏什么像什么，如牛、羊、猪、鸡、人等。我们只会做泥炮掼。天不冷又有月亮的夜晚在月下唱着："兔一兔二兔三四，我们家有兔小弟。"更多的时候是唱："好大月亮好卖狗，卖个铜钱打烧酒，走一步，喝一口，哪个要我的小花狗？"一个人装卖狗的，一个装狗被拖着玩。天冷了外面不能玩，就在门房里听伙计们"聒蛋"。一个大树根在门房中间烤着了，大家围着听，满屋子的浓烟也不怕。他们有时讲盛军当时被称为叫花军，刚敏公武壮公如何打仗如何机警勇敢等。更多的是讲西游记、封神榜、济公传、三国演义、岳传、说唐、七侠五义、小五义和粉妆楼等。他们有的人并不识多少字，但说起来绘声绘色，津津有味，有时为一个细节争得面红耳赤。我们听得更入神，每夜都要家里人来喊才肯离开。很多小说里的人物最初印象都是从这里得的。

我们就这样一天天长大，堂兄弟们一概如此。小时候称为"毛哥"，成人了就称为"少爷"，学着抽烟耍钱等恶习，守着几百亩田地坐吃山空。我母亲认为这样的环境不利于成长成才，根据娘家的情况，她断然决定把我们送到六家畈去上洋学堂。

六家畈离康湾圩有百里之遥。我们虚岁才八九岁，就一顶小轿被送到六家畈姨外婆家。六家畈以吴氏宗祠为中心，最热闹的是祠堂门口，吴氏养正小学就建在左边。另外还有湖滨中学。妯娌们都劝我母亲：孩子太小，到这么远怎能放心，不如过几年再说。我母亲认定的事就坚决不动摇。我们到六家畈住在中间门，有七进瓦屋，院子里还有天竹、蜡梅等。我们住在最后两间，前面几进都空着，我们从后门出入。后门外不远处有一个很大的坟堆，像小山似的，孩子们可以爬滚打闹。

养正小学里全是姓吴的学生，只有我们两人姓周。学校是复式教学，二三年级一个教室。开学第一天，一个同学的砚台弄脏了我们的白布衫裤，一言不合就打起来。被级任吴蕴智老师打了几下手板，这是我进洋学堂最难忘的印象。后来我在遵义读浙大时，吴老师在遵义酒精厂工作，居然会了面，共谈往事，别有一番情趣。

到了阴历腊月二十三左右，姨外婆家就雇顶小轿把我们送回康湾圩过年。我记得轿夫是郑洪江和他家老二，他当过华工去过法国，见多识广。那时雨雪载途，有时积雪厚过一米，走路要防跌到雪窝里。一般中间都要在饭店歇一宿，烧火烤衣服，热水烫烫脚等。回家过了年初五，母亲就派一顶小轿把我俩送回六家畈。那时弟兄俩开始学会下象棋，在小学里很得意，好像还得过奖。那时象棋棋子就是剪硬纸片糊上红绿纸写上字，如果有电报纸卷的厚厚的棋子就算很高级了。

有一年端午节，中午让我俩喝点雄黄酒。一只瓦酒壶装了大约半斤烧酒，放在草火上燎一燎，两人对饮喝醉了，大吵大闹，后来知道这叫发酒疯。

在四年级时，正值九一八事件发生，全校热血沸腾，纷纷宣传抗日，不做亡国奴，下乡宣传嗓子都喊哑了。这是第一次参加政治运动，也是在养正小学最值得提一笔的。

五年级时母亲说服父亲从康湾搬到合肥城里，我转学到城西二完小。碰巧养正小学的吴天华是班主任。我亲切地称呼声"华老师"，同学一起惊笑。原来在养正小学老师多姓吴，只能用二三两字来称呼不称姓，现在换个学校就得称姓了。在二完小和王务兰同班。哥哥到六中实小是五年制就上五年级，和冯远明同班。实小的师资特棒，记得国语教师叫王希鲁，曾经把岳飞《满江红》词改成抗日内容传唱，譬如"驾长车踏破富士山缺""壮志饥餐倭虏肉"之类，学生都唱得很起劲。春天父亲不幸病死，才四十岁。我们回乡安葬父亲之后，搬到老周公祠住。是祠堂西南角有一座小院落，石库铁叶门，上面有"金城钱庄"一块大石头匾额。这里是开过钱庄的，所以地面都是站砖，大门内一块大青石板，上有很深的车辙。院子有三进，一扇后门可以通向祠堂院落，东边一个角门通往祠堂的二进。那时大门为六爹爹家开香店。我们常看到做线香的全过程。二进的厢房是萃林三妈家，有个大哥叫本初，三姐叫本英，后来和本初的军校同学吴忠信结婚。还有个弟弟叫本德，后来参加了国民党部队，1948年去了台湾。

祠堂大殿前一个院子特别大，是条石和方砖铺成的，夏天没有蚊子，所以各家晚上洗澡后都把凉床放到大院里乘凉，到下半夜大多数人回屋去，贪凉的就用单被或夹被盖着防止打新露。乘凉时也可听到大人们讲的许多趣闻，学着叫："风娘娘，雨娘娘，起阵大风我凉凉。"有时真来阵凉风。现在想来是天气的自然变化，但儿时的心理竟然信以为真。因为是老房子，一种被老百姓尊为"三老太爷"的小狐狸在阁楼天花板上闹得很凶，特别在祠堂最后的楼上供着它的牌位，每月初一、十五要供鸡蛋。第一天把二十个蛋毕恭毕敬装到盘里送到楼上的案上，第二天早上去取盘子一个不剩，更增加了神秘感。那时合肥城里家家都不敢得罪它，即使在街上碰着了也不敢惹，人们互相渲染，更觉神得不得了。

暑期中我俩都考取了六中初一，在小书院，一律寄宿，一学期要交120块银圆。这对仅靠三四百亩田租收入来维持生活的家庭来说是相当困难的。但母亲觉得宁可举债卖田，也要保证孩子们上学的费用。仅仅一年，哥哥因放假前闹事被退学，转到芜湖芜关中学读初二。我因伤寒病休学半年，次年春去芜湖中学读初一下。小学考初中时我算术全对交卷最早，六中初一时算术、小代数也特好。芜湖中学数学老师徐慕云强调学生必须交练习本，我自以为完全会了何必做练习。徐老师警告我，不交练习考得再好也算不及格。月考时我考了95分，他告诉我只算59，不及格要通知监护人。我非常反感，上课不注意听，低头看桌屉中的《江湖奇侠传》，幼稚无知，害了自己。

地理老师姚星华上课极为生动。他打网球曾经进入全国决赛。每天下午两节课后爱好网球的老师都到山下网球场打球,我也上了瘾,一下课就奔到山下网球场。以至校长向四姨、七姨说,你们外甥来了,学校可以少雇一个看球场的。

英语教师柳子范选用开明课本,大部分是童话故事,非常吸引人。我对英语发生极浓厚的兴趣,用英语记日记,遇到不会的单词就查《汉英字典》。记得有一次参观菊花展览,菊花这个单词未学过,我就从字典上翻出来。要不是抗战,我可能就学英语专业了。

在芜湖中学最难忘却的有两件大事。一是初一下砸伤了腰椎。大考前突击复习,高年级同学都爱开夜车。饭厅夜间不熄灯,就都在饭厅里。因为蚊子厉害,大家都把双腿裹起来放在并排的长凳上,而背靠着饭桌。忽然听到窸窸窣窣落下尘土,大家惊呼"不好",轰然一声我就失去了知觉。后面大桌子被大梁压垮了,我被埋在瓦砾中。等到醒来,我已经住在钟寿芝医院的病房里了,原来腰部被砸伤。那时四姨、七姨都是医院的助产士,她们住在饭箩山,也是医院的房子。住了一周多,哥哥放暑假就到医院陪我,因为只能侧卧不能下床,他就陪我下棋。有时找本小说看看。到能下床走动,一同乘船回合肥。那时只有小火轮,中间还得在巢湖住一夜。伤虽暂时好了,但一直留下隐患,天阴常发,严重时甚至直腰也费劲,到现在还要注意避免太吃力。

第二件事,那时高一下同学为反对军训要剃光头,就全体罢课跑到外面去,叫"护发运动"。我觉得很有意思就跟着瞎哄,被勒令退学。写了检讨,等到暑期勒令转学,发个转学证书,可以考别的学校。正好1936年暑假庐州中学初三招插班生,我考取了,又和王务兰同班。哥哥在芜关初中毕业,保送进南京安徽中学高一。中秋节前他忽然寄一盒广式月饼孝敬母亲,我们才知道月饼还有这种厚的。原来合肥的月饼都是一个大扁圆，从小到大一个形状。

庐州中学初三一年级我没有吸取芜湖中学的教训，经常和老师顶撞，以致报考高一时教导主任胡苏民就对我说："你何必来考呢？"后来学校考试分两次发榜，第一次全凭考分淘汰一半，我未被抹掉，第二次综合评选，尚未发榜时北头圩艮峰二爷让管家章传寅送本瀔去考苏州中学，劝说我母亲让我一同去考，我算是大开眼界。过南京，第一次乘公共汽车吐得一塌糊涂，在朴园住一夜。到苏州一切听传寅安排，住定旅社，就去拜见李伯琦。他是李鸿章的侄孙，做过南京造币厂厂长，是苏州安徽同乡会会长，是本瀔的舅公，又是母亲的姑父。儿子李嘉晋在苏州中学高二，向我们热情介绍考试应注意事项，第二天晚间李伯琦本人假座广州酒家盛宴款待我们两个小鬼。在这之前我们从未吃过粤菜。在合肥我们认为虾子最好的吃法就是虾仁炒腰花，哪知道广州的呛虾盘子里的虾子还在动。吃饭时每人送一柄纸团扇，上面写着"食在广州"，可以算第一次见了世面。考试是7月7日至10日，考完了仍由传寅送我俩回合肥。

庐州中学第二榜出来了，我当然未取。思孝大舅在庐中高三品学兼优，他把我落榜的原因告诉了母亲。母亲气坏了，对我不理不睬，日子非常难过。幸好苏州高中寄来了录取通知，备取第10名，母亲怒气消了。我又要求去考安庆高中，从芜湖乘怡和轮。由于好奇，买了瓶怡和啤酒，打开来一股酸不溜的怪味，我就准备摔向江里，一个老者说："给我吧。"我就没摔，原来啤酒和我们喝过的烧酒不是一个味。安庆考完后回到合肥。八一三日寇进攻上海，苏州高中无法开学，安庆高中录取通知书我未收到。哥哥在安徽中学高一下要到孝陵卫军训，因为敌机空袭就回来了。合肥也开始有空袭，为了安全，我家又回到康湾圩住。我俩常到城里探听消息，从家里带些熟食，我记得最多的是盐鸭煮黄豆、红烧鱼冻，两人对饮。

后来看到安徽临中在流波疃招生，1938年春天，我俩和几个人一道雇个骆驼驮行李，取道六安去流波疃。看骆驼慢吞吞地行步，但一天九十华里不费劲。从六安经苏家埠、麻埠到流波疃，只要是学生一律录取。哥哥进高二，我进高一。后来哥哥回六安去参加财政厅的训练班，要我留在流波疃。5月，听说合肥吃紧，我们几个同学想回去看看，头天下午从流波疃到麻埠三十五里，第二天到六安一百零五里，走到城外太阳还老高，只剩十里路了，但一直到天黑定了才到北大营见到哥哥，这才真正体会到"行百里者半九十"的道理。哥哥因为集训走不开，我回到康湾只住两宿，母亲就催我回校，并要我告诉哥哥千万不要回家，到外面才是正路。我回到六安告诉哥哥，哪知从此一别竟然隔十一年才见面。

2002年4月完稿

# 《二毋室论学杂著选》跋

呜呼，此先师二毋张先生所著书也。先生绩学敦行，尽瘁于教育及科研事业者垂六十年。融贯诸家，独抒己见，卓然自信，决不随时俯仰，因人而说短长。所著皆躬行心得之余，久宜刊布以嘉惠士林，而坎坷蹭蹬，今乃仅见之于身后。此淳之所以掩卷怃然低徊太息而不能已于言也。

先师讳渡，以字汝舟行，言所居曰二毋室，盖取"毋欲速毋自欺"之义，因自号二毋居士。家世贫农，居合肥东乡之南张村（今属全椒县）。生于公元1899年，少而颖异，父力耕不足以供其学。1919年毕业于全椒中学，以家贫乃之江浦县三虞村课蒙。时乌江镇林散之先生设帐于家，乃一见倾心，终生莫逆。1926年秋考入东南大学文学院中国文学系，受业于溧水王冬饮、蕲春黄季刚、苏州吴霜厓诸耆儒硕学之门，而学益进。方是时，先师家固清寒，先师母王氏耕织劬劳，加之亲友宗族顾赡，上以奉遵章，下以畜子女，中以供先师膏火之资，胼手胝足而意殊欣然。内助之贤，使先师益得专力所学。1930年毕业，执教于安徽第六中学（后改庐州中学）高中部。抗战军兴，随校播迁，先后为安徽第一临时中学、国立安徽第一中学（后改国立八中）高中第二部国文教员。淳于此间受业于门下。1941年秋应蓝田师范学院国文系之聘为讲师一年，副教授三年，1945年秋为贵州大学教授。1952年院系调整至贵阳师范学院。1959年复回新贵大。1971

年9月回故里南张村赋闲,得公社、大队两级党组织垂爱,依女叶芬以居。虽劫后余生,犹关心乡里文化教育,邻里有志于学者多往问业。"四害"既除,当轴者欲修明文教,丕变时风,先生乃出任安徽师范大学滁州分校(后改滁州师专)顾问教授,栽培后进不遗余力。1981年底黔中诸弟子拟请先生重返贵州执教,先生不顾八十高龄,慨然应允,方期阳春三月重为万里之行。岂料次年1月22日竟以脑溢血不幸逝世。师友生辈闻之无不恸悼失声,为斯文而叹息不已。因亟谋整理遗著以飨学者,而先生无从见矣。

先师生而茹素,少皈佛门,然不废世间之学,尝谓以出世心,行入世法。其为学也,守姚姬传氏义理考据辞章三者不可偏废之训,泯汉宋门户之见而惟其是之求。既传冬饮老人宋儒心性之学,复承季刚先生经学小学之绪而尤长于声韵。耳顺之年从事古天文历算之书,探赜索隐,发前人所未发。生平所著声韵学、天文历算、汉语语法及论学杂著为丛著者凡四类五十余种,都二百万言。今经整理者,仅过半耳。凡所著书无不深入浅出,举重若轻,驭繁以简,尽扫繁苛缴绕之弊,使读者一见了然于心。此固先生学养之深而亦数十年循循善诱教学经验之所致也。

先生之为教也亲而严。解放之前必以孔孟为准的,以为士不立品必无文章,故训徒一以修身为本根,博学为枝叶。凡学生之乐于问道者,无问朝暮暑寒休沐,口讲指画,必使涣然有得于心,故虽严而乐从之者众。淳犹记居湘西日,秋冬之际,我辈十余人执卷问业,先生所居逼仄,遂相从于郊野向阳坡地,藉草而坐,先生口授四子书、诗经、声韵及诗古文辞,娓娓不倦。而及于时事,则于国民党官吏之贪黩无艺,切齿填膺,抨击不遗余力。时长校者为国民党中央委员,深嫉先生之言,而慑于其威望,转而欲以官禄相羁縻,诱先生入党为官。先生愤然曰:"君子群而不党。"故自1930年后二十年中,皆以无党无派人士自重。解放战争后期，先生坚信国民党必将倾灭而致书江南师友，云黔中将传檄而定，无兵革之忧，已而果然。既获解放，先生以为古籍所载仁义之师，贤明之治，无过于当前，乃益自奋励，并致函师友生徒以积极学习与工作相勖勉。孰知以历史清白一尘不染之贫农子弟，竟为宵小所诬，肃反中无辜为隔离审查者，经年而始得雪。出狱后先生作《归途雨霁》诗云"行人包裹忙收拾，要趁斜阳赶一程"，盖欲追昔十阅月流逝之光阴而倍加奋发。孰意未期年，又以直指时弊冤为极右。先生虽自处旷然，终以不能多所贡献而郁郁于心。其寄江南诸友之《临江仙》有云：

"六十生涯何所似，终朝伏案低眉。乘风破浪壮心违。有身难许国，虚下董生帏。"

然贵大中文系莘莘学子固有仰先生之道德文章而潜往求教者，先生亦如明镜不疲于屡照，悉心指教不之讳。1975年秋，淳专程往南张候起居，先生虽卧病，既闻淳至欣然而起，追念湘西旧游，一一垂询近况，犹谆谆以敦品励学相勖。1978年春，先生八十初度，为诗尚云"伏枥犹能三两声"。1979年拨乱反正之功普及全国，先生之错案乃得彻底昭雪。严冬将尽，先生欣然为诗寄黔中友好云："仰空忽听机梭急，且逐牛郎泛一槎。"叶芬曾以先生久病须静养，故来访者有时绝不与通。先生偶闻知则愤然斥之为"愚孝"。先生与人书谓医者但嘱静养，实则静养不如动养。盖以为能因迟暮之年启迪后学，张扬学术，则养病之道莫善于斯。先生之志愈老而愈笃，有如此者。1980年夏，宋祚胤兄专程由湘中来约余共往滁州谒先生。淳等虽皆白发苍颜，而先生视之犹湘西时，训诲不倦。先生之体力衰惫矣，而言谈锋利，语及学术则一往无前之气概远非后生辈所能及也。淳等一则以喜，一则以惧，方期三年再陪杖履，孰意1982年初即奉电奔驰告别先生之遗体矣，岂不恸哉！

先生之学之精,既有诸前辈之评骘,淳不能赞一辞,辄述其行略以为读先生书者介。四十年师弟之谊,仅能如此,复何言哉!

受业弟子周本淳沐手敬跋<br>一九八三年元月

# 王驾吾教授

王驾吾先生（1900—1983）讳焕镳，江苏南通人，早年毕业于东南大学，1936年至浙大任教，抗战开始后随浙大辗转搬迁，到了遵义。我1941年进浙大中文系，1941年秋到遵义，听了王先生三年的课，印象至深，终生难忘。二年级时，王先生教"唐宋文"。王先生是范肯堂先生再传弟子，得桐城派的真传，古文写得特别好，教得也自然精彩。主要是朗读，其声震屋瓦，而高低顿挫，使人听着，那文章的神味就出来了。无怪乎中文系人数不多，而王先生讲唐宋文不但满屋是人，而且窗外也围满人，因为那不是听课，是一种艺术享受。

三年级王先生开的是"春秋三传"，四年级开"三玄"（老、庄、周易），是选修课，我也都选的。王先生开这些课，都能贯彻学以致用的原则。那时正是抗日战争艰苦阶段，各种投降理论时时有所表现，而王先生在《思想与时代》上撰《春秋攘夷说》，大义凛然，气节高昂。抗战快胜利时，国民党将领王耀武，通过王先生老友刘子衡先生找到王先生，登门求教，并且盛宴招待包括我们在内的人。王先生和他恳谈了很久。事后王先生告诉我们："我劝王耀武持盈保泰，功成名遂身退，但他官瘾正浓，恐怕听不进去。"抗战胜利后，王耀武在山东又请先生去讲学，王先生还是以老子之道开导王耀武。

在对人方面，王先生笃于友谊。记得有一位叫陈秉炎的同志在浙大体育系保管器材。熟悉情况的同志告诉我，陈的父亲原是江苏省国学图书馆的工友，王先生当时是馆员，两人是南通同乡。陈秉炎父亲死了，王先生就把这个孤儿带出来，教育他，为他找了工作。当时王先生和郦衡叔（承铨）先生都住在遵义大悲阁五号，经常来做客的是费香曾（巩）先生。费先生有一年休假要去重庆，王先生苦苦劝阻不住，一直为费先生安危担心。后来才知，费先生一去就被国民党秘密杀害了。

那时我们以为王先生是道学家、古文家，哪知道王先生早已出版《曾子固年谱》《首都志》和《国学图书馆书目》等书。那部书目，把丛书打散见于各类，在编目上是创举，嘉惠士林，后来为编目者所沿用。直到1950年我到南京图书馆查阅古籍，一些老工作人员提到王先生莫不啧啧称赞，一致称道他学问大、笔头快。但王先生自己从不向学生谈这些。后来我又去看王先生，谈到那本目录时，王先生总是谦虚地说："那是柳翼谋先生指导的。"

王先生还受托撰写了《浙江大学黔省校舍记》碑文。

对学生除课堂教育外，课外只要有机会，王先生总是设法让学生多一些收获。遵义在清代后期最有名的学者是郑子尹（珍）、莫子偲（友芝）和黎莼斋（庶昌）三先生。郑子尹墓在子午山，离遵义城有六七十里。王先生带我们一道去瞻仰，并且要大家一齐写文章，既开拓视野，又锻炼文笔。

几年受业，终身受用。从王先生身上我才体会到什么叫光风霁月。今天回忆这些还像昨天发生的一样。所以1983年年底我接到王先生的讣告时，专程赶到杭州看他老人家最后一眼，并且写了一副挽联以寄托自己的哀思。文曰：

弟子恸山颓，博礼约文，训诲犹萦耳畔；

先生观物化，光风霁月，典型长在人间。

我想王先生的胸怀、业绩，是会长在人间永不沦没的。

# 纪念岳父钱琢如先生

岳父钱琢如老先生逝世已经五年多了，但他的声音笑貌却宛然在目。他那坚持真理决不因人俯仰的耿直性格，永远值得我学习。我认为这是知识分子最可宝贵的一种个性。曾记得在旧中国的几十年生活中，特别是抗日战争时期，教授生涯一贫如洗，但他安于淡泊，自己认真教学，教育子女为救国学好本领。他一生历史清白，子女亲属也都从事教育，决不涉身官场。即使他的老友翁文灏贵为行政院长时，也绝未托以私事，尽管那时女儿女婿连找个教员位置都不易得。

1949年以后，他更努力工作学习，坚持真理的性格愈加突出。在形式主义地向苏学习"一切是苏联的好"的风气下，他坚持自己的看法，敢于指出一本被捧上天的苏联微积分教本的缺点和错误，因此被带上"反苏"的帽子也不轻易随声附和。后来事实终于证明他的看法是对的。我认为这个具体问题的是非倒是次要的，而作为一个科学家最主要的是敢于坚持正确的东西，而随风转舵看风行事，即使可煊赫一时，究其终是最可鄙的市侩。

岳父对于学术的认真精神和对后辈的支持也使我永志不忘。记得1956年他已在科学院自然科学史研究室工作，我当时因为研究有关《世说新语》的一些问题，想查一查纷欣阁丛书的有关材料。他老人家不仅亲自为我从单位图书馆借了书，又一字不苟地为我摘抄罗振玉的《唐写本世说新书》跋，至今还保存在身边。林彪"四人帮"疯狂迫害老知识分子,岳父精神长期受摧残,因而不幸在苏州病倒了。1971年秋我去看他,正好带了一本《反杜林论》。他很高兴,尽管不能起来,却坚持要学这本书。又说到一些有关题目要写文章。我提议代他检书动笔,他总认为做学问一定要自己动手,并且相信会战胜病魔,重新工作。做学问一定要自己动手,这是他一生的身体力行的格言。

1972年夏,我又去看他,他忽然问我《庄子·天下篇》"至大无外""至小无内"郭庆藩有没有解释,我当时记不清,问他问这个有什么意思,他严肃地说:"这是两个科学概念,不能马虎。"我回到淮安平桥,查了《庄子集释》把那段解释抄给他,前人确实没有从科学概念方面来解释这两句。心里总想着能够看到他在病榻上考虑写的几篇论文,谁知那一次竟成了永诀。

现在林彪"四人帮"和他们极力推行的那条摧残科学、毁灭文化的罪恶路线,终于被扫进了历史的垃圾堆。颠倒的历史正在逐步恢复其本来面目。好多幸存的老科学家重新焕发青春,为四化多做贡献。要是他老人家还活着,也一定会继续在科学史的研究上取得新的成绩。可是这毕竟只能是天真的假设了。我想最好的纪念就是学习他坚持真理、刚正不阿的个人品德,学习他严肃认真、一丝不苟的治学精神,学习他循循善诱、诲人不倦的教学精神,将自己的一生献给从事的教学和科研工作,以此告慰老人家的在天之灵。

1979.3.26

# 我的治学经验（六题）

## 做人为本
### ——我的治学经验（一）

记得进入高中以后，第一篇作文题就是《为学与做人》，这个最平常的论题便支配了我一生的道路。明末清初大思想家、清朝一代学术的开山祖师顾炎武就坚持"士不立品必无文章"的观点。他正是以人品的卓绝造就了学术的辉煌。道理很简单，一切工作都是人做的，以人为本。如果不注意人品，那么一切都无从谈起。从明末的才士看，阮大铖文笔是一流的，他不但有《燕子笺》，而且《咏怀堂诗集》里的诗篇水平也都很高，可是到现在他究竟是哪县人却不能确定，桐城人推论他是怀宁（安庆）人，安庆人坚持说他是桐城人。这和安徽、浙江、江西三省争着抢朱熹，正成鲜明对比。两人都是名人，但一个三省争着要，一个两县互相推，关键就在人品上天地悬殊。如果不重视做人这个根本问题，那么一切学术都无从谈起。只有坚持老老实实做人的原则，学识上才能坚持真理，不趋时，不媚俗，咬定青山不放松，才能在浩如烟海的古籍中做一点微薄的贡献。现在时髦的名词叫"炒作"，有似于奸商的哄抬物价，实际是文艺界的一股浊流，一时炒得热火朝天，好像是老子天下第一，什么"大师""名家"等桂冠一顶顶往头上套，套到最后连自己也晕晕乎乎，不知姓啥了。一旦时过境迁，除了浪费光阴，留下笑柄之外，还会落下些什么呢？要做人，应该尊重自己，千万不能被商品大潮冲昏了头脑，把堂堂的人民教师，降到普通商品或高价商品的可悲境地。陶行知先生的名言："千学万学，学做真人。"说起来容易，要细细想想，真不简单。要做个真人，就得像孟子所说的"富贵不能淫，贫贱不能移，威武不能屈"。许多人辉煌过一时却不免沦为阶下囚，不是才能差了，错就错在忽视了"做人"这个根本问题。许多山村小学的教师，能够无私地为孩子们奉献自己的青春，就是在"做人"这个问题上站住了脚。尽管清贫，衣食拮据，但精神世界却异常充实，赢得了人民的尊重。这些正是我们学习的榜样。不但学文科要重视品德的修养，理科也不例外。1941年我考浙大文学院，当时一年级新生都在永兴场，校长竺可桢是大科学家，他对新生讲话，不是讲科学而是大讲王阳明的"致良知"思想修养的问题。浙大的校训是"求是"，核心也是做真正的人。

## 熟读深思　打好基础
—— 我的治学经验（二）

苏轼在《送安惇秀才失解四归》七言古诗开头说："旧书不厌百回读，熟读深思子自知。"这可以说是名言。我总爱向学生提起这两句。盖屋子首先要打基础，基础坚实了，房屋才能牢固。研究古典文学也一样，没有深厚的根基就想一鸣惊人，那是靠不住的。学识是靠积累的，一目十行、过目成诵的奇才毕竟是极为罕见的。对一般人说，只有靠勤奋。对学习古典文学来说，我以为打基础就得熟读深思。首先是对名篇要背诵。因为只有熟读背诵，才能慢慢咀嚼出味道。而且很多词汇是诗文中常用的。熟读篇章越多，掌握词汇也越丰富，阅读能力自然会在不知不觉中提高。如果有志于钻研古代文学，我看首先下点功夫把《论语》背熟（一共才两万六千多字），一生受用不尽。因为后世很多语汇是从这里来的，很多文章的核心思想是从这部书的篇章中出来的，乃至一些叙事抒情的方式，人物个性的传神写照都能从中有所发现。杜甫谈到学诗要"熟读《文选》理"，因为作为辞章的根基，唐朝人十分重视《文选》，对今天来说，可能难一些，因为开头几篇大赋就让人望而生畏。我的经验是熟读杜诗和苏诗。因为他们用事广，诗篇中几乎包括整个传统文化。熟读它们，有时碰到陌生的问题，一想在杜诗和苏诗中有过类似的东西，翻一翻诗注往往迎刃而解。有一大家诗集做基础，再去泛览前后各家，往往事半功倍。我看出《苕溪渔隐丛话》许多断句问题，就是因为对苏诗比较熟，因而一眼看穿，一针见血，以至人民文学出版社约我重订这部书，大大提高原校点的质量。我所以提倡以杜诗或苏诗代替"熟读《文选》理"的要求，主要从容易接受出发的。杜诗、苏诗你只要认真读下去，就会感到其味无穷，想丢也舍不得丢。不但得到诗的享受，而且受到他俩品格的熏陶，受益不尽。

## 学会查书　勤于查书
—— 我的治学经验（三）

人在学习中，总要遇到一些不懂的东西，怎么办？一般去问老师，这没有错，但必须学会自己去找解决问题的方法。我的想法是，相信老师是好事，但不能依赖，因为老师不能随时随地跟着你。所以在大学学习，总结为一点，就是学会查书。拿中文专业来说，中国学术门类广，要有点目录版本的常识，碰到问题知道到哪类书去找。文献检索是必须学会的本领。我回忆自己学识的积累，在大学主要是打基础，毕业后，在工作中不断遇到问题，又不断自己解决问题，逐渐增长了才能。学会查书是第一步，以后应该养成勤于查书的习惯，在查书中会有许多发现。有些工具书编得粗糙，为了抢市场，匆忙付印，错误百出，如果轻易相信，就会受骗而以讹传讹。即使过去出的很有影响的工具书，也不是绝对可靠，有时得查它的根据。譬如"平仄"一词，日本《大汉和辞典》说是出于沈约的《四声谱》，实际上这是抄自旧版《辞源》《辞海》，是站不住脚的，因为沈约的《四声谱》唐朝就失传了，沈约虽是音律说的倡导人，但他自己使用的却是"浮切""宫商"之类名称，新版《辞源》讲"平仄"时就没有引用沈约。

词语的意义在古今有变迁，如果不注意这一点，拿后来的意义去解释古代的情况，就会闹笑话。譬如"居士"一词，古代指"处士"，佛教传入以后，用这个词称在家而信奉佛教的人。有人不了解这一点，就因为欧阳修晚年自号"六一居士"，就说欧阳修也皈依佛教，要修正史书欧阳修辟佛的说法，实际上是自己弄错了。如果这位大胆的作者从工具书上查一查"居士"这个词条，就不致闹这种笑话。最近还看到小报上一位先生考证岳飞《满江红》必为伪作。这本来是词史上相持不下的聚讼。那位先生却找出一条"铁证"，说"臣子恨"一句露出马脚，因"臣子"是起源于石敬瑭称契丹为父，自称儿皇帝。这位先生自称是创见的证据，实际是缺乏常识的草率鲁莽之举。《唐书·柳冕传》就有这样的话："乡国，人情之不忘也；阙庭，臣子之所恋也。"所以，我们碰到一些自称创见的议论时，最好去查一下资料，就不会被一些狂妄无知的议论蒙蔽了。

## "博"与"约"
### ——我的治学经验（四）

由约及博和由博返约，每一个治学的人都必须经历这样的过程，同时两者又是互相交错的。人的学习总是从最基本的知识开始，打好一门基础，再逐渐扩充，这就是由约及博。到一定阶段，所涉猎门类渐多，精力有限，必须收缩目标，回到最基本的一个门类乃至一个分支。深入探究，这就是由博返约。因为有了前面一个阶段的广泛涉猎，再回到原先学的基本知识方面，必然有不同于原先的感受。拿中国古典文学来说，典籍浩如烟海，一个人精力不可能全面钻研，这就得有所选择。比如想以中国传统诗歌为重点，对于其他作品来说，这是由博返约了。传统诗歌也是广博无垠的海洋，假定选定唐诗，这又缩小了一大步。唐诗作家两千三百多人，作品近五万首，不可能面面俱到，这又得再缩小范围到其中的一个阶段甚至一个作家，如中唐的孟郊。选定孟郊，这就是反归于约了。但要了解孟郊，就得了解他的时代的特点，他受前面诗人作品的熏陶，对后来诗人诗风的影响等等，这又得广泛读书，收集材料，又由约及博去扩展视野。然后归结到孟郊诗这一点上。所以在实际治学中，由约及博和由博返约两个阶段是交替进行、互相渗透和互相为用的。如果先不从约的方面打牢根基，那么广泛阅读就会飘浮不定；反之，如果不广泛阅读而只就一点想深入下去，也会障碍重重，难有结果。记得胡适之有句白话诗说：为学当如金字塔，又能广大又能高。只有根基广博，才能攀登高峰。那种过早地只钻一个问题的做法是不会有大成就的。回到大学生的实际来说，应该学好每一门课程，因为这是广泛拓展的基础，千万不要只凭兴趣主义，或者急于出名不肯在基本课程上下功夫，到后来书到用时方恨少，再来补救就要事倍功半，何苦来呢！

# 勤于思考　勿囿成说
## ——我的治学经验（五）

古人常说《诗》无达诂。一首诗的解释常常是各说各的，难得一致。就拿《诗经·伐檀》里的两句，"彼君子兮，不素餐兮"来说，有说是赞美的，有说是讽刺的，"不素餐"甚至有说成"不吃素"的。当然后世成语"尸位素餐"是贬义，指白吃干饭，但全诗是美是刺还是难有定论。这种情况，在古代作品的解释方面是屡见不鲜的。

还有一种情况，大家意见似乎没有问题，但是认真想一想就会有疑问，如王昌龄《从军行》"青海长云暗雪山，孤城遥望玉门关。黄沙百战穿金甲，不破楼兰终不还。"这最后一句，很多人都说成是壮语，表现志在破敌的决心。甚至有人据以推论王昌龄早期歌颂开边政策。但是如果细心想一想，他为什么不说"不破楼兰誓不还"呢，而用个"终"字，有的本子甚至是"竟不还"。因此，尽管很多人都把这句当成志在破敌的壮语，但却不一定符合作者的原意。清朝沈德潜《唐诗别裁》于这句诗下注说："作豪语看亦可，然作归期无日看倍有意味。"沈的意见显然是侧重后者。《从军行》是一组绝句，在这前面一首是这样的："关城榆叶早疏黄，日暮云沙古战场。表请回军掩尘骨，莫教兵士哭龙荒。"这哪里有豪壮的意味？所以可以肯定是对归期无日的惆怅之情。

《陌上桑》是中华人民共和国成立后一直入选的古典名篇。但对罗敷的一段话却很值得怀疑。罗敷的年龄"二十尚不足，十五颇有余"，但夫婿已是"四十专城居"，相差二十多岁，而夫婿"十五府小吏，二十朝大夫，三十侍中郎，四十专城居"，官也升得太快！甚至过去有人批评，这个女子盛夸夫婿，如果夫婿不是高官，她就会跟使君共载而去。这真是天大的冤枉。罗敷这位夫婿，实际是杜撰的。使君凭什么要罗敷共载，依靠的是权势。对这种人只有权势才能使他清醒，这不是最简单的道理吗？所以根据文字内容，开动脑筋，常常会发现问题，而自己能力也就会随之提高。

## 勤于探索，勇于改正
### ——我的治学经验（六）

《老子》里有句名言："知人者智，自知者明；胜人者有力，自胜者强。"读书为学也是如此。要不断地积累，增长知识，又要不断地汲取新知，改正自己过去不正确或者不完整的某些观点。积累知识，不但在书本上，到处留心皆学问。有些问题，看来很复杂，书里弄不清楚，在生活中往往迎刃而解。朱庆馀《近试上张水部》："洞房昨夜停红烛，待晓堂前拜舅姑。妆罢低声问夫婿，画眉深浅入时无？"首句"停红烛"的解释，当年曾争论不休。广东有位诗人举出许多例子，认为"停"就是成双的意思，表示洞房里有一对红烛，是喜庆气氛。问题好像解决了。但仔细琢磨，这和昨夜有什么关系呢？后来我到兰州，听到当地同志说，甘肃人把点灯叫作"停灯"，于是全句诗就讲活了。本来夜晚应该熄灯安寝，但为了要拜姑舅，所以停烛待晓，不是合情合理吗？白居易新乐府里有首《缭绫》一直选为中学教材。我在南京教师进修学院为中学教师备课时，对其中一句"丝细缲多女手疼"的"缲"字觉得费解。课本上注为同"缫"，但这首诗讲的是"织"，怎么扯到缲丝上去了呢？有位老师是浙江吴兴人，她做过织绸女工，告诉我，"缲"就是织绸时的毛缲头，要一点一点用手拣掉，我才恍然大悟"丝细缲多女手疼"的道理。可见知识要从多方面积累。

有时候由于有了新的知识会发现自己原来说法的毛病，就要勇于改正自己的观点。下面举个例子。《苕溪渔隐丛话》的序注明戊辰（绍兴十八年，1148年）我相信这个说法，因此我原来写的《读校随感录》里认为那里面引了洪迈《夷坚志》是错简。后来发现我错了，那篇序是书成以后补写的。因此我修正了自己的看法。又如我原来认定"绝句"一名是起于唐初。但是我忽略了徐陵《玉台新咏》卷十里早有了"绝句"的名称。因此我就修改了自己原来的说法。这样心里才踏实。学问是一生的事，必须有老老实实的态度，不断地探索新问题，加以积累，一旦发现原先的认识有问题，就要勇于自我改正。这大约也是"自知者明"，"自胜者强"的表现吧！

（以上六题均刊于1997年《淮阴师专报》）

# 生平履历

# 周本淳先生生平介绍

詹佑邦（时任淮阴师院院长）

周本淳先生，安徽肥西人，1921年12月22日生，因病于2002年7月29日19点54分去世，享年82岁。周本淳先生1945年毕业于国立浙江大学中文系，1949年4月参加革命工作，长期从事教育和学术研究工作。先后曾在遵义师范学校、贵州省立高中、南京市一中、南京教师进修学院、南京师专和淮阴师范学院等校任教，是我国著名的古典文学和古籍整理专家、教授。曾任原淮阴市政协副主席、淮阴师专副校长等职务。

周本淳教授前半生的经历较为坎坷，但他始终以祖国为重，以事业为重，以他人为重，心胸豁达，仁爱友善，为人正直。"文化大革命"中，他因厌倦动乱而主动举家来淮安农村劳动与教书，与当地许多农民结成好友。来校任教后他为人师表，严谨治学，乐于助人。前不久，他还捐献2000元，帮助特困学生完成学业，并一再嘱咐不要说出他的名字。他的高尚人格和积极达观的生活态度，深受全院师生的爱戴和尊重，全院上下，无论老小，大家都尊称他为"周老"。多少年来，不管地位如何变化，在职与否，他一直非常关心学校的建设与发展，为淮阴师范学院的今天，做出了巨大的贡献。

周本淳教授一生的大部分时间，是在讲台上度过的。他是一位师德高尚、知识渊博、广为学生敬重的老师。他授课洒脱而严谨，生动且风趣,深入又浅出,达到了"从心所欲不逾矩"的境界。他的教学,不但激发起学生的求知欲望,而且在潜移默化中再造着学生的人格和人品。历年历届的学生,都以听过他的课而自豪,都以做过他的学生而骄傲。周本淳教授是一位真正无愧于桃李满天下的杰出的教育工作者。

在学术研究领域,周本淳教授的贡献和影响也是令人瞩目的,堪称一代宗师。他的学术兴趣主要在古典诗学上,他是国务院古籍整理小组成员,他点校和出版过《唐音癸签》《震川先生集》《诗话总龟》《唐才子传校正》《唐人绝句类选》《苕溪渔隐丛话》《读常见书札记》等多部著作。近年出版的《诗词蒙语》,是他沉潜反复数十年的精心之作,该书系统完整,通俗易懂,新见迭出,精彩纷呈,是公认的大家之作。另外,周本淳教授还是一位诗人,他的《蹇斋诗录》,激情澎湃,风格纯正,自成一家。

周本淳教授的学术精神,更是令人崇敬佩服。他始终抱着"待人当宽,为学当严"的实事求是的科学态度。他一生撰写了大量批评商榷性的文字,人们一方面惊叹他学识的渊博与严谨,一方面也更加敬重他的人品和科学精神,许多学者还因此与他成了好朋友。最近,上海文艺出版社将周本淳教授的著作,收入了"学者讲坛丛书",这也充分显示了周本淳教授学术研究的价值与地位。

周本淳先生作为一位无党派民主人士,始终与共产党"肝胆相照、荣辱与共"。他长期担任市政协副主席的领导职务,坚决拥护以江泽民同志为核心的中国共产党的领导,拥护"一个中心、两个基本点"的党的基本路线和多项方针政策,积极履行人民政协"政治协商、民主监督、参政议政"的职能,为淮安市两个文明建设提出过许多很有见地的有益的意见和建议。就在他逝世的前十几天,他还坚持参加市委召开的老同志座谈会,并在会上作了重点发言。周老的逝世,不仅是我市教育界、学术界的一大损失,也是我市人民政协和统一战线工作的一大损失。

一位可敬可爱的老前辈、老学者、老领导、老师长,一位与共产党长期合作的老朋友、好诤友,周本淳教授永远活在我们心中。

周本淳先生安息吧!

2002 年 7 月 31 日

# 周本淳先生年谱

周先民

**1921年 1岁**（年龄依惯例按虚岁计算）

周本淳，字謇斋，12月22日冬至（农历辛酉年己亥月二十三日）生于安徽省合肥县（后改为肥西县，今划归合肥市）西乡烧脉岗康湾村。周姓为肥西大族，四世祖周盛华率四弟周盛波、五弟周盛传入淮军。盛华不幸战死，盛波、盛传则分任淮军四大主力之一的"盛字营"主将、副将，二人均积功至一品武官，《清史稿》《中兴将帅别传》皆有传。今肥西紫蓬山国家森林公园塑有兄弟俩大型雕像。大伯父周孝楣曾就读于保定清江武备学堂，与蒋介石同班。父周孝植，生于1892年，读过书院，性格温厚，颇有诗才。母吴元玲，生于1894年。娘家为肥东大族，其父曾官至道州知州。兄周本厚（后改名为周伯萍），生于1920年3月。1938年读高二时投笔从戎，参加革命。1949年后历任粮食部办公厅主任、副部长、外交部多任驻外大使、国家计生委副主任等职。2012年6月逝世。

**1926年 6岁**

入私塾发蒙，每天上午半天上课，主要为认字，背诵蒙童课本《三字经》《百家姓》《千字文》之类。

**1928年 8岁**

与兄本厚一起，至离家百里之遥的肥东六家畈吴氏养正小学读书。六家畈为母亲娘家所在地,吴氏养正小学是肥东吴姓大族兴办之新式小学,在当地开近代教育之先河。

**1931 年 11 岁**

读小学四年级。九一八事件发生后,与同学一起下乡轰轰烈烈宣传抗日,以至于将嗓子喊哑。他自己回忆说,此为就读养正小学期间最值得记忆之事。

**1932 年 12 岁**

2 月,全家搬至合肥城里,转学至旸谷小学(合肥第二完全小学)读五年级。是年春,父亲病故,享年仅 40 岁。

**1933 年 13 岁**

7 月,小学毕业。8 月,考入合肥省立六中初中部,尤爱英语,习惯于用英语写日记。课外活动则热衷于网球。

**1934 年 14 岁**

8 月,罹患伤寒,几死。休学半年。

**1935 年 15 岁**

2 月,转入芜湖中学读初一。

期末在饭厅开夜车复习迎考时,屋顶忽然倒塌,被埋于瓦砾中而失去知觉,腰椎因此受重伤。

**1936 年 16 岁**

读初二。因反对军训必须剃光头,高一同学发起"护发运动",全体罢课至校外游行。其亦加入其中声援。事后受罚,先被勒令退学;做检讨后,减罚一等,被勒令转学。发转学证书,可以考他校。暑期考取合肥庐州中学初三插班生。

**1937 年 17 岁**

暑前考高中,因平素顶撞老师而未被本校录取。但被苏州高中录取。八一三日寇进攻上海,苏州高中无法开学。后又考安庆高中,未收到录取通知，因此辍学在家半年。

**1938 年至 1940 年　18 岁至 20 岁**

3 月，在流波疃考取安徽临时中学高中，随校先流亡武汉，又迁湘西，途中罹患恶痢几死。

7 月，考入湖南永绥国立八中高中，遇名师张汝舟先生（名渡）。张师道德文章，世之楷模。深深敬仰其学问与为人，从此勤奋读书，经史子集，无所不涉。每日必临摹魏碑，从未间断。高中期间，读书之外，还爱好各项活动，身兼班级篮球队员和排球队员，并擅棋艺，曾获全县象棋比赛冠军。

**1941 年至 1945 年 7 月　21 岁至 25 岁**

1 月，于国立八中高中毕业后，迫于生计，2 月至 4 月任教于湖南里耶镇小学。

6 月，与同道四人步行 800 里，穿越湘川黔交界之群山，至遵义投考国立浙江大学文学院中国文学系。尽管因数学试题错为高等数学而得了零分，但还是因总分高而被录取为公费生。不但学杂费、食宿费全免，每学期还有 130 元零用。后又获最高奖学金——中正奖学金 400 元，故有余力买书。

浙大文学院名师荟萃，从王驾吾先生（名焕镳）学桐城派古文；从郦衡叔先生（名承铨）学杜韩苏黄诗。曾以"蹇斋"笔名，厕身诸老之间，在《时事新报》副刊诗坛名宿潘伯鹰主编之旧体诗词专栏《饮河集》上发表诗词。他自己回顾说："其时为诗，刻意追摹，学杜韩，效郊岛，复又酷爱坡仙，心仪其人，诗效其体，然境必己所亲历，情必己所感发，无病呻吟，优孟衣冠，固所不屑为。此余学诗最力，为诗最夥之阶段也。"（《蹇斋诗录·自序》）并将浙大求学期间所作诗稿编为《太学稿》一册，可惜今已亡佚。

在校期间，曾一度削发茹素礼佛。

## 1945 年 25 岁

7月，于浙大文学院中文系毕业，获文学学士学位。

8月，任遵义师范教员，讲授国文、外国史。

10月，任遵义省立高中国文教员。

## 1946 年 26 岁

1月，辞去遵义师范教职。

6月，辞去遵义省立高中教职，自费随浙大返乡。于该校虽仅任教半年余，却因人品、师德、学识深受学生爱戴，师生情谊历半世纪余而不衰。其2002年逝世后，当年遵高学生纷纷写出回忆文章，并出版《沉痛悼念周本淳师尊专辑》。

8月，应教育部模范学校南京一中之聘，任高中国文教员。

11月，用文言写就之毕业论文《从〈白石道人诗说〉论白石之诗》发表于《文化先锋》。此为第一篇学术论文。论文结合《白石道人诗说》之诗学理论，对照姜白石之诗歌实践，阐述白石之诗在"琢句""属对""谋篇""造境""韵度""隶事"等方面之特色与成就，并指出其"琢句之过"、"失于轻露"、体物过于细碎等瑕疵。

## 1947 年 27 岁

8月，兼任南京钟英中学教员。

## 1948 年 28 岁

1月29日（农历丁亥年十二月十九日）为苏轼诞辰纪念日，与钱煦女士于南京洪武路介寿堂（新中国成立后改为工人文化宫）举行婚礼。钱煦为其浙大中文系低年级同学，浙大数学系名教授钱宝琮之女。1947年夏毕业后亦来南京一中任教。热恋数年之有情人终成眷属，从此伉俪情深，至死不渝。

### 1949 年 29 岁

4 月，辞去南京钟英中学教职。

4 月 23 日，南京解放，留任南京一中教高中语文。其后，曾任语文教研组长、教导副主任。

虽身为中学教师，课务繁重，但终年手不释卷，嗜读成习。并长期在南京大学听课，从胡小石、汪辟疆等名师习古文字、古诗文等。

### 1954 年 34 岁

代表南京一中，在江苏省语文教学会议上做经验介绍，并和钱震夏一起负责教学纲要起草工作。

### 1955 年 35 岁

4 月，作为教师代表，参加江苏省教育代表团访问江西。

冬，冯至（时为全国人大代表、北京大学西语系主任）组织南京语文教师座谈会。会上发言，批评教育局对教师只使用不培养。

### 1956 年 36 岁

因工作表现突出，被评为南京市教育工作者先进代表，受到嘉奖。

5 月，调任南京市教师进修学院语文教员、教导副主任。江苏省委文教书记陈光于进修学院召开座谈会。会上发言，认为南京分别隶属省、市之两所教师进修学院机构重复，人力分散，应该合并。

苏州高中召开江苏省第二次语文教学会议。其时虽已调入南京市教师进修学院，但仍代表南京一中出席会议并作经验介绍。

12 月，《怎样学好语文》一书由江苏人民出版社出版。此为首部著作，因为切合学生实际，适应教学需要，所以出版后极受欢迎，一版再版。尽管时过境迁，但其精华部分对于当今中学生之语文学习及中学教师之教学工作当仍具参考价值。

用稿费加上平时积蓄，花费 500 余元购入一部《四部备要》。

同年，应上海古典文学出版社之约著述《宋诗选》，业余时间悉数投入。

**1957 年 37 岁**

4 月，写成《离骚浅释》初稿。

**1958 年 38 岁**

2 月，上海古典文学出版社欲发排《宋诗选》，来信催稿。于是快马加鞭，完稿寄上。

9 月，南京师专成立，调任南京师专图书馆资料员。

**1959 年 39 岁**

被打成右派后，认为冤枉，不断申诉。因为心里并不认为被打成右派就低人一等，还曾大声指责趁人多拥挤而不买车票的"左派"同事。

**1960 年 40 岁**

3 月，群众会上被宣布摘掉右派帽子，分配至南京九中兼课。

9 月，正式摘帽，工资上调一级，调至南京师专中文科教课。

**1962 年 42 岁**

南京师专撤销，调回南京市教师进修学院语文组任教。

**1963 年，43 岁**

工资再上调一级。

**1965 年 45 岁**

2 月，被派往江苏省盱眙县马坝公社劳动锻炼。

7 月，返回教师进修学院。

**1966 年 46 岁**

**1968 年 48 岁**

10 月，次女远赴内蒙古插队。因仍被隔离审查，不得相送，只能"牛棚"话别。

### 1969 年 49 岁

8 月，进修学院撤销，人员皆入南京市一〇四干校参加劳动。

11 月 28 日，率全家乘卡车下放江苏省淮安县平桥公社。因落户地孟集大队陆庄生产队距公社竟有 18 里之遥，只好自己用板车拉着年届 76 岁高龄的母亲前往。三代八口人挤住两间小草屋。此后一应农活无所不干。

### 1970 年 50 岁

务农，与社员一起整天干活。

夏，被抽调至公社负责分配下放干部的盖房木料。先人后己，给自己留下的皆为挑拣剩下之毛竹。结果房子刚盖好，屋顶就严重下榻成为危房，只好再想方设法加固修理。

年末，作为宣传队员进驻平桥公社机关，开展"一打三反"运动。

### 1971 年 51 岁

大部分时间在社直机关搞运动。

### 1972 年 52 岁

7 月，被召集至淮安县第二中学编写高二语文教学参考资料。从此与"同是天涯沦落人"之南京下放干部常国武、孙肃、季廉方相识，四人常以诗词酬唱往来。因淮安古称"山阳"，故戏号曰"山阳四友"，结成莫逆之交。

8 月，离开生产队，调任平桥公社平桥中学教员，讲授语文、地理、农基等课。夫人钱煦（原南京一中高中语文教师）前此半年已在该中学任教。

### 1976 年 56 岁

9 月，致信南京师院唐圭璋教授，言及欲为"东坡词"作"详笺"。可惜，该计划很快就因忙于古籍整理而搁置下来。

10 月，以粉碎"四人帮"为标志，国家政治、经济、教育、学术等出现转机。

11月,南京师范学院淮阴分院成立。

**1977年 57岁**

接受上海古籍出版社之约开始校点《唐音癸签》,此为校点古籍之始。

**1978年 58岁**

2月,由平桥中学调任南京师范学院淮阴分院(1979年2月更名为淮阴师范专科学校,1997年6月升格为淮阴师范学院),任政文科教员,讲授古代文学史、古代文学作品选、文化史等课程。其教书育人之风采,从张乃格、沈立东、卢新元、黄震云、文廿等高足之回忆文章(均载于《追思录》)中可见一斑。

4月,赋《感事》一诗,以庆其事,并表达了欲在晚年"振翮""返景",在学术上有所作为之壮心。诗云:

> 不堪回首恸芝焚,何幸清时再右文!
> 廿载戴盆终见日,他年振翮会摩云。
> 患惟狐鼠除能尽,收在桑榆事已勤。
> 放眼神州歌四化,挥戈返景鲁阳勋。

7月,长子先民、小女先林、次子武军同时考取高校。

8月,夫人钱煦亦从平桥中学调至该校,讲授古汉语课程。自此安家于清江市,立足于淮阴师专,潜心于教学与学术研究。

9月,送先民、先林前往南京上学。写下歌颂新时代、勉励子女勤勉于学并表达自己厚爱之《送民儿林女赴南京师院》一诗:

> 新天多雨露,沾溉到民林。

> 云路知无乐,骊珠贵自寻。
> 锲期金石镂,学共岁年深。
> 短句聊相勖,悠悠父母心。

9月,将1957年4月即写成初稿之《离骚浅释》加以修改,油印成册,作为教材发给学生。《离骚浅释》约四万五千字,分为"解题""注释""简析"三个部分。注释引经据典,简明扼要。简析提纲挈领,画龙点睛。而用文言写成之解题尤其精彩,既旁征博引,又善于分析综合,为阐明千百年来"各执一词"之《离骚》题义,提出了富有说服力之新解。

**1979年 59岁**

3月,论文《〈辨奸论〉并非伪作》发表于《南京大学学报》1979年第1期。

该文是新时期以来第一篇考辨聚讼纷纭的《辨奸论》真伪疑案的力作,也是近五十年来,持"肯定说"的最早的一篇具有说服力的论文。

6月,《苏老泉就是苏东坡》发表于《南京师院学报》1979年第2期。

12月,《老泉·东坡赘语》发表于《南京师院学报》1979年第4期。

12月,《胡震亨家世、生平及著述考略》发表于《杭州大学学报》1979年第4期。

胡震亨是编集评定一千零三十三卷唐诗的《唐音统签》之作者,堪称明后期最大的唐诗学者。但除有关方志外,胡氏竟无传状志铭留世。该论文索隐探赜,考定了胡震亨的家世、生卒年、生平及著述,填补了胡震亨研究的空白,1984年获江苏省第一届社科类优秀成果三等奖。后《中国年谱综录》收入其中以代胡氏年谱。

**1980 年 60 岁**

3 月，《"官奴"非王献之小字》发表于《中华文史论丛》1980 年第一辑。

5 月，写成《童子·弱冠·他日——试论王勃作〈滕王阁序〉之时间》，见《读常见书札记》（周本淳著，江苏古籍出版社 1990 年 3 月出版。以下简称《札记》）。

6 月，《唐朝李氏的辈分问题》发表于《南京师院学报》1980 年第 2 期。

9 月，《〈世说新语〉原名考略》发表于《中华文史论丛》1980 年第三辑。该文初稿写于 1957 年，修改于 1979 年，是长期潜心考证的成果。论文分析了《世说新语》四种书名的来龙去脉，其追本清源考证出的《世说新语》即为其原名的结论，应难以推翻。

10 月，《何谓"周星"》发表于《辞书研究》1980 年第三辑。

12 月，《"天下非小弱"解》发表于《南京师院学报》1980 年第 4 期。

12 月，《也谈〈望岳〉的立足点》发表于《南京大学学报》1980 年第 4 期。

此年起任江苏省高校语文教学研究会副秘书长。

**1981 年 61 岁**

年初，任淮阴师专学术委员会主任，并兼任《淮阴师专学报》主编。

2 月，《王昌龄早期颂扬扩边战争吗？——与吴学恒、王绶青两同志商榷》发表于《文学评论》1981 年第 1 期。

4 月，任中文系副教授。

5 月，《唐音癸签》校点本由上海古籍出版社出版。

《唐音癸签》体大思精，引征广博，资料丰富，除保存了大量的有关唐诗的古诗话之外，作者胡震亨的评论文字也很有见地，对今人的研究很有参考价值。但胡震亨对所引资料，有时妄加改动，或剪裁颠倒，或断章取义，或以甲为乙等，为阅读带来诸多不便。1957年古典文学出版社曾加标点排印，1959年中华书局上海编辑所又加订正再版，然校点方面讹误仍多。校点本"凡胡书所引材料能见原书者必取以检讨"（周本淳《诗词蒙语》所附《自传》），对讹误多所订正，用者称便。校点本成为通行本，并于1984年8月再版发行。

　　6月，《"羽扇纶巾"究竟指谁？》发表于《南京师院学报》1981年第2期。

　　6月，《读校随感录》发表于《徐州师范学院学报》1981年第2期。论文根据考证，举出了古籍中存在的大量误校实例。同时又根据自己在校点古籍时解决疑难杂症的实践经验，提出了校点古籍时必须高度注意的几个问题：一是要有时间观念；二是对地名、人名必须格外用心；三是对诗句、词律需多加注意；四是强调了追本溯源的重要性；五是呼吁校点者既要提高学识修养，又要端正工作态度。

　　7月，《"会当凌绝顶，一览众山小"》发表于1981年7月5日《光明日报》。

　　此为发表古诗文鉴赏类文章之始，此后有数十篇问世。

　　9月，《震川先生集》校点本由上海古籍出版社出版。

　　明代学者兼散文家归有光的《震川先生集》四十卷，除《别集》一卷为诗作外，其余皆为文章，内容十分丰富，有重要的学术价值。《震川先生集》有多种版本传世。校点本以《四部丛刊》影印的康熙时常熟刊本为底本，以嘉庆元年玉钥堂刻印的《震川先生大全集》为主要对校本，标以新式标点，并仔细校正讹误，为今人提供了一个相当完善并使用方便的读本。

## 1982 年 62 岁

年初，任淮阴师专副校长。

1月，《古代诗国里的王昭君》发表于北京出版社《阅读与欣赏》古典文学部分（五），由中央人民广播电台著名播音员夏青播出。

3月，《校点〈诗话总龟〉三题》发表于《淮阴师专学报》1982年第1期。

4月，写成《〈诗话总龟〉版本源流考略——兼向郭绍虞先生请教》，见《读常见书札记》。

4月，《明清诗坛上不可无此一席——试论胡夏客其人其诗》发表于《文学评论》1982年第2期。

明末清初的胡夏客无论诗作还是编纂诗集都卓然有成，但1949年前后的各种文学史、诗史不见其名，各种诗选不选其作。论文用第一手资料，全面叙述了胡夏客身更丧乱、蒿目时艰的经历，分析了其忧心家国、志学陶潜的心迹，介绍了其协助其父胡震亨编纂《唐音统签》的功绩，然后用大量篇幅论述了其诗作"刻意翻新、自成面目"的艺术成就。论文指出其人"博学多闻，守志不阿"，其诗"出入诸家，直写所见所闻所感，于甲申、乙酉之间，足补一时诗史，立意尚高而不悖义理，立言求新而不避俚俗"。既然如此，当然"明清诗坛上不可无此一席"。论文也因此填补了明清诗史的一个空白。

4月，《读诗词漫记——诗词语言》发表于《学林漫录》第五集。

5月，写成《"炼师"词意变迁说略》，见《读常见书札记》。

5月，写成《〈宋诗话辑佚〉有关〈诗话总龟〉条目补正》，见《读常见书札记》。

此文亦是有关校勘学的重量级论文。一是补录《辑佚》所遗漏者，计有《王直方诗话》八条，《古今诗话》二十二条，附说一条；《诗史》五条，另二条存疑；《纪诗》二条，《闲居诗话》一条；《吕氏童蒙诗训》

半条。二是正其出处误注者十五处。三是列举其标点错误者十七处。

8月，赴青岛参加全国《文心雕龙》学会成立大会。

8月，参加江苏省文学研究会在连云港举办的学术讲座。南京大学中文系教授王气中先生主讲"王勃年谱"。因其安徽方言较难听懂，故担任陪讲工作。一边口头诠释王先生所讲内容，一边如响应声一般，随手板书其出典篇目及引文，其博闻强识，令与会者惊叹。

9月，《有关胡震亨材料补正》发表于《杭州大学学报》1982年第3期。

### 1983年　63岁

3月，写成《"英雄亦到分香处"——读魏武〈遗令〉》，论文确切指出了曹操《遗令》之全文不见于和见于何种文献，对于"分香卖履"一典历来的不同理解，更是旁征博引，提供了不少鲜为人知的资料和见解。

5月，参加全国首届建安文学学术讨论会，《遗令》一文在众多论文中颇受好评，被与会的《文学评论》编辑陈祖美先生誉为"其中的佼佼者"。后被收入《建安文学研究文集》（黄山书社，1984年11月出版）。

5月，江苏省淮阴市第一届政协成立，以无党派人士代表的身份，被推选为政协副主席。

8月，写成《吹毛索瘢，涤瑕荡垢——谈〈陈与义集〉标点问题》，见《读常见书札记》。

此文亦是有关校勘学的重量级论文。文章从中华书局校点本《陈与义集》的"校字失当""篇名误漏""人名失误""引号不当""失其句读"五个方面，举出该书校点的六十五处失误，且全给出正解。并且指出"校点唐以后的诗文集"，必须"熟悉诗律及诗词习用表达方式"，"注意时代及目录版本常识"，"更重要的是了解古人行文的习惯"。

10月,《读甫之诗,识甫之心——舒雅〈杜甫诗序记〉评介》发表于杜甫研究学刊《草堂》1983年第1期。

10月下旬前往湖南参加周易学术讨论会。会期中适逢夫人钱煦60岁生日,遥寄贺诗《述和六十生辰余于役湖湘寄诗为寿》(夫人字述和——民注):

> 结发同心卅五年,可堪屈指算华颠!
> 惯尝是是非非味,难数风风雨雨天。
> 老境人夸真啖蔗,奇文相赏似登仙。
> 一杯遥献生辰酒,喜共呱呱汤饼筵。

年底,淮阴师专学校领导换届,因已年过六十,不再担任副校长。

### 1984年 64岁

3月,《从"岳庙"与"岳寺"谈起——韩愈〈谒衡岳庙遂宿岳寺题门楼〉两条注解的辨析》发表于《淮阴师专学报》1984年第1期,后收入《唐诗探胜》,中州古籍出版社,1984年7月。

6月,《〈评历代诗话续编〉的校点——从〈碧溪诗话〉谈起》发表于《淮阴师专学报》1984年第2期。

8月,《诗词中的时地问题——诗词蒙语之三》发表于《文学评论》1984年第4期。

### 1985年 65岁

5月16日,侍奉一生的老母吴元玲以九十二岁高龄因心脏病逝于淮阴。

11月,《唐人绝句类选》由浙江古籍出版社出版。

唐诗选本很多,但该选本特色鲜明:一是按类编排。为了便于比较,把五绝、七绝按照题材各分为八类:一、反映各阶层生活面貌的;

二、反映边塞征戍的;三、反映"宫怨""闺怨"的;四、反映离情别绪的;五、景物登览、即事抒怀的;六、"咏史""咏怀古迹"的;七、"咏物"的;八、难归于上述类别又不可不选的名作及"哀挽""论诗""回文"等杂诗。二是解说评点简明扼要。诗中不加注,但各类前有一提纲挈领的总说,介绍此类题材诗作的总体特色。各诗后则有画龙点睛的评点。三是便于诵读。对难字注音释义,对平仄两读之字用括号注明诗中读平声或仄声。四是篇首的前言对绝句的产生与发展、唐人绝句的概况与程度都有详尽的论述,篇末辑有作者小传,并有笔画索引供查阅。其体例的独创性、选诗的学术性、使用的便利性皆自成一家。1988年获淮阴市社科优秀成果一等奖。

11月,《陆游〈钗头凤〉主题辨疑》发表于《江海学刊》1985年第6期。

12月,《袁枚与"桐城派"》发表于《淮阴师专学报》1985年第4期。

此年江苏省高校古籍整理研究领导小组成立,任副组长。

此年起担任淮阴市文联常务理事、淮阴市文学工作者协会名誉主席。

### 1986年 66岁

4月,《诗词中的草木虫鱼问题》发表于《学术论坛》1986年第4期。

11月,任教授。

11月上旬,赴江苏高邮参加全国首届秦少游学术讨论会,提交名为《略论秦少游的绝句——从所谓"女郎诗"谈起》的论文。

### 1987年 67岁

3月,《"前不见古人,后不见来者"非陈子昂首创》发表于《江海学刊》1987年第2期。

陈子昂的《登幽州台歌》千载传唱，尤其是"前不见古人，后不见来者"两句有口皆碑，从来没有研究专家怀疑过其"原创权"问题。但是，该文以确凿的证据，考证出"前不见古人，后不见来者"为晋宋间熟语，而并非陈子昂原创。文章刊出后，学术界反响热烈，《人民日报》《文摘报》《文汇报》等纷纷予以摘登。

6月，《〈苕溪渔隐丛话前集〉成于孝宗初年说》发表于《文学遗产》1987年第2期

6月，《唐才子传校正》由江苏古籍出版社出版。

元人辛文房游目简编，宅心史集，其所撰《唐才子传》十卷，求详累牍，旁搜博采，为近四百位唐诗人写下了或详或简的传记，留下了极其宝贵的文学史料，是当今研究唐诗和唐诗人的不可或缺的重要参考书。可是原本谬误抵牾，往往杂见。一是时间失次，二是地理讹误，三是误甲为乙，四是褒贬失实。《唐才子传校正》以存于日人林述斋（天瀑山人）所编的《佚存丛书》中的日本翻刻的元椠五山本为底本，以陆芝荣三间草堂本为主要对校本，并参考南京图书馆藏的两种日刊本、指海本和《粤雅堂丛书》本，对勘比校，订正了刻本和原文中的许多讹误，用者称善。黄震云先生曾在《淮阴师专学报》1988年第4期上发表《唐代文史研究的重要贡献——周本淳教授新著〈唐才子传校正〉评价》一文予以推介。

有个花絮值得一提。这本江苏古籍1987年6月出版的书，1988年3月即被台湾文津出版社盗版印出。后来经过交涉，文津出版社赔偿了四五百美元。文津出版社以大量出版学术著作著称，这样不经作者同意即随意出版，当然有失身份，但似乎也可作为此书学术价值的一个旁证。

8月，《诗话总龟》校点本由人民文学出版社出版。

《诗话总龟》是宋代三大诗话总集中最早的一部，在编排上以类

相从，不仅采撷诗话，而且杂引小说，保存了大量资料。所引之书，今多不存，所以尤显珍贵。同时因为缺少佐证资料，给校勘增加很多困难。校点者自言甘苦说，"校点《诗话总龟》最烦难的工作，是若干条漏注出处的要为它们寻出娘家，出处注错的要叫它们归队"（校点《〈诗话总龟〉三题》）。校点本为此做出了极大的努力。

此年起任淮阴市诗词学会名誉会长。

**1988年 68岁**

1月，《小仓山房诗文集》标校本由上海古籍出版社出版。

《小仓山房诗文集》是研究清代文学、历史的必备参考书。作者袁枚侔今无徒，侪古少类，好咏，好论，好色，好钱，好游，好友，好美食，好花鸟，好泉石。著作等身，有《诗集》三十二卷，存诗近七千首，《文集》三十二卷，《外集》（骈文）八卷。标校本以随园藏版的诗文各三十二卷本为底本，取《四部备要》本补足《文集》《外集》，根据《诗集》单刻本抄补诗集。《四部备要》本排印错字，以嘉庆刻本改正。《外集》用典有误者，依石韫玉《袁文笺正》出校。标校本校勘精审，并加上包括专名号在内的新式标点，为今人的阅读利用提供了方便。袁枚号称通天神狐，博极群书，其文驱使简册出神入化，所以标校者在为其所涉之书标出书名号时颇费心血。其在前言里感叹道："欲求正确使用专名号，至感困难。"

1月，淮阴市政协换届，连任第二届政协副主席。

3月，《承袭与变化——诗词蒙语之十四》发表于《淮阴师专学报》1988年第1期。

6月，《杜甫与苏轼论书诗之比较》发表于《淮阴师专学报》1988年第2期。

**1989年 69岁**

6月，《增益所见 别有会心——诗词蒙语之十》发表于《扬州师院学报》1989年第2期。

6月,《着盐于水 以旧为新——诗词蒙语之十五》发表于《淮阴师专学报》1989年第2期。

6月,《中华版〈苏轼诗集〉错误举例》发表于《古籍整理研究学刊》1989年第3期。

论文举例指出了1982年中华书局版《苏轼诗集》存在的问题。一、"辑佚"29首中存在三类错误:一是将他人诗作误认为苏轼作品;二是把苏轼诗中节录的语句误为又一作品;三是随意解释。二、指出其内容上明显有误的六例校字错误。三、举出了十六例断句错误。文章不长,但一针见血,显示出极高的学识素养。

9月,《诗词的情理——诗词蒙语之十六》发表于《淮阴师专学报》1989年第3期。

**1990年 70岁**

3月,论文集《读常见书札记》由江苏古籍出版社出版。

虽然由于经费问题,论文集一直推迟到1990年3月方才付梓面世,但实际上早在1983年底业已编定,所以所收论文的时间下限是1983年。除了开头《〈离骚〉解题》与《〈世说新语〉原名考略》两篇的初稿写于1957年之外,其他六十六篇皆写于1979年至1983年的五年时间里。论文集二十四万三千字,收有大小论文六十八篇,其中包括讨论古籍校点问题在内的考据性论文有五十篇,占了百分之七十三。这些考据文章大多不长,从篇幅上看小文章居多,但其考证的论据皆为第一手材料,解决的大多是常用书中学者们不曾发现的学术问题,所以小文章中其实饱含着读书万卷的大学问。1991年获江苏省第三届社科优秀成果三等奖。

5月,担任主编的全国高等师范专科学校教材《古代汉语》由华东师范大学出版社出版。

该书使用繁体字，分为绪论、文字、声韵、词汇、语法修辞、文言文的标点与翻译、古代文化常识、常用工具书及其使用及文选等九个部分，在针对性、教学性、实用性方面都有鲜明特色。出版后受到欢迎，至1992年4月已是第三次印刷。

5月，携夫人钱煦往贵阳参加全国屈原学会年会，顺道周游六省，时将匝月。写下《黔游杂诗》十七首。6月3日游贵阳附近织金洞后驰骋才情，写下长达一百二十句的七古记游诗《游织金洞》。该诗移步换形，穷形尽相地描绘出织金洞的奇景。

6月，《唐人咏杨妃诗引起的思考》发表于《淮阴师专学报》1990年第2期。

10月，《〈宋诗纪事续补〉疏失举例》发表于《古籍整理研究学刊》1990年第5期。

12月，《"鲍叔和"现象亟应防止》发表于《淮阴师专学报》1990年第4期。

《复旦学报》1990年第2期发表的《关于〈金瓶梅〉的几个基本问题》认为：《金瓶梅》的作者很可能是明代的田艺蘅，根据是第八十一回的一首诗："燕入非傍舍，鸥归只故池。断桥无复板，卧柳自生枝。遂有山阳作，多惭鲍叔和（知）。素交零落尽，白首泪双垂。"谓此诗"实为（《金瓶梅》）作者的自我叹息"，并大发感慨，说此诗"与田艺蘅晚年在西湖放浪的情感多么切合"云云。《新华文摘》1990年第6期以《〈金瓶梅〉作者新探》为题加以转载。论文即针对上文所写，指出上文所引诗证，实为杜甫的《过故斛斯校书庄二首》之二，与《金瓶梅》的作者、田艺蘅、西湖及西湖之断桥皆丝毫无关。而且作者缺乏最起码的诗韵知识，不知"鲍叔和"的"和"，作为韵脚根本不通，不知"和"是"知"之讹，故而生生造出一个叫"鲍叔和"的人物。论文被《新华文摘》1991年第8期加上"编者按"全文转载后，在学术界产生了强烈反响。此后已有一些文章将"鲍叔和"当作了学术硬伤的代名词。

**1991 年 71 岁**

3月,《略论王安石苏轼友谊的基础——金陵之会的思考》发表于《淮阴师专学报》1991年第1期。

5月,作为淮阴市语言学会会长,出席于金湖举行的语言学会年会。会议某议程因故取消,会务组临时请其作语言学方面的报告。于是针对与会者多为中学教师的特点,以"异文辨析与文言文教学"为题发表演讲。其时手头无一字讲稿,全凭记忆,列举古代诗文名篇中的大量异文实例,从语法关系、音韵训诂等方面,深入辨析;举凡作者履历、诗文原文、所涉史实典故,皆张口就来。演讲深入浅出,妙趣横生,与会者无不为之折服。此次演讲本是一项临时安排,却成了那次年会最为精彩的内容。

5月,在南京参加首届唐宋诗词国际学术讨论会。针对学术界的新方法热潮及如何评价西方思潮发表了看法。最后以"吃中药还是吃西药,主要看能不能治病"的比喻道破了问题的实质,会场"掌声雷动"(黄震云语,见《江淮学魂 一代宗师——怀念周本淳先生》,载《追思录》)。

12月,《普及性著作也要防止错误——〈宋诗鉴赏辞典〉硬伤十例》发表于《淮阴师专学报》1991年第4期。

12月,《苏诗与宋代文化》发表于《贵州民族学院学报》1991年第4期。

论文以大量诗例从四个方面阐述了苏诗反映宋代文化的丰富内涵。一、苏诗儒释道兼收并蓄,反映了北宋徽宗以前三者互相渗透交融的现象。二、苏轼的大量书画诗反映了宋代书画艺术的繁荣。三、苏轼的民俗诗从多方面反映了宋代社会的风俗习惯。四、苏轼的二十多首饮茶诗反映了宋代茶文化的发达。论文因此结论说，研究宋代文化史不可不重视苏诗。

此年，国家为奖励为社会做出突出贡献的专家设立了"政府特殊津贴"。跻身首批"政府特殊津贴"获得者之列，直到 1993 年底退休为止。

12 月 22 日，在七十寿辰之际，挥毫写下"七十初程"四个大字，可见志在高远，壮心不已。

### 1992 年 72 岁

6 月，《苕溪渔隐丛话》重订本，由人民文学出版社出版。

北宋以前之诗话主要靠《诗话总龟》与《苕溪渔隐丛话》这两部诗话总集得以保存。但后者在编排体例、资料搜集、理论眼光方面皆优于前者，因而更受重视。重订本除细核廖德明校点本所据底本及参校海山仙馆本外，凡《苕溪渔隐丛话》所引之书，今日有本可核者，则尽可能取校。改正了原校本许多讹误，用者称善。

8 月，《〈汉字的忧思〉的忧思》发表于《汉字文化》1992 年第 4 期。

12 月，《诗的散文化和散文的诗化——试论欧阳修散文之特色》发表于《淮阴师专学报》1992 年第 4 期。

### 1993 年 73 岁

年初，淮阴市政协换届，因已连任两届副主席之职，故退任。

初夏，写下三十韵五言排律《黄河感兴》一诗。其开篇四句云："势自云间落，威难世上伦。奔腾穿九曲，咆哮历千春。"可谓大气磅礴。

12 月，《读常见书札记（三则）》发表于《淮阴师专学报》1993 年第 4 期。

年底，以 73 岁高龄退休。自 1978 年 2 月至 1993 年底，他在淮阴师专工作近十六年期间，意气风发，心情上最为舒畅；厚积薄发，学术上最为辉煌；优哉游哉，生活上最为舒适。同时也为淮阴师专，特别是中文系的发展做出了突出的贡献。

### 1994 年 74 岁

全国高校开展评定"曾宪梓教师奖"工作。此时虽已退休，但因该奖以 93 年以前在职者为评奖对象，故荣获"曾宪梓教师奖"三等奖。

3 月，《〈中国古代文化史〉指疵》发表于《淮阴师专学报》1994 年第 1 期。

4 月，《张志和生卒年考述》发表于《江海学刊》1994 年第 2 期。

12 月，《发挥文化优势，提高旅游品味——略论苏州开展唐宋诗词意境游》发表于《淮阴师专学报》1994 年第 4 期。

12 月，《送牛僧孺太湖石的李苏州非李凉》发表于《江海学刊》1994 年第 6 期。

### 1995 年 75 岁

5 月，《李白"一生低首谢宣城"析》刊载于《谢朓与李白研究》（茆家培李子龙主编，人民文学出版社，1995 年 5 月）。

6 月，《读常见书札记（四则）》发表于《淮阴师专学报》1995 年第 2 期。

7 月，突有轻微中风症状而不自觉。幼子武军强拉至医院就诊。因治疗及时而很快恢复健康。

8 月，自费出版旧体诗集繁体字版《蹇斋诗录》。

12 月，《读宋初九僧诗零拾（一）》发表于《江海学刊》1995 年第 6 期。

### 1996 年 76 岁

2 月，《读宋初九僧诗零拾（二）》发表于《江海学刊》1996 年第 1 期。

3月，复现轻微中风症状，经及时治疗后，虽无大碍，但行走尚有困难。

4月，《读宋初九僧诗零拾（三）》发表于《江海学刊》1996年第2期。

4月，13日至29日，尽管中风后步履蹒跚，仍兴致勃勃偕夫人钱煦应日本名古屋大学邀请，作为高级访问学者前往讲学访问。在名古屋大学文学院作关于唐人绝句之演讲，并抓紧时间游览名古屋、京都、东京等地。还为东京附近千叶县松户市葛饰吟社作了关于唐诗的专题讲座。返国后写下《扶桑吟草》十二首。其第一首表现其出游的欢快心绪，云：

"杜陵遗恨未能穷，白首同欣过海东。数载神交终觌面，春光骀荡乐融融。"

访日期间，曾与其子先民谈及欲在淮阴师专设立奖学金愿望。

5月，在淮阴市委、市政府组织的副市级以上离休干部的座谈会上，当着市委书记的面，直言批评市委在人事安排方面的问题。让与会者由衷钦佩。

6月，《读宋初九僧诗零拾（四）》发表于《江海学刊》1996年第3期。

7月，回忆文章《母亲》刊载于中国妇女出版社《母恩难忘》一书，文章深情回顾了母亲的养育之恩及优良品质。

### 1997年 77岁

在《淮阴师专报》上连续发表《我的治学经验》六篇，以自己的治学经历为例，殷切勉励学子们治学要"做人为本"，要"熟读深思，打好基础"，要"学会查书，勤于查书"，要"由约及博和由博返约"，要"勤于思考，勿囿成说"，要"勤于探索，勇于改正"。

### 1998年 78岁

2月，《读〈容斋诗话〉》发表于《淮阴师范学院学报》1998年第1期。

此为晚年所写的一篇重要论文。论文将《容斋诗话》与《容斋五笔》逐条核对，得出结论：1.《容斋诗话》决非洪迈自编。2.编辑者并非依《五笔》次序"掇其论诗之语"。3.内容屡经变动补充，因此无法寻其编排规律。4.《容斋诗话》有关诗歌的见解相当全面而辩证，对今人评诗仍有不可忽视的借镜作用。

6月，《随机应变，不主故常——谈苏轼两首论书七古》发表于《淮阴师院学报》1998年第3期。

### 1999年 79岁

2月，《言尽象中，义隐语外——论遮与表》发表于《淮阴师院学报》1999年第1期。

6月，《同源异派，相辅相成——论画与诗》发表于《淮阴师院学报》1999年第3期。

7月，论文集《考辩评论与鉴赏——〈蹇斋说诗〉之二》由中国戏剧出版社出版。

该书二十万字，主要收入1984年以后发表的论文。因作者曾计划将自己有关诗学的论文与《蹇斋诗录》合编为《蹇斋说诗》，所以为书名加上了这个副标题。更加遗憾的是，论文文末皆未注明写作时间，致使无法为一些重要论文编年，比如《元锡生平考略——驳"李儋字元锡"之误》《为宋祁辨诬》《王庭珪别号、贬年及生卒——〈宋诗选注〉有关王庭珪材料正误》《略论秦少游的绝句》，等等。

### 2001年 81岁

年初，自费出版简体字版《蹇斋诗录》增补本，收旧体诗271题502首，词38首，曲1首，对联9副。旧体诗中，古体、今体皆有，而以今体居多；今体诗中，以五绝、七绝、五律、七律为主，亦不乏驰骋才情学识的大型排律与古体长诗。

篇前自序，回顾了"六十年间学诗往事"，是了解其学诗作诗历程的重要资料。六十年间其诗作数量已无法统计，读浙大时即编有诗集《太学稿》，惜已佚去，其后《蹇斋诗录》仅存半帙，近年所作"随手抛掷，散佚亦多"，所以这本《蹇斋诗录》（以下简称《诗录》）远非其诗作的全貌。尽管如此，诗如其人，从这些仅存的诗作中，仍清晰地反映出他渊博的学识、过人的诗才、深刻的思考及丰富细腻的感情世界。

1月，《诗词蒙语》由上海文艺出版社出版。

《诗词蒙语》十五万余字，是一部厚积薄发、体大思精的诗学专著，是其五十年间读诗品诗的结晶与授诗作诗的心得。它大处着眼，小处落墨，面面俱到，层层剥笋，从二十个方面，对古典诗词，尤其是近体诗的基本作法，诸如平仄、对偶、炼字、炼句、谋篇、题引等等都作了具体细致的阐述；对近体诗的表现方法，诸如用典、象征、比兴、遮表、时地、情理等等都作了切中肯綮的论述。其论述深入浅出，审覈精要。可以说既是初学者读诗解诗的向导，也为爱好者开启了品诗作诗的门径。书后所附自传是了解其人生历程的重要资料。

2月，携夫人一起做客于宜兴老同学储新民家。一日早饭前忽然失踪。大家正在着急，却见他手举一支玫瑰花返回，并郑重地将花献给老伴。因为那天是情人节。

### 2002年 82岁

4月，接受例行体健，肝功能等指标均正常。

4月，草成《晚年忆旧》一文，回顾了自幼至18岁入安徽临时高中为止的生活，为家族、为后人留下了许多珍贵的家庭史料。

5月，其一人负责审订的七百万字二十巨册的《全清词·顺康卷》

由中华书局出版。

南京大学中文系《全清词》编纂研究室于1986年编成该书初稿。其后修订一次，但经中华书局抽查，认为仍然疏误甚多，无法达到出版要求，被再次退回修订。程千帆与周勋初教授遂郑重聘请其审订此书。1991年接受聘请后，全力以赴，查找资料，校勘比对，历时二年余，纠正了原稿大量的衍、脱、倒、错等等讹误，大大提高了书稿质量，终于使该书达到了出版要求。该书出版后，受到学术界及出版界普遍好评，2013年荣获第六届国家图书一等奖和全国优秀古籍整理奖。

5月至6月，携夫人外出探亲访友兼旅游近一个月。

6月，回忆文章《艺高人更高——忆恩师林散之》刊于南京出版社《金陵书坛四大家——林散之》。此为生前所发表的最后一篇文章。

7月15日，出席了市委召开的老同志座谈会，并在会上发言。

7月17日，因感冒症状看病，取药后回家。因不见好转，遂于20日住进淮安市第二人民医院治疗。不日病情急剧恶化，医院采取多种措施，并从南京接来专家会诊。去世后才被诊断为酒精中毒性肝硬化。

得知病情后，夫人钱煦及身为二院医生的次子武军连日守候在侧。长子先民从日本，二女先平从呼和浩特，长女先惠、小女先林从南京皆赶至病床前侍奉陪伴。

病重及弥留之际，淮阴市政协、淮阴师院领导以及众多亲朋好友多次前往医院探视。

7月29日19时42分，终因肝疾不治，逝于淮安市第二人民医院。

7月31日，举行了隆重的遗体告别仪式。出席告别仪式的，除了家人以及特意从北京赶来、代表长兄吊唁的侄儿周轩进外，还有淮安市委、市政府、市人大、市政协的负责同志，淮阴师院的领导同志，以及亲戚、同事、朋友等近二百人。淮阴师院的挽联写道："越卅载奉献人民教育，著述琳琅光后世；曾一番襄理师专校务，作风稳健树仪型。"

2003年3月9日，骨灰安葬于南京市雨花功德园墓地。

综观其一生，正如其《自传》(《诗词蒙语》所附)所云："少罹忧患，中历坎壈，晚如啖蔗。但不管忧患或得意，余所求者不失读书人之本真。守此勿失，不问升沉荣辱，是为信条。"

谱后续记：

为实现周本淳先生遗愿，其子先民捐资十万元人民币，于2004年8月在淮阴师院中文系设立了"本淳奖学金"。

周本淳逝世后，夫人钱煦于翌年10月亦不幸魂归道山。为寄托无尽的哀思，在周本淳、钱煦的同窗、朋友、同事、学生以及亲戚们的积极支持和协助下，其子女先惠、先平、先民、先林、武军历时两年余，共同编印了四十三万余字的纪念文集《我们的父亲母亲——周本淳钱煦追思录》，并于2006年清明前夕出版。而这本追思录也为年谱的写作提供了很多宝贵资料。

在淮阴师院张强教授的鼎力相助下，两百余万字的七卷本《周本淳集》将由人民文学出版社出版。

《左传》云："太上有立德，其次有立功，其次有立言。虽久不废，此之谓不朽。"先父一生黾勉劬劳：身体力行，德效圣人；树蕙滋兰，功在华夏；著书立说，其言必传。上足以光宗耀祖，下必将泽被后人。谓之"不废""不朽"，或亦可乎？

2016年春于名古屋

# 周本淳先生墓志
常国武

先生讳本淳，号蹇斋，安徽肥西人也。早岁卒业于浙江大学中文系，历任中学、上庠教习。一九五七年以直言罹祸，六九年复阖第迁谪淮安孤村。四凶祸弭，受聘为淮阴师范学院中文系教授，始得大展其骥足。先生专精于中国古代文史，尤长于诗学暨校雠学，论著甚夥，影响甚巨，学界咸誉为一代名师硕儒。为人正直豁达，虽迭遘屯邅而弗改其度。谪居淮甸八九年间，与季廉方、孙肃、余四人常作诗词倡和，共抒忧时愤世之情，自称"山阳四友"，即友于无逾焉。近二十余年，余与先生两地乖隔，仍数数驰书问疑，受教孔多。此日忽失良师益友，能不痛贯心肝耶！夫人钱煦女史，数学史大师钱宝琮之女公子也，与先生上庠同窗，婚后伉俪情笃，风雨同舟者五十四年。子女五人，皆成栋梁之材，洵可谓诗礼代传之家矣。

癸未春教弟常国武谨撰

# 治学风采

# 周本淳主要著述目录

周先民

## 一、著作

《怎样学好语文》，江苏人民出版社，1956年12月（3.6万字）。

《唐音癸签》，校点，上海古籍出版社，1981年5月（22.7万字）。

《震川先生集》，校点，上海古籍出版社，1981年9月（60.8万字）。

《唐人绝句类选》，浙江古籍出版社，1985年11月（26万字）。

《唐才子传校正》，江苏古籍出版社，1987年6月（26.7万字）。

《诗话总龟》，校点，人民文学出版社，1987年8月（55万字）。

《小仓山房诗文集》，标校，上海古籍出版社，1988年1月（133.6万字）。

《读常见书札记》，江苏古籍出版社，1990年3月（24.3万字）。

《苕溪渔隐丛话》，重订，人民文学出版社，1992年6月（56.9万字）。

《考辩评论与鉴赏——〈蹇斋说诗〉之二》，中国戏剧出版社，1999年7月（20万字）。

《诗词蒙语》，上海文艺出版社，2001年1月（15.3万字）。

《全清词·顺康卷》，审订，中华书局，2002年5月（700万字）。

《古代汉语》（全国高等师范专科学校教材），主编，华东师范大学出版社，1990年5月。

《离骚浅释》，1978年油印本（约4.5万字）。

《蹇斋诗录》，旧体诗词集，2001年初自费印出（收旧体诗271题502首，词38首，曲1首，对联9副）。

## 二、论文

### （一）刮垢磨光——校点古籍类

《读校随感录》，载《徐州师范学院学报》1981年第2期。

《校点〈诗话总龟〉三题》，载《淮阴师专学报》1982年第1期。

《〈宋诗纪事续补〉疏失举例》，载《古籍整理研究学刊》1990年第5期。

《评〈历代诗话续编〉的校点——从〈碧溪诗话〉谈起》，载《淮阴师专学报》1984年第2期。

《中华版〈苏轼诗集〉错误举例》，载《古籍整理研究学刊》1989年第3期。

《有关胡震亨材料补正》，载《杭州大学学报》1982年第3期。

### （二）钩深致远——考辨立论类

《"英雄亦到分香处"——读魏武〈遗令〉》，载《淮阴师专学报》1983年第2期，后收入《建安文学研究文集》，黄山书社，1984年11月。

《〈世说新语〉原名考略》，载《中华文史论丛》1980年第三辑。

《唐朝李氏的辈分问题》，载《南京师院学报》1980年第2期。

《"前不见古人，后不见来者"非陈子昂首创》，载《江海学刊》

1987 年第 2 期。

《李白"一生低首谢宣城"析》，载茆家培李子龙主编《谢朓与李白研究》，人民文学出版社，1995 年 5 月。

《读甫之诗，识甫之心——舒雅〈杜甫诗序记〉评介》，载《草堂》1983 年第 1 期。

《杜甫与苏轼论书诗之比较》，载《淮阴师专学报》1988 年第 2 期。

《唐人咏杨妃诗所引起的思考》，载《淮阴师专学报》1990 年第 2 期。

《张志和生卒年考述》，载《江海学刊》1994 年第 2 期。

《诗的散文化和散文的诗化——试论欧阳修散文之特色》，载《淮阴师专学报》1992 年第 4 期。

《略论王安石苏轼友谊的基础——金陵之会的思考》，载《淮阴师专学报》1991 年第 1 期。

《苏诗与宋代文化》，载《贵州民族学院学报》1991 年第 4 期。

《读〈容斋诗话〉》，载《淮阴师院学报》1998 年第 1 期。

《〈诗话总龟〉版本源流考略——兼向郭绍虞先生请教》，见《札记》。

《〈苕溪渔隐丛话前集〉成于孝宗初年说》，载《文学遗产》1987 年第 2 期。

《从〈白石道人诗说〉论白石之诗》，载《文化先锋》1946 年 11 月。

《胡震亨家世、生平及著述考略》，载《杭州大学学报》1979 年第 4 期。

《明清诗坛上不可无此一席——试论胡夏客其人其诗》，载《文学评论》1982 年第 2 期。

《袁枚与"桐城派"》，载《淮阴师专学报》1985 年第 4 期。

《发挥文化优势，提高旅游品味——略论苏州开展唐宋诗词意境游》，载《淮阴师专学报》1994 年第 4 期。

**（三）指疵决疑 —— 学术商榷类**

《"官奴"非王献之小字》，载《中华文史论丛》1980 年第一辑。

《王昌龄早期颂扬扩边战争吗？—— 与吴学恒、王绥青两同志商榷》，载《文学评论》1981 年第 1 期。

《也谈〈望岳〉的立足点》，载《南京大学学报》1980 年第 4 期。

《从"岳庙"与"岳寺"谈起 —— 韩愈〈谒衡岳庙遂宿岳寺题门楼〉两条注解的辨析》，载《淮阴师专学报》1984 年第 1 期，后收入《唐诗探胜》，中州古籍出版社，1984 年 7 月。

《送牛僧孺太湖石的李苏州非李凉》，《江海学刊》1994 年第 6 期。

《〈辨奸论〉并非伪作》，载《南京大学学报》1979 年第 1 期。

《苏老泉就是苏东坡》，载《南京师院学报》1979 年第 2 期。

《老泉·东坡赘语》，载《南京师院学报》1979 年第 4 期。

《"羽扇纶巾"究竟指谁？》，载《南京师院学报》1981 年第 2 期。

《陆游〈钗头凤〉主题辨疑》，载《江海学刊》1985 年第 6 期。

《普及性著作也要防止错误 ——〈宋诗鉴赏辞典〉硬伤十例》，载《淮阴师专学报》1991 年第 4 期。

《〈中国古代文化史〉指疵》，载《淮阴师专学报》1994 年第 1 期。

《"鲍叔和"现象亟应防止》，载《淮阴师专学报》1990 年第 4 期。

**（四）咬文嚼字 —— 词义辨析类**

《"天下非小弱"解》，载《南京师院学报》1980 年第 4 期。

《"圣"为"侦探"说溯源》，载《汉语大词典编写工作简报》第 112 期。

《何谓"周星"》，载《辞书研究》1980 年第三辑。

《读常见书札记（三则）》，载《淮阴师专学报》1993年第4期。

《读常见书札记（四则）》，载《淮阴师专学报》1995年第2期。

《读宋初九僧诗零拾（一）》，载《江海学刊》1995年第6期。

《读宋初九僧诗零拾（二）》，《江海学刊》1996年第1期。

《读宋初九僧诗零拾（三）》，《江海学刊》1996年第2期。

《读宋初九僧诗零拾（四）》，《江海学刊》1996年第3期。

《〈汉字的忧思〉的忧思》，载《汉字文化》1992年第4期。

### （五）含英咀华——诗学蒙语类

《诗词中的时地问题》，载《文学评论》1984年第4期。

《诗词中的草木虫鱼问题》，载《淮阴师专学报》1986年第3期。

《读诗词漫记——诗词语言》，见《札记》，原载《学林漫录》第五集。

《诗词中的草木虫鱼问题》，载《学术论坛》1986年第4期。

《言尽象中，义隐语外——论遮与表》，载《淮阴师院学报》1999年第1期。

《同源异派，相辅相成——论画与诗》，载《淮阴师院学报》1999年第3期。

《增益所见 别有会心——诗词蒙语之十》，载《扬州师院学报》1989年第2期。

《承袭与变化——诗词蒙语之十四》，载《淮阴师专学报》1988年第1期。

《着盐于水 以旧为新——诗词蒙语之十五》，载《淮阴师专学报》1989年第2期。

《诗词的情理——诗词蒙语之十六》，载《淮阴师专学报》1989年第3期。

## 三、诗文赏析与古文注释

《古代诗国里的王昭君》，载《阅读与欣赏》古典文学部分（五），广播出版社，1982 年，中央人民广播电台播出。

《董道不豫，日月其光 —— 〈涉江〉赏析》，载《教学通讯》1983 年第 11 期。

《"会当凌绝顶，一览众山小"》，载《光明日报》1981 年 7 月 5 日。

《情意缠绵，言词委婉 —— 浅析张潮的〈江南行〉》，见《札记》。

《奇葩竞放，各有千秋 —— 洞庭君山三绝对读》，见《札记》。

《唐人写早行的几首五律和温庭筠的〈商山早行〉》，载《学林漫录》第六集。

《罗邺〈赏春〉浅析》，见《札记》。

《细腻含蓄，别具一格 —— 读〈才调集〉中无名氏的杂诗》，见《札记》。

《黯然一别，去往神伤 —— 柳永〈雨霖铃〉浅析》，载《教学通讯》1983 年第 6 期。

《随机变化　不主故常 —— 谈苏轼两首论书七古》，载《淮阴师范学院学报》1998 年第 3 期。

《借古伤今，因题见意 —— 读陈与义〈巴丘书事〉》，见《札记》。

《气往轹古，辞来切今 —— 评胡夏客〈昭君辞〉》，见《札记》。

《纳须弥与芥子 —— 查慎行〈舟夜书所见〉的精湛技巧》，见《札记》。

以下古文赏析见《古文鉴赏辞典》，上海辞书出版社，1997 年。

《论语·季氏将伐颛臾》

《孟子·有为神农之言者许行》

《礼记·檀弓（三则）》

《礼记·学记（三则）》

贾谊《过秦论》（上）

刘向《〈战国策〉书录》

陆机《〈吊魏武帝文〉序》

韩愈《祭柳子厚文》

韩愈《柳子厚墓志铭》

韩愈《柳州罗池庙碑》

欧阳修《苏轼文集序》

欧阳修《〈新五代史·一行传〉序》

曾巩《〈战国策目录〉序》

谢枋得《却聘书》

黄宗羲《原君》

方苞《高阳孙文正公逸事》

姚鼐《袁随园君墓志铭》

汪中《自序》

以下词之赏析见《唐宋词鉴赏辞典》，江苏古籍出版社，1986 年。

陆游《鹊桥仙（一竿风月）》

陆游《鹊桥仙（茅檐人静）》

陆游《诉衷情（当年万里觅封侯）》

陆游《谢池春（壮岁从戎）》

以下古文注释见《唐代文选》，江苏古籍出版社，1994 年。

杨敬之《华山赋》

李贻孙《故四门助教欧阳詹文集序》

沈亚之《与孺颜上人书》

温庭筠《上学士舍人启二首》

欧阳詹《暗室箴》

沈亚之《李绅传》

孙樵《书何易于》《书褒城驿壁》

殷侔《窦建德碑》

以下为与周先民合作注释篇目。

段文昌《平淮西碑》

舒元舆《牡丹赋》《录桃源画记》《长安雪下望月记》《贻诸弟砥石命》《养狸述》

牛僧孺《辨私论》

刘蕡《对贤良方正直言极谏策》

2015年春于名古屋闲人斋

# 赞

徐 复

褒美佳偶，务实求真。
广施教泽，淮海驰闻。
昔睹骚解，耳目为新。
晚稽校疏，无与比伦。
余嘉其业，余敬其人。
凡吾朋好，同此凯欣。

2004 年 11 月 15 日

# 毕生勤奋地耕耘在中国文化的沃土上
## ——评周本淳先生的治学成就

魏家骏

我国悠久的文明史,给我们留下了汗牛充栋的丰富文化典籍,而古今语言和文字的变迁,又给后世的读者造成了阅读和理论上的困难与障碍,于是,古籍整理、版本校勘、文字训诂和诠释,就成为我国文学研究中的几门重要的分支学科,并显示出了我国文学研究所独具的文化特征和魅力。而在此基础上对古代诗文意蕴的鞭辟入里的准确阐释、剖析与发明,更是从事文学研究与文学教学的一项既属提高也是不可或缺的普及性的任务。同时,在我国,对古代文化遗产的学习、接受与研究,还是衡量一个学人文化修养程度的一个重要标志。我们正是需要在这样一个文化背景上来认识、理论和评价周本淳先生的一生及其成就,给他一个准确的学术定位。

周先生抗战后期毕业于浙江大学中国文学系,学生时代就专攻古诗文,以后多年一直从事中学语文教学和高等师范院校中国文学史的教学,并且在古籍整理校点和诗文的评论赏析两方面展开古典文学的研究工作,编著、校点、出版了《唐音癸签》《震川先生集》《小仓山房诗文集》《诗话总龟》《唐才子传校正》《唐人绝句类选》《重校苕溪渔隐丛话》《读常见书杂记》《诗词蒙语》等著作,并主编了全国师范专科学校中文专业通用的《古代汉语》教材,此外,还有散见于全国各地学术刊物达数十万字的古典文学论著，总计约400万字。

周先生的这些卷帙浩繁的校点著述，大部分是在20世纪70年代末以后完成的。而在1978年以后的十多年时间里，周先生"焚膏油以继晷，恒兀兀以穷年"地工作，力图挽回20年的损失。一位花甲之年而又饱经风霜、遭际坎坷的老知识分子，在这么短短的时间里，就取得了这样斐然的成绩，是令人为之赞叹的。

进入20世纪80年代以后，我国的文化事业出现了新中国成立以后少有的繁荣局面。在文学研究领域里，理论研究的蓬勃发展、外国文艺思潮的介绍与引进，都呈现出一派喜人的情景。而在整个80年代，学术热点也在不断转移，新的学说五花八门，研究方法层出不穷。在这样一种学术环境下，潜心于古籍整理、文字校勘、训诂考辨，不仅需要耗费很多的时间与精力，而且更需要十分扎实的文史基础和相当深厚的文化素养，同时也还需要沉稳、严谨的治学态度。看起来，这是个十分"吃工"的学术活动。然而，就中国文化事业的继承与发展来说，却又是不可或缺的一项重要工作。从小处说，是关系到民族文化遗产的吸收和继承的问题；从大处说，也是弘扬民族精神，提高民族自信心与全民族文化素质的大事。

作为中国古代文学的专家，以弘扬民族文化为己任，在中国古代文学研究领域中坚持实事求是、扎实严谨的治学态度，对中国古代文学现象、文学作品做出尽可能准确无讹的科学解释与评价，这可以说是周本淳先生治学的主要特点。著名文史专家、国务院古籍整理领导小组顾问、四川大学古籍研究所名誉所长、历史系教授、博士生导师缪钺先生，是周先生早年就读浙江大学时的业师，他认为周本淳先生"整理古籍功力精进"，并对他校点的古籍备加赞许："近来各出版社印行的许多加标点的古籍，标点错误甚多（已有不少批评的文章），而你所校勘标点的数种古籍，均精覈无误，可谓鹤立鸡群。"这正是前辈学者对周本淳先生在古籍整理和古典文学研究等方面所取得的成就做出的恰当、公允的评价。而且,我们还应该看到,周先生在治学中所表现出来的那种博闻强记、言之有据的审慎态度,那种从容坚实的史学意识与敏锐细致的文学感受的结合,更体现出了中国学者所独具的文化风范。

**小处落墨,探赜索隐,是周先生治学的一个重要特点。**中国浩瀚的文化典籍,言简意赅,意蕴丰富,妙语迭出,一字不易。长期以来,人们对古人用笔的精妙之处常有许多阐发,但由于论者所处的时代历史环境的不同和学识功力的差异,难免见仁见智,甚至有失当或讹误之处。周先生治诗文,不仅长于鉴赏,而且时有吟咏,对诗文的奥义体会尤深,他的解释与辨析便更能做到探幽抉微,出言微中,掘发出诗文内在的境界意蕴,使人不能不为之心折。他以"诗词蒙语"为总题的论文散见于各地学术刊物,后于2001年1月由上海文艺出版社以《诗词蒙语》结集出版刊行,就可以看作一部新见迭出的《寒斋诗话》。他以对诗词艺术的细致体味与精心辨析,对诗词中的名物、数字、时空、掌故等,无不悉心品析,以阐明其中幽深的韵味。只有像周先生这样具备古典诗词的深厚修养而又有丰富艺术经验的学者,才能在诗词鉴赏中做出如此精辟的分析。中国古代诗论一贯重性灵,重妙谛,重感悟,因此也就常常能在作品的细微之处体察创作者独运的匠心。以此,中国诗论一贯强调以形写神,以景达情,妙造自然,"言有尽而意无穷"。在艺术的鉴赏中没有丰富的艺术经验,缺乏敏锐的感受,自然也就不能获得准确、深入、丰富的体味。举几个小的例子来说吧。他在分析薛道衡的诗《人日思归》时,就"人归落雁后,思发在花前"二句,分析诗中的时间因素,认为"诗的上句是虚拟,下句才是实指",并提出"如果于两句中各增一字作注:'人归恐落雁后,思发已在花前',虚实分明,不烦多说,读者也就了然于胸了"。[1] 这样的品评,不仅切合了诗的时间特点,而且经过这两个字的添补,诗人的情感也更加鲜明。再如对葛鸦儿《怀良人》中"胡麻好种无人种,正是归时不见归"两句的分析,周先生从民俗学的角度,联系民间的习俗传闻来解释:"前人有个奇怪的说法,认为种芝麻(胡麻)必定要夫妻相随,互相戏谑,甚至不堪入耳,芝麻才会长得蕃茂。有个谚语:'上人(和尚)种芝麻,白费种。'懂得这个习俗,才能理解第三句(按:即'胡麻好种无人种')的用心。否则,丈夫未归,自己一个人为什么就不能种芝麻呢!为什么不提别的庄稼单提胡麻呢?"[2] 经过这么一解释,自然就能使读者茅塞顿开。而对辛弃疾《菩萨蛮·书江西造口壁》中的"山深闻鹧鸪"一句,素来是各执一词,众说纷纭。周先生据《酉阳杂俎》中"鹧鸪鸣曰向南不北"来解释,则又独树一帜,别开蹊径,也与诗的整体意境贴切而另有一番余韵。[3]

**精于考订,持之有故是周先生治学的又一重要特点**。中国古代文化典籍的丰富博大,为后世治学者提供了一座完备而庞杂的文化宝库,如果不能尽可能地广泛涉猎,则难免会在立论时产生以偏概全、武断定论的弊端。周先生以其对经史子集的熟谙,在治学中务求详细地占有材料,联系作家、作品的具体历史背景、时代条件及个人经历来评论作品,对可疑之处则参照不同的典籍、版本加以考释、辩证,力求做到考证精当,言之有据,所论也就公允准确,能够一语中的。鲁迅说过:"倘要论文,最好是顾及全篇,并且顾及作者的全人,以及他所

---

[1] 周本淳:《诗词中的时地问题》,原载《文学评论》1984年第4期,后收入《诗词蒙语》。
[2] 周本淳:《诗词中的草木虫鱼问题》,原载《淮阴师专学报》1986年第3期,后收入《诗词蒙语》。
[3] 周本淳:《诗词中的草木虫鱼问题》,原载《淮阴师专学报》1986年第3期,后收入《诗词蒙语》。

处的社会状态，这才较为确凿，要不然，是很容易近乎说梦的。"① 而马克思主义的哲学方法论也一贯主张研究问题忌带主观性，应当详细占有第一手材料，在广泛地占有材料的基础上，找出事物的内部联系，才能提出正确的观点。周先生的学术研究，在研究方法、治学态度上也是作为后学的我们学习的榜样。20 世纪的 70 年代末至 80 年代的十多年间，是周先生精力最为旺盛、集中的时期。他在校注几部古籍的过程中，同时手批札记，陆续写成了后来由江苏教育出版社于 1990 年出版刊行的书稿《读常见书札记》，对一些古籍校勘中的错谬之处详加考订和辨析。记得以"读常见书札记"为副题的考辨论文，在 1980 年首次发表时，立即受到学术界和古籍出版界的注意，他们承认周先生所指出的古籍校勘版本中出现的问题，确实属于标点校勘中的"硬伤"，并充分肯定了他的学识功力。有时即使是一些看似细微末节、不成问题的问题，一经周先生加以辨析，也能令人耳目一新。陈子昂的《登幽州台歌》中的"前不见古人，后不见来者"二句，传诵百代，堪称绝唱，从来也没有人怀疑这两句诗的版权问题。然而周先生从《升庵诗话》中"文集不载"四字发现了疑点，循迹追踪，找到陈子昂的好友卢藏用编《陈伯玉文集》时为之所写的序，又根据其所作《陈氏别传》中的"赋诗"与"歌"两处用词的差异细加考订，并参证以《诗话总龟前集》卷六所记颜延之的一段话，从而得出了这两句诗是当时的习熟语，并非陈之独创，陈子昂在蓟北楼上"泫然流涕而歌"，只是信手拈来，②借以抒发情怀。这样的考订材料翔实，论述沉稳，立论公允，文章发表后很快就在学术界产生反响，《文摘报》和《新华文摘》都做了摘要介绍。20 世纪 60 年代初，人民文学出版社曾出版胡

---

① 鲁迅：《且介亭杂文二集·题未定草》。
② 《陈子昂〈登幽州台歌〉志疑》《"前不见古人，后不见来者"非陈子昂首创》，均见《读常见书札记》。

仔《苕溪渔隐丛话》的校点本，周先生在治学中发现这个校点本讹谬之处甚多，便一一加以辨正，人民文学出版社很快就接受了周先生的建议，并约请他重新校订，于1992年出版。

**周先生治学的又一重要特点是不囿成说，务必探求真谛**。整理、校注、辑佚、集释、选注等工作，在古典文学研究领域中是属于基本建设的硬项目，需要在确实可靠的文献资料的基础上慎重选择，择善而从，方能得出正确的解释与判断。而这项工作常常不是一两个人乃至几代人就能毕其功于一役的，需要长期艰苦的合作与努力。不能否定前人筚路蓝缕的首创之功，前人在文化积累的过程中所做出的那些巨大成就和重要贡献，应该得到我们的充分肯定。但是，我们也应当看到，他们或则缘于见闻所限，或则由于方法失当，或则因为疏略失误，常常也会产生一些错讹之处，即使是大师名家，这种情况也在所难免。周先生在教学与研究中常常就某些具体问题，多方搜集资料，订正前人解释中的疏漏之处，其言凿凿，其心拳拳，既避免了对古人的作品产生误解，也无非是在立足真理的同时，给后学者以准确无讹的知识，不致误人子弟。这不仅表现出周先生的严谨扎实的为学之道，也表现了他那耿直无私，不为尊者讳、贤者讳的人生态度。钱锺书先生的《宋诗选注》是在学术界很有影响的一个注本，周先生对书中有关王庭珪的行实详加辨析考订，发现书中所注王庭珪的《泸溪集》应为《卢溪集》，并据善本，考订区分了王庭珪贬官的湖南泸溪与退隐乡居的江西安福卢溪之别，对王庭珪被贬的年代及其生卒年也都据可靠的史料一一加以辨正。[①] 虽然是短短三千来字的文章，却涉及十余本著作，订正了选注本的三处误植，其认真细致的治学态度真是感人至深。对郭绍虞先生的《宋诗话考》中有关《诗话总龟》的考述，周

---

① 《王庭珪别号、贬年及生卒》，见《读常见书札记》。

先生也依据丰富翔实的史料，详加考察其流变过程，条分缕析，在细心考辨的基础上，做出了可信的论辩。[①]另外，对郭绍虞先生在《宋诗话考》中所论断的《苕溪渔隐丛话前集》"成于高宗绍兴十八年"之说，周先生也提出了商榷意见，并提出了"成于孝宗初年"的新见解，还论定了"《前集》属序于前而成书于后，非若《后集》书成始为序"[②]，在宋诗话研究中迈出了可喜的一步。此外，周先生还结合高等学校中文系中国古代文学课程的教学，对通用教材朱东润先生主编的《中国古代文学作品选》中的注释部分细加考辨，时有新见，避免了以讹传讹，在培养学生严谨扎实的学习态度方面也做出了典范。如对韩愈《谒衡岳庙遂宿岳寺题门楼》一诗中"夜投佛寺上高阁"一句，教材中注为"佛寺"即"衡岳庙"，周先生不是就文论文地加以辨别，而是联系韩愈排佛攘道的一贯态度，结合他的诗中大量诗句所流露的感情色彩，认为"衡岳庙"与"佛寺"完全不是一回事。虽然仅仅是七个字的一句诗，但周先生旁征博引，细加鉴别，丰富的材料、确实的论证，使文章具有很强的说服力。[③]

如今，周本淳先生已经魂归道山，哲人其萎，学术永恒，他在中国文化的沃土上毕生辛勤耕耘所收获的丰硕成果，已经成为我们学习、接受和借鉴中国传统文化的宝贵财富。他那勤奋好学、敏于思考、严肃勤谨、一丝不苟的治学态度，和诲人不倦、诚恳谦逊的教育精神，也为后学留下了为人和治学的风范。

原载《淮阴师专学报》1989年第1期，<br>周老逝世后增补，以志纪念

---

[①] 《〈诗话总龟〉版本源流考略》，见《读常见书札记》。
[②] 《〈苕溪渔隐丛话前集〉成于孝宗初年说》，见《读常见书札记》。
[③] 周本淳：《从"岳庙"与"岳寺"谈起——韩愈〈谒衡岳庙遂宿岳寺题门楼〉两句注释的辨析》，见《读常见书札记》。

# 道德文章，铭戢不忘
## ——怀念周本淳先生

陈祖美

最初，周本淳先生是以其精湛的校雠功力，令我闻知其大名。有了文字之交后进而认识到，周先生不仅国学功底深湛出众，格律诗词创作亦每每出口成章。及至交往增多，又逐渐发现，周先生的道德文章，更堪称学界楷模。所以当得知先生猝然病逝的噩耗，不禁为之潸然泪下，悲恸不已。痛定思痛，多年交谊历历在目。

一

第一次与先生谋面，是在1983年5月首届建安文学学术讨论会会议期间。这是新时期以来较早的一次学术会议，东道主和各地与会学者从不同方面作了较充分的准备。会议的组织安排很周到。论文不仅数量多，水平也大都相当高，周本淳先生的《"英雄亦到分香处"——读魏武〈遗令〉》一文，又是其中的佼佼者。文中所引曹操《遗令》及其中关于"分香卖履"之典，清代以来，对此就存在着较多较大误区，我本人也是只知其一不知其二。而周本淳先生不仅确切指出了《遗令》之全文不见于和见于何种文献，对"分香卖履"一典历来的不同理解，更是旁征博引,提供了不少鲜为人知的资料和见解。谁读了这样的文章都会有受益匪浅之感。

此文是 1983 年 3 月撰写的,被收入《建安文学研究文集》,是 1984 年 11 月出版的。整整 17 年之后,在有的文章中,不仅仍不知《遗令》来自何处,对其中"分香卖履"的理解又何啻似是而非!两相对比,越发使人感到周先生这篇文章的不同寻常。就我个人而言,或许正因为从中吸取了有关学术营养,对"分香卖履"之嘱才获得了比较全面透彻的理解,从而对李清照使用这个典故的心理因素方能进行多角度思考,并从中提取较为符合她的身世和当时心态的看法。后来,我在李清照研究中所形成的某些新见解及陆续发表和出版的多种论著,总觉得与最初受到周先生大作的启发有关。所以在周先生逝世后出版的有关新编著,都想留出一本作为纸钱,奉献给周本淳先生的在天之灵。

这次学术会议是由当时的亳县,现在的亳州承办的,这里是古井贡酒的故乡。那时可能没有低度白酒,前来劝饮者全都要求以对等的 65 度古井贡干杯。一轮又一轮饮过之后,虽然面未改色,实际上我还是喝醉了。会后组织游览黄山,一路上代表们有很多交谈机会,彼此渐渐熟悉之后,周先生非常善意地对我说了大意是这样的一段话:人们称来自"翰林院"的阁下为"女史",女史亦可有醉麒芍药之举否?原来这话后面有一个小小的"掌故":那天在连浮数大杯古井贡之后,走出餐厅,路过一处盛开着的芍药花坛时,一向嗜花成癖的我下意识地停留了一会儿。此时路上有人喊了一声,瞧,陈祖美醉赏芍药花!醉意全消之后,自己也觉得不应该如此没深没浅地喝过量,从而有可能流露出不应有的醉态。对此,具有"儒者风范"的学者可能感到有所碍眼。周先生的这番话,想必是以雅谑的方式,对我有欠品位的所谓豪饮的一种有益的微言。意识到这一点之后,极为感纫!联想到周本淳先生在论著中,针对时弊所表现出的拨乱反正的学术勇气,深感先生不仅学养深厚，更是一位心直口快的正人君子。我自己虽然因为"嘴太直"吃过不少亏，但还是对心实嘴直的人肃然起敬。所以从亳县经合肥到黄山约五日游过程中，从学者们之间谈诗论文中，我不仅进一步领略了周本淳先生名不虚传的真才实学，更为难能可贵的是，先生心地十分善良，作风极其正派。

数月后，在青岛的首届《文心雕龙》研讨会上，再次与先生相见。在安徽时，先生不愧为皖籍乡望，对合肥和黄山的名胜景点了如指掌，同游者在领略大好风光之际，更从周先生的引经据典中，增长了不少见识和学问。到了青岛，按说我应该尽地主之谊，但是一上崂山便相形见绌。在此之前，自己不但没有来过，就是对与崂山关系密切的《聊斋志异》，也远远不及周本淳先生稔悉。当先后登上太清宫和上清宫时，周先生仿佛不假思索地一一指出景点中与蒲松龄《香玉》有关的"耐冬"和"牡丹"。对崂山的其他景点和名胜也大都颇知底细。记得周先生斜挎一架照相机，接近很有来历的去处时，就扬手招呼前后行走的同行聚拢到一起合影留念。崂山南麓濒临黄海，屹立于山巅迎风远眺之际，周先生顺势吟诵道"快意雄风海上来"，多么对景的诗句，假若不是博古通今和记忆超群，岂有如此妙合之吟！

1986年的秦少游首届研讨会和1990年的宋代文学会议，在与周先生相晤时，已有老友久别重逢的心情。令我别有一番感触的是，不论在高邮的持螯之饮，或是成都五粮液的曲香，对多少有点贪杯的我来说，很可能再次出现在亳县时的醉意和在洛阳时的醉态。而这两次因为得益于周本淳先生的直言儆戒，便没有重复以往的难堪。此后，我一再思考过这样一个问题，即在年岁上，与周先生相差不是特别大，称为"忘年交"怕是有点勉强。而实际上，在许多方面，周本淳先生都是实至名归的良师益友。所以先生的去世，怎能不令后学顿生切肤之痛！

## 二

　　与周本淳先生有文字之交将近二十年，共同参加的学术会议也就四五次，见面的时日很短暂，平时主要是书信、邮件来往。起初常常收到周先生的油印诗稿，20世纪80年代中期以来，承蒙先生陆续惠赠《唐人绝句类选》等共约十多部大著。这十几部书中，有的以其知识广度和学术深度著称（《读常见书札记》）；有的具有深湛的校雠功力（《〈诗话总龟〉校点》等）；有的则是学识和才华的结晶（《唐人绝句类选》）。总之，这些大著问世之后在读书界产生了广泛影响，好评如潮。我个人更是如获至宝般地作为案头必备之书，常读常新，获益良多。仅以先生重订的《苕溪渔隐丛话》前后集为例，此书自1992年6月出版以来，到1993年11月第2版第4次印刷，印数已达到18950册，作为名副其实的优秀常销书，其社会和经济效益如何可观且不细说，仅就此书的学术价值而言，其对讲授和研究古典文学（特别是唐宋诗词）的学者来说，是不可或缺的参考书，对古籍整理者来说，则多可从中取法。因为其间周先生所表现出的综合能力、深厚学养、严肃认真的治学态度，令人不胜敬慕。

　　为了印证以上看法并无夸大其词和溢美之嫌，不妨通过下述文章略窥一斑：

　　一、刊于《南京大学学报》1979年第1期的《〈辨奸论〉并非伪作》。

　　此文堪称关于《辨奸论》真伪这一聚讼纷纭公案的、新时期以来的既具有"拨乱反正"意义，又被称为"最早透露回归正常学术氛围信息的"力作，也是近五十年来，持"肯定说"的最早的一篇具有说服力的文章。作者观点鲜明，开宗明义地说："苏洵为攻击王安石而作《辨奸论》。"此文的第二小段是："《辨奸论》始见于张安道所为《文安先生墓表》，邵伯温《河南邵氏闻见前录》卷十二曾专言此事。吕祖谦编入《宋文鉴》，朱熹采入《名臣言行录》，元朝修《宋史》于《王安石传》亦曾提及。《辨奸论》为苏洵所作，自宋迄元无异辞。"清人李绂始表异议后，不予信从者虽不乏其人，但以较系统的文献资料加以驳难者，周本淳先生是第一位。其反驳李绂所举"三事"，无不属铁板钉钉之论，比如"第一事"所引胡仔的观点认为老苏与荆公之间"盖道不同不相为谋，宜其矛盾如此"。胡仔之书去取较谨严，足资参考，其确认《辨奸论》为苏洵所作亟可信从。周本淳先生重订胡仔之书，并首次将其有关《辨奸论》的观点引入这一真伪之辨中。窃以为胡仔之见，堪称这一争辩中的"利器"，它足以使李绂等人的捕风捉影之说无地自容。而"磨砺"这一"利器"的不是别人，正是常以其学沾溉后生的周先生。

在这篇文章中，周本淳先生还随手指出了李绂误称苏洵为老泉，而不顾宋人叶梦得《石林燕语》（卷十）和明清之际吴景旭《历代诗话》（辛集四）等早已说明"老泉"是苏轼晚年之号。李绂的这一疏误，还是一种不应该再度出现的常识性错误。因为在相传南宋人王应麟所编的《三字经》中，曾有把"苏老泉"当作苏洵之误。在明清学者对此一再加以指正后，李绂仍然以讹传讹，这就不可思议了。为了证实《苏老泉就是苏东坡》，周本淳先生相继征引过五六种有关书目。除了上述叶梦得和关景旭之书外，另有焦竑《笔乘续集》（卷六）和《随园诗话》（卷十五）等，均系先生之说的力证。类似于"苏老泉就是苏东坡"，这种被周本淳先生举重若轻般地纠正过的错误，在其论著和谈话中每每有所见所闻。比如有一次周先生问我："你没有去过重庆吧？"其实我去是去过，但未曾到过枇杷山公园。所以在撰写有关拙文时，遇到有涉蜀地"枇杷"之典时，首先想到的是与薛涛有关的"枇杷巷"，结果弄得时、地两乖。周本淳先生不管古人今人，有错必纠，不留情面。先生对自己也是一样，比如在纠正有关"苏老泉"隶属之误时，也曾把一僧人号"老泉"误作苏轼对自号的戏称。对此，先生知错后，立即撰文承认和纠正。这种学术品格更为后学所敬重。

二、刊于《江海学刊》1985年第6期的《陆游〈钗头凤〉主题辨疑》。

对于陆游《钗头凤》一词的诸多可疑之处，自从乾隆以来便陆续被指出，而其"疑"直涉"本事""文本""主题"，切中肯綮、影响较大的文章则为数不多。周先生此文就是少数发人深思的篇章之一。文章首先对宋人笔记中，有关这首《钗头凤》的一些有违于时代和礼俗常情的不实之词，一一指出其悖谬之所在，而对刘克庄《后村诗话·续集》（卷二）关于陆游"初婚"之变，不涉《钗头凤》，而谓之见于其"沈园"诗之说，则加以认同。窃以为不仅此见可聊备一说，周先生还进而指出《钗头凤》词涉"狎游之事"，"大有唐人'谁遣同衾又分手，不如行路本无情'（长孙佐辅）的意味"，则更是堪称入木三分之见。

## 三

除了道德文章，同样令我铭戢深心的是周本淳先生诲人不倦的高尚情操。前面提到，相识不久就曾收到过周本淳先生的诗词作品。后来逢年过节互通音问，先生往往以诗代函，所以有幸收到过各类题材和不同体式的不少大作。对这些作品我虽然非常珍重，但却从未步韵赓和。先生可能对此有所不解，所以一次当面问道："你写不写诗词？"见我一时无言以对，或面有难色，先生遂以鼓励的语气说："阁下的文章满有灵性，写诗填词也就不难。"（大意）我随即诉苦般地对先生说:"不才落草在曾被叫作胶水县的山东平度,十多岁到青岛。不管平度、青岛,整个胶东语言中都没有入声字不说,平度话的四声与'平水'和普通话差别极大。协调平仄很费劲,事倍功半导致兴趣索然,如写无韵之'离骚'的话,则可事半功倍。"(大意)听了这番诉说,先生一面发笑,一面从上衣口袋里面掏出了一个比火柴盒稍大一点的小本本。仔细一看是一个袖珍韵折,附有入声字,查阅使用极便。这种类似经书简本的"小品"大都秘不示人,先生给我看了一下随即收起。这或许启发我领悟"凡事都有小窍门"的道理?

后来彼此上了年纪,共同参加的学术会议很少了。1995年我因父亲猝然病故,悲伤过度大病一场,约一二年很少与人通候。与周先生恢复联系不久,收到一本《诗词蒙语》——关于旧体诗词写作知识的、深入浅出雅俗共赏的"启蒙"读物。喜出望外之中急忙翻看版权页,一看方知这是一本刚刚出版的新书,其中不仅有浓浓的墨香,更有先生的一片诲人不倦的可贵心意。这是我有幸收到的周先生的最后两本书之一。写到这里我又一次流下了热泪。先生比我年长,成名早,成果问世也早。前面说自己共约收到过周先生惠赠的十来部大著,而我自己因为长期当编辑,以"代庖""作嫁"为本职,直到转换了岗位,以至退休之后才专心撰著,等到有编著连续出版时,已与先生泉路相隔。早些时候出版的几种拙著,其间因为生病住院,怕是也未及全部寄奉先生指正。这不仅使自己永远失去了一种难得的求教机会,更有一种来而无往的愧疚感!

常言说技多不压身、艺高人胆大。周本淳先生正是因为"技多""艺高",至少在人文科学的许多领域都很有发言权。先生精通音韵格律,不仅写得一手合辙押韵、属对工稳的旧体诗,还能把有关知识灵活运用在治学方面,使之别开生面。比如1980年中华书局出版了颇具规模的《苏轼诗集》,这是在当时的出版界尚不多见的大好事,但因其中存在着这样那样的舛误，又不免令读者有些疑虑。在此背景下，周本淳先生对《苏轼诗集》一套八册很快阅毕，并以其敏锐过人之长，从"增补""校字""标点"三方面，提出了约三十种相当重要的问题。这些问题的纠正，使以读者为主的有关人员，实实在在增长了学问和见识。这其中对音韵格律方面问题的发现，先生像"修炼"出了一双火眼金睛，几乎使那些大小差错无处逃逸和躲藏。比如，对原书186页的"骏马随鹰抟野鲜"，先生指出"抟"字当作"搏"，搏击之义，"抟"字费解，且此处平仄，平平仄仄平，作"抟野"就变成仄仄平平平仄平，也拗口。再如，对原书418页的"天目山前绿浸裙"，先生指出"'裙'为'裾'之误。这首绝句叶'虞'韵，'芜'是'虞'韵，'裾'是'鱼'韵。近体诗首句末为平声一般入韵，或在邻近韵部，不可能远远飞到'文'韵里，知道旧体诗用韵的人，一看就知道'裙'是'裾'的形误"。当时读到这些地方，使我不胜怅触，就像一把戒尺打到自己的痛处。如果单就语义来说，我也能较快地做出"抟"字费解的判断，如就格律而言，要得出"搏"属仄声的结论，就必须将平度话、普通话、平水韵等等来回对照或查找，才能得出这是个入声字的判断。要确定"裙"和"裾"各属哪一韵部，也必须翻检韵书。而周本淳先生凭借对音韵格律的精通，则手到擒来，毫不费力，使不少人感到苦不堪言的"做学问"，仿佛变成了一件赏心乐事。

周本淳先生的"诲人不倦"，与那种以教育者自居的"好为人师"夐然不同，是自然而然生发的一种教化作用。比如我收到的周先生的信函数量并不多而且都很简短，但不论在信中或谈话时，所用的一些典故、成语，不仅给人一种"温故而知新"之获，更使人分享到一种雅趣和文明。兹举二例：一是，在谈到某公生病时，我脱口而问："什么病？"先生以"河鱼腹疾"答之。这对先生的长者身份、我本人的性别，以及较为慎矜的性格而言，何等自然得体！二是，读过《世说新语·任诞》篇者大有人在，对殷洪乔的性情、故事，也不至于多么陌生。如果要将"邮件寄丢了"这种有煞风景的事，函告一位殷切等待"朵云"降临者，为了不使其过于失望，往往得花费一番笔墨，尽量把话说圆全。对这许多"情节"，周先生仅以"付诸洪乔"四字代之。邮件丢失了，寄、收双方都扫兴，搬出了殷洪乔又令人为之解颐。想想当年这些既带有浓郁的书卷气，又充满生活情趣的愉快交往，对照与先生已成永诀的残酷现实，不禁悲从中来，老泪纵横。

## 四

前面一再提到的周本淳先生的诗稿中，有一项内容给我留下了这样一种记忆，即凡是纪行诗词，其标题或副标题往往是——《偕妻……》《偕内人……》，由此推想，周先生与夫人当属那种琴瑟谐调、相敬如宾的夫妇。这样的夫妻关系往往会营造出一种好门风，为子女晚辈提供一个健康成长、成材的良好环境。这是我与周先生相识不久所产生的一种至今记忆犹新的印象。大约与此同时，周本淳先生曾对我说过：去北京的图书馆查资料，有时偕内人同去，住在家兄那里，并给我留下了在北京的联系电话。这是 20 世纪 80 年代初的事情，那时家里装电话的几乎都是高职位的领导干部，考虑到这一点，我未打过这个电话，周先生也一直没有告诉我其兄长的具体情况。

白驹过隙，转瞬二十年。周本淳先生病逝后寄来过讣告，当时我不在北京。那次是到青岛接我老母亲来北京定居，因与老家告别时难舍难分，所以逗留时间较长。回京阅处积存邮件，得知先生逝世噩耗，为之泣不成声，又不知如何是好。当时与先生的子女没有联系，贸然往淮阴打电话的话，又怕勾起周夫人的丧偶之痛。所以好长时间为自己当时没能打一唁电、送一花环而一面自责,一面考虑如何加以弥补。大约在此后不久,我收到了周先惠、先平、先民、先林、武军的联名信。这是一封写给周本淳和钱煦二位先生生前好友的征稿信。信中对父母的那份亲情与孝心十分感人,我被深深地打动了,立即按照信中提供的联系人给周先林女士打电话,表示所嘱稿件我一定会写。这大约是今年1月份的事。当时我手上还有两部亟待校阅的书稿,此事告一段落,已是春节过后。

一天外出购物,不慎踩到冰雪上仰面滑倒,腰部软组织严重挫伤,疼痛难忍,左手腕骨折。手术后出院,自己仍在伤痛困扰之中,不料老母发病只有16小时竟溘然长逝。至此我更加体会到周先惠与其弟、妹们猝然失去双亲的深悲巨恸,遂想到应该早日完成嘱托,将关于回忆周先生的文稿尽快寄到南京。所以我是带着新近丧母的悲伤和热泪撰写此文的。为自己眼下过于伤感的心态所制约,以致文中悲苦之辞过多,未能写出周本淳先生当年的乐观开朗、妙语如珠、胸怀坦荡、急人所难的精神风貌,自己内心颇为不安。

2005年8月写于北京

# 学术深厚和治学严谨的学者
## ——记周本淳先生

郁贤皓

我在什么时候和什么地方认识周本淳先生,现在已经记不起来了。20世纪70年代后期至80年代初期,我的大部分时间是在颐和路的南京图书馆古籍部看书,主要是为了撰写《唐刺史考》,查阅以《千唐志斋藏石》为代表的唐人贞石资料。那时有一段时间,淮阴师专的于北山先生也天天在那里看书,从此我就与于先生非常熟悉。我们在闲谈中经常会提到周本淳先生的学问,因为周本淳先生与于北山先生一样,都是淮阴师专从事古典文学教学和研究的著名学者,我早在80年代初就拜读了周本淳先生校点的《唐音癸签》,非常佩服他知识的渊博和治学的严谨。后来周本淳先生多次参加学术会议,如1991年在南京师范大学召开的中国首届唐宋诗词国际学术讨论会、1992年在厦门大学召开的中国唐代文学学会成立十周年国际学术讨论会,我们在一起热烈讨论,相处甚欢。尤其值得一提的是,1995年我应邀赴日本早稻田大学和爱知淑德大学讲学时,本淳先生的公子周先民和女公子周先林当时正在日本留学,都特地去看我,在名古屋的一周中,先民还用他的私车陪我游览名胜古迹。后来先林回国后就在南京师范大学文学院工作,与我为同事,我经常会有事麻烦她。因此可以说,我和周本淳先生及其子女都是老朋友。

周本淳先生点校的《唐音癸签》《唐才子传校正》《苕溪渔隐丛话》，是我多次拜读和经常查阅的典籍。一般人多认为点校常用的古籍是比较容易做的工作，不需要有多少发明。其实，这是非常错误的看法。应该指出，有的人正是在这种思想指导下从事古籍点校工作，结果出现大量的常识性错误，笑话百出。实践证明，必须具备深厚的学术素养、渊博的知识和严肃认真的治学态度，才能从事点校古籍的工作。我最佩服本淳先生的就是在这一方面。我经常查阅的本淳先生点校的上述三种著作，觉得无论在校勘、标点、分段、校记等各个方面都做得非常精当，从未发现有什么失误之处，而且还有不少发明，使我深受启发。就拿《唐音癸签》来说，作者胡震亨是明代搜集唐诗最多而研究唐诗最深的学者，清代康熙年间编纂《全唐诗》，就是以他的《唐音统签》和季振宜的《全唐诗稿本》为基础的。《唐音统签》以十干为分编，从《甲签》到《壬签》共一千卷，都是汇录唐诗作品，略加评介；只有《癸签》是作者研究心得的总结，所以对研究唐诗的学者来说，显得特别重要。由此可知道本淳先生点校《唐音癸签》这件事本身，就具有重大的学术意义。

本淳先生在1980年1月为点校本《唐音癸签》写了一篇学术价值很高的前言。按一般惯例，前言必须首先介绍一下本书作者的生平和仕历。可是，胡震亨这位明代的大学者，《明史》竟没有为他立传，又无行状志铭传世。本淳先生从有关方志、《四库全书总目》、胡震亨所编各书的题跋和他人的序录，以及胡震亨之子胡夏客的《谷水集》中，钩稽材料，通过排比考证，终于理清了胡震亨的家世、生平仕历及著作情况。如从《海盐县图经》中考出其祖父胡宪仲曾从著名学者郑晓学，嘉靖二十九年（1550）进士及第，三十一年任南刑部主事；考出其父胡彭述，曾将家中藏书编成《好古堂书目》，等等。又从《盐邑志林》卷十五《吕氏笔记叙》、孙耀祖《续文选笺评·凡例》中考出震亨原字君邑，取《周易·震》"震亨……震惊百里，不丧匕鬯"之义；后来才改字孝辕。原来自号赤城山人，学者称他为赤城先生，晚年才自号遁叟。还据胡震亨的《读书杂录》、胡夏客的《李杜诗通识语》和《谷水集》考明胡震亨生于明穆宗隆庆三年（1569），卒于清顺治二年（1645）。这些考证成果无疑是本淳先生对学术事业做出的重要贡献。同时，本淳先生还通过辗转考证，考出胡震亨在万历二十五年（1597）考中举人，时年二十九岁。但后来多次考进士未第，三十五岁时始为故城县教谕。约在万历四十一年（1613）任合肥知县，从改革官粮运输等措施显示出很强的吏治才能。万历四十六年（1618）升任德州知州，因母老未赴任。崇祯十年（1637）为定州知州，不久"以城守功擢兵部职方司员外郎"。本淳先生还对胡氏在各任职期间的事迹和思想都作了详细的考证和论述，还订正了各种史料和典籍中记载的许多错误。这些都为知人论世地研究胡震亨及其著作提供了重要的帮助。

前言对《唐音癸签》一书的体例、内容、诗歌理论思想及其缺陷都作了深入的介绍、探索和评述。如指出"胡震亨不肯从俗浮沉以求高官厚禄，退而著书，也不能忘情当世，在《唐音癸签》里常常借古讽今，抨击当时的士风习俗"。还指出胡震亨对"诗歌理解的独创性见解，主要表现在《李杜诗通》里"，"他认为李、杜两大家的风格不同，因此读法也应有区别"等等，所有这些评述，都非常正确而富有启发性。更重要的是，对《唐音癸签》中的许多错误，本淳先生通过认真稽核，在校记中一一指出，花了大量的功夫。在前言中，本淳先生指出，《唐音癸签》在引用他书时经常改易原文，致使失去原来旨趣，或并甲为乙，或节略过当令人费解，更有如胡氏引用"郑良孺"之说有十四条之多，实际上都是程良孺《读书考定》中语，若非上海图书馆藏有程书，若非本淳先生能认真去查稽，则此惑将成为永不可解之谜。类似这样精辟的发明,在此书的校记中尚有不少,这足以说明本淳先生深厚的学术功底和严肃认真的治学态度;同时也表明,本淳先生对学术事业做出了重大的贡献。

1994年10月5日,本淳先生来到南京,送给我由他重订的《苕溪渔隐丛话》前后集两册,并亲笔题写"贤皓教授教,周本淳赠"。我在拜受之后,很快拜读一过。深感本淳先生仍然坚持严肃认真的治学态度,其中的许多校记与《唐音癸签》的校记一样,很有启发性。如后集卷四引《东观馀论》六句诗说:"此《上清宝典》李太白诗也。"本淳先生校记加按:"今本《东观馀论》未见此条。"说得很对。按此诗乃后人伪作,宋本《李太白文集》及后来的《李白集》都根本没有此诗。又如后集卷第十一引山谷《和阳王休点密云龙诗》云:"小璧云龙不入香,元丰龙焙承诏作。"本淳先生指出:"任注《山谷内集》卷八题为《博士王扬休碾密云龙同事十三人饮之戏作》。首云'乱云苍璧小盘龙,贡包新样出元丰。'全集未见此处所引二句,疑为初稿。'阳王休'当为作'王扬休'。"既指出了错误,而对致误的原因又说得很谨慎。这正体现出一个严肃学者的优良学风。类似这样的优良学风,在本淳先生的《唐才子传校正》等其他著作中亦随处可见,兹不赘言。

1986年,江苏古籍出版社委托孙望先生和我主编一部《唐代文选》,作为该社的重点书。我们在精选出篇目后,约请全国各地的专家、学者撰写作者小传、题解和注释。其中我们约请周本淳先生撰写杨敬之《华山赋》、舒元舆《牡丹赋》、《录桃源画记》、《长安雪下望月记》、《贻诸弟砥石命》、《养狸述》、李贻孙《故四门助教欧阳詹文集序》、沈亚之《与孺颜上人书》、温庭筠《上学士舍人启二首》、欧阳詹《暗室箴》、沈亚之《李绅传》、段文昌《平淮西碑》、殷侔《窦建德碑》、牛僧孺《辨私论》等14篇,本淳先生接到约稿信后立即给我们回信，表示愿意撰写，并且很快完成了任务。当我收到并拜读本淳先生的稿子后，对他那认真细致的注释和富有创见的题解非常钦佩和叹服。我在此书出版的前言中，重点指出了一些学者的精辟发明。其中我就提道："再如孙樵《与王霖秀才书》，周本淳先生在题解中简介全文布局，并指出'此文及《与友人论文书》等可视为宣扬韩愈散文理论之重要作品'，具有启发性。"

总之，周本淳先生是一位学术功底非常深厚、治学态度非常严谨的学者，我拜读他的每一部著作，都发现有本淳先生的创见和发明，给我以很大启发。所以我对本淳先生的学问一直是非常尊敬和佩服的。

2005 年 2 月 27 日

# 相知何必久相识

曾枣庄

我和周本淳先生相知甚早，但相识甚晚。说相知甚早，是因为我们都从对方的文章久知其名；说相识甚晚，是因为我们见面是从十余年前为上海某出版社编宋代文学大辞典才开始的。当时常国武先生给我来信，邀我参加此书的编纂。这是一部设计得十分周详的宋代文学辞典，凡宋代的诗、词、文、赋、四六、诗话、词话、文话、小说、文学性笔记以及宋代的文学理论、文学事件、文学结社、文学流派、文学家、文人交往、文学名著、文学名篇，几乎都包括无遗，一书在手，可说宋代文学的有关问题都可查到。但可惜参加这一工作的都是一群书生，过分相信君子协定，没有签订对出版社具有约束力的合同，没有坚持让出版社事先预支一半或至少三分之一的稿费。结果在这部书稿接近完成时，出版社却不出了，最后是不了了之，让大家白白耗费了不少精力。

我是中途参加这一工作的。由于我主编过《全宋文》，收集的宋代资料较全，当时分工除参与者特别有兴趣的作家外，其他的作家，特别是小家的小传都由我撰写，并要我任主编。此前是定了主编的，即常国武和周本淳先生。我坚持只完成我承担的撰写任务，不作主编。但常、周两老也坚持我非作主编不可。最后我提出妥协方案并被认可，主编仍是常先生，我和周先生都作副主编，叙齿排名，我是我们三人中年龄最小的,自然排在最后,这样我稍为心安一点。

按分工,常先生主要撰写宋词词条,周先生则主要撰写宋诗词条,我主要撰写宋文词条。作家简介,他们都只写了他们有兴趣的一些人,我则主要撰写资料不多的小家简介。他们撰写的作家词条,数量虽不多,但由于他们都对这些人深有研究,故写得很有深度。后来中华书局约我和北大的朋友编写《宋代文学家大辞典》,我负责北宋,北大朋友负责南宋,最后南北宋都由我承担。因为我觉得常、周等先生为上海某家出版社撰写的词条颇有深度,利用起来有利于提高中华书局要我编写的辞典的质量,同时也可多少减少一些南京朋友的损失,商得常先生的同意,把他们撰写的作家小传稿子(较详)按中华体例修改后,纳入本书。深感遗憾的,因为这是在《宋代文学家大辞典》正副主编确定后决定的,故只能委屈他们作编写人员了。真正的学者从不计较虚名,他们爽快地同意了。

中华书局的《宋代文学家大辞典》已于去冬出版,中华的责编告诉我,这是他们已出的几种文学家大辞典中最好的。最近日本友人也来信告诉我,此书成了东京某书店本周上榜的学术畅销书。我庆幸我们决定利用南京朋友为上海某出版社撰写的词条是完全正确的,这虽不是此书受到好评的全部原因,但至少是重要原因之一。兹略举数则周先生所撰词条,就可看出所言有据。如论刘筠云:"学问宏博,文工对偶,辞尚致密;诗宗唐代李商隐,为西昆派重要作家,与杨亿齐名,时人并称'杨刘'(《郡斋读书志》卷一九)。……刘筠歌诗的流弊也较明显,魏泰批评他堆砌典故,'作诗务积故实,而语意轻浅'(《临汉隐居诗话》),实为中的之言。"有褒有贬,褒贬适度,亦为"中的之言"。又论魏野云:"刻意苦吟,宗尚贾岛、姚合诗风,语言质朴而不生涩,逸情别致,时多警秀之句,为人所诵。大中祥符间,契丹使臣曾言辽国人喜诵魏野诗,仅得上部,愿求全帙,真宗派人购求补全。"寥寥数语，把魏野诗风及在当时的影响概括无遗，没有深入研究，很难概括得如此简洁。再如评尤袤云："博极群书，记忆尤强，杨万里称之为'书府'，时人呼为'尤书橱'。与陆游、范成大、杨万里并称为南宋诗人四大家，或称'中兴四大家'。杨万里称其诗'平淡'（《千岩摘稿序》），'绝似晚唐人'（《诚斋诗话》）。方回谓其诗与范成大'冠冕佩玉，度《骚》媲《雅》，盖皆胸中贮万卷书，今古流动，是惟无出，出则自然'（《跋遂初尤先生尚书诗》），对其《梅花》《蜡梅》《雪》等诗推崇备至（见《瀛奎律髓》）。清朱庭珍谓，南宋四大家，'三人皆非放翁匹，而延之尤卑'，'浪得虚名，粗鄙浅率，自堕恶道'（《筱园诗话》卷四）。惜其诗大都散佚，'篇什寥寥，未足定其优劣'（《四库全书总目》卷一六）。"这就叫厚积薄发，周先生若非"博极群书"，恐怕也很难写出这样有分寸的条目。其先言其特点是"博极群书，记忆尤强"；继言其为"中兴四大家"之一；再言其他"三人皆非放翁匹"，四大家之说实难成立；最后以四库馆臣所言作结："（所存）篇什寥寥，未足定其优劣。"一篇短短的词条，表现出周先生对数百年的诗评史烂熟于胸，顺手拈来而恰到好处。

由于参加宋代文学辞典的撰写工作，经常要研究各种问题，我和周先生见面的机会多了。有一次开完会后，我们同在南京大学招待所住了两天，我才感到我们的性格有很多相似的地方，我们都属豪放派，爱喝酒，爱聊天，无话不谈。我深感常、周二老的学术功力是我这一辈子都无法赶上的。周老整理的由人民文学出版社出版的《诗话总龟》更成了我的案头书。当时他多次邀我到他所在的学校看看。我也很想去看看这人杰地灵之地，但每次都因时间安排得满满的，往往都买了返程票；更认为今后有的是机会，结果终成无法弥补的憾事。将来即使有机会去淮阴，也没有周老同游了。

周先林等来信说："父母赐我们肌肤，给我们温饱，育我们成人，然而，我们尚未能很好地回报，就永远地失去了机会。诚所谓'子欲养而亲不待'！每念及此，情何以堪！心何以甘！"有子如此，周先生在天有灵，读到这样感人肺腑的话，定会含笑九泉。不忍违背孝子贤孙的意愿，略述几句，以慰哀思。

2005 年 3 月 18 日

# 《寒斋先生诗录》集锦

吴金华

　　黄钟毁弃，瓦釜雷鸣。——屈原《卜居》
　　夕阳无限好，只是近黄昏。——李商隐《乐游》
　　爰于暇日，校读一周，率贡刍愚，以附简末，仰赞高贤，诚不胜欢庆抃踊云。——徐先生《孙人和〈论衡举正〉序》

　　寒斋，是江苏淮阴师范学院周本淳（1921—2002）教授的字，安徽肥西人，出身于小康之家。其兄本厚，早年参加革命，改名伯萍，新中国成立后，历任粮食部办公厅主任、副部长、外交部驻外大使，2002年离休。

　　寒斋先生早年毕业于浙江大学。新中国成立初期任教于南京一中，因思想进步，工作出色，成为该校的"入党培养对象"。

　　1957任职于南京教师进修学院，在"整风运动"中知无不言，向院领导呈献了三条意见："一、党的领导应体现在执行党的政策方面，而不一定表现在领导干部非党员不可。二、说肃反是成绩为主固然不错，但对具体单位应作具体分析。比如南京一中肃反时，抓的全抓错了，后来又赔礼道歉都放了，而反动标语却没有破案，这就不能说成绩是主要的。三、《中国农村的社会主义高潮》按语中，毛泽东主席在阳谷县养猪问题的批示上，说'阳谷县是打虎英雄武松的故乡'，这一说法有误。《水浒》的所有版本，皆云武松乃清河县人氏。主席一时疏忽，报纸应动点脑筋，提醒一下。"就这样，蹇斋先生竟于1958年6月被定成右派，罪状三条："外行不能领导内行""肃反成绩不是主要的""说毛主席有错误"。

此后不久，大约当局者考虑到周伯萍的政治地位及蹇斋先生的清白无瑕，到1960年3月就摘掉了他的右派帽子。及至"文化大革命"期间，蹇斋先生又遭揪斗。1969年全家下放淮安县平桥公社孟集大队陆庄生产队，成了农民。

从1977年起，蹇斋先生恢复了发言权，此后在淮阴师院任副教授、教授、副校长，兼任市政协副主席，江苏省高校语文教学研究会副秘书长，江苏省高校古籍整理研究领导小组副组长，淮阴市语言学会会长、文学工作者协会名誉主席、诗词学会名誉会长。

蹇斋先生在教研工作及古籍整理方面成果甚丰、影响甚巨，有《怎样学好语文》（江苏人民出版社1956年出版）、《唐音癸签》校点（上海古籍出版社1981年出版）、《震川先生集》校点（上海古籍出版社1985年出版）、《唐人绝句类选》（浙江古籍出版社1985年出版）、《唐才子传校正》（江苏古籍出版社1987年出版）、《小仓山房诗文集》校点（上海古籍出版社1987年出版）、《诗话总龟》校点（人民文学出版社1987年出版）、《古代汉语》（全国师专通用教材，主编，华东师大出版社1990年出版）、《读常见书札记》（江苏教育出版社1990年出版）、《苕溪渔隐丛话》重订（人民文学出版社1992年出版）、《诗词蒙语》（上海文艺出版社2001年出版）、《全清词·顺康卷》审订（中华书局2002年出版）及2000年自选集《蹇斋诗录》。

蹇斋先生晚年生活安定，心情舒畅。因教育工作有突出贡献，从1993年起享受政府特殊津贴。1996年，应邀偕夫人赴日本名古屋大学讲学访问。子女五人，均德才兼备，事业有成。蹇斋先生及夫人去世后，子女合编《周本淳钱煦追思录》一书，题为《我们的父亲母亲》。

蹇斋先生1941年在浙江大学中文系读书时，曾从江宁郦承诠（字衡叔，号愿堂）受诗业，明乎"诗中之蕴，诗外之音"（见《蹇斋诗录》自序），故其诗、词、联语格调脱俗，耐人寻味。其诗德之高，诗气之壮，诗才之美，诗味之浓，实属罕见。其中感愤之作，非过来之人不能言，亦非所有过来之人皆能言，更非所有过来之人皆欲言。《蹇斋诗录》虽非正式出版物，但绝非某些正式出版的那一类趋势避讳粗陋猥琐之作所能望其项背。窃以为蹇斋先生有雄气，《蹇斋诗录》有奇趣，故摘录若干，以备诵习。

**联语《杜甫祠堂》**

穷饿一生，造次不忘民众；馨香千祀，光辉何止诗章。（第124页）

华按：郭鼎堂曾著书抑杜甫而扬李白，蹇斋先生似有感于此。

1996年底，研读南京大学程千帆先生所赐寄的《闲堂诗文合抄》，印象很深的包括如下两首：一是28页的《戏为九绝句之三》（1976）："甫白操持孰优劣，春兰秋菊总无俦。蚍蜉欲撼参天树，不废江河万古流。"二是41页的《过巩县展少陵先生墓》（1986）："愤怒出诗人，忠义见诗胆。以诗为《春秋》，褒贬无不敢。诗圣作诗史，江河万古流。兹丘封马鬣，永与天同休。"程老是吾师徐先生的执友，他对郭鼎堂的批评，前诗尖锐，后诗蕴藉。蹇斋先生之联，旨趣与程诗一样，只是取材的角度不同。

## 五律《国旗颂——为庆祝国庆四十五周年作》(1994)

照眼红旗艳,先驱血染明。
高扬卅五载,永励万千英。
核卫争前列,弱贫除旧名。
成城标众志,猎猎起雄声。(第 96 页)

华按:塞斋先生爱国。国家改革开放以来,写了不少颂歌,这是晚年所作的一首。

## 五古《寿徐老九十并序》(2000)

鸣谦徐老章黄嫡派,朴学宗师,著述等身;主讲坛坫七十年,成就学者何啻三千;性喜提携后进,乐为扬名,硕学懿行,海内景仰,尊为人师。余屡从问学,析疑赏异,如坐春风,小女先林忝列门墙,过蒙培育。今值先生九十华诞,爰献俚词,借申遐祝。

善继前贤学,喜扬后进名。
先生真大老,上舍耀长庚。
百万传承广,三千化育精。
多年容问字,弱女仰培成。
祝嘏期颐近,劬书耳目明。
新筹添海屋,芜句寿杯呈。(第 105 页)

华按:塞斋先生称吾师"喜扬后进名",极是。这里需要补充的是,先师徐复(号鸣谦)先生不仅喜欢在背后对人称扬有志向学的后生,也喜欢在背后介绍同行、同事的长处;这跟当面说人好话、背后说人坏话的某些"老教师"完全不同。

海屋筹添，见宋苏轼《东坡志林·三老语》："尝有三老人相遇，或问之年……一人曰：'海水变桑田时，吾辄下一筹，尔来吾筹已满十间屋。'"

**联语《敬挽本师王驾吾先生》**

弟子恸山颓，约礼博文，训诲犹萦耳畔；先生观物化，光风霁月，典型常在人间。（第122页）

华按："训诲犹萦耳畔""典型常在人间"，于我心有戚戚焉。

**七古《登小龙山放歌》（1943）**

是非无辨失亦得，卧看老树如春花。（第10页）

华按：此謇斋先生之少作，竟成后半生之谶言。

**七绝《枕上》**

枕上家山枕外鸡，家山梦断剩鸡啼。
听鸡犹唱家山调，无那家山一枕迷。（第12页）

华按：謇斋先生对学生说，这首"重字诗"是抗日战争时期逃难于遵义时的思乡之作。

### 七绝《月夜怀小舟学士》

叩门啄木千山月,步屐空庭一掬寒。
应共幽人光熨眼,漫调诗腹养馀澜。(第17页)

华按:此诗不见于目录,盖编辑《蹇斋诗录》时脱落,再版时当补。

### 七律《哀黄羽仪先生》

贪悋独不死,感慨一沾巾。
落落如公者,茫茫隔世尘。
忧时成痎疾,守道得奇贫。
赖有遗文在,辉光异代新。(第21页)

华按:观蹇斋先生一生,"落落如公者"以下六句,可谓"夫子自道"。《诗·鄘风·相鼠》说"在位而无礼者"连老鼠都不如,对这班贪官污吏的诅咒是:"不死何为""不死何俟""胡不遄死"。几千年过去了,《诗经》时代的骂声不绝于耳,蹇斋的"贪悋独不死"可以作为《相鼠》的最新注脚。"贪悋",不见于《汉语大辞典》,"悋"读"叨"。"贪饕"见《文子·上义》。

### 七绝《应参军学生之请题词》(1962)

相期冥勃起鹏程,水击风抟壮此行。
一笑从戎携笔去,送君情是羡君情。

华按：此词见《我们的父亲母亲》225 页。"冥勃"不见于辞书，此乃"溟渤"之古文，典出《庄子·逍遥游》："北冥有鱼……鹏之背，不知其几千里也，怒而飞，其翼若垂天之云，是鸟也，海运则将徙于南冥。"

### 七律《自嘲》(1968)

碰壁经年未褪狂，何须杆木始逢场？
为牛为马随呼应，是鬼是人自主张。
偶放强颜争曲直，难遂众口说雌黄。
莫嫌雨雾凄迷甚，暖眼当空有太阳。（第 30 页）

华按："遂"，《诗录》作"随"，与上联"随呼应"的"随"相同，恐怕原稿并非如此，今从《我们的父亲母亲》317 页周先民《父亲》所引。此"遂"读为"半身不遂"的"遂"，平声，音义可通。

### 五律《送次女内蒙插队》

送汝草原去，余怀喜不虚。
两年真觉悟，千里好驰驱。
勤励雷锋志，精研主席书。
牧民如父母，休念旧家居。（第 30 页）

华按："文化大革命"期间毕业的大学生须根据最高指示"接受贫下中农再教育"，我就是其中之一。我 1966 年秋季大学毕业，1968 被分配到赣榆县任教，随后又带着每月 42.5 元的工资到赣马农科所接受"再教育"，至 1970 年才返回学校。而无业的中学毕业生则须响应"知识青年到农村去"的号召,插队落户,成为"知青"分子,蹇斋先生送次女插队内蒙古,当在此时。此时人人须读红宝书,而"学雷锋"则是1963年前后的事情,盖蹇斋先生被打成右派之后,思想仍然停留在"学雷锋"阶段,故诗中仍云"勤励雷锋志"。

### 七绝《寄怀大兄伯萍坦桑尼亚》(1971)

已过言归六月期,何无片语解离思。
难堪最是高堂母,夜半声声唤子时。(第30页)

华按:"伯萍"即蹇斋先生的胞兄周本厚,早年参加革命,此时为中华人民共和国驻外大使。

### 五古《漫成》(1976)

跳梁看狸狌,呼啸听鸺鹠。薄酒难成醉,陈编漫自讴。耿耿天仍梦,期期骨在喉。出门思一吐,舌咋不能收。(第33页)

华按:"陈编漫自讴""出门思一吐,舌咋不能收",真切如画,惟蹇斋先生有此写生白描之手段。"鸺鹠",鸱鸮的一种,古人视为不祥之鸟。"期期",口吃貌,见《史记》。

### 七律《郭在贻教授惠书知同出驾吾师之门赋此代简兼怀本师》

一封珍重过南金,先后门墙结契今。
自愧疲驽空伏枥,难追逸足共求琛。

世途歧路从夷险，书味灵台试浅深。

葛岭烟霞仰乔木，春风相约坐湖阴。（第 41 页）

华按：1981 年与郭在贻先生相识于武汉。此前，本师徐老常说，你们要学郭在贻，"文化大革命"中，他照样读书，现在不是成了训诂学界最出色的中青年学者了吗？后来，我发表了几篇文章以后，郭先生在苏州会议上告诉我，"我现在也对研究生说，你们要学吴金华"。这话既叫人惶恐，又令人感奋。他的来信都是用毛笔写的。可惜他英年早逝，至今只有几封来信可作纪念了。

### 七绝《有感》

牧童野火骊山穴，衰草千秋记灞陵。

何事独夫还独卧？黄金白玉总生憎。（第 42 页）

华按：秦始皇葬于骊山之阿，汉文帝葬于霸陵。亦绘景，亦叙事，亦评论。"还"字最有味，"总"字最多情。

### 五古《花甲自述》（1981）

谬听人呼老，谁怜心尚孩。

彩衣犹许着，强项未知回。

蹴鞠随儿戏，歌吟共妇咍。（第 43 页）

华按："谁怜心尚孩"，写尽老人心态。我比謇斋先生后生 22 年，2003 年《六十杂咏·题国画黄山松》云："无缘仙境赴瑶台，未学朱门深院栽。甘露温泉恒自乐，白云苍狗不相猜。九州鼙鼓随风去，四海灵光拨雾来。尤喜年年花事好，每逢佳节傍山开。"虽有歌吟之咍，惜无彩衣之乐。蹇斋先生花甲之年，其母健在，故有"彩衣犹许着"之句。

### 五律《连云港避暑即事呈诸老》

莽莽山连海，萧萧夏亦秋。
喷云驱百怪，凿石化千楼。
杖履陪耆德，诗书接胜流。
赏心真乐事，福地此都州。（郁州亦名都州，见《山海经》）。
（第45页）

华按："萧萧夏亦秋""凿石化千楼"，我为连云港常客，早有此体会，却不会表达，奈何？

### 五律《负手》

炎天凉雨过，负手夜虚窗。
群动喧仍寂，孤云卷复舒。
世情荣一长，老景着三馀。
剩有还童术，咿呀理旧书。（第45页）

华按："荣一长"，造语新奇。1968年刚到赣榆县赣马中学任教时，同舍同事管峰（数学教员）最喜欢说这样一类笑话："现在这种世道，当官不带'长'，放屁也不响。比如说，赣马公社的'生产队队长'，即使放个屁，也比'普通社员'响亮得多。"我猜想，蹇斋先生所谓"世情"以一个"长"字为荣,说不定就是管峰所谓屁响的意思。管峰只懂数学,所以只能说当时的社员群众羡慕长官屁响;蹇斋先生是诗人,故能自铸新词雅字,吟出哲语警句。自比"孤云",以"群动"为对,对得有味。陶渊明《饮酒》:"日入群动息,归鸟趋林鸣。""群动"谓各种动物。"还童术"下,承以"咿呀",寓意丰富。"咿呀"既有婴儿学语的意思,又有行舟摇橹的意象。

**七绝《鲁迅先生百岁诞辰》**

　　百岁先生原不死,精光长耀集长存。(第50页)

华按:可视为蹇斋先生自挽之辞。

**五律《小园》(1988)**

　　纵横难十步,四季趣无涯。
　　百本葱分翠,一株榴吐霞。
　　随孙寻蚱蜢,助妇剥丝瓜。
　　举首惊还喜,枇杷已试花。(第69页)

华按:家庭生活,健康活泼,情趣盎然。此情此境,惟笔高如蹇斋先生者能以雅歌表而出之。

**五律《寄日本今鹰真教授,渠为小儿园博士导师》(1989—1990)**

　　　文史欣同嗜,鸿鱼缺寄声。岂知藤茑弱,得倚柏松贞。作育

期君力，艰难愧我情。临风书短语，无计缔诗盟。（第72页）

华按：今鹰真教授有日译本《三国志》，我曾向精通日语的江苏大学副教授倪永明君建议，希望他在复旦攻读博士学位期间能对日译本加以研究，因为此本是《三国志》韩译本的参考书，而前此在复旦攻博的韩国崔泳准教授虽然于2003年撰成了《中韩〈三国志〉今译与古汉语专题研究》，但崔君没有见过日译本；倪君遂与今鹰真教授联系，并于2006年撰成《中日〈三国志〉今译与中古汉语词汇研究》，2007年由凤凰出版社梓行。此亦中日文化交流之雅事，蹇斋先生若在，一定会高兴地赋诗并寄往东瀛了。对习惯于打油体诗歌的人来说，蹇斋先生的诗，恐怕没有什么高明之处，那是因为"打油"的时间太长了，也就不讲究旧体诗必须有旧体诗的语言特色了。请看《蹇斋诗录》，有的诗用一般人能懂的白话，但更多的是用旧体诗的语言，这种典雅的语言来自深厚的专业素养，例如蹇斋先生不说"书信"而用"鸿鱼"，见魏象枢《沈荼庵司李以诗问病次韵寄答兼送》之二："身到衡阳休北望，最关心处是鸿鱼。"不说寄生物而用"藤茑"，见《诗·小雅·頍弁》："茑与女萝。"毛传："茑，寄生也。女萝，菟丝松萝也。"不说培养、造就而用"作育"，见李东阳《重建成都府学记》："虽道德勋业与时高下，而作育之效，磋切之益，皆不可诬。"（今疑"作育"一词的构词理据是《后汉书》卷六"《书》曰：'明德慎罚'，方春东作，育微敬始"。）不说诗朋而用"诗盟"，见苏轼《答仲屯田次韵》："秋来不见渼陂岑，千里诗盟忽重寻。"，等等。如今，一般的附庸风雅的"打油体诗人"是一辈子只有"通俗"而没有"典雅"语言的，是一辈子只有"粗陋"而没有"精致"语言的，而这类人往往自我解嘲说"我不屑于掉书袋"；殊不知只有像蹇斋先生这样博览群书的人才有资格说这样的话。一个没有"书袋"的人怎么可以这么说？如果一个"非不为也，是不能也"的人这么说，那就像街头的叫花子朝着百万富翁大喊："我看不起会用钱的人！"

### 七绝《院中黄菊盛开》

惯傲严霜节自奇，凛然正色耀东篱。
羞同名品争头角，好劝幽人泛酒卮。（第 78 页）

华按：蹇斋自画像，神态逼真。

### 五律《读政协报贫县富车感愤》(1993)

浇愁倾老酒，无计使心宽。
车富多贫县，民贫有富官。
媚人豺解事，得道虎能冠。
目断诛妖剑，何时快斩看！

华按：末句"看"字读平声，然蹇斋先生之心声则不得其平，故有此鸣。"豺解事"，见《太平广记》卷四九三《娄师德》二则，一则引《独异志》："天后朝，宰相娄师德温恭谨慎，未尝与人有毫发之隙。弟授代州刺史，戒曰：'吾甚忧汝与人相竞。'弟曰：'人唾面，亦自拭之而去。'师德曰：'只此不了。凡人唾汝面，其人怒也；拭之，是逆其心，何不待其自干？'而其保身远害，皆类于此也。"二则引《御史台记》："又则天禁屠杀颇切，吏人弊于蔬菜。师德为御史大夫，因使至于陕，厨人进肉，师德曰：'敕禁屠杀，何为有此？'厨人曰：'豺咬杀羊。'师德曰：'大解事豺。'乃食之。又进鲙，复问：'何为有此？'厨人复曰：'豺咬杀鱼。'师德因大叱之：'智短汉，何不道是獭？'厨人即云：'是獭。'师德亦为荐之。""虎能冠"，典出《史记·齐悼惠王世家》："大臣议欲立齐王，而琅邪王及大臣曰：'齐王母家驷钧，恶戾，虎而冠者也。'"《集解》张晏曰："言钧恶戾，如虎而着冠。"此诗若无"豺解事""虎能冠"一联，则不屑于读书而汲汲于吟哦者亦不难仿作矣。

又按："媚人豺解事"自注："娄师德事，见《太平广记》卷四九二。"其中"四九二"当作"四九三"，当属笔误。

### 七绝《采石燃犀亭》

翠螺山色趁人青，千载遗踪吊此亭。
何用燃犀深烛水，世间魑魅善逃形。（第81页）

华按："世间魑魅善逃形"，哲人之见，唯蹇斋先生能说得深入浅出。"燃犀"，见南朝宋刘敬叔《异苑》卷七："晋温峤至牛渚矶，闻水底有音乐之声，水深不可测。传言下多怪物。乃燃犀角而照之。须臾，水族覆火，奇形异状。"后以"燃犀"为烛照水下鳞介之怪的典实。

### 《临江仙·单人耘君见示新词，赋以寄之》

读罢鱼笺温旧梦，去年今日淮城。谈诗论史小窗明。看君磐礴裸，炎暑退无声。　自笑白头真没窍，痴人呓语谁听？半生尘饭共泥羹。世途今渐觉，南亩寄深情。（第113页）

华按：蹇斋先生填词，即词人语。这首词排在《沁园春·欢呼除四害》

之前，当属"文化大革命"末期的作品。"没窍"，这个苏北口语词，作为"没用""没意思""没本领"的同义语，不见于《汉语大词典》；我在苏北工作了十年，听惯了，对这个语词感到特别亲切，特别有趣。单人耘大概是苏北人，从他喜欢"磐礴裸"的性格来看，他即使不是苏北人，在生活习惯上也展现出当地常见的粗犷与豪放。塞斋先生在苏北填词，采用苏北口语，诙谐活泼，恰到好处，真是行家里手。"磐礴裸"，指赤膊箕坐，既是如实的写生，又是巧妙的用典，典出《庄子·田子方》："有一史后至者，儃儃然不趋，受揖不立。因之舍，公使人视之，则解衣般礴赢。""般礴"通常写成"磐礴"，"赢"字通常写成"裸"。词，毕竟不同于乞丐所唱的莲花落；如果说成"看君赤膊坐"，那就不仅成了顺口溜，而且单人耘对"炎暑"的傲然情态也没有生动地体现出来。

### 《踏莎行·寄杨德威》(1979)

真似昨天，又如隔世，卅年何限辛酸事。羽毛摧折禁飞鸣，昂头未屈凌霄志。　弱草从风，苍松挺翠，崎岖万里分驽骥。羡君史笔记龙门，择人未可轻魑魅。

华按：此词见《我们的父亲母亲》第191页。

### 曲《仙吕·一半儿》

一春愁思梦如麻，历劫痴情饭作砂。
哀乐过时空暗嗟。这生涯，一半儿聪明一半儿傻。（第121页）
诗肠困酒睡初平，暑雨生窗梦不清。

隔墙人唤三四声。此时情，一半儿模糊一半儿醒。（第122页）

华按：寒斋先生作曲，即曲家语。今年（2010）暑假，上海中山医院以最先进的医术为我的心血管装上了一个最新型的支架。医生说，今后的体育活动不宜激烈，伏案工作的时间不宜过长。这样一来，我今后玩乒乓球时，就只宜用长胶板子轻击；上电脑时，不宜长坐久视。此外，据肺科医院的医生说，家中，特别是寝室中，不能存放太多的旧书旧稿，免得影响空气的质量。最近又听人说，在现代都市中，上述生活、工作方式都是先进的，故模仿寒斋先生用俗语作曲，副标题为《自嘲》：

　　乒乓怪拍弄长胶，旧稿旧书多远抛，支架拓宽心管漕，赶时髦，一半儿顽童一半儿老。

（2006年11月初稿，2010年12月订补）

# 风俗本自淳

张宏生

二十多年前,还是硕士研究生的时候,就已经知道了周本淳先生的大名。有一天,同学在一起闲聊,说起许永璋先生有两句诗,反杜甫笔意,嵌周先生之名。诗云:"何须尧舜上,风俗本自淳。"当时只觉得落笔很巧,后来结识了周先生,才感到真是极恰切的考语。

虽然做学生的时候,曾经听过周先生的讲座,但真正和他接触,已经到了1991年。那时,编成于1986年的《全清词·顺康卷》初稿,虽然20世纪80年代后期修订过一次,但经出版单位中华书局抽查,认为仍然疏误甚多,无法达到出版要求,于是再一次退回修订。在这种情况下,程千帆先生和周勋初先生认为,有必要聘请一位水平高、责任心强的学者来帮助进行修订工作,以保证质量,而刚刚退休的周本淳先生正是合适的人选。经过认真考虑,本淳先生愉快地接受了南大中文系的聘请,于是,我受命负责此事的具体协调联络等工作,先是赶到北京,从中华书局拉回"顺康卷"初稿约700万字;然后专门开车将这些材料送到淮阴师范学院内周先生的寓所,从此开始了和他两年多断断续续的接触。

"淳"通"醇",训厚。在两年多的时间里,我真切地感到,这确实是一位心地淳厚的老人,是一位学养深厚的学者。

本淳先生是我的长辈,他的公子先民又曾经是我的同事,因而我对他非常敬重，努力配合他做好工作，照顾好他的生活。在他为工作出差时，帮他安排食宿行等事情；当他需要查阅某些特殊资料时，帮他借书；他的差旅费等也多是我经手报销的。但他总是那样慈和，有时甚至过分客气了。我想，这是由于他惯于为他人着想，不愿添麻烦的缘故。记得1993年我要参加英语EPT考试，有一段时间节奏比较紧张。他得知此事，就记在心上，碰到问题，本来该告诉我，由我来协调处理，因为这是我的工作。但他却怕影响我的考试成绩，于是另找其他人帮忙。我后来得知原委，心中不免大为感动。这当然是一件小事，但从中可以看到他淳厚的品格。

和他在一起的一年多时间里，我在学术上也学到了很多，对他的水平之高，我由衷地敬佩。水平高的标志是，他能在没有任何原始依据的情况下，一眼看过去，就能知道某一句是否有问题，这是长期积累的深厚学养而形成的直感，不是轻易就能达到的。例如，由于资料太零散，复制不易，"顺康卷"中不免请人抄录一些词集。抄录者水平有高低，责任心有强弱，因而出现的错误有时比较严重。有漏去整行的，有张冠李戴的，有漏去一字导致语意不顺的，有抄错一字导致平仄不符的，也有分不清夹注上下文而错行的。而这些，对周先生来说，完全无法即时核对，只能凭着自己的学养来判断。奇妙之处就在于，他所发现的这些问题，后来或经我核对，或经他本人核对，往往都能证实他的判断。我想，这都是真功夫，来不得半点虚假。尤其令我感佩的是他的认真，这种认真使他对文献有极大的敏感，因而能够避免一些本来不应该有的疏漏。这方面的例子很多，姑且举一个最简单的。编纂《全清词》是一件枯燥、冷淡而又细致的工作，要求有较强的责任心。比如，有时复印件上的字迹模糊不清，要花很多时间查对辨认，辨认不出，就只能以空围"□"标识出来。但周先生敏感地发现，有时所谓"□"，其实并不是底本的问题，而是复印机和技术的问题，去原图书馆一查，果然如此。这就避免了一些不该有的失误。但把每一个图书馆都跑过来也不现实，因此，本淳先生将所有疑误之处都一一开列出来，分别投寄各图书馆。仅此一点，即可见出他的严谨。

2002年5月，在庆祝南京大学建校100周年的喜庆日子里，凝聚着几代人心血的《全清词·顺康卷》终于出版了，周本淳先生也为之十分欣喜。可是，由于整个夏天南大文科楼都在装修，全部图书都封存在仓库里，无法处理，因而也就没有及时赠送给周先生一套。等到我们终于有时间从容做这件事情的时候，却传来了周先生不幸逝世的噩耗，使我们深感悲痛和遗憾。可以告慰周先生的是，2003年秋，南大中文系古代文学学科和淮阴师范学院中文系古代文学学科举行联谊交流活动时，我们特地把一套《全清词·顺康卷》带到淮阴，赠送给淮阴师范学院，相信这也是符合周先生的意愿的。作为一部大型断代总集，《全清词》将会世世代代永远流传下去，而周先生为修订《全清词·顺康卷》所做的贡献，也将永远为后人所铭记。

2004年10月

# 厚积薄发　嘉惠士林
## ——怀念一代硕儒周本淳先生

潘荣生

1978年初，周本淳先生与夫人钱煦老师从淮安县（现为淮安市楚州区）农村中学调至淮阴师范专科学校（当时称南京师范学院分院，现为淮阴师范学院）中文系任教。这时已经是他们下放农村的第十个年头。先生是学术大师，而我并非学术中人，又是小辈（先生长我三十岁），按理并无缘由接触先生。然而，我稍后从中师毕业，分配到淮阴师专图书馆古籍室工作，很幸运有为先生服务的机会，加之先生又极谦慈，所以很快与先生由相识、相熟而相知，并有了二十余年的交往。其间，先生或亲临古籍室查阅资料，或让我代为借还图书，或电话告之某书中有某诗某文，嘱我代为复印。有时也会趁兴说些学术中的趣闻轶事，比如，他有一位很能作诗的业师曾戏言，学诗的都是呆子，再学也是写不过老杜的。诸如此类的话题，总令我陶醉其中、百听不厌。先生满腹经纶，谈论他的学术，我自然远不够格。但在与先生的交往中，亦时常被先生的道德文章所震撼。

先生1945年毕业于浙江大学中文系，新中国成立至下放前，先后供职于南京市中教界和南京市教师进修学院。20世纪50年代，先生年富力强，正当学术研究上下求索、纵横捭阖之际，却因政治原因，被人为剥夺了学术研究的资格。1957年，党中央号召各界鸣放，先生出于爱党爱国之公心，且自恃清白，遂据实陈词。谁料"阳谋"行将毕役，1958年竟被补为右派。此前，先生作为南京市中教界"语文分教"改革的领军，成绩斐然。为配合"语文分教"改革，1956年江苏人民出版社约请先生撰写《怎样学好语文》一书，并多次再版。二十余年中，政治运动不断，加之举家下放，几度迁徙，先生手头早已一册不存。一日，先生嘱我代检学校图书馆是否有藏。当觅得此帙，面呈先生时，先生抚之再三，却沉默无语。相违多年，一朝重见，似乎触动了先生对特殊岁月的记忆。其景其情，令人几欲潸然。

中共十一届三中全会拨乱反正，右派冤情得以昭雪。从此，先生巨大的学术能量得以充分释放，且以六旬高龄，定下了撰写10部著作的学术研究计划。这在他人难以想象，但先生厚积薄发，举重若轻，迄于先生辞世，计划不但超额完成，而且无不堪称传世之作的大手笔。在诗词学研究与古籍整理领域，贡献卓著，影响广泛。此外，学术指谬亦为先生学术一大特色，令人瞩目。如前所说，我并非学术中人，绝无资格谈论先生的学术，也不可能谈好，但只要接触先生，就无论如何一定能感受到他的博大和精深。惟以管窥天，难尽先生学术之万一。

诗词学研究是先生学术之根本与核心，所校点各书均为古代诗文集或诗词学典籍，学术指谬也大都与诗词学研究与古籍整理有关。三者彼此关联，你中有我，我中有你，一进俱进，相得益彰。盖诗词之学既博大精深，则校点古籍必能驾轻就熟；而校点古籍须追根溯源，故诗词之学又定可甚多发现。与此同时，对前修时贤之偶疏，也自然屡有匡正。

先生与诗词有不解之缘，自小即流连其中，爱读，善作，曾从诗学名家郦承铨（衡叔）先生学杜韩苏黄诗。后来以教学为业，也始终不离诗词。先生熟读唐宋诗词，杜甫、苏轼，尤为了然于心，深得其旨。早在20世纪50年代,即编著有《宋诗选》,经国学大师汪辟疆过目审订,上海古典文学出版社已催稿发排,终因右派之事而遭毁约。《唐人绝句类选》《诗词蒙语》两书是先生诗词学研究的代表著作,其中《诗词蒙语》虽谦曰"蒙语",实则是先生沉潜反复、砥砺雕琢数十年之精粹,是一本总结诗词创作和阅读规律的诗词学专著。书分二十编,几乎涉及诗词创作与阅读的所有方面。所论虽多是人所熟知的话题,却直抵人迹罕至之处,洞人所未及见,发人所未能言,然后赋人以"原来如此"的大彻大悟。如杜甫的《缚鸡行》,宋代大学者洪迈欣赏其结句含蓄不尽,而先生却由结句看到了此诗结构之奇特与不合常规——"前七句专讲鸡虫,结尾突然推开,'注目寒江倚山阁',和前文好像不相干,但仔细一想,这个动作却表现出作者对'鸡虫得失'的无可奈何而推之于天地江山之间,既是寄托,也启人思考,寒江山阁乃至宇宙之间,'细推物理'都有类似鸡虫得失的问题。"继而深入发掘,举苏轼的《和刘道原咏史》、辛弃疾的《破阵子》、陈羽的《姑苏怀古》、杜甫的《绝句》、欧阳修《梦中作》等为例,总结、揭示了短篇诗词中的种种罕见结构(见《短章促节 不主故常——谈短篇诗词的结构》)。又如,读诗须博识是再传统不过的话题。但先生之论说与所举诗例,却出人意料,别开洞天,以奇制胜。唐诗中,关于画家的诗不胜枚举,但从未有人能注意到"画师"称谓的奥妙。先生从王维自况"当代谬词客,前身应画师"的看似"无甚奇特"开题,转由张彦远的《历代名画记》,考出"画师"之称谓在唐代并不光荣,原来王维轻贱"词客",认为"画师"虽不光荣,但仍在其上。进而据此破解杜甫关于画家郑虔的三首诗:《醉时歌》赞赏郑虔的才德,并为其受到冷遇抱不平,故不能有一字提郑虔能画;《送郑十八虔贬台州司户伤其临老陷贼之故阙为面别情见于诗》为郑虔遭贬开脱,所以又必须突出郑虔的"画师"身份,以强调他并非正经官员,不当受此重罚；《八哀诗》对郑虔盖棺定论，不得不提能画，却巧妙地代之以皇帝称赏的"三绝"，而不单说"画师"（见《增益广闻　别有会心——谈博识》）。习见的"画师"称谓，经先生破云开雾，竟显露出如此高岸成谷，深谷为陵的变幻，不由你不啧啧称奇，击节称赏。诸如此类新见迭出、精彩纷呈之处，书中通篇皆是。以上我之感发，浅之又浅，不足为训。而上海文艺出版社将先生之书与朱自清、顾颉刚等人的著作一起收入"学者讲坛丛书"，可谓慧眼识宝，士林有幸焉。

在古籍整理与研究方面，先生亦是用力极勤，成果极丰。从1977年为上海古籍出版社校点唐诗学典籍《唐音癸签》开始，出版社邀先生校点、校正重要古籍的约请接踵而至，一发不可收拾。校点古籍不易，古人云："学识如何观点书。"古时尚如此，今人为之可想而知，功力稍有欠缺，往往动辄出错。而先生在此领域却游刃有余，成就卓著，显示了非凡的功力。先生偏居，难见善本，然有所谓"以理校为主，非以版本胜人，乃学者之校"，若为先生说也。先生往往不待对读，就能推定某处可能或倒、或讹、或脱、或衍，即便各本皆同，也绝难逃脱。是为先生校点古籍之一大特点，更是他的过人之处与优势所在。例如校点《唐音癸签》，此书引用"郑良孺"之说十余条，据引用条文，仅可推知其为明人。然多方稽考，竟全不见"郑良孺"三字。至此，欲知郑氏其人其事，及《唐音癸签》所引来自郑氏何书，似乎已无从下手。然先生断定此处必有疑误，复检《明史·艺文志》，志中录有"程良孺"所著《茹古集》八十卷，"郑"与"程"音近易讹，引起先生注意。循此再检《四库全书总目提要》，又得程氏所著《读书考定》，《唐音癸签》所引十余条果然尽在其中。如此辗转往复，迂回迫近，几成死结之疑案终得正解，铸为定谳。在先生校点的书中，类似的校例，可谓举不胜举。故而凡先生校点之书，无不精审缜密，用者称便，成为广为使用的版本。由于古籍整理和研究的巨大成就，先生被推为国务院古籍整理领导小组成员、江苏省古籍整理领导小组副组长。《全清词》是全国古籍整理领导小组的国家级重点项目,南京大学中文系程千帆教授任主编。其中之顺康卷始纂于1982年,1986年初稿完成,1991年又完成第一次修订。1992年,先生应南京大学中文系聘请,担纲第二次修订,即付排前的最后质量审订。历时两年,修订顺利完成。先生崇尚乾嘉,治学素以严谨著称。书稿虽经第一次修订,但仍被先生看出不少讹误。比如作者小传,被授某官,"未就"与"未赴",应为两事,书稿却未能区别。诸如此类,均经先生之手,一一得以订正。词作中的疑似,必想方设法亲见原书,以定夺是非。江苏是文人荟萃、高校林立的文化大省,先生身处穷乡僻壤之小师专,却能出任国务院古籍整理领导小组成员、省古籍整理领导小组副组长的重职,并担纲国家级重点项目的最后修订,学术地位之高,足可想见。现在,凝聚先生大量心血的《全清词·顺康卷》已经出版,煌煌二十巨册。先生辞世前已知出版消息,却未及亲睹。是虽为憾事,然先生对我国古籍整理和研究事业做出的巨大贡献,将永远泽被士林,与史同在而彪炳千古。

学术指谬是先生学术研究的重要组成部分。研究学术,先生真刀真枪,无所畏惧,敢于碰硬,许多重大学术谬误,在先生的笔下一一原形毕露。唐诗巨擘陈子昂,就是因为先生的一篇《"前不见古人,后不见来者"非陈子昂首创》(《江海学刊》1987年第2期),而卸下了错戴一千余年的"首创'前不见古人,后不见来者'"的光环。又如,《新华文摘》1990年第6期有《〈金瓶梅〉作者新探》一文(原载《复旦学报》1990年第2期,题为《关于〈金瓶梅〉的几个基本问题》)。该文认为《金瓶梅》的作者很可能是明代的田艺蘅,根据是第八十一回的一首诗,谓此诗"实为(《金瓶梅》)作者的自我叹息","与田艺蘅晚年在西湖放浪的情感多么切合"云云。而先生一眼便知,所说诗其实是杜甫的《过故斛斯校书庄二首》之二,与《金瓶梅》的作者、田艺蘅、西湖及西湖之断桥皆丝毫无关。而且作者全然不懂此诗,不知"鲍叔和"的"和",是"知"之讹,故而生生造出一个叫"鲍叔和"的人物。对此,先生深为忧虑:"这般研究学术,如何得了。"故撰写了《"鲍叔和"现象亟应防止》一文,以戒学人。《新华文摘》1991年第8期全文刊载后,在学术界产生了很大反响,现在已有一些文章将"鲍叔和"当作学术硬伤的代名词。先生就是如此,学术责任心极强,治学向以严谨矜慎律己。对疏于内功、急功近利、心浮气躁之学风,则忧心忡忡,甚至深恶痛绝。曾有某名家作学术报告,《楚辞》中的几个字竟被一再读错。先生说:"汉语冷字甚多,谁也不能包读,但诸如《楚辞》之类中的字是无论如何不应读错的,还是平素功夫没有到。"

先生学问之深邃又不仅限于诗词学研究与古籍整理。语言文字虽非先生学术研究的主项,但也极具功力。原国家教委师范司曾聘约先生主编全国师专统一教材《古代汉语》,就足可证明。所以淮阴市成立语言学会,发起者再三力邀先生出任会长。有一次,学会在金湖县召开年会。会议某议程因故取消,会务组临时商请先生为大会作一语言学方面的报告。先生虽毫无准备,但所作报告却精彩绝伦,内容是"异文辨析与文言文教学"(与会者大都是中学语文教师)。先生无一字讲稿,全凭记忆,列举古代诗文名篇中的大量异文实例,从语法关系、音韵训诂诸方面,予以辨析,丝丝入扣,如同层层剥笋。时代背景、作者履历、史实典故,更是烂熟于胸,信手拈来。既妙趣横生,又证据凿然,与会者无不为之折服。最后,先生由诗文用字的精和准,谈到一篇宋代的祭文。欧阳修扶母亲灵柩回故里,要路经某地。地方官员例须路祭,故准备了一篇祭文,但只有20字——"昔孟轲亚圣,母之教也。今有子若轲,虽死何憾。尚飨!"或以为太简,会得罪欧阳修，结果欧阳修却大为赞赏。此篇虽为佳构，盖正因为太简，鲜有选家青睐，故许多人都闻所未闻。而先生脱口而出，无一字不爽。与会者既有感于祭文的高明，更震惊于先生的博闻强识，故报以热烈的掌声，并一致要求先生板书出来供大家抄录。先生的报告本是一项临时安排，却成了那次年会最为精彩的内容。

热爱中华传统文化是老一辈学者的共同特点，先生有感于现今大学生文化史知识的匮乏，退休前曾亲授"文化史"课程。他对汉字，情结尤深。除决然撰文，对中央电视台某档节目散布的"汉字落后论"予以有力反击外，还多次在公开场合表示："我对汉字是有感情的。"我曾向先生请教，古人的名与字往往有意义上的关联，若改用简体，既有的关联十有八九会被破坏。先生很无奈，回答却一针见血："全是同音替代作祟。"及至"文字改革"被取消国策资格，先生双手赞成，如释重负。但是对使用白话文，则坚决拥护，而且堪称楷模。先生早年曾专攻古文辞，能写地道的文言。然而，他公开发表的论文，偶有用文言者常是不得已而为之。如《老泉·东坡赘语》（《南京师范学院学报》1979 年第 4 期）一篇就是如此。原来此篇是去南京办事，临时被拉到编辑部的急就章。因为刊物立等付排，只给了个把钟点的时间，而写文言要快得多。现在捧读此篇，既钦佩先生惊人的才思，又以为先生坚持使用白话文，无疑是对当今一些年轻学子半文半白，故作饱学之态的极大讽刺。

先生是使用学校图书馆古籍最多的读者，而先生丰富的古文献知识，更是学校图书馆古籍建设的强大后盾。图书馆遇有大部头古籍征订，常常请教先生。每当其时，先生总是手持书单，就作者其人其事，书之价值如何，精华所在，娓娓而谈，深入浅出，一一指教。1997 年淮阴师范专科学校与淮阴教育学院合并成立淮阴师范学院后，多出《四库全书》一部，欲置换一部同等规模之典籍。当时有两书可选，一为《四库全书存目丛书》，一为《续修四库全书》。征求有关读者的意见，因《续修》所收多为《四库》以后文献，故研究方向时代较前者大多主张《存目》，较后者则大多主张《续修》。最后请教先生。先生以为《存目》《续修》当然都很重要，但已入藏《四库》一部，从馆藏文献时代分布之合理性计，在财力有限、两书不可兼得的情况下，还是应以《续修》为首选。而且，也不可以认为《续修》所收多是《四库》以后的文献，就与之前的学术无关。《四库》之前的学术，有许多重要研究成果都在《续修》之中，比如乾隆后期及嘉庆时期的有关著述，不可不读。先生的意见廓清了许多人的疑误，学校图书情报委员会后来研究此事一锤定音：以先生之意见为意见。

先生是大学者，但对晚学后进，甚至如我等学术外人，却抬举有加，丝毫没有大学者的做派。先生长我三十岁，然而自20世纪90年代始，先生和夫人钱煦老师，无论当面还是电话，都是称我"潘老师"，无一例外。先生每有大著出版印行，也大都赠遗一部，而且必有亲笔赠题，此已然令我不安；先生的诗集《蹇斋诗录》和最后一部大著《诗词蒙语》，赠题甚至以"诗兄"相称，更让我诚惶诚恐，不知如何直面先生。钱煦老师的令尊钱宝琮老先生既是中国古代数学史研究的开山鼻祖、自然科学史大师，又精通古代诗文，"文化大革命"中去世。"文化大革命"结束后，怀念和研究钱老先生的文章时常见诸报刊，我在图书馆工作，见到便代为复印一份。1992年浙江大学校友总会编印钱老先生的诗词集《钱宝琮诗词集》，先生和钱煦老师也不忘赠遗一册。先生待我之情之谊，绝非仅此，然笔涩文滞，未能尽表。

先生一向身板硬朗，精神矍铄。1996年75岁高龄时，突患小中风，经治疗并无大碍，还应邀去日本讲学。但辞世前的一二年，则步履有些蹒跚，日见老态，更难得到图书馆查阅资料。先生说，除有稿约，其他已不再动笔。2002年春节前，市委、市政府领导由学校主要负责人陪同亲临先生府上致节日慰问。春节后三四月间,在市二院根治齿疾,后来因要外出旅游改变了治疗方案。以上一切,都说明先生身体尚可。暑假我在南京,7月30日上午突然有同仁电话告之先生已于前一日辞世,并征求可否代致吊问。先生道德文章世人同钦,且待我素厚,非同一般,大归之礼,何能不与?当日便赶赴先生灵堂,向先生遗像行三鞠躬,以倾注哀思。次日举行先生遗体告别仪式,尽管先生有丧事从简之遗愿,夫人钱煦老师和子女也一再恳望尊重先生遗愿。但仍有很多友人、学生及各界名流闻讯纷纷赶来送行,以市委书记、市长为首的市委、市政府、市人大、市政协领导人也参加了告别仪式。哀荣如此,充分说明了大家对先生辉煌学术成就和高尚人格的敬仰。在告别仪式上,钱煦老师对我参加先生的丧仪表示感谢,我则劝慰她要节哀顺变,多加珍重。然而,钱煦老师对先生爱之至深,终因哀毁过甚,一年后竟追随先生而去,这是谁也没有想到的又一桩悲痛之事。

2005 年元月 22 日改毕

# 唐代文史研究的重要贡献
## ——周本淳教授新著《唐才子传校正》评价

黄震云

中国的历史悠久，文化发达，这是举世共知，也是中国人引以为荣的事。然而，每当我们面对着悠悠的过去，浏览这华丽的文化时，往往震撼学海的无涯而感叹生命的短暂。那么，谨慎地选择认知的对象，用适当的方法，通过经济有效的途径，满足我们求知的欲望，拓展生命的内涵，丰富多元社会下的精神生活，实乃是刻不容缓的。新近由江苏古籍出版社出版的、周本淳教授献给我们的珍贵礼物、新著《唐才子传校正》，就是在如此庄严的使命下诞生的。

《唐才子传校正》，直行，繁体，三百九十三页，二十六万七千字，引书一百多种，出校记一千余条。允执厥中，言简意赅，吹尽黄沙，考索资料源流；收取关山，甄补事实异阙。学殖丰盈，力透纸背，格致圆雅，独树标帜，发明颇多，雅俗咸宜，对唐代文史研究做出了十分重要的贡献，是当然的优秀的传世著作。漫展斯书喜欲狂，客观地作些评介，应该说是很有意义的。

**学殖丰盈　独树标帜**　《唐才子传》是元代西域人辛文房"游目简编，宅心史集"，用尽心力，提炼荟集而成的一部唐代五代文学家的传记，是唐代文学史研究的重要参考书，为学界瞩目，研究者案头是一日不可不备的。鲁迅先生在他开列的学习中国文学的十二种要籍中，也把其列于首位。由此可见，《唐才子传》的价值是很高的。可数十年来，《唐才子传》印行寡鲜，仅1957年古典文学出版社在出版"中国文学参考资料小丛书"时匆匆印刷过一万五千册，谬误抵牾，依然杂见，"荒唐之说无当史裁"。近几年，由于学界与出版界的共同努力，先后由中州出版社、江苏古籍出版社、中华书局、中国社会科学出版社（以下简称为"社科"，余三家以前两字称之）出版了校注本《唐才子传》，可称为四家注。四家注中，中州时间稍前，江苏次之，中华刚出第一册三卷，中科刚刚杀青付梓。平心而论，各家都付出了艰苦的劳动，成就斐然。但也并不是说，四家都整齐划一，难分轩轾。我认为，中州本时间最早，缓解了旱情，功不可没。注以拼音，考释词汇，今译地名，实在是个很好的普及性读物，但因底本、校勘等原因，补正较少，因此弱点也是显而易见的。相对普及本来说，中华本显得十分繁细，主编者在前言第四行即云，此书"体现中国学者当前唐代文学的研究水平"。因此，仅第一册前三卷就近四十万字，是原书的十多倍。但因此书邀请的作者多是唐代文学教学研究人员，因而不少都是研究成果的重新编排，况又极少超越过去，不免有重复之嫌，且有固步繁杂之病，读者翻检亦十分不便。是可称为繁本。社科版的本子清样，笔者曾匆匆翻看过，选择底本较好，校勘亦勤，约六十万字，但因此书校勘时不仅注明出处，而且引用原文，所以，似仍嫌篇幅大了些。是可称为中本。周本淳先生校正的《唐才子传》，仅仅注明出处，因此节约了大量的篇幅（不少订讹正误处未出校记）。这些劳动，不通过比较是看不出来的。现成的校记不多，人均五条左右，每条一两行、三五行不等，极少有上百字的。不难看出，校记是撰著人丰盈的学殖和勤勉的劳动凝结而成的。如卷一"张子容条"《唐才子传》云："尝送内兄录事归故里云：'十年多难与君同，几处移家逐转蓬。白首相逢征战后，青春已过乱离中。'"中州本对此无校记。中华本《校笺》云："按《全唐诗》张子容名下无此诗，当系失收。观'十年多难'句，则子容安史乱平后尚在世。'弃官归旧业'，亦未知何本。"撰者怀疑这首诗是张子容的佚诗，而且据此对张子容的寿命加以推断。对此，本淳先生的本子校记[三]云："《全唐诗》仅存张子容诗一卷，皆五言。上引七律乃刘长卿诗，题为《送李录事兄归襄邓》，辛氏误。疑'后值乱离'以下皆刘长卿事，子容诗中无经乱痕迹可寻。"按：《全唐诗》卷一五一载录此诗于刘长卿门下，《全唐诗外编》第四编卷三易云："张子容《送内兄李录事归故里》，《全唐诗》一五一作刘长卿诗，题为《送李录事兄归襄邓》。第五句西月，《唐才子传》作西日。《唐才子传》卷一。"由上述可知，本淳先生的校记是高于他本的。

又《唐才子传》卷六殷尧藩门曰："尧藩初游韦应物门墙，分契莫逆，及来长沙，尚书李翱席上有舞柘枝者，容语凄恻。因感而赋诗以赠曰：'姑苏太守青娥女，流落长沙舞柘枝。满座绣衣皆不识，可怜红脸泪双垂。'众客惊问之，果韦公遗爱所生也，相与吁叹。翱命剥丹书，于宾馆中择士嫁之。"此条中州本及《唐刺史考》与《唐代诗人丛考·韦应物系年考证》均不能明其真伪。《校正》本校记云："按事见《云溪友议》卷上舞娥异条。此韦公乃韦夏卿，非韦应物，疑上文'分契莫逆'云云皆因误为应物而生，非有实也。"寥寥数语，即决此疑。按《云溪友议》上《舞娥异》夹注云："夏卿之胤，正卿之侄。"此事又见《唐语林》卷四，但不言夏卿。今《全唐诗》卷四八九有舒元舆《赠李翱》诗，《全唐诗》四九二有殷尧藩《潭州席上赠舞柘枝者》诗，有序，并述其事。夏卿，新、旧二书均有传，言与李翱有旧，与诸书云二人姻亲合。《唐语林》卷三言韦夏卿不经方镇，误。《南部新书》丁亦录之言收韦江夏之女。《历代诗话》上册引《全唐诗话》卷二云"乃苏台韦中丞爱姬所生之女，夏卿之裔，正卿之侄"，盖本《云溪友议》卷上（笔者亦曾撰文《李翱长沙嫁伎本事小考》述其事，对猜测韦中丞为另一韦应物说进行了批评）。

又《唐才子传》卷三戎昱条云："戎昱，荆南人。"《唐才子传校笺》亦作荆南人，并花去约五百字的证明文字。笔者几年前曾撰有《戎昱籍贯及生卒年》一文以为是扶风人，并寄予著者。今著者在校笺中仅言俟考。而《唐才子传校正》之校记［一］引《直斋书录解题》卷十六云："'戎昱集五卷，唐虔州刺史扶风戎昱撰……'作荆南人，误。"按戎昱《桂州西山登高上陆大夫》云："风烟连楚都，兄弟客荆州。"客荆州，非荆南人可知。其《送严十五郎之长安》《罗江客舍》都表明他是长安或长安附近人。扶风在长安附近。《唐才子传校正》仅四个字即纠正了《校笺》五百字之讹。

由上述例说我们看出，《〈唐才子传〉校正》言简意赅，惜墨如金，字字珠玑。难怪在四家注中，作者口气最硬，叫《唐才子传校正》的书名了。

《唐才子传校正》在体例上也是有自己的特点。首先是版本选择，校正用的是善本佚存丛书本，并参考了其他五种版本，因此，版本的选择是比较好的。其次是目次编排，撰人据南京图书馆藏日本读杜草堂本将目录总列卷首，很是适用。再者，列有附录十三门，对于进一步研究《唐才子传》及其作者，无疑提供了登堂之梯。末了编有人名索引，读者称便。从内容上说，《唐才子传校正》又分为作家论和作品论两个部分，不仅对原书指瑕发微，而且对作者辛文房的生平和文学思想、与《唐才子传》的关系做出了科学的考察和分析，这都是他书所难企及的。

**收取关山　甄补事实**　俗话说，行家一出手，便知有没有。全书仔细读过以后，我发现校正本的过人之处是很多的。

1. 出自创新的。如卷五张碧门校记云："《唐诗纪事》卷四十五引孟东野《读〈张碧集〉》，又引张碧自序其诗云'碧常读李长吉集'云云，孟郊卒于元和九年，李贺诗集编成于大和五年，其相去三十八年，其非韩愈同时之孟郊，自不待辩矣。"言另一孟郊说。

又卷七雍陶条校记［二］云："此七子疑为错简阑入，雍陶以诗自负非指书法。"理顺文意。

又卷八温庭筠条校记［八］末云："按以字飞卿证之，似当从《北梦琐言》名庭云。"自成一家之说。

又卷六薛涛条校记［三］云："此诗见于《王仲初集》，当为王建作。胡曾为高骈幕府时，薛涛已死四十年。"

2. 订正错误的。《校正》中，订正错误的文字占有较大的比例。撰者在前言中分为四个部分，两种原因。四个部分即：（1）时间失次；（2）地理讹误；（3）误甲为乙；（4）褒贬失实。两种原因是：（1）杂采群出，抄掇繁富，或未暇检详；（2）读书不细心，随意割裂。全书订正错误的条目有近百条。除了作者在前言中列举的以外，比较重要的还有许多。如卷一王翰条，原书作贬岭表卒。作者引《唐诗纪事》与《新唐书》本传证其贬道州司马卒。《唐才子传校笺》作两唐书本传云云，实者，旧书无王翰传也。

又卷一李昂实为省郎而非侍郎。卷二綦毋潜的籍贯、卷二薛据及第时间非开元九年，卷二郑虔的版本著作问题。卷三戎昱条的崔中丞假托事，吉中孚的卒年。卷四怀素与钱起的关系。卷五张登诗为宋张士逊诗。卷五张仲素的世系（据《徐州府志》，非封建子，符离集人）。卷六清塞条周朴、周贺系二人。卷八司空图未为商州刺史。卷十张蠙条，朱光嗣应为宋光嗣，等等。几乎每一条都可以独立成文，但撰者均用三言两语述之，精要明白，在订正错误中亦时见发明。

3. 改讳求正的。如卷十廖图条校记［一］云："廖图原名廖匡图，避赵匡胤讳去匡字。"而诸书多作"廖图"。又卢延让条，诸书均作卢延逊，唯纪事作延让（如两唐书、五代史、《能改斋漫录》页二九四、《全唐诗》页七八六二、《玉之堂谈荟》页八八、《历代诗话》页二一三、六四一、六七五说法就不一，徐松《登科记考》页九二一将卢延逊与卢延让作一人，是）。

4. 以意理之的。如卷二孟浩然条，关于明皇弃之一事，校记［二］引两条材料后云："盖一事而传闻异辞，以情理度之，次说为近。"解决了这一悬而未决的问题。又邱为条校记［一］云："'及居忧'三字原缺，据上两书校补，否则文意不完。"又卷七杨发条校记云："以文意观之，与传文矛盾，中非辛氏所作。"又卷七许浑条校记［四］云："此事取自《本事诗·事感》。《太平广记》卷七十许飞琼亦记此事作许瀍，注'出《逸史》'诗句全同，疑瀍为浑之误。许浑《记梦诗序》为孟棨所本。"又卷八刘沧条校记［三］云："疑温为蕴字误书。"按校书有二法，死校与治校，死校者即所谓字字有来历也，治校者往往要靠撰者的功力水平。此类均属治校，虽不太多，但绝非一般人所能为。

5. 源流互证的。如卷二贺兰进明条校记［一］云："此本于韩愈《张中丞传后叙》，辛氏盖为之讳。"对辛文房含糊的言辞揭出根由，令人信服。又卷四李益条称："往往鞍马间为文，横槊赋诗。"校记［二］云："此元稹《唐故工部员外郎杜君墓系铭并序》评曹氏父子语。"这样一注，我们自然会联想到曹氏父子和建安风骨，对李益的激励悲离之作有更深入的了解。又卷二高适条云"适年五十学诗即工"。校记［三］云："《旧唐书》云：'适年过五十，终留意诗什，数年之间，体格渐变，以气质自高'，非言五十始学为诗也，而《新唐书》遂言'年五十始为诗，即工。'以讹传讹，详见拙著《读常见书札记·高适五十学诗之谬说探源》。"不仅纠正辛氏之误，而且揭出新书之讹及其原因。此类校记较多，是很不容易的。

6. 发微导路的。如卷三张标条校记［一］云："辛氏因咏神仙诗而云，实则不尽然，细绎自明。"指出辛文房的逻辑错误，提示读者深入思考。又卷四窦巩条云："佐淄青幕府。"校记则引《旧唐书》指出其职事历官，并云："混言佐淄青幕府，不确。"不难看出，作者校注时态度之严谨，考核之精细。另外，如卷三严维条、陆羽条，卷四钱起条，卷九喻坦之条、韩偓条，卷十王涣条、熊皎条，不仅探赜发微，而且吐辞艺术，给读者留有思考地方，有导夫先路的作用。作者谙于史实，精于治学，本书中尚有校正异文，学蓄通辨，点石成金处甚多，就不一一枚举了。鸳鸯绣了从教看，还把金针度与人。有道者也。

**吹尽黄沙　考其源流**　《校正》在考述作家的生平资料的源流过程中，征引了不同时代的多种资料。有唐前的，有唐代的，有唐后的；有正史、野史、笔记的；有作家专集和石刻的。它们为《唐才子传》及其作者的研究吹尽黄沙淘金，指点迷津，提供了第一手资料。这无论对于初学者还是学有所成的人都是适合的。

1. 关于《唐才子传》作者。《唐才子传》作者辛文房，是元朝西域人，生平资料极少，政治上亦无多大建树，因此研究元代文史者不太重视他。而研究《唐才子传》的人大多是治唐代文史的。因此，二者往往隔膜颇深，很难做到知人论文。对此，《校正》花费了很大的功夫，征引了诸多材料，从辛文房的生平、诗歌、人生态度、仕宦、著述条件、文学观点及其来源以及各家评论、版本流传，展开了全面的论述，仅前言就写了一万多字。这是迄今对辛文房讨论最全面的一篇论文。

2. 关于《唐才子传》的。有时候为一句话，作者能征引好几种材料。如卷四李益条云："（李益）往往鞍马间为文，横槊赋诗。"校记［二］云："此元稹《唐故工部员外郎杜君墓系铭并序》评曹氏父子语，辛氏借用。《元氏长庆集》卷五十六作'曹氏父子鞍马间为文，横槊赋诗'。《旧唐书》卷一百九十下《杜甫传》亦引之。"有时不仅指出辛氏之误，还指出其失误的原因。如卷十褚载条言邢君牙荐之事，校记[二]云："此事出《诗史》，见《增修诗话总龟前集》卷五。按邢君牙荐两唐书均有传……辛氏沿《诗史》之谬而不察。"又卷九钱珝条云："起之孙也。"校记[一]云："据此（《新唐书》卷一百七十七《钱徽传》）珝为方义之子，徽之孙而起之曾孙也。《唐诗纪事》卷六十六云：'字瑞文，吏部尚书徽之子，辛氏亦沿其误，以为起之孙。'"尚有研究者记述有误，《校正》依源正之。如卷七杨发条校记[一]。陆芝荣《唐才子传考异》云永乐大典本传末有论。《校正》据指海本附四库本（即永乐大典本）校勘，与文澜阁本及文义证其非是，亦为信说。总之，《校正》高明尤多，限于篇幅，不可能一一写出，只有靠我们去阅读原著了。

周先生勤于著述，仅近两年就出版了《唐人绝句类选》，校点了《诗话总龟》，复校了《唐音癸签》，整理了《归震川集》《小仓山房诗文集》等多种著作，在国内外学界享有盛誉。

《唐才子传校正》虽非完美无缺[①]，但确为精品，定是传世之作。在同类著作中，是独占鳌头的。

1. 卷一刘慎虚条校记[一]云："刘慎虚两唐书无传，《唐诗纪事》亦未言其登科第。《登科第（当为记）考》卷七开元十一年登进士第者仅据《唐才子传》列崔颢一人而不及慎虚及徐征，不详何故。"按《唐才子传》卷二刘长卿门、《郡斋读书志》卷四上、《玉芝堂谈荟》卷二《历代状元》均作开元二十一年，徐征状元，刘长卿系徐征榜进士。辛氏不取，义盖如此。刘慎虚，实属漏录（指徐松《登科记考》）。笔者《唐登科记考》甄补六十条中有此一条。

2. 卷三戎昱条校记[四]云："《云溪友议》卷下《和戎讽》云京

---

① 就《唐才子传校正》言之，校记中有些地方似乎还是可以再议的。

兆尹李銮。《唐诗纪事》卷二十八同。此云崔中丞，疑误。"此言是。但李銮此人，唐代文史材料中均无言其任京兆尹事，疑亦误。《云溪》此条似不足据也。

3. 卷五戴叔伦条校记[二]云："《戴公墓志铭》云戴叔伦卒于贞元五年，此云贞元十六年登第大误。《登科记考》卷十四仍而不察，可怪也。"按戴叔伦事似比较复杂，当有两戴叔伦，一为戴道士。容州死于任上；道士仕途失意，业田三十载，曾赴抚州推问。见戴叔伦诗可知。容州未曾进士及第。笔者《全唐诗稽疑·评事戴叔伦》条曾有专门考订。因此，此条似仍可再讨论。疑辛氏合二戴为一。

4. 卷六韩湘条。按传云"云横秦岭家何在，雪拥蓝关马不前"诗为韩湘诗，非。应是韩愈诗，参见《全唐诗》。笔者有《〈青琐高议〉唐代部分本事考索》一文可参。

5. 卷六韦楚老条。原传无字，按韦楚老字寿朋。杜牧、温庭筠诗可证，当补入。又，卷七马戴条，所引"咸通末，马戴佐大同军幕"时间有误。马戴为中唐时人，不及咸通末。笔者有《许棠考略》专门述之。又，李频条校记[一]引《纪事》言剑州刺史，材料有误，剑应为建。参见洪迈《容斋随笔·李建州》条。笔者有《李频年谱稿》曾论之。又李群玉条云裴相公复论荐。按初荐为令狐绹，见《全唐文》及《李群玉集》附录。

6. 卷八鱼玄机条校记[一]引《琐言》云玄机字幼微，一字蕙兰。按作蕙兰为字大误。见唐皇甫枚《三水小牍》及鱼玄机诗。鱼玄机字幼微，咸通九年秋被戮。

7. 卷九郑谷条，校记[一]云："郑谷两唐书无传，此传多取《唐诗纪事》卷七十。'奇之'下作曰：曾吟丈丈（当为人）诗否……辛氏截去数语，致嫌突兀。"按此条材料不可信。司空图年齿并不长于郑谷。此司空侍郎指李当，非司空图。笔者有《全唐诗稽疑·郑谷卒年及其它》述之甚详,不赘。

  8.卷十沈彬条校记［一］［四］言及沈彬何处人士。按吴只为沈氏郡望。两唐书中凡沈氏多作吴兴人,即因此。高安,沈彬之籍家也,诸书所录似不矛盾。

原载《淮阴师专学报》1988 年第 4 期

# 读《诗词蒙语》识小录

童　岭

> 此生精力尽于诗,末岁心存力已疲。不共卢王争出手,却思陶谢与同时。
>
> ——陈师道《绝句》

> 最终,一般的批评的成见……这是关于诗歌底本质与价值的一切自觉和不自觉的理论之结果,在读者和诗歌之间不断地干涉着,像批评史便表示得十分明白。像一种不幸的饮食仪式,它可以扼止一个人所急欲要吃的东西,即使这东西是在这个人的唇边。
>
> ——瑞恰慈(Richards)《科学与诗》

周本淳先生,字骞斋,1921年出生,祖籍安徽合肥。先生自传(见《诗词蒙语·自传》,上海文艺出版社2001年版)中提及,在求学时期,给他影响最大的是张汝舟和王驾吾二位老师,他们均精习桐城文法,推崇姚鼐。幼年时期严格的文言训练,不仅奠定了先生研习古籍的根基,也确立了先生"作人之本,勿以名利所囿"(见《诗词蒙语·自传》页239)的信念。近代桐城派的大家姚永朴在其名著《文学研究法》"功效"条下有云:"学也者,本己之所得,以救之世所失者也。"(见姚永朴《文学研究法》,黄山书社1989年版,第39页)

这种延续不断的"桐城义理",浸透在先生一生的治学与教学生涯中。1945年之后,先生转入南京一中教学,又从胡小石、汪辟疆诸前辈游,为学为道得以日精。

2001年的夏天,笔者在上海购得先生的近作《诗词蒙语》(下文简称《蒙语》),此书是上海文艺出版社"学者讲坛系列"第二辑,同收此辑的尚有章太炎先生《国学略说》、贺麟《文化与人生》、顾颉刚《我与古史辨》,等等。这些老辈学人大多重视著述,唯独周本淳先生一生单单专注于读书、点书。同系列中许多书籍属于旧籍重刊,而先生这本则是新作。今天学者可以看到的先生的著作只有此书及《读常见书札记》两种而已。如果说《读常见书札记》见其考据功夫,那么《蒙语》则见其诗词妙悟。

古人学诗,常叹难通于诗中之蕴、诗外之音。这本十五万字的小册子,看似薄薄一本,然而其中论说的奥义,值得细细品读。全书共分二十章,其副题分别为"'三言两语'谈平仄""对偶和律诗""作诗和填词""谈练字""诗词里的重字""数字在诗词中的应用""草木禽鱼问题""时地问题""谈题引""谈短篇诗词的结构""聚讼问题例析""含蓄与痛快""承袭与变化""谈用典""情与理""谈博识""遮与表""梦与诗""画与诗"和"新诗与旧诗"等。综观此书,可得而言者有三。

一曰原始典籍,铢积寸累。爬疏董理,不假他人。点校古书,看似漫漫无期,其实大有裨益。昔黄季刚先生教人读书,首先要别人先点熟一部古书,由此可以读懂古人之用心,此语诚是不刊之论!历来教人学诗的书籍,多托名于大家之手,如魏文帝的《诗格》、贾岛的《二南密旨》,等等。先生这部《蒙语》却是一部真正成于大家之手的诗词学习向导。先生第一部点校的古书为《唐音癸签》,此后又点校、重订过《诗话总龟》《苕溪渔隐丛话》这两部重要的宋代诗文评著作,故对于这几部书，先生谙熟于心。《蒙语》中除一两处偶尔引用如程千帆先生《古今诗选》中一些训释外，所有例证几乎都是先生自己读书所得。如谈到律诗中的用典，要防止偏枯，如何"积学以储宝"，以及古人用典的习惯等等，即举《苕溪渔隐丛话》卷三十五中的几条例证，使读者会然于心。除此之外，由于先生还点校过《震川先生集》《小仓山房诗文集》等集部著作，故《蒙语》的语言都很优美，且带有几分诗意。另一部也是谈诗词的著作——周振甫《诗词例话》，体例与《蒙语》有异，读者可取之相较，其中略可见先生之文字不同于时贤。

二曰着盐于水，吟咏性情。文质朴雅，抉奥发微。老辈学人中，如闻一多先生，即使是他的论学之书，亦能见其文字优雅可玩（如《神话与诗》《古典新义》等等）。周本淳先生此书本身文字极其雅训，读其书似读其诗。许多复杂的诗学问题，在先生面前迎刃而解。比如先生在书中云：

> 幼年曾闻吴霜厓老人对诗、词、曲语言风格做过扼要的概括：曲欲其俗，诗欲其雅，词则介乎二者之间；诗语可以入词，词语可以入曲，而词语不可入诗，曲语不可入词。先师胡小石先生曾就此下一转语：七言绝句若稍杂词语转增风神韵味。当时未能深入领会。此后数十年涉猎诗词较多，然后始知言简意赅，确乎经验之谈。秦观词人，元遗山虽曾以女郎诗嘲之，然绝句极有风神，未能一概抹杀……境界虽小，风神摇曳，耐人讽味。姜白石诗词均工，南宋名家，而诗体中尤以七绝为最。（《蒙语》第32页）

如此论说，好似一位老者的当面教诲。中国诗文中"体"的概念，向来有尊卑，能于千字内说清楚此问题，已非小手笔。于此之外，先生还能以自己的老师所授，倡言诗词曲各体之间的互相渗入。初学如我辈者，读之受益颇多。本文题词中引用到瑞恰慈的评论，瑞恰慈对许多评论家很不满，他提出要研究诗的四个方面：意思（Sense）、情感（Feeling）、语调（Tone）和用意（Intention）。倘若他能见到先生这本《蒙语》，恐怕会大为赞叹在中国的城市中，居然有一位诗人和他的理论主张暗合神似。

三曰能诗能学，博而有一。会心不远，晚年定论。先生自己是一位出色的诗人，笔者手头有一本先生自订的《謇斋诗录》，现抄录二首如下：

爱此海上山，更着秋前雨。我辈即飞仙，何劳问宾主！（《次千帆先生韵》）

诗心如束笋，淡雨洗争萌。惯听悠悠水，依然踽踽行。秋声孤叶下，暝色一江平。却笑从来误，清吟袖手成。（《诗心》）

先生一生写诗无数，故《蒙语》一书的作者可谓诗人兼批评家。20世纪30年代范况《中国诗学通论·序》有云："自来研究诗学者，所遗留之著作，大抵甘苦之言。"周本淳先生自己也很看重（自己）晚年这部厚积薄发之作，在《蒙语·自序》中云："对于诗词之见识，既不肯尚同于时贤，又不屑苟异于当代，我明我心而已。近来偶将几十年之心得，汇集成编。"对于"蒙语"一词，先生自己谦虚地解释道：一是指自己还是诗学道中的"蒙童"；二是指对于后学于先生者，此书或可为启蒙之资。

不轻许人的程千帆先生在《闲堂书简》致周本淳先生信中有云："友朋中老学不倦如袁伯业者，先生而外，无他人也。"（见程千帆著，陶芸编《闲堂书简》，上海古籍出版社2004年版，第287页）近现代善为旧体诗词者很多（可略检《1919—1949旧体诗文集叙录》），然而能在晚年将自己一生谈诗论学的心得写成一部文字雅驯的接引后学之作,这样的学者恐怕不多见。倘若他日《蒙语》重印,出版社能将先生的《塞斋诗录》附在其中,那一定可以嘉惠更多的学诗者。

笔者读《诗词蒙语》时,发现书中有几则字误,曾致函先生,不想函至之日,先生已驾鹤西去。此后先生的小女周先林老师见到笔者,谈及先生之风雅,不由感慨倍至。周老师还命笔者属文怀之,笔者退而思曰:昔"姚门四杰"之姚莹著有《识小录》,此书博及经史子集。今之小文,亦题以《读〈诗词蒙语〉识小录》,以高示先生之学统,略寄后辈之思慕于万一云尔。

2005 年 5 月

# 当代学林一鸿儒
周先民

作为周本淳之长子,本文理应对先父之治学成果作系统梳理,对其学术意义作全面论述。无奈小子学识浅薄,无法完成系统全面地阐述先父的学术成就这个大题目,只能本着"非曰能之,愿学焉"的恭谨态度,对先父的学问及成果作一些粗浅的叙述,对先父的诗作作一点分析,希望有助于学界认识周本淳在当代学术史上的意义:我以为他是当代学林中的一位鸿儒。

先父在长期的治学生涯中,其学术活动及成果主要集中在三个方面:一是校点、校正、审订古籍,出版了《唐音癸签》《震川先生集》《唐才子传校正》《小仓山房诗文集》《诗话总龟》《苕溪渔隐丛话》,并审订了二十册的皇皇巨著《全清词·顺康卷》。二是拾遗补缺,指误纠错,索隐钩沉,考证史实。在发表的百余篇论文中,属考证性质的占了绝大部分,出版了《读常见书札记》与《考辩评论与鉴赏——〈蹇斋说诗〉之二》这两本论文集。三是诗学研究,出版了诗学专著《诗词蒙语》,编选出版了《唐人绝句类选》,并有油印本《离骚浅释》问世,另写有大量的诗词赏析文章。此外,先父还酷爱作诗,自费出版了收有五百余首诗的旧体诗集《蹇斋诗录》。

# 一、"纳须弥于芥子"
## ——关于先父的考据性论文

### （一）

"纳须弥于芥子"本为佛家语，字面意思是说可以把大大的须弥山装入小小的芥菜籽里。佛家以此说明小中有大、小大互摄的禅理。先父有篇赏析清诗人查慎行五绝《舟夜书所见》的文章即以此为题，来概括"一多相摄"，以小映大的精湛技巧。我借来这个题目，主要想表达这样的意思：先父的考据文章虽然篇数很多，但每篇论文的篇幅都比较短小；可我觉得在这些短短的论文中，却有着先父在治学方面读书万卷的大学问、轹古切今的大境界。也就是说，小文章里有大学问，表现了"纳须弥于芥子"的大精彩！

先父的考据性论文主要收在《读常见书札记》（江苏教育出版社1990年版）与《考辩评论与鉴赏——〈塞斋说诗〉之二》（中国戏剧出版社1999年版）这两本论文集里。《读常见书札记》虽然由于经费问题，一直推迟到1990年3月方才付梓面世，但实际上早在1983年底业已编定，所以所收论文的时间下限是1983年底。除了开头《〈离骚〉解题》与《〈世说新语〉原名考略》两篇的初稿主要写于1957年之外，其他六十六篇皆写于改革开放、拨乱反正后的1979年至1983年的五年时间里。《考辩评论与鉴赏》则主要收入1984年以后发表的论文。但先父接到书时，木已成舟，已无修改可能。先父曾计划将自己有关诗学的论文与《塞斋诗录》合编为《塞斋说诗》，所以《考辩评论与鉴赏》就有了个副标题"〈塞斋说诗〉之二"。

因为蒙冤被划为右派，先父被剥夺了二十年的发表权。尽管如此，在那学术成果几为空白的二十年里，先父于逆境之中并没有停止读书与思考。所以当他错划右派问题于1978年获得改正，重获发表权后，学术成果即如雨后春笋般层出不穷。五年之间除了完成繁重的备课、上课等本职工作外，业余时间则将主要精力投入了校点古籍的工作。尽管如此，他还同时写出了大量论文（论文集中所收并非全部）。"厚积薄发"与"一发而不可收"这两个词语，用来形容先父1978年后的治学状况，是再贴切不过了。

## （二）

如果把进行学术研究看作是建造一座大厦，那么考据学的任务就是为这座大厦夯实地基。因为如果研究工作所依赖的文本、作者，乃至于字词存在着讹舛衍脱等混乱现象，那么其上建造的学术大厦势必就会基础不牢，先天不足，甚至成为一座空中楼阁。所以考据学在学术研究中是不可或缺的举足轻重的基础环节。

梁启超在《清代学术概论》一书中曾把清儒考据学的治学原则高度概括为八个字，这就是"实事求是""无征不信"。而考据学的根本任务就是根据"实事求是""无征不信"的原则在古籍领域里去伪存真，纠谬决疑，还原真相。举凡古代文献的校勘、文献作者的真伪、词义的辨识等等，都是考据学的职责。

考据学自清朝乾嘉学派奠定基础以来，久盛不衰，代有传人，现当代亦大家迭出，如王国维、陈垣、陈寅恪、顾颉刚、傅璇琮等。这些大家术业有专攻，在自己所擅长的领域里，深入开掘，并不断扩展延伸，打出了一口口学术深井，在考据学领域里取得了许多令学界瞩目的重大成就。而先父的考据性论文则很少带有专题性质，它不是体大思精的掘井式的力作，而是于古籍丛林中漫步时的偶得。它在时间上不为时代所限，在空间上不为专题所限，只是徜徉于先秦两汉三国魏晋南北朝唐宋元明清那些常见的古籍之中，凡遇到碍眼之处，即去深究一下，考其真伪，辨其优劣，张皇幽眇，订补罅缺，然后"就把见到的想到的一些不同意见记下来"(《读常见书札记·自序》)。作者原把《读常见书札记》书名拟作"杂记",欲强调的其实就是这个随手杂乱记下的意思。承编辑美意,书名中改用了雅驯的"札记"二字,但性质是一样的。从时代分期上看,《读常见书札记》所收的具有考据性质的论文中,有关先秦时期的五篇,两汉三国魏晋南北朝时期的十二篇。唐代、宋代的比较多,前者二十二篇,后者二十四篇。宋以后六篇,其他涉及今人古籍校点问题的九篇。从古籍分类上看,涉及经、史、集三大门类,而以诗话、诗文为主。其考据的范围之广、涉及的古籍之杂、解决的问题之多,在当代考据学林林总总的研究成果中,是独树一帜、自成一家的。

## (三)

王安石《题张司业诗》云"看似寻常最奇崛",说张籍的诗看上去平平常常,其实却有着难以企及的过人之处。我以为借用荆公此句诗来说明上述考据性论文的特点,也非常合适。上面提到,先父考据性文章主要是"于古籍丛林中漫步时的偶得"。说是"偶得",其实丝毫没有运气好的因素,因为它"看似寻常最奇崛",体现的是常人难以企及的读书万卷、厚积薄发的大学问。一般而言,能在学者常见而又熟知的古籍中发现长期以来未曾引起学术界注意的学术问题,没有略胜一筹的学术敏感是不可想象的。而要具有这样的学术敏感,至少需要两个条件:一是阅读量大,读得多;二是记忆力好,记得住。因为有比较才有鉴别,如果胸中没有诗书万卷,不能做到博闻强识,此种超出常人的一眼看出问题的学术上的火眼金睛又从何而来呢?而在"读得多"并且"记得住"方面,先父确实有着不同寻常的过人之处。凡与先父比较熟悉的同事、朋友甚至前辈学者似乎均有这样的共识。

南京师范大学资深教授常国武先生说:"和本淳学长接触的时间

愈长，就愈觉得他学识广博和精邃。这除了他好学不厌的因素之外，还因为他具有特强的记忆力和在文学方面的出众才华。"（《永怀良师益友周本淳学长》，载《追思录》）

南京师范大学的徐复先生是全国训诂学学界首屈一指的大家。据张乃格先生回忆，徐复先生得知他曾受业于先父后，高兴地说："你是周本淳的学生啊，他这人过目成诵，学问可大着哪！"（《怀念恩师周本淳、钱煦》，同上书）

南京大学程千帆先生是古典文学界享誉全国的著名学者，其在致先父信中说："友朋中老学不倦如袁伯业（名遗，东汉人，以老而勤学著称——民注）者，先生而外，无他人也。"（见《闲堂书简》，程千帆著，上海古籍出版社2004年版，第287页）

一方面手不释卷，"好学不厌"、"老学不倦"；一方面又具有"特强的记忆力"、"过目成诵"，先父读书时能具有高度的学术敏感，也就是水到渠成、自然而然之事了。下面这两个例子，也许能帮助我们了解他随时发现问题的实际情形。

其一，上面提到的重订《苕溪渔隐丛话》的佳话。20世纪80年代初，先父在翻阅人民文学出版社刚刚重印的《苕溪渔隐丛话》时，发现错讹颇多。于是边读边随手用红笔勾出，总共有百十条吧，随即连书寄给了当时并不相识的该书编辑陈新先生，希望他们再版时改正。结果陈新先生从善如流，经研究后即决定把此书交给父亲重订，二人也随之成了莫逆之交。

其二，有位先父熟识的老先生集几十年心血完成一部笺注，送先父一部。他当即通读一过，随手用红笔将他认为的有误之处一一订正；并修书一封，让我并书带给那位先生，说订正了一些排版错误，供再版时参考。我出于好奇，悄悄数了数，竟然有137处见红。而父亲做这些注记时，全凭记忆，并未翻参考书，其博闻强识如此。

## （四）

先父在常见书中敏锐地发现问题后，又是怎样加以考证、写成考据性文章的呢？上引王安石《题张司业诗》"看似寻常最奇崛"的下面还有一句："成如容易却艰辛。"此句饱含哲理，让我们联想到写诗著文的"艰辛"过程。事实上，呕心沥血、搜肠刮肚、绞尽脑汁、苦心经营这类词语也确实反映了常人写作论文的常态。可我觉得，用"艰辛"之类的词语来形容先父成文的过程，却似乎不太合适。且看下面两个例子。

《读常见书札记》中有篇名为《东坡·老泉赘语》的近两千字的用文言文写就的考据辩驳之文。该文是父亲因事去《南京师院学报》编辑部，应编辑常国武先生的要求临时赶写的。因杂志急等付印，父亲当场就在编辑部的书桌上展纸挥毫，凭记忆旁征博引，用文言辩难答疑，胸有成竹，一挥而就。遥想当时情景，当颇有古人倚马千言的风致。此文刊登于《南京师院学报》1979年第4期上。

先父写考据性文章尚且如此快捷，写一般赏析性文章就更加笔下生风了。1981年初夏，先父做客于北京其兄处。适逢胡耀邦总书记登泰山引用了杜甫《望岳》一诗，《光明日报》拟翌日刊载《望岳》全诗及赏析文章。先父在《光明日报》任职的侄儿周轩进紧急向其约稿。他在手头没有任何参考资料的情况下，仍然全凭记忆，多所征引，深入浅出，不到两个时辰，即写完交稿。文章以《"会当凌绝顶 一览众山小"》为题，刊载在翌日也就是7月5日的《光明日报》第四版上。文章发表后，引起很大反响。有诗词界朋友称赞说："过去解释领袖引用的古诗词，从来都是郭老和臧克家的'专利'，至此被周先生一举打破，可喜可贺！"

以上两篇急就章自然是特例，但先父在写文章方面是把"好快刀",却是毋庸置疑的。杜甫曾自负地说自己作诗"读书破万卷,下笔如有神"(《奉赠韦左丞丈二十二韵》),先父在为文时,似乎也有类似的情形。一方面大量的资料烂熟于心,召之即来,另一方面思维敏捷,文字功夫深,所以其下笔如有神助,所谓"发于胸中而应之以手"(《韵语阳秋》卷五引苏过评苏轼画语)是也。上引荆公诗云:"看似寻常最奇崛,成如容易却艰辛。"若要借来形容先父写作论文时的状态,看来得改两个字了:看似寻常最奇崛,成亦容易少艰辛。

## (五)

本文第二节开头曾提到作考证工作的原则是"实事求是""无征不信"。这自然也是先父写考据性文章的准则;而且他采用的证据皆是自己发现的"第一手材料"。这是他写考据性文章时在取材考证方面的一个基本特征。用先父自己的话说就是:

> 顾亭林写《日知录》,强调要"采铜于山"。拿今天的话说,就是要用第一手材料作根据,而鄙弃那种展转稗贩拾人牙慧的投机取巧行为。我自惭孤陋寡闻,但却奉顾亭林之言为圭臬。
> ——《读常见书札记·自序》

先父说自己"孤陋寡闻"自然是谦辞,而奉顾亭林"采铜于山"之言为圭臬,则既是宣言又是记实。

在掌握了第一手材料后,其为文又有什么特点呢?"子曰:我欲载之空言,不如见之于行事之深切著明也。"(《史记·太史公自序》引)《读常见书札记·新版〈辞源〉〈辞海〉释词义项补正举隅》中有"娘子军"一则,短而有趣,且录之以见其文风。

娘子军

新版《辞海》"娘子军"条云：

唐高祖的女儿平阳公主曾组织妇女成军，帮助高祖作战。《新唐书·诸公主列传》："主（平阳公主）引精兵万人与秦王会渭北。绍（柴绍，平阳公主丈夫）及主对置幕府，分定京师，号称娘子军。"

按刘𫗧《隋唐嘉话》卷上云：

平阳公主闻高祖起义太原，乃于鄠司竹园召集亡命以迎军，时谓之"娘子兵"。

此所谓"娘子兵"或"娘子军"，乃指统帅为平阳公主（妇女）而非指战士皆为女性，与后世习用者有别。《新唐书》只言"精兵万人"未言皆妇女，《隋唐嘉话》则言"召集亡命"，其非纯女性更属显然。新版《辞海》所云"曾组织妇女成军"实为主观想当然，殊有悖于平阳公主之史实也。

寥寥三百余字，即纠正《辞海》一条错误，并给一般读者以茅塞顿开之感。作者在写作上不过是信手拈来铁证，加上数句点评而已。要言不烦，文意明畅，举重若轻，游刃有余。一叶知秋，其著论之文风由此可见一斑。具体一点说来，那就是论皆有据，言皆成理，针针见血，鞭辟入里，从不模棱两可。在语言风格上则多用文言短句，准确省净，节奏明快，富有张力，很少闲言赘语。在语体上虽以白话为主，但纯用文言者亦不在少数。

## （六）

先父的考据性文章从性质上约可分为四类：一是与古籍校点有关，二是考辨立论，三是学术商榷，四是辨析词义。辨析词义例见上引"娘子军"文，不再赘举。与古籍校点有关的一类拟放在前言的第三部分，下面举例说说后两类。

先说说"学术商榷"类。在先父的考据性论文中，此类占了绝大多数。这类论文有一个共同特点：那就是以证据说话，分析则要言不烦，所以篇幅往往比较短小。我们先看《苏老泉就是苏东坡》（以下简称《苏文》）一文。

该文有的放矢，乃因"解放后出的许多文学史或教学参考书，介绍苏洵时，仍然加上'号老泉'"而写。《苏文》先指出南宋王应麟难辞其咎，其《三字经》"苏老泉，二十七，始发愤，读书籍"之句，将苏轼之号误加到其父苏洵身上了。对此讹误，明清学者质疑者甚众，"所以章太炎增修《三字经》，就改成'苏明允，二十七'，这早已是稍微留心旧书人所周知的常识了"。既然是"常识"，也就不再赘言。《苏文》接着论证"苏老泉就是苏东坡"。先举叶梦得《石林燕语》卷十语云："子瞻晚年号老泉山人，以眉山先茔有老人泉，故云。"又云："于卷册间见有'东坡居士老泉山人'八字共一印，其所作一竹，或用'老泉居士'朱文印章。"叶与苏轼时代相接，自然可信。继引明末清初吴景旭之说。吴的《历代诗话·辛集》四《老人泉》一文据叶梦得所言，确定"老泉"为子瞻之号。吴又举例说，欧阳修为苏洵作《明允墓志》，志中仅云"人号老苏"，而未提及"自号老泉"。于是《苏文》据常理判断说，"如果苏洵确有这个号，墓志铭是不会疏忽的"。论证至此，实际上已能证明"苏老泉就是苏东坡"。但先父立论，旁征博引之外，一般都要加上自己的独到发现。所以《苏文》结尾又从他烂熟于心的苏轼诗里找出一条证据。苏轼《六月七日泊金陵阻风，得中山泉公书寄诗为谢》诗有句云："宝公骨冷唤不闻，却有老泉来唤人。"《苏文》引用全诗后论道："在封建社会里，儿子决无直呼父亲名号的道理。这首诗里'老泉'二字近于戏笔，可以反证绝非其父之号。"

《苏老泉就是苏东坡》一文,其实并未将有关资料悉数列出。作者以为上述证据已足以说明问题,所以戛然而止,全文字数不足一千。

我说"并未将有关资料悉数列出",并非臆测之词,而是实有其事。上文发表后,因"颇多异同之论",闻虞、一水两先生"各举所见以相论难"。应南师学报编辑之邀,"为活跃争鸣气氛",先父遂在南师学报编辑部写就《东坡·老泉赘语》(以下简称"赘语")一文作答。题中的"赘语"二字,自然是谦辞,但似亦含有就论证"苏东坡就是苏老泉"而言,此文略显多余之意。

此文是排难解惑,涉及方方面面;而因受制于学报版面,字数必须严格限制在一页以内,故纯以简洁之文言写出。其内容主要是回答诘难者三个问题:

"一曰关于避讳及所引诗句问题。"

大约诘难者认为宋人行文中并不避父之字、号,并对"却有老泉来唤人"诗句中之"老泉"理解有误。《赘语》在综述历史上,尤其是唐宋时避讳情形后明确指出:

> (宋时)父之字、号,行文尽可不讳,但亦未见全字号引用如《中庸》之于"仲尼",见诸家集则多称"先大夫"、"先府君"。苏轼集中亦未见直呼"明允"者。此诗僧名"泉公",古诗不避字复,改唤"老泉",纯属戏呼,若果父号"老泉",能如此呼乎?余前文草草,以致有误以为非父即子者,故略申之。

赵元任有句名言说:"说有易,说无难。"意思是说,只要看到一例,就可以说"有"了,当然容易;而要断言"无",则要读破所有相关书籍,当然困难至极。《赘语》断言宋人文集中对父之字、号"未见全字号引用",并称"苏轼集中亦未见直呼'明允'者",其学问之渊博,当不难推想。

"二曰老苏之号不足为据。"

《赘语》征引张安道《乐全集》卷三十九《文安先生墓表》、欧阳修《欧阳文忠公集》卷三十四《故霸州文安县主簿苏君明允墓志铭》、《宋史》卷三一九《欧阳修传》、梅尧臣《宛陵集》卷五十三《苏明允木山》、卷五十九《题老人泉寄苏明允》等文献,一是进一步证实苏洵确有"老苏"之号,二是再一次明确"明允"于北宋文集及《宋史》中无称其"号老泉"者。

"三曰《石林燕语》仅属孤证,南宋以老泉为明允者甚夥,故不能定其谁属。"

《赘语》指出,"'老泉'之误属明允,当始自南京(指南宋)","余意叶虽一人,证极有力,渠明言子瞻'晚又号老泉山人,以眉山先茔有老翁(焦氏引作人字)泉故云'。……"二者时代相接,不容舛误。姑引焦竑《笔乘续集》卷六语为证:

> 世传老苏号老泉,长公号东坡,而叶少蕴《燕语》云……欧阳公作老苏墓志但言人号老苏,而不言其所自号,亦可疑者。岂此号涉一老字,而后人遂加其父耶?叶苏同时,当不误也。

《赘语》引焦氏语后遂作结语曰:

> 焦氏之言,实得我心。纷纷南宋之说,似不足动摇余论。质之两君,以为何如?

两君观《赘语》后,"以为何如",不得而知。拜读此文的小子唯倾倒于先父超卓的学识与记忆力而已。

## （七）

下面再来看《"前不见古人，后不见来者"非陈子昂首创》一文，这是小文章翻大案的显例。陈子昂的《登幽州台歌》千载传唱，尤其是"前不见古人，后不见来者"两句有口皆碑，从来没有研究专家怀疑过其"原创权"问题。但是，手不释卷的先父却从《升庵诗话》卷六《幽州台诗》条里"文集不载"这四个字上，发现了疑点。如此名作，"文集不载"，却是为何？难道是陈的好友卢藏用编十卷本《陈伯玉文集》时因未见此歌而沧海遗珠了吗？高度的学术敏感使得作者循迹追踪下去。结果发现卢藏用熟知此歌，并记在《陈氏别传》里：

> （陈子昂）因登蓟北楼，感昔乐生、燕昭之事，赋诗数首，乃泫然流涕而歌曰："前不见古人，后不见来者。念天地之悠悠，独怆然而涕下。"时人莫不知也。

先父指出："卢藏用这里说的'赋诗数首'就是收在《文集》卷二的《蓟丘览古赠卢藏用居士七首并序》。"

如果说以上所言翻检陈集即可得知，那么下面扼要论述"赋诗"与"歌"先秦以来含义变迁的一节，就不是临时按图索骥所能得来的了：

> 本来，在春秋时代所谓赋诗，是指熟读一些诗篇，能够即景生情加以引用来婉转地表达自己的意图。但是后来"赋诗"专指自己创作了。歌呢？恰恰相反，如《沧浪》、《易水》原指的是自作。但后来也变了，如王敦击唾壶歌的是曹操的"老骥伏枥"，这是大家熟知的；如果是自作，则常常用"作歌"字样。

了解了这个背景，结论也就自然形成了：

这首"前不见古人"却只用一个"歌"字，未用"作歌"，卢认为这不算陈子昂的创作，所以编辑时不收。

以上论证，已可证明卢藏用认为"'前不见古人'句非陈子昂首创"，但这样一个大案，卢藏用一个人说了不算，还得有其他证据。茫茫书海之中，从何查找？先父胸中藏书万卷，自然举重若轻，他从唐人孟棨《本事诗·嘲戏》里拿出了证据：

宋武帝尝吟谢庄《月赋》，称叹良久，谓颜延之曰："希夷此作，可谓前不见古人，后不见来者。昔陈王何足尚耶？"延之对曰："诚如圣旨。然其曰：'美人迈兮音信阔，隔千里兮共明月。'知之不亦晚乎？"帝深以为然。

可见远早于陈子昂的宋武帝，已引用了这两句话。文章接着又引用李商隐《漫成二首》中"沈约怜何逊，颜年毁谢庄"的诗句证明上文"实有其说"。其后文章总结道：

宋武帝在"前不见古人，后不见来者"前面加上"可谓"字样，表明这两句是当时人们所熟知的话。只是陈子昂登高远望，随手拈来，信口吟哦，悲感流涕。后面续那两句，意思也是比较常见的，如《楚辞·远游》"念天地之无穷"，曹丕《月重轮行》"悠悠与天地久长"，王褒《洞箫赋》"莫不怆然累欷"等。这首《登幽州台歌》精彩在前两句……却是晋宋时的熟语。

行文至此,"'前不见古人'句非陈子昂首创"的结论,不就是板上钉钉了吗?本文发表后,引起很大反响,《人民日报》《文汇报》《文摘报》等纷纷摘登。

## (八)

先父的考证文章还有一个特点,就是本着学术面前人人平等的原则,敢于碰硬并善于碰硬。比如《〈宋诗话辑佚〉有关〈诗话总龟〉条目补正》《〈诗话总龟〉版本源流考略——兼向郭绍虞先生请教》两篇,都是与前辈权威学者郭绍虞先生商榷的考证性论文。《〈世说新语〉原名考略》一文,主要是针对收藏了号称唐写本残卷《世说新书》的日本汉学家神田醇及其推崇者罗振玉的。而《王庭珪别号、贬年及生卒——〈宋诗选注〉有关王庭珪材料正误》则是与当代学术泰斗钱锺书先生商榷的。钱锺书先生的《宋诗选注》是学术界颇具权威性的一个注本。然而作者百密一疏,书中有关王庭珪的注释出现了三处错误。先父一读之下,发现了问题,于是参考了岳珂《桯史》、王庭珪《卢溪集》、《四库全书总目集部》、胡铨撰写的《墓志铭》、《宋人轶事汇编》、《宋史·高宗纪》、《宋史·胡铨传》、《娱书堂诗话》等书的史料,对钱注中有关王庭珪的行实详加辨析考订,指出王庭珪的别号应为卢溪先生,其文集应为《卢溪集》而非钱注所称的《泸溪集》。并据善本,考订区分了王庭珪贬官的湖南泸溪与退隐乡居的江西安福卢溪之别。指出王庭珪被贬的年代并非钱注所云的绍兴八年,而是四年之后的绍兴十二年。其生卒年当为1080—1172年,而非1079—1171年。虽然全文仅有三千来字,但所举皆为铁证,订正了钱钟书《宋诗选注》中有关王庭珪的三处失误。

## （九）

如果说以上所举之例，主要展示了先父学问博大的一面，让我们领略到了他那一双由博闻强识造就的火眼金睛，欣赏到了他那因胸有成竹而在纠错答疑时展现出来的游刃有余的从容风度；那么或许可以说，他的"考证立论"类型的论文，则更多地显示了其学问精深的一面，表现了其思维严密而视野开阔、善于分析与综合的卓越的思辨能力。这一特征在《〈离骚〉解题》（见《〈离骚浅释〉》一书）、《〈世说新语〉原名考略》、《〈诗话总龟〉版本源流考略——兼向郭绍虞先生请教》、《〈苕溪渔隐丛话前集〉成于孝宗初年说》等文中都有鲜明体现。且以文言写成的《〈离骚〉解题》为例。

先解释一下题意。"解题"为目录学术语，是"辨章学术，考镜源流"（章学诚《校雠通义·自序》语）的意思。《〈离骚〉解题》的意思就是从源头上考证辨明有关《离骚》的几个根本性的问题。

论文首先指出司马迁之《史记·屈原贾生列传》为"后人研究屈原及其创作之第一手材料"，可信度极高，当以之为探讨屈原及《离骚》之根据。在此基础上论文考论了三个问题。其一，综合屈原本传、《史记·楚世家》、刘向《新序·节士》等记载，考察了屈原之政治简历，落实了屈原曾任职"能参与机务"的左徒，后因"怀王信谗"，所以"始见信而终见疏"。其二，证之本传及《新序》之说，通过与《九章·涉江》之时地相对勘，考证出《离骚》非后人所云"作于晚年、作于顷襄之世"之时，而是"作于怀王见疏之后"。其三，考论《离骚》一名之含义。文中先引史迁"离骚者犹离忧也"之语，其后指出"以骚为忧，为楚之方言"，汉人无异词。而于"离"则有二解：班固释为"遭忧作辞"，即以"离骚"二字为动宾结构。王逸则云"离，别也"，以之为离别之忧，视作偏正结构。后又有据伍举

"骚离"之语及扬雄《畔牢愁》之篇,"以离牢一声之转,释离骚为牢骚,则二字为并列关系"。在旁征博引厘清各说来源之后,文中有段议论极为精彩,且不惮词费,引录如下:

> 今日言楚辞诸家,各执一词,或主遭忧,或言离愁,或持牢骚说,此皆于汉有征,……然持此非彼,窃所未安。谨案:昔人解易,一名而有三义:变易、不易、易简,传为通谈。细绎史公全文,"离骚"一名,不妨统遭忧、离愁、牢骚之三义:自怨而生,所发者为牢骚;怨自何来,则遇逸见疏,亦即遭忧作辞之说;战国士风,朝秦暮楚,楚材晋用,习以为常。原才士见斥,本可去之他国。而楚为宗国,原为世臣,义难轻别。忧之核心则为欲别而不忍别、不能别,此又可为离别之忧作注脚。三义相辅相成,……正不必是一而非二也。

海纳百川,有容乃大。此段议论,在充分掌握、消化各种原始资料的基础上,借鉴昔人以《易》"一名而有三义"之"通谈",经过自己的深思熟虑,最后熔铸诸说,得出了"离骚"一名统"遭忧、离愁、牢骚三义","三义相辅相成"的结论,为解决千百年来"各执一词"的一桩学术难题,提供了富有说服力的崭新见解。谓之定论,或亦可乎?同时它也将作者宏大的治学视野、精深的思辨能力以及今人罕有的文言功力展现在读者面前。

在辨明单篇《离骚》一名之含义之后,论文又追根寻源,深入考察了《离骚》一名的"大小之别",指出"小名则专指此篇,史公传之所云是也。大名则指屈原之全部作品。《史记·自序》所谓'屈原放逐著《离骚》',《报任安书》所谓'屈原放逐,乃赋《离骚》'皆指全部作品而言,非史公自相龃龉也"。

为考镜源流，此节所征引的文献有：《史记·自序》、《报任安书》、《汉书·艺文志》、《文心雕龙》之《辨骚》、《物色》，昭明《文选》、刘孝标《世说新语·排调》注、郭璞《尔雅·释天》注、郭璞《山海经》之《西山经》注、《北山经》注、《中山经》注、《艺文类聚》卷九《水部下·壑》、卷四十四《乐部四·筒簾》、卷九十七《灵异部下·魂魄》、韩愈《感春》四首之二、北宋陈说之之语、朱熹《楚辞集注》，共十八种，娓娓道来，如数家珍。需要指出的是，作者征引这些资料，皆源于自己的发现，而没有什么专门索引可供驱使。其学问真可谓山高海深。

先父的考据辩驳类论文在学术界反响较大的还有刊于《南京大学学报》1979 年第 1 期的《〈辨奸论〉并非伪作》，刊于《杭州大学学报》1979 年第 4 期的《胡震亨家世、生平及著述考略》，刊于《文学评论》1981 年第 1 期的《王昌龄早期颂扬扩边战争吗？——与吴学恒、吴绥青两同志商榷》，刊于《淮阴师专学报》1984 年第 1 期的《从"岳庙"与"岳寺"谈起——韩愈〈谒衡岳庙遂宿岳寺题门楼〉两条注解的辨析》，刊于《江海学刊》1985 年第 6 期的《陆游〈钗头凤〉主题辨疑》等等，这里就不再一一介绍了。

## 二、刮垢磨光 精益求精
### ——关于先父的古籍校点

#### （一）

校点古籍是先父治学的主项，也是最能显示其博大精深之学识素养与精益求精之治学态度的领域。他先后校点了《唐音癸签》（上海古籍出版社 1981 年版）、《震川先生集》（上海古籍出版社 1985 年版)、《唐才子传校正》(江苏古籍出版社 1987 年版)、《小仓山房诗文集》(上海古籍出版社 1987 年版)、《诗话总龟》(人民文学出版社 1987 年版)、《苕溪渔隐丛话》(人民文学出版社 1992 年版) 等六部古籍。另外,还受南京大学程千帆先生和周勋初先生委托,一人担负了煌煌二十巨册的《全清词·顺康卷》(中华书局 2002 年版) 的审订工作。

古谚曰:书经三写,乌焉成马。古籍传承至今,往往经过多次翻刻抄印,在此过程中,鲁鱼亥豕之类的讹误在所难免;同时某些古籍作者囿于一己见闻,限于当时条件,其书中也会出现以讹传讹、张冠李戴之类的舛误。所以刮垢磨光的校点古籍就成为一项必不可少的基础性的学术工作。《唐语林》卷二云:"稷下有言曰:'学识何如观点书。'点书之难,不唯句度义理,兼在知字之正音、借音。"这里所说的"点书",虽仅仅指校其误字、正其音读、断其句读,但已属甚难之事,所以古人才有"学识何如观点书"之叹。而今日之校点古籍,为方便读者,除了校误、断句之外,还得加上新式标点、专名号、引号等,较之前者,更易出错,可谓难上加难,因而对学识要求更高。稍欠学识,或稍有不慎,就会掉进陷阱,造成谬误。先父常年跋涉其中,深知其难,曾感叹说:"校书如扫尘,旋扫旋生"(《读校随感录》)。他在校点古籍时,除了慎之又慎之外,还更进一步,尽可能地"处处为读者着想,下笔时即如读者在旁,每一落笔,皆思如何使读者用力少而获益多"(《读校随感录》)。有渊博的学识做基础,有审慎的态度做保证,又始终站在"为读者着想"的立场,其校点古籍的学术水准似已不难推想。

先父在大量的校点古籍的实践中,积累了丰富的经验,有很多独到的心得,提出了一些建设性的意见,并写有很多论述古籍校点问题的论文,其主要者有:《读校随感录》《标好人名,方便读者——古籍误标人名举例》《吹毛索瘢,涤瑕荡垢——〈谈陈与义集〉标点问题》

《中华版〈苏轼诗集〉错误举例》《评〈历代诗话续编〉的校点——从〈砦溪诗话〉谈起》《校点〈诗话总龟〉三题》等,这些论文皆为甘苦之言、心得之语、经验之谈。以这些论文为线索,结合他的校点实践,或许可以让我们走进他那校点古籍的世界,对其古籍校点工作的学术质量有所了解。

先父的论文大多篇幅短小,所以万余字的《读校随感录》,可算是难得一见的长文了。论文举出了古籍中存在的大量误校实例,同时又根据自己在校点古籍时解决疑难杂症的实践经验,提出了校点古籍时必须高度注意的几个问题:一是要有时间观念,必须处处留心时间。从时间入手,就有可能发现问题,解决问题并避免许多讹误。二是对地名、人名必须格外用心。古今地名同异变化极多,人名相同者、人名易混淆者亦不少,所以必须慎之又慎。三是对诗句、词律需多加注意,稍不留神,即可能或张冠李戴,或句读出现错误。四是强调了追本溯源的重要性,提出了如何避免讹误的方法,呼吁校点者既要提高学识修养,又要端正工作态度。因为勤能补拙,若能勤于翻检,追本溯源,自可减免讹误。值得强调的是,论文在指出病症、挖出病灶的同时,还具体入微地将自己发现并解决这些问题的过程一一展示了出来,从而使论文对古籍校点工作既具有一般意义上的指导性,又具有切实可行的示范性。下面我就根据先父上文所说的四个方面,主要以《苕溪渔隐丛话》为例,来介绍一下先父的校点工作。

## (二)

先看他从时间入手发现并解决问题的三个实例:

其一,《苕溪渔隐丛话前集·序》开篇即明言成书于"戊辰",即绍兴十八年(1148),而《序》末却径署:

绍兴甲寅（四年，1134）槐夏之月，陈奉议刊于万卷堂。

刻书竟早于成书十四年之久，岂不荒唐？而廖德明校点本却株守善本，未计时间，相沿而不察，不置一词，一仍其旧。

先父翻检各本，发现凡有此行者皆误。唯《绣谷亭书录》所引作"绍熙"。绍熙甲寅年是1194年。于是他在自己的重订本中将"绍兴"改作"绍熙"，并出一校记：

淳按："绍熙"原作"绍兴"，诸本皆然。此时《序》尚未写，更未成书。《绣谷亭书录》引作"绍熙"，故据校改。

民按：此例或可见先父校勘时精核时间，遍勘各种版本，而不迷信善本的敏锐、勤勉与审慎。

其二，校点本第6页有"故大明大始中，文章殆同书抄"句，校点者注"大始"曰："旧抄本'大始'作'泰始'。"

先父一眼看出这个"大始"与时间不合。他在《读校随感录》中指出：

"大明"为宋孝武帝年号（457—464），"泰始"为宋明帝年号（466—471），本甚了了，校点者不从旧抄而从刻本作"大始"，遂令人莫知其为何代何帝之年号矣。

所以他在重订本中改为"大明泰始中"，并出校记曰："'泰始'原作'大始'，依《旧抄本》校改。"

民按：此例或可见先父对历史年号及年代的熟谙程度。

其三，先父从时间入手，在重订《苕溪渔隐丛话》时，还顺藤摸瓜，发现了权威学者的失误。钱大昕《洪文敏公年谱》将《夷坚志》的成书之年订为"绍兴二十九年"，洪迈年三十七。先父在《读校随感录》中指出："钱氏为朴学大师，尤精史乘，然此条实误，以年代推之即明。"他是从《苕溪渔隐丛话前集》卷五十八所引洪迈《夷坚甲志·孟蜀官人》条末"（陈）甲以绍兴三十年登乙科"的记载中发现问题的：

> 若依钱说书成于"绍兴二十九年"，焉能记及陈甲"以绍兴三十年登乙科"？

当然这只是孤证，于是又继续查找，发现洪迈写于乾道二年十二月的《夷坚乙志·序》里有《夷坚初志》（即《夷坚甲志》）成后"五年间又得卷帙，多寡与前编等，乃以《乙志》名之"的记载。于是得出结论说：

> 按乾道二年为公元1166（十二月实际已入1167），上推五年，古人习惯依头尾计算，则《夷坚甲志》当成于绍兴三十二年（1162），若五年为实足间隔，则成于绍兴三十一年。钱谱以此时间衡之，其误自见也。

民按：此例或可见先父校勘时不仅对所校之书的文字一丝不苟，而且还有余力对书中所涉内容加以考订。这样的工作状态，让我想到了"游刃有余"这个词语。学有余力，出错的概率自然会大大降低。

（三）

校点古籍，首先必须句读无误，其次则须标好人名、地名、官名、书名等专名。古籍中涉及人名既频，指代又多，极易出错。所以先父告诫说，对地名、人名必须格外用心。古今地名同异变化极多，人名相同者、人名易混淆者亦不少，故必须特别谨慎。也正因其难，所以标注专名的正确率是衡量校点质量的一个重要参数。在这方面，先父在古籍校点时所标出的人名、地名、官名、书名等专名是经得起推敲的。此节举几个专名纠谬的例子。

其一，校点本《苕溪渔隐丛话前集》第418页标人名为：

《后山诗话》云："住时青幕之子妇，妓也，善为诗词。"

标点者在"住时青幕"下划专名线，盖以"住时青幕"为人名，认为此人姓住名幕字时青。先父纠正说：

此盖诸本《苕溪渔隐丛话》多作"住"。检逮津本《后山诗话》作"往"，盖指"往时青州幕官"而言。此类事例有所讳，多不直称名字，故当标为"往时青幕"。《历代诗话》308页作"往时青幕"，"青"上漏标专名，亦非。

——《标好人名，方便读者——古籍误标人名举例》

民按："住时青幕"确实难懂。原校点本将"住时青幕"当作一个人名倒是省事，可是读者却不知所云。先父依然是遍勘诸本，择善而从，据《后山诗话》将"住"校改为"往"，将"青"标为地名，文从字顺，语意一目了然。

其二，校点本《苕溪渔隐丛话前集》第417页标人名为：

《青琐集》云："治平中，钱忠道过吴江，"

对此，先父的重订本订正为："钱忠道过吴江"。其理由是：

> 下文有"忠悦之"，"喜忠此诗"，"奉忠箕帚"字样，人当名"钱忠"，然古人双名亦有单称一字者，不可遽订其误。检《青琐高议》卷五《长桥怨》条首云："钱忠字惟思。"则此疑可决。
> 此非校勘问题，盖误以单名为双名也。
> ——《标好人名，方便读者——古籍误标人名举例》

民按：根据下文多次出现人名"忠"字，似已可断论将"忠道"作人名之非。但先父慎之又慎，再"检《青琐高议》"中记载，遂成定论。此例不但见出其学术敏感过人，学术见识过人，其认真负责精神亦过人。

其三，校点本《苕溪渔隐丛话后集》第 335 页标人名为：

> 《复斋漫录》云："刘伟明……为《清平乐》词云……，与唐阿灰之词有间矣。"

重订本则标为：

> ……与唐阿灰之词有间矣。

重订本未出校记，其理由仍见于《标好人名，方便读者——古籍误标人名举例》一文：

> "唐阿灰"三字连标颇似全名。实则"阿灰"为唐张祜之侄张

曙之小字,事见《北梦琐言》卷八(文长不录)。当标为唐阿灰,此则未知出典而致误也。

民按:阿灰并非名人之字,可是先父却因为熟知《北梦琐言》,了解此人此事,故看穿以其为"唐"姓之误,其博学可想而知。

## (四)

先父所校点的古籍,大多与诗、诗话相关。诗话之类,大量引录诗词,固不待言。而所引诗词多为一句两句,甚至仅是片言只语,加上引诗又常有误字,所以稍不留神,即可能或张冠李戴,或句读出现错误。校点者若见闻不周,或态度不慎,则极易错标误校。而先父由于既饱览群诗,又深谙诗词格律,所以在对诗词的校勘方面可以说胸有成竹,得心应手,其校点的质量也由此得到了保证。

同样举三个例子。

其一,校点本《苕溪渔隐丛话后集》第292页原文:

> ……一馆职同在幕下,戏云:"启行营:大鸡昂然来,小鸡竦而侍。"(原校点者注:"侍"原作"待",今据宋本校改。)

先父的重订本将"侍"改为"待",未出校记,其校改理由见于《读校随感录》:

> 按"大鸡昂然来,小鸡竦然待"为韩愈孟郊《斗鸡联句》之首联,馆职盖用以戏之,正当作"待"。校点者不谙其出处,遂望文生义从宋本改为"侍"字,殊失原旨。

民按：虽是一字之改，然以谙熟韩、孟之诗为前提，否则"侍""待"皆通，又从何发现问题？

其二，校点本《苕溪渔隐丛话前集》第181页原文：

> 余谓非特此为然，东坡亦有之，《避谤诗》"寻医畏病酒入务"……

重订本标点为："避谤诗寻医，畏病酒入务。"其理由亦见于《读校随感录》：

> 按《古香斋本施注苏诗》卷十一《七月五日二首》五古。首云："避谤诗寻医，畏病酒入务。"校点者不悉苏诗，见诗字即以为诗题。

民按：先父对苏诗烂熟于心，纠正这类错误眼疾手快，易如反掌。

其三，校点本《苕溪渔隐丛话前集》第227页原文：

> 如《周颙宅作》"阿兰若娄约，身归窣堵波"。皆似梵语对梵语，亦此类。

重订本标点为：

> 如"周颙宅作阿兰若，娄约身归窣堵波"。皆似梵语对梵语，亦此类。

《读校随感录》叙其改动理由说：

按《王荆公诗笺注》卷四十三《与道原游西庄过宝乘》七绝："周颙宅作阿兰若,娄约身归窣堵波。……""阿兰若""窣堵波"皆梵语相对。校点者见一"作"字遂截前四字为诗题,余十字则不知所云矣。

民按:原校点者亦是著名学者,可是由于不熟王荆公诗,望文生义,割裂诗句而不自知。两相比较,重订者学识之博、重订本水准之高不言而喻。

## (五)

以上本文举例说明了先父在校点古籍时如何从时间入手发现内容之舛误,如何善于纠正专名号之错误,如何熟谙诗词而改正谬误之断句等情形。纠正上述错误固然难度很大,但这些问题大多为校点者的失误,毕竟有原书可供稽查,有线索可供寻觅。而要发现原书的问题,纠正原书的错误,往往无迹可寻,无处着手,难度就更大了。要发现并解决这些问题,不但要有由博识练就的学术敏感,还需要有追本溯源、一查到底的执着精神以及精益求精的严谨作风。而我在阅读先父所校点的古籍时,处处感受到校点者的学术敏感、执着精神及严谨作风。

举三个例子。

其一,《唐音癸签》是先父校点的第一部古籍。此书引用"郑良孺"之说十四条。然先父多方稽考,文献中竟全然不见"郑良孺"其名。而根据所引条文提供的线索,仅可推知其为明人。欲知郑氏其人其事及《唐音癸签》所引条目出自郑氏何书,简直无从下手,此种情况阙而存疑似亦无不可。然先父在多方查找无果后,并未放弃,而是凭借学术敏感断定此人名有误。于是复检《明史·艺文志》,其中录有"程良孺"所著《茹古集》八十卷。"郑"与"程"音近易讹，遂循此再检《四库全书总目提要》，查得程良孺著有《读书考定》三十卷。又亲往上海图书馆查阅程良孺所著《读书考定》。将其全文通读一过，《唐音癸签》所引十四条果然尽在其中，遂订正了《唐音癸签》传抄过程中出现的一大谬误。我想，先父在校点古籍时，此类耗时耗力大伤脑筋的、难度极大的纠谬工作，应该做了很多。

其二，《唐才子传》卷一"张子容条"云："尝送内兄录事归故里云：'十年多难与君同，几处移家逐转蓬。白首相逢征战后，青春已过乱离中。'……"对此，先父的《唐才子传校正》校记［三］云："《全唐诗》仅存张子容诗一卷，皆五言。上引七律乃刘长卿诗，题为《送李录事兄归襄邓》，辛氏误。疑'后值乱离'以下皆刘长卿事，子容诗中无经乱痕迹可寻。"寥寥数语，有据有理，纠正了原书之误。而中华书局《唐才子传校笺》却云："按《全唐诗》张子容名下无此诗，当系失收。观'十年多难'句，则子容安史乱平后尚在世……"校笺者怀疑这首诗为张子容佚诗，而且据此推断张子容安史之乱后仍存世。《唐才子传校正》水平之高，由此可见一斑。（以上二例分别从潘荣生《厚积薄发　嘉惠士林——怀念一代宿儒周本淳先生》、黄震云《唐代文史研究的重要贡献》文中获得，特此致谢）

其三，见于南京大学教授张宏生先生的《风俗本自淳》（见本书）一文。南京大学程千帆先生委托先父审订《全清词·顺康卷》，曾委派张宏生教授负责沟通、保障工作。张先生的文章再现了先父审订《全清词·顺康卷》时的工作风貌，具体而生动。不敢略美，也不忍割爱，且全录如下：

　　对他的水平之高，我由衷地敬佩。水平高的标志是，他能在没有任何原始依据的情况下，一眼看过去，就能知道某一句是否有问题，这是长期积累的深厚学养而形成的直感，不是轻易就能达到的。例如，由于资料太零散，复制不易，"顺康卷"中不免请人抄录一些词集。抄录者水平有高低，责任心有强弱，因而出现的错误有时比较严重。有漏去整行的，有张冠李戴的，有漏去一字导致语意不顺的，有抄错一字导致平仄不符的，也有分不清夹注上下文而错行的。而这些，对周先生来说，完全无法即时核对，只能凭着自己的学养来判断。奇妙之处就在于，他所发现的这些问题，后来或经我核对，或经他本人核对，往往都能证实他的判断。我想，这都是真功夫，来不得半点虚假。

张先生说先父"能在没有任何原始依据的情况下，一眼看过去，就能知道某一句是否有问题"。我们知道，校点古籍有所谓"理校"一法，即据理推断，以定其正误的校勘方法。在校书过程中，遇到无古本可据，或数本互异，而无所适从，又必须定其是非之时，只能根据一己学识，据理做出推断。因而理校法是校勘中要求最高、难度最大而又最危险的方法，学识不济，即容易造成主观武断。但有时因材料缺乏而又非校正不可时，亦不得不用此法。而先父在"完全无法即时核对，只能凭着自己的学养来判断"正误真伪的特殊情况下，"所发现的这些问题，后来或经我核对，或经他本人核对，往往都能证实他的判断"。这真是太神奇了，洵非常人所能及。张先生自己就是知名学者，可他仍然不由感叹道：这种本领，"是长期积累的深厚学养而形成的直感，不是轻易就能达到的"，"这都是真功夫，来不得半点虚假"。这不是火眼金睛，又是什么？

张先生接着又强调了先父校勘的认真精神和严谨作风。他写道：

尤其令我感佩的是他的认真，这种认真使他对文献有极大的敏感，因而能够避免一些本来不应该有的疏漏。这方面的例子很多，姑且举一个最简单的。……有时复印件上的字迹模糊不清，要花很多时间查对辨认，辨认不出，就只能以空围"口"标识出来。但周先生敏感地发现，有时所谓"口"，其实并不是底本的问题，而是复印机和技术的问题，去原图书馆一查，果然如此。这就避免了一些不该有的失误。但把每一个图书馆都跑过来也不现实，因此，本淳先生将所有疑误之处都一一开列出来，分别投寄各图书馆。仅此一点，即可见出他的严谨。

张先生叙述的虽然只是就先父审订《全清词·顺康卷》而言，但其校点其他古籍的情景也完全可以推知。也就是说，博识造就的学术敏感赋予先父一双火眼金睛，使他善于发现问题；追本溯源的执着精神又使他从不轻言放弃，尽己可能地解决问题；而严谨的作风又使他慎之又慎，尽量利用一切可能的机会去核实材料，减少讹误。有这三点保证，其校点古籍的质量，不是恍然若见了吗？

顺便说一下，《全清词·顺康卷》原由南京大学中文系《全清词》编纂研究室于1986年编成初稿。其后修订一次，但经中华书局抽查，认为疏误仍然甚多，无法达到出版要求，被再次退回修订。程千帆与周勋初教授遂郑重聘请先父审订此书。他1991年接受聘请后，全力以赴，查找资料，校勘比对，历时二年余，纠正了原稿大量的衍、脱、倒、错等等讹误，大大提高了书稿质量，终于使该书达到了出版要求。该书2002年出版后，受到学术界及出版界普遍好评，2013年荣获第六届国家图书一等奖和全国优秀古籍整理奖。

## （六）

上面论述的皆为先父自己校勘古籍的情形，下面扩展一下，欣赏一篇他为别人所校之书纠错的论文——《吹毛索瘢，涤瑕荡垢——谈〈陈与义集〉校点问题》（以下简称《吹毛》），以见其在校点领域里纵横驰骋、举重若轻的神采。

文章从中华书局校点本《陈与义集》的"校字失当""篇名误漏""人名失误""引号不当""失其句读"五个方面，举出该书校点的六十五处失误，且全给出正解。其所涉及的知识领域和古籍范围十分广泛，而且这些质疑和解答不太可能为临时翻检所得，故若非胸藏万卷诗书，没有洞若观火的眼力，则不可能具此识力，信手拈来。且各举一例如下：

1. "校字失当"例：《陈集》"568页末行：'独留奏章在人间。'"

《吹毛》按："章"当从《诚斋集》做"草"，平仄始叶。

民按：懂得近体诗律者，当能发觉平声的"章"字有误，因为这句诗第四字必须是仄声。然能给出"当从《诚斋集》做'草'"之正解，却非易事。若不熟谙杨万里的《诚斋集》，断难如此举重若轻。

2. "篇名误漏"例：《陈集》"415页倒2行：'在途共论《周易》《太极》。'"

《吹毛》按："此言晋时事。《太极图》始于宋，《汉书·艺文志》无'太极'之书。此乃纪瞻与顾荣共论《易经》中'太极'之说，见《晋书》卷六十八《纪瞻传》……"

民按：《陈集》校点者搞晋之人论宋之书的穿越剧，实属荒唐。然而发现并纠正此谬，却要以熟稔晋时人事以及《汉书·艺文志》《晋书》为前提，绝非易事。

3. "人名失误"例：《陈集》"462页8行'命江参、贯道为之图。'"

《吹毛》按："江参字贯道，本书468页即有注，以顿号分为二人，非是。"

民按：上述《吹毛》按，只是指出错误而已。文章在其后"感想与建议"一节里补充说："古人提及时人同游往往名、字联书，而名、字又往往有训诂关系。如江参字贯道，根据《论语》：'参乎，吾道一以贯之。'明乎此，就断然不会顿为二人。"原来如此，其名、字皆自《论语》而来。若对《论语》不熟，又何能道出其中奥妙？

4. "引号不当"例：《陈集》："老杜《何将军山林》诗：'兴移无洒扫木影，蛟蛇……'"

《吹毛》按："杜诗为五律，到'扫'字断句，'木影'属下，原诗'木影杂蛟蛇'。"

民按：《吹毛》作者熟读唐诗，尤其精熟杜诗，故一言即看穿引号之谬。

5. "失其句读"例：《陈集》"605页倒3行：'诗诚佳，然吟诗必此，诗或非诗，人所尚尔。'"

《吹毛》按：苏轼诗："论画以形似，见与儿童邻。赋诗必此诗，定非知诗人。"（末句当为"定非知诗人"，多误作"定知非诗人"。）此处即用东坡诗意，但误记"赋"为"吟"。当标为：

诗诚佳，然"吟诗必此诗"，或非诗人所尚尔。

民按：《陈集》校点者疏于苏诗，故不知此处是引用苏诗，结果乱点鸳鸯谱。《吹毛》作者熟读苏诗，对名篇《书鄢陵王主簿所画折枝》自然烂熟于心，纠正此谬实属轻而易举。

《吹毛》在篇末"感想与建议"一节里，又语重心长地指出："校点唐以后的诗文集"，必须具备以下几方面的基础知识：一、熟悉诗律及诗词习用表达方式。二、注意时代及目录版本常识。三、更重要的是了解古人行文的习惯。这三点皆为作者的经验之谈，我想对校点工作是有指导意义的。

此文还有一点值得一提，就是在篇末建议专家为中青年学者校点的这类出版物把关，他说：

> 通读全稿，订正标点符号，费时不多，收效较大。如《陈与义集》，三个工作日总可以从容读毕。

须知所谓"订正标点符号"，不仅仅是句读问题，而且涉及书名、篇名、人名、地名、引文等等方面，是一项十分复杂并且细致的系统工程。而《陈与义集》上下两册，多达 613 页，349000 字。先父却说"三个工作日总可以从容读毕"。此种校阅纠错速度，于常人绝无可能。可我相信先父此言肯定是根据自己的实际经验，实话实说，而绝非大言唬人。如果不是饱览群书，学识渊博，记忆力超群，这种神速又从何而来？其卓识与奇才真令小子拍案叫绝！

## （七）

由于本人对校点古籍一窍不通，所以以上所述不过是侧面迂回，敲敲边鼓，而对先父校点古籍的总体质量及学术水准不敢置一词。好在时贤们有所评价，且引在下面，或可帮助我们对其校点质量及水准做一个总体判断。

著名文史专家、国务院古籍整理领导小组顾问、四川大学古籍研究所名誉所长缪钺先生认为先父"整理古籍功力精进"，并在信里赞许道：

> 近来各出版社印行的许多加标点的古籍，标点错误甚多（已

有不少批评的文章），而你所校勘标点的数种古籍，均精覈无误，可谓鹤立鸡群。

训诂学、校勘学大家、南京师大教授徐复先生评价说：

晚稽校疏，无与比伦。

——《赞》（见本书）

南京大学的程千帆先生是享誉全国的著名学者。20世纪80年代中期，我曾与父亲一起去看望程先生，席间父亲谈到自己正在为江苏古籍写《唐才子传校正》一书，听说与北京某大学者撞车了。程先生笑曰：

你是坦克车，谁也撞不过你。

知名学者、南京师范大学教授郁贤皓先生则云：

我早在八十年代初就拜读了周本淳先生校点的《唐音癸签》，非常佩服他知识的渊博和治学的严谨。……我经常查阅的本淳先生点校的上述三种著作（指《唐音癸签》《唐才子传校正》《苕溪渔隐丛话》），觉得无论在校勘、标点、分段、校记等各个方面都做得非常精当，从未发现有什么失误之处，而且还有不少发明，使我深受启发。

——《学术深厚和治学严谨的学者——记周本淳先生》

（见本书）

知名学者、南京大学教授周勋初先生也称赞道：

> 他为人民文学出版社和上海古籍出版社整理了好几种古籍，像《诗话总龟》等书，其水平不知要超过原来一本据称是名家整理的本子多少倍。
>
> ——《古之遗直的现代遭际》（见本书）

《文学评论》资深编辑陈祖美先生在《道德文章，铭戢不忘——怀念周本淳先生》（见本书）一文里，在指出《诗话总龟》等"具有深湛的校雠功力"之后，特意介绍说，重订本《苕溪渔隐丛话》"自1992年6月出版以来，到1993年11月第2版、第4次印刷，印数已达到18950册"，是一本"名副其实的优秀常销书"。又说：

> 仅就此书的学术价值而言，其对讲授和研究古典文学（特别是唐宋诗词）的学者来说，是不可或缺的参考书，对古籍整理者来说，则多可从中取法。因为其间周先生所表现出的综合能力、深厚学养、严肃认真的治学态度，令人不胜敬慕。

上述几位先生皆是知名学者，尤其是缪钺先生、徐复先生、程千帆先生堪称一代学术泰斗。他们所做出的高度评价，应该是很有分量的。这些赞誉虽然并非出现在学术文章中，并非严格意义上的学术评价，但似乎还是可以说，先父所校古籍的质量，经得起专家检验，并获得了崇高评价。

上文提及的《唐才子传校正》一书，还有一个花絮值得一提。我与妹妹先林1992年在日本京都逛中文书店时，父亲的《唐才子传校正》一书赫然映入眼帘。原来这本江苏古籍1987年出版的书，1988

年即被台北文津出版社印出。于是我买下此书后把这件事转告了父亲。后来经过交涉,文津出版社赔偿了四五百美元了事。文津出版社以大量出版学术著作著称,这样不经作者同意即随意出版,当然有失身份,但似乎也可作为此书学术价值的一个旁证。

## 三、相得益彰 互映生辉
——关于先父的诗学诗作

### (一)

先父在《诗词蒙语·自序》中说,《诗词蒙语》所言皆为"初学蒙童之见"。这自然纯属谦语。《诗词蒙语》实际上是一部厚积薄发、体大思精的诗学专著,是其五十年间读诗品诗的结晶与授诗作诗的心得。它有什么特点呢?不妨先来看一看该书目录:

一、唇吻调利 任其自然——"三言两语"谈平仄 二、童蒙诵习 白首求工——对偶和律诗 三、抒情遣语 各有攸宜——作诗和填词 四、六字常语一字难——谈练字 五、短章重字巧安排——诗词里的重字 六、实虚互见 对照生辉——数字在诗词中的应用 七、多识名物 细析比兴——草木禽鱼问题 八、辨其虚实 发其内涵——时地问题 九、提纲挈领 包孕无穷——谈题引 十、短章促节 不主故常——谈短篇诗词的结构 一一、注意整体 解剖局部——聚讼问题例析 一二、刚柔互济 相反相成——含蓄与痛快 一三、融会前作 翻出新意——承袭与变化 一四、着盐于水 以旧为新——谈用典 一五、情立其本 理广其趣——情与理 一六、增益见闻 别有会心——谈博识 一七、言尽象中 义隐语外——遮与表 一八、境因情而生成 情借境而深化——梦与诗 一九、同源异派 相辅相成——画

与诗 二〇、共酿有味之诗 不放无的之矢 ——新诗与旧诗

很明显,《诗词蒙语》(以下简称《蒙语》)大处着眼,小处落墨,是一部面广层多、具体入微的诗学论著。它面面俱到,层层剥笋,从二十个方面,对古典诗词,尤其是近体诗的基本作法,诸如平仄、对偶、炼字、炼句、谋篇、题引等等都作了具体细致的阐述;对近体诗的表现方法,诸如用典、象征、比兴、遮表、时地、情理等等都作了切中肯綮的论述。其论述深入浅出,审覈精要。可以说既是初学者读诗解诗的向导,也为爱好者开启了品诗作诗的门径。

如果说《蒙语》在选择论题方面,格外注重实用性,有面广层多、针对性强的特点,那么在论述方法方面,则特别重视实证性,具有旁征博引、知识面广的特色。此一特色贯穿全书,这里且以第二章为例。该章讲解律诗对偶,先是追根寻源,论述了诗歌中对偶的出现及其发展过程,指出了律诗对对偶的严格要求,正是对偶发展到成熟阶段的必然产物。然后该章以源源不断的诗例详尽介绍了律诗对偶的基本要求,列举了各种对偶类型,并对其优劣、雅俗、难易等等作了要言不烦的点评。在总共八千来字的篇幅里,引用了《古诗十九首》《世说新语》《文心雕龙》《诗人玉屑》《声律启蒙撮要》《笠翁对韵》里的有关论述或例句,引用了陶渊明、谢灵运、孟浩然、王维、李白、王湾、崔颢、刘长卿、杜甫、钱起、韩翃、司空曙、严维、于良史、皇甫冉、李嘉祐、戴叔伦、李益、张籍、刘禹锡、白居易、柳宗元、牛僧孺、元稹、杨汝士、任藩、贾岛、许浑、杜牧、温庭筠、李商隐、李群玉、刘沧、赵嘏、方干、悟清、周贺、杜荀鹤、周繇、王随、钱惟演、梅尧臣、晏殊、吴可、石敏若、王安石、苏轼、黄庭坚、石延年、林和靖、孔平仲、盛次仲、王淡交、陈师道、夏竦、蔡天启、杨徽之、陈与义、陆游、萨都剌等总共六十位诗人的大量对偶句。顺次读来,琳琅满目,目不暇接,对偶句之大观、之精彩、之要义尽现眼前。

## （二）

先父在《诗词蒙语·自序》中又说，"今之所述对于后学于我者，或可为启蒙之资"。"或可为启蒙之资"的谦词也许会让读者认为这是一本普及读物。其实该书在细致入微地介绍普及性的诗词常识之外，还有大量的学术分量很重的一家之言，具有高度的学术性。下面看几个实例。

《多识名物 细析比兴——草木禽鱼问题》的第七章，对诗词中有关草木禽鱼的名实、功能、比兴等等问题都一一举出实例作了详细的辨析。其中在说明"弄清名实，防止望文生义"的重要性时，举了某高教文科教材因未弄清名实而出错的三个例子。其中一例较短，姑引在下面。该教材注释王维《鸟鸣涧》"人间桂花落"句说：

"人间句"，"桂花落人间"的倒文。意谓月光照亮了大地。古代神话说月中有桂，所以桂往往成为月的代称，如月魄称桂魄，桂花即月华，花华字同。

文章辨析说：

第一句的"间"就是"闲"字。古书里闲暇之闲就作"闲"，而"间"《说文》写作"閒"。因为人闲，所以桂花落才能觉察，极状其境之幽。

如果说以上对"间"的说明属于常识范围，那么以下对"桂花"的解释就堪称专家之论了：

如果（把此句）解释成"月光照亮了大地"，那末"月出惊山鸟"又如何说得通呢？为什么注者会想出上面的曲解，我推想他也许以为只有秋天才有桂花，下文有"春涧"不好讲，他不知道桂有四时都开花的，有"春桂"，有"四季桂"。吴其濬《植物名实图考》说，春桂就是山矾。其实山间多有四季桂，春天白花，秋天黄花，花形全同。

注文之误不值一驳，但让我深感钦佩的是先父的博识，既富于植物学知识，又能够引经据典加以落实。

《辨其虚实　发其内涵——时地问题》的第八章，以习见的诗词为例，具体论述了诗词中常见的容易招致误解的时地问题。比如，《中国历代文学作品选》注薛道衡《人日思归》"人归落雁后，思发在花前"句云：

> 人归两句：秋冬雁从北方来，春天又飞回北方，雁归而人未归，故云"落雁后"。人日春花未发，而人归思已动，故云"在花前"。

该章批评说：

> 猛一看似乎言之成理，但稍微动点脑筋却大有问题。大雁随阳，韩愈诗里说它"穷秋南去春北归"，那是指的暮春三月，北方天气变暖，雁阵才能北归。人日正月初七，江南的花还未发，雁群怎么倒北归呢？

为何会出现误解呢？下文不但指出了病灶，而且开出了最简明的药方：

实际上薛道衡这诗的上句是虚拟，下句才是实指。如果于两句中各增一字作注："人归恐落雁后，思发已在花前"，虚实分明，不烦多说，读者也就了然于胸了。所以理解诗词的时间必须分清虚实。

前句添个"恐"字，后句加个"已"字，诗义自现。从来改诗有"一字师"之说，看来解诗也有"一字注"呀。

《注意整体 解剖局部——聚讼问题例析》的第十一章，用许多因缺乏整体眼光而误解局部的实例阐述诗词整体与局部的关系问题，解决了一系列聚讼纷纭的理解难题。且举一例：柳永的《望海潮》"有三秋桂子，十里荷花"句，有一本《唐宋词选》，注云：

"三秋"，指阴历九月。"桂子"，桂花。

单独看此解，似无问题，但结合下一句，就滞碍难通了，因为：

"桂子"指"桂花"，那么和"荷花"合掌，桂花是八月开的，三秋指阴历九月，也捏不拢。

那么，"桂子"不是桂花，又是什么呢？先父轻轻点出了答案：

实际桂子就是桂树的种子。

不信吗？有白居易《忆江南》为证：

江南忆，最忆是杭州。山寺月中寻桂子，郡亭枕上看潮头。

何日更重游?

文章接着指出:

> 柳永正是用的白词,白是根据神话传说,灵隐寺时常能找到月里桂树飘下的种子。柳永八个字,一句讲时令,一句讲范围,一句秋天神话传说,一句夏日即目美景,一解成"桂花",意味全失。

寥寥数语,从上下两句的词意出发,根据白居易词及有关神话传说,对"三秋桂子"做出了全新的解释。很惭愧,我读此词,一直想当然地将桂子理解成桂花。无独有偶,翻检江苏古籍出版社的《唐宋词鉴赏辞典》,亦作"桂花"解释。由此更见其推翻陈说的学术含金量。

## (三)

研究古典诗学的很多,但旧体诗作得好的研究者就不太多了;不能说写不好旧体诗就研究不好旧体诗,但诗学的研究大家们大多是旧体诗创作的行家里手,却是不争的事实。先父曾为南京大学、南京师范大学两校的研究生讲授过诗学和小学。长江学者程章灿教授谈起听课的感受时说:"周先生是一位治学严谨、不可多得的学者。他的诗词创作能力为他深入地研究唐诗提供了不可多得的视角。"程先生说得真好,我以为擅长旧体诗创作的学者,对古人写诗的甘苦、匠心和情思,自然更容易心领神会,搔到痒处;其研究自然也就更容易把握住诗歌创作的各个环节,对症下药。而《蒙语》之所以能做到实用性、实证性、学术性三者的有机结合,正是因为它既是一位长期从事古典诗学研究的学者的学术专论,又是一位有着丰富的旧体诗创作经历的诗人的经验之谈，故所言皆为本色当行的心得语。下面我拟在浅述《蒙语》诗学的同时，对先父的诗作特色作些具体介绍。

先父酷爱古诗，六十年间读诗成瘾，作诗成习。他在《寋斋诗录》所附《自序》中，说自己1941年（二十岁）考入浙大中文系后，"得从江宁郦衡叔先生受诗业"，其时"行走坐卧，不离吟诵，耳目所接，莫非诗才，触事成篇，行诸梦寐，几入痴迷之境"。先父学诗起步既早，起点亦高，读书期间即常有诗词发表。《自传》不无自豪地回忆道："怀宁潘伯鹰先生于《时事新报》创《饮河集》，专刊旧体诗词，余亦以寋斋之名厕身作者之列。"六十年间先父诗作数量已无法统计，读浙大时即编有诗集《太学稿》，惜已佚去，其后《寋斋诗录》仅存半帙，近年所作"随手抛掷，散佚亦多"，所以现在这本《寋斋诗录》（以下简称《诗录》）远非其诗作的全貌。尽管如此，诗如其人，从这些仅存的诗作中，我们仍能清晰地读出先父那渊博的学识、过人的诗才、深刻的思考及丰富细腻的感情世界。《诗录》收旧体诗271题502首，词38首，曲1首，对联9副。旧体诗中，古体、今体皆有，而以今体居多；今体诗中，以五绝、七绝、五律、七律为主，亦不乏驰骋才情学识的大型排律，比如五言排律《黄河感兴》，长达一百句，除去首联尾联，中间四十八联皆为严丝合缝的对偶句。

## （四）

闲话少说，来看实例。

《蒙语》第二章论对偶，说"好的联语，容量要大，含义要深"，并将其列为第一条。而在列举各种"工对"诗例时，又特意提出"流水对"一种："字面上也对得工稳，但意义上不是双方对立而是一脉相承，如同流水般的自在，过去称之为'流水对'。"显然，字面上对偶工稳、意义上一脉相承的"流水对"，要比一般的对句更加难得。而

《诗录》的律诗中却不乏容量大、含义深的"流水对"。

（五）

《蒙语》第四章论"炼字"说："'六字常语一字难'，韩愈《记梦》诗中这一句，后人常常引来说明诗文炼字的问题，因为一个关键的字用得确切生动，就使得全句乃至全篇都活，反过来也一样。"换句话说，这个关键字就是句眼、诗眼。《诗录》中这类用得确切生动的堪称句眼、诗眼之字，比比皆是，且举一诗为例。其读大学时写有一组描摹春景、表达喜春之情的绝句《春日杂诗》，其第三首云：

春至繁声醒旧禽，欲将新雨换微吟。
无端却被颠风恶，吹彻诗肠一晌深。

首句用众鸟啁啾表现"春至"景象云："春至繁声醒旧禽。"这个"醒"字用得极妙，如果用"自"用"出"，意思也通，可只是叙述"繁声"出自"旧禽"。用一个拟人化的"醒"字，就把大地春回，唤醒了包括众鸟在内的万物这一层意思表达了出来，同时也传达出诗人、禽鸟在"春至"时的喜悦之情。次句"欲将新雨换微吟"的"换"字也十分出彩。"新雨"指春雨，"微吟"指小诗。春雨喜至，万物一新，地生新草，枝发新叶，引动诗兴。诗人着一自然而然的"换"字，就不仅将"新雨"所饱含的诗意之美、诗人观雨的欣喜之情含蓄表达了出来，而且还将"新雨"所引发的吟诗冲动、诗人将景自由转换成诗的自得之意传达了出来。

（六）

《蒙语》第五章论"重字"云："诗词短章应避免重字，这是常规。有时可以反其道而出奇制胜，全仗复字生情，这是变例，在乎作者匠心巧手安排而已。"也就是说，近体诗常规忌避重字，使用重字为变例，滥用实属犯忌，妙用则摇曳生情，凸显匠心。《诗录》里有一首《枕上》，就是匠心独运地妙用重字之诗：

枕上家山枕外鸡，家山梦断剩鸡啼。
听鸡犹唱家山调，无那家山一枕迷。

这是一首抗战期间求学浙大时写于贵州遵义的思乡诗，虽只是首二十八字的七绝，但"家山"（"家山"即家乡，东坡有"老鸦衔肉纸飞灰，万里家山安在哉"诗句，先父家乡亦位于安徽肥西紫蓬山下）重复四次，"枕"字、"鸡"字各重三次。日有所思，夜有所梦，因思乡情浓，故枕上有家山之梦。忽闻枕外鸡啼，思乡梦断，眼前不见家山，唯闻鸡啼，似已从思乡之境中退出。而那鸡啼却恰似家鸡，"犹唱家山调"，于是挺无奈（"无那"，无奈之意）的，不经意的，思乡之情"卷不去，拂还来"，迷糊朦胧中那梦里的家山仿佛就在眼前了。这些重字回环往复，互相生发，将诗人萦绕心间、难以排解的思乡之情，渲染得淋漓尽致而又余音袅袅。

（七）

《蒙语》第十七章借鉴佛家"遮诠"与"表诠"的概念，论述了诗词"遮与表"的表现手法。什么是"遮"呢？那就是"义隐语外"，"把该说的有意隐去，借助已说的使人想象得知"，以收韵味悠长、含蓄不尽之效。什么是"表"呢？那就是"言尽象中"，将不明说则无法传达的具象精切细致地描绘出来，给人如在目前、如临其境之感。

当然这也是作者的夫子自道。《诗录》有首题为《游织金洞》的七古，长达一百二十句，以穷形尽相的工笔描摹，将贵阳附近当时（1990年）鲜为人知的织金洞之景观一一再现，让读者移步换景，大得身临其境、目不暇接之快。这是表诠的显例。《蒙语》该章在论述遮诠与表诠时还各举了一首七绝自作为例，且录在下面。

历来的文人骚客，将岳阳楼景观刻画尽致，今人再写岳阳楼，几乎难以下笔。况且先父1990年在雨中登岳阳楼，什么景物也看不见。于是其妙用遮诠之法，写了首绝句：

　　杜诗范记光千古，应有威神护此楼。
　　笑我枯肠无俊语，尽将烟景雨中收。

作者自评道："利用杜甫《登岳阳楼》诗和范仲淹《岳阳楼记》的精彩语言作为遮蔽的内容供人想象，比自己搜尽枯肠去琢句效果要好得多。"

而他写游雁荡山的一首诗却用了"表诠"之法加以描摹：

　　剪刀成笔卓虚空，啄木须臾又化熊。
　　移步换形山有意，殷勤归送满帆风。

为什么要用"表诠"之法呢？作者自述心得说："游雁荡山，见到剪刀峰、木笔峰、啄木峰、懒熊峰和石帆峰，实际只是一处，因为看的角度不同而呈现不同形态。这是奇特景观，但不像岳阳楼、黄山天都峰那样驰名，游客也不是很多，不直接表述读者会莫名其妙。"我想补充的是，表诠亦离不开精练，描绘那么繁复多样之景，却仅用了二十八字，可见其多么擅长炼字炼句，诚可谓惜墨如金。

## （八）

上文列举了先父诗作工于对偶、善于炼字、妙用重字以及擅长表诠、遮诠之法的一些特点。如果把先父的古诗特色比作一棵大树，以上这些高妙的表现手法也只能算是一些枝叶，博学才是它的根基，主干则是大量而恰当地运用典故。这些典故着盐于水，以旧表新，使得诗语典雅而诗意深广，显示出极为深厚的学问功底和博识本色。

既然善于用典是其最根本的特色，当然必须重点介绍，先来看《蒙语》的论述。

《蒙语》第十六章谈博识。他语重心长地指出："从创作诗词看，知识越多越好；从理解诗词看，知识积累愈深，对诗词理解愈透。束书不观，不做知识的开掘与积累工作，单凭一时的'灵感'去读诗词，虽然常常有一些石破天惊的妙论，但那往往经不起推敲。因此，'以意逆志'必须以'知人论世'为基础，而所谓知人论世，不能只局限于千篇一律、浮光掠影的时代背景、作家生平，浅尝辄止，而应该尽可能了解广一些，才能开掘深一层。"

《蒙语》第十四章谈用典，指出"诗词中离不了用典"，"用典是诗词中的常见现象，它可以传达难以传达的情意，特别是借古喻今；它能增加语言的情趣，化平淡为奇丽；可以以少寓多，一字千金。"又以大量诗证阐释了用典的要义，指出必须遵循"典为我用"的原则，用典要用得"恰当"，做到"精切""清新""自然"。

虽然《蒙语》将"博识"与"用典"分属两章，但二者是相通的，甚至可以说互相有着因果关系。刘勰云："积学以储宝。"（《文心雕龙·神思》）如果说着盐于水、以旧表新的典实为诗中瑰宝，那么这些瑰宝正是积累学问、储存知识所致。没有博识做基础、做底蕴，读诗时往往不能正确理解典故，犯望文生义的毛病；作诗时，胸无诗书，不用说恰当用典，根本就无典可用。虽然形式上是古诗形式，却寡淡无味，毫无典雅的书卷气。而失去了典雅的书卷气，就去打油诗不远了。反过来，大凡读古诗能切实理解典故、作古诗能自如运用典故的诗人，往往是一些博物君子。

## （九）

下面来看《诗录》之诗的用典。先欣赏一首五言律诗。

送民儿林女赴南京师院
新天多雨露，沾溉到民林。
云路知无忝，骊珠贵自寻。
锲期金石镂，学共岁年深。
短句聊相勖，悠悠父母心。

1978年我（先民）与先林妹同时从淮安考取南京师范学院。先父悠悠深情，将我们送往南京。又写下了这首送别诗，勉励我们刻苦钻研学问。首句叙事，看似寻常语，其实用了高适《送李少府贬峡中王少府贬长沙》"圣代即今多雨露"句意。"新天"义与"圣代"近似，正因为迎来了"新天"——新时代，"民儿林女"方能"赴南京师院"。字面上看似写实，平易好懂，却又暗藏典故，是用典自然的范例。第二句不含典故，但却是难得妙句。"沾溉"承上句"雨露"而来。"民林"有双关之妙：既为题中所云儿女之名，同时又有民众之林的意思。所以首联也就有了歌颂新时代的雨露不仅惠及个人，而且泽被天下的含义。第三句不说通常的"无愧"，而用了典雅的"无忝"，语出《尚书·周书·君牙》："今命尔予翼，作股肱心膂，缵乃旧服，无忝祖考。"其语意就比"无愧"丰厚多了，不仅是勉励，希望儿女不要辜负机遇；而且是鞭策，期待儿女为家门争光，"无忝祖考"。第四句用

"骊珠"喻成就、造诣、前途,也是用典。《庄子·列御寇》:"夫千金之珠,必在九重之渊,而骊龙颔下。"可见,自寻"骊珠"又包含了获之不易的意思。获之不易,自然就需要锲而不舍的努力,这也就是颈联所表达的殷殷嘱咐了。第五句用了熟典,《荀子·劝学》:"锲而舍之,朽木不折;锲而不舍,金石可镂。"虽然诗句"锲期金石镂"是从正面教诲,但原典中反面的告诫也含在其中了。第七句点明勉励劝学之旨,用"相勖"而不说"相勉",显然更见典雅。末句以情作结,儿行千里亲担忧,"悠悠"二字,传达的正是担忧之意,如《诗经·邶风·终风》云:"莫往莫来,悠悠我思。""悠悠"又有长久意,如曹丕《月重轮行》云"悠悠与天地久长",后者恰恰又表现出父母挂念担忧儿女的恒久性质。所以"悠悠父母心"之结句,亦体现了《蒙语》所概括的用典"以少寓多、一字千金"的特质。

## (十)

进入新时期以来,古诗文赏析成为一大热门,专家学者在这一领域里,八仙过海,各显神通。先父也不例外,视普及古典文学之精华为己任,接受邀约为各种鉴赏辞典、报纸杂志写了大量的赏析文章。从广义上说,诗歌赏析文章也是一种诗学研究,是站在接受的立场,作微观的分析。虽然一般说来,写作赏析文章的套路是用优美的文辞作浅显的阐释,学术的含金量相对较低。但是细读先父笔下的赏析文章,我不能不说它们亦含有高度的学术性,真正做到了雅俗共赏。

先父既是一个研究古典文学的学者,也是一个擅长古诗词创作的诗人。学者兼诗人的身份使得他所写的赏析古典诗词的文章就显出不同一般的特点:除了具有高度的学术性和易懂的通俗性之外,还特别注重阐释近体诗的格律特点,有意识地普及格律知识。所以它既是"术业有专攻"的学者的赏析,也是对诗词创作"甘苦寸心知"的诗人的赏析。

限于篇幅,仅举《唐人写早行的几首五律和温庭筠的〈商山早行〉》一文为例。《商山早行》全诗如下:

> 晨起动征铎,客行悲故乡。
> 鸡声茅店月,人迹板桥霜。
> 槲叶落山路,枳花明驿墙。
> 因思杜陵梦,凫雁满回塘。

这首诗脍炙人口,对它的赏析文章也不在少数。但同时列出唐人写早行的五首五律来比较出温诗的精彩,则是别开生面,独此一家。若非唐诗专家,要从卷帙浩瀚的唐诗中找出题材与体裁完全相同的五首诗来,估计得费不少力气。可这在先父却是轻车熟路,信手拈来,所谓"得来全不费功夫"。因为长年浸淫其中,他早把唐诗读通了,读透了,按类阅读已经习以为常了。比如他曾编有《唐人绝句类选》(浙江古籍出版社 1985 年版)一书,《读常见书札记》亦收有《奇葩竞放,各有千秋——洞庭君山三绝对读》,而《气往轹古,辞来切今——评胡夏客的〈昭君辞〉》一篇则更是将西晋石崇、唐人李白、杜甫、储光羲、皎然、白居易、杨凌、李商隐、王偓,北宋王安石等有关咏昭君的诗篇汇集一处,层层比较,简直可以当作咏昭君的诗史来读。

扯远了,回到正题上来,且看作者如何比较。因为下面这节比较文字句句相扣,字字精彩,既无法割裂,亦不能割爱,故分节加上按语照录如下。

陆机《文赋》说:"立片言以居要,乃一篇之警策。"律诗的警策多在中间的两联，虽然结尾和开头比中间更难见好。

民按：不经意中点出读诗、作诗要诀，显露出诗人本色。

上面几首五律的颔联（第二联）差不多都用月、霜等景物来衬托早行，都超过了《青琐集》里的摘句。比较之下，温庭筠的"鸡声茅店月，人迹板桥霜"应为冠军。

民按：不是按部就班从首句开始赏析，而是直奔最精彩的颔联而去，所谓"突出重点"，此之谓也。为何说五首五律中温诗的颔联"应为冠军"呢？

王观的"路明残月在，山露宿雨收"，刘郇伯的"一星深戍火，残月半桥霜"写得也很形象，但都只是诉诸视觉，有色而无声。齐己的"几看星月在，尤带梦魂行"很真切，但太浅露而少含蓄。唐求的"几处晓钟动，半桥残月明"一句耳闻，一句目睹，有声有色，但不够丰满，十个字只写了三样景物：晓钟、桥、残月。两个动词"动"、"明"，虽然用了等于没用。

民按：分析其他四诗的颔联，各有千秋，又各有不足。它们都是陪衬，是配角，为主角的登场铺垫、暖场。

而温庭筠的"鸡声茅店月，人迹板桥霜"和上面几联大不相同。十字之中，六样景物：鸡声、茅店、月、人迹、板桥、霜。一上（月）一下（桥），有声（鸡声）、有色（月、霜），境界开阔，笔势似平整而实跳宕。

民按：主角亮相，先赞其写景之美，丰富饱满，上下互映，声色交融，境界已大不同。

> 未着一个动词，而动作自在其中；未用一字抒情，而情感溢于言外。倾耳闻鸡，举头见月，"早"就不用说了。月上冠以"茅店"，可知从小村镇旅店登程，是客行而非辞家，荒凉凄苦，可以想见。桥上浓霜，霜上人迹，晨间赶路，尤觉清冷愁苦。

民按：从字面上的景物联想到景物背后的人，由人物动作推测出心理活动。整个画面于是鲜活起来，有了充满张力的动感，呈现出"笔势似平整而实跳宕"之妙。

> 从"人迹"可见"莫道君行早，更有早行人"。推己及人，可知为名为利奔逐迫促，比比皆然。王观《早行》的尾联（"趋名与趋利，行役几时休？"——民注）已括在其中。无怪乎清朝的诗评家沈德潜说："早行名句，尽此一联。"

民按：再深入一层，用"莫道君行早，更有早行人"（语见《增广贤文》）的民谚起兴，说明这两句反映了"比比皆然"的"为名为利奔逐"的世风。作者其实借此在揭示规律：文学史上的一些名诗、名联、名句之所以脍炙人口、永垂不朽，在其完全个性化的精美丰富的意象中，往往隐含着具有普遍性的社会意义。唯其如此，沈德潜才会下那么绝对化的评语，而我们也并不感到突兀。

至此，对此联本身的赏析已很充分，可作者并没有打住，又扩展开去，下联上挂。先是向下延伸说到对欧阳修的影响。说欧阳公因迷恋此联，曾写下刻意模仿的诗句："鸟声梅店雨，野色柳桥春。"（《过张至秘校庄》)虽是见贤思齐之举,然对仗、含意均远逊于温诗。接着向上溯源,说有人认为此联出于刘禹锡《秋日送客至潜水驿》"枫林社日鼓,茅屋午时鸡"二句。文章分析说:刘早于温,温写过哭刘诗,二联又都是名词组合的结构,故温诗有可能受到刘诗的启发。但从整体上看:

> 刘诗的"鼓"和"鸡"都只着眼于声,不如温诗之有声有色;刘诗的"茅屋"只泛写村景,温诗的"茅店"则点出客中早行的况味。如果温出于刘,也是青出于蓝,后来居上。

知人才能论诗,学者自然不会疏忽对温庭筠人生历程的梳理。在回顾了诗人"一生坎坷""抑郁而终"的人生命运后,作者总结道:

> 这首《商山早行》诗,既是某次风尘仆仆的片段实录,也可看成凄惶一生的典型概括。

由眼前实景实录推展开去,根据其人生轨迹而联想概括出其所具有的象征意义,对诗歌意象做出了最深层次的解读,给一般读者以恍然大悟之感。何谓画龙点睛?以上两句足可当之。

《商山早行》既有佳联,又是完篇,文章结合诗人的思路,对全诗的串解赏析也精彩纷呈,美不胜收,可限于篇幅,这里就不展开了。但还得对学者解诗与诗人解诗这两个特色稍作补充。

作者是学者,学者解诗难离本行。此文所特有的学术性还表现在:一是纠正了在季节问题上的认识误区。有人认为此诗第二句的"霜"、第三句"槲叶落山路"的"落叶"是秋景,而第四句"枳花明驿墙"的"枳花"属春景,时令矛盾。文章指出:"槲叶落、枳花开是商山暮春的特有景色。至于'霜'呢？今日江淮间农谚还说清明断雪，谷雨断霜，何况商山在淮北呢？"二是在版本上对"板桥"二字作了辨析。顾嗣立笺注本作"版桥"，并引《关中记》《三洲歌》为证。作者指出："这样注太执着了，不可从。诗中'茅店''板桥'对举，'茅店'是泛称，'板桥'当然也是泛称，温李都特别考究对仗精工，不会以地名对泛称，所以仍以宋人诗话所引作'板桥'为是……'槲叶'顾本误作'檞叶'，今从《全唐诗》。"

作者又是诗人，诗人解诗对其诗律之妙更有会心，自然不会轻轻放过。文章指出："中晚唐诗人对格律愈磨愈细。三四和五六两联的句法结构一般应避免重复。如此诗三四句式为二二一，五六句式就变成二一二，中间着一动词。"又说："律诗要讲究平仄，这是一首仄起的五律。一二和五六的平仄本来应该是仄仄平平仄，平平仄仄平。但这首诗两处都成为仄仄仄平仄，（平）平平仄平。这是中晚唐以来有意采用这种样式，在倒数第三字上平仄对换，拗一拗，别有风味……读中晚唐的律诗也应当注意到这种音节上的特点。"

拉拉杂杂本节已扯得太长。管中窥豹，将这类赏析文章归于诗学，不算牵强吧。

## （十一）

本节拟稍稍提及先父诗学的来源。佛家说，一沙一世界。俗话说，一滴水能映出太阳的光辉。同样，以上所引述的先父有关诗学的论述及诗作，实际上都是先父的学识、才情、胸襟的综合体现。其来源是多样化的，很难条分缕析。不过，我以为对他影响最大的首推杜诗与苏诗。先父几十年如一日，孜孜不倦地读杜诗、苏诗，从杜甫与苏轼的为人与诗文里汲取了强大的精神力量与大量的艺术营养。

虽然我没有作具体统计，但我觉得《诗词蒙语》引用最多的当是杜诗与苏诗，这说明杜诗与苏诗对他的启发最为广泛和深刻。从《塞斋诗录》的许多作品乃至于总体风格上，也都不难看出杜诗、苏诗的影响。从主观上看，先父也一直有着强烈地学杜学苏的自觉意识。他早年求学阶段，即师从郦承铨先生学杜韩苏黄诗。他自叙其读杜诗感受说："其时家国多难，漂泊西南，乡关万里，读老杜乱离诸什，犹如为己而作。"（《诗词蒙语》所附《自传》）于是他"行走坐卧，不离吟诵"（出处同上）。

先父嗜读杜诗、苏诗，几十年吟诵不辍，早已将它们烂熟于心，做到了出口成诵，思之即来。其高足沈立冬回忆说："先生上课从不看讲稿，大多原文皆靠背诵，诸如杜甫的长诗《自京赴奉先县咏怀五百字》、《北征》等。"（《今世缘 师生谊 父子情》，载《追思录》）

且举一例。淮阴师院程中原教授写成一篇论述茅盾与张闻天六十年间交往的论文，文中有茅盾在张去世后，不忘旧情，接连写文章怀念的内容。论文写完后，为一时想不出贴切醒目的题目而大伤脑筋。晚饭后散步时碰到先父，即征求其意见。先父做出了什么反应呢？程先生写道：

> 他几乎不假思索地说："杜甫有一句诗'九重泉路尽交期'，是老杜送别朋友的，你看如何？"我一听，犹如得了神助，欣然用这句诗做了文章的题目。看到的人都说，贴切极了！这句诗简直就像是杜甫特为茅盾同张闻天的友谊写的。
> ——《我心目中的周本淳先生》（见本书）

杜甫这句诗出自《送郑十八虔贬台州司户伤其临老陷贼之故阙为面别情见于诗》，先父张口就背出这句与程文所论若合符节的杜诗，其对杜诗之熟不难想见。

杜诗、苏诗不仅对先父的论诗、作诗有深刻影响，对其治学也有极大帮助。晚年他在对学生谈及自己的治学经验时说：

> 我的经验是熟读杜诗和苏诗。因为他们用事广，诗篇中几乎包括整个传统文化。熟读它们，有时碰到陌生的问题，一想在杜诗和苏诗中有过类似的东西，翻一翻诗注往往迎刃而解。……杜诗苏诗你只要认真读下去，就会感到其味无穷，想丢也舍不得丢。不但得到诗的享受而且受到他俩品格的熏陶，受益不尽。
>
> ——《熟读深思 打好基础——我的治学经验（二）》（原载1997年《淮阴师专报》，转引自《追思录》一书）

先父说"熟读杜诗和苏诗"使他"受益不尽"，当然是肺腑之言、经验之谈。不妨再举两个例子。第一个例子是有关重订《苕溪渔隐丛话》的机缘。人民文学出版社本来并没有重订该书的计划。先父回忆说，之所以"看出《苕溪渔隐丛话》许多断句问题，就是因为苏诗比较熟，因而一眼看穿，一针见血，以至人民文学出版社约我重订这部书"（出处同上）。

第二个例子是由一首杜诗引出了一篇拨乱反正的论文。《复旦学报》1990年第2期发表了一篇题为《关于〈金瓶梅〉的几个基本问题》的论文。该文认为《金瓶梅》的作者很可能是明代的田艺蘅，根据是第八十一回的一首诗："燕入非傍舍，鸥归只故池。断桥无复板，卧柳自生枝。遂有山阳作，多惭鲍叔和（知）。素交零落尽，白首泪双垂。"谓此诗"实为（《金瓶梅》）作者的自我叹息"，并大发感慨，说此诗"与田艺蘅晚年在西湖放浪的情感多么切合"云云，论得煞有介事。想来学术界有权威人士认为其有创见，故《新华文摘》1990年第6期以《〈金瓶梅〉作者新探》为题加以转载。先父读其宏论后，不禁哑然。因为他一眼便知，该文所引诗证，实为杜甫的《过故斛斯校书庄二首》之二，与《金瓶梅》的作者、田艺蘅、西湖及西湖之断桥皆丝毫无关。而且作者缺乏最起码的诗韵知识，不知"鲍叔和"的"和"，作为韵脚根本不通，不知"和"是"知"之讹，故而生生造出一个叫"鲍叔和"的人物。先父对此种创新研究失笑之后，大为忧虑："这般研究学术，如何得了。"故撰写了《"鲍叔和"现象亟应防止》（载《淮阴师院学报》1990年第4期）一文，以戒学人。该文被《新华文摘》1991年第8期加上编者按全文转载后，在学术界产生了很大反响，此后已有一些文章将"鲍叔和"当作了学术硬伤的代名词。

下笔不能自休，有关先父的诗学诗作，可说的话还有很多，但篇幅已很冗长，赶紧打住。

## 结　语

《论语·子张》记子贡语曰："夫子之墙数仞，不得其门而入，不见宗庙之美，百官之富。得其门者或寡矣。"子贡之语，大得我心。小子浅薄无知，面对先父所建立的巍峨壮观的学问之宫，深感"不得其门而入"。拙文虽已竭心尽力，亦不过是盲人摸象、眇者识日，不过是从外围扯闲篇，敲边鼓而已；至于其学术意义，则没有做出最起码的概括总结。因为论述先父的学术成就及学术影响，于我犹如"挟泰山以超北海"，诚不能也。

当我为写作此文而再三诵读先父的著作与诗文时，眼前总是鲜明地浮现出一位既是学者又是诗人的博雅君子的形象。我甚至以为如果当代学术史上设置"当代鸿儒"一目，先父应该有资格厕身其中。虽然与那些声名显赫的当代大家相比，先父的学术成果似乎不够壮观，似乎与他的学识才华不成正比；但如果了解到他青壮年时只是一位课务繁忙并缺乏学术研究条件的中学老师，了解到他1958年被打成右派，被剥夺了发表权达二十年之久这个背景，了解到他的绝大多数研究成果都产生于1978年58岁时调到淮阴师专以后，也就可以释然了。其实我倒觉得，比起先父具体的学术成果来，他那鲜为人知的手不释卷、博闻强识的鸿儒形象，或许更能展示他在当代学林中的存在意义。而作为其长子，彰显后者我责无旁贷。这也正是我之所以知其不可为而为之，勉为其难地写这篇长文的立足点及最想表达的核心内容。倘若此点能引起读者些微的共鸣，则愚愿足矣。

作为当代鸿儒，先父平时又是怎样治学的呢？请允许我从十多年前哀悼先父的文章里引录一节：

> 父亲是读书人，是学者，但读书、治学对他来说绝不是苦事，而是乐事，是享受。他酷爱读书，要读的书很多；他常写文章，欲写的东西亦很多。但他始终做快乐的时间主人，而不是辛苦的工作奴隶。通常晚上不晚睡，早上亦不早起，安步当车，张弛有致。到了晚年，他不但自己放缓工作节奏，还常常劝朋友、学生们注意爱惜身体，不要与身体过不去。他常去南京图书馆古籍部查书，早出晚归，中午就在附近小饭馆吃个简单的午饭，然后找个浴室洗个澡，睡个午觉养养精神，再去图书馆接着干。晚上照例不工作，喝杯小酒犒劳自己。废寝忘食的蚀本学问与父亲是无缘的。人们常常说实现自我是人生之大乐，观父亲读书著文即可知此言不谬。读书的快乐自不必说，动笔的过程也是父亲实现自我的一种享受。他从不做挤牙膏式的文章，总是有话要说，有理要讲，而资料都是烂熟于心的，且总要酝酿到发酵的程度，才展纸挥毫，一吐为快。

在治学中享受快乐，在快乐中轻松治学，这就是这位当代鸿儒的治学状态。

　　本文第三部分用大量篇幅介绍了先父的诗学诗作。作为学者，先父在学术界的地位如何我无从置喙；但作为诗人，他在当代的旧体诗坛上应能跻身一流，当代能写出《漫成》这类大作的诗人应该不多。拙文既然是为这位学者兼诗人而作，那就东施效颦，献上一首拙诗作为结束吧：

芥子之中纳大观，神游精骛小群山。<br>
读书万卷皆成诵，倚马千言只等闲。<br>
荡涤瑕疵正谬误，张皇幽眇决疑难。<br>
鸿儒已逝诗文在，懿范长垂天地间。

2021年3月改定于名古屋闲人斋

# 人生剪影

## 我与本淳
张俊德

本淳兄匆匆走了已近两年,他走后一年多,钱煦嫂嫂也匆匆随之而去。悲痛之余,每念及我与本淳近70年手足深情,常潸然泪下。

我与本淳初识于1934年秋,距今正是70年,时我俩同时考入安徽省立芜湖中学初中部就读,我实龄12岁,他大我半岁,由合肥来,我由含山县农村中来。初中同窗三载,我俩还谈不上是深交,但比较接近,也谈得来。他天资聪颖,学习刻苦,各科成绩都名列前茅。但令人难以想象的是,这位后来成为学贯古今、著作等身的大国学家,当时竟是班上最调皮的学生;不过他的调皮多是开玩笑,很少恶作剧。

1937年夏初中毕业,秋,我升入同校高中部。本淳未来校,我俩音信中断。后知他升入合肥庐州中学高中部。时抗战军兴,国难日亟,11月上海陷敌,日寇西犯,宁芜危急,芜中被迫解散。

1938年8月,当我历经艰辛,流亡到湘西泸溪县河溪镇进入国立安徽中学(后改名国立八中)高中第二部(次年春迁永绥县,今花垣县)41届春季班就读,我俩竟意外地在此相逢,且同在一班。八中规模很大,分十一个部,学生五千余人。全校只有一个春季班,我俩能在同班学习,实是天缘。旧谊新情,高中又同窗两年半,相处最近、最亲,情同手足。我们相邻而卧(大通铺),行则如影随形。八中初办时,学生均是安徽流亡学生,生活学习费用均由贷金供给,衣食难周,油灯如豆,生活十分艰苦。我们精神还是充满乐趣的。我俩经济几至不分彼此,他经济状况略好,对我的帮助也多。

高中时,他的国学天赋已显现出来,他师从张汝舟老师,张师道德文章,世之楷模。他视本淳如己出,爱护备至,谆谆诱导,悉心授教。本淳亦不负张师之厚望,刻苦攻读,经史子集,无所不涉。每日必临摹魏碑,从未间断。此时,在语文学习方面,我不敢望其项背矣。本淳并不是读死书的,还爱好各项活动,他不但是班上的篮球队员和排球队员,还善于弈棋。一次参加全县象棋比赛,所向披靡,闯进决赛,决赛时遇一老者,中盘时,本淳行将败下阵来,他沉着顽强应战,弈成和棋。次日再战,他一路凯歌,赢得冠军。

1941年春,高中毕业,为谋生计,我们同去龙山县里耶镇小学任教,同去的还有同班好友王务兰、潘伯刚二兄。4月间,我因亲戚事累,辞去里耶教职,改去古丈县苗寨小学任教。从此,我俩音信又中断了。

1946年我在上海工作,冬,务兰兄经沪去台,住我处。我方知道,他和本淳均于1941年秋考进浙江大学,务兰读化工,本淳读中国文学。本淳在校已是佼佼者,颇负盛名。1946年本淳任教于南京一中,1947年我调镇江工作,1948年6月间专程去宁拜望本淳,时他已完婚,夫人钱煦,贤淑秀丽,同执教于一中。在宁盘桓一日,承兄嫂热情款待。

1949年10月,我北上沈阳,分配在东北计委工作,1952年12月调京,进入国家计委。此后,运动频仍,我们联系又中断了。1957年"左"倾肆虐,我以直言犯忌,被打入另册,1958年8月贬放贵州省计委,两年后,又贬放至基层。二十余年坎坷离乱,戴"罪"之人,已不敢与友辈联系。我亦不知本淳在多次运动中命运如何?

1978年冬,我偶从《光明日报》东风副刊上看到署名周本淳的一篇文章，题为《与臧克家同志商榷》。我肯定这是本淳兄所作，大喜过望，立即写信给《东风》编辑部，告知我与周先生系中学时代密友，睽违多年，思念甚殷，恳将周先生现址见告。不久，即获复信，告以周先生现任教于淮阴师专中文系。我估计他一生平安，或未遭劫难，十分欣喜。但自己落难流放二十余年，学业未成，事业未就，羞于与故人道也。故仍未能与他联系。

1979年1月，我获"改正"，1982年9月调回贵州省计委，年已六十，次年11月，经省委组织部批准离休。直到1993年3月，我已年逾古稀，来日苦短，方思我与本淳难道就这样彼此不知，任友情埋葬，直到西去？我痛悔十余年来未与本淳联系，于是立即去信，告以别后数十年坎坷经历及思念之苦。很快得到他热情洋溢的长篇复信。他首先责怪我，既知地址为何不及时和他联系，他80年代曾两度来筑，失之交臂。1957年他亦因直言遭祸，"文化大革命"中，下放苏北淮安近十年。信中他还附寄条幅一帧，他亲题诗一首，题为：《喜得俊德消息》，诗云："一封天外报平安，老泪纵横反复看。千劫共经浑不计（'浑不计'三字，编入《蹇斋诗录》时改为'家幸在'），赠君两字善加餐。"关切怀念之情，溢于言表。1994年5月，本淳兄嫂，竟不顾年岁已高，不辞数千里旅途劳顿，专程来筑与我相晤。如此情谊，虽伯牙、子期再世，亦不过耳。昔日，我们别时，正青春年少，风华正茂；而今，年逾古稀，鬓须俱白，岁月催人，感触良多。我们欢谈终日，几难入眠。每谈及彼此一生，酸甜苦辣，齐涌心头，时畅怀大笑，时唏嘘不已。幸千劫过后，两个家庭皆完整保存，孩子们均能自立自强，此差可以相互告慰也。他此次来前两个月，又写一条幅寄我，文曰"不求三品贵，但得一身清"。一以明志，一以互勉耳。

本淳在贵阳熟友甚多，有他共立学于张师汝舟门下者（张师后执教于贵阳师院和贵州大学），有他的众多高徒。他1945年夏浙大毕业后，曾应聘于遵义高中，任高三级任导师及语文教师一年。这些学生受教于本淳时间既短，时隔又久，然他们对本淳恩师之情，无时或忘。本淳在此时，众多高徒常来看望，或宴请，或陪他俩外游。他们对我亦很尊敬，尊称我为"师叔"。本淳不幸逝世后时隔两月，他们出刊了《沉痛追悼周本淳师尊专辑》，以示对恩师不忘，文字朴实深情，十分感人。这些学生均已年逾古稀，且多有成就，足见本淳教育之有方，育人成才。

本淳在时，我见他面色红润，步履甚健，体格壮实，而我则年衰体弱，多病缠身，不意他竟先我而去。体弱多病者送体壮身健者，此乃昊天之不公也欤。

本淳兄一生坦诚直爽，清白为人，他走完了无愧无悔的一生。他是教育家、文学家，他在古代文学方面的成就和贡献，自有名家评说，我不敢置一辞；令人扼腕叹息的是，他时值壮年，不幸被迫辍笔二十余载，否则，他的成就当更辉煌，这是中国教育界文学界不可估量的损失。"左"倾之危害，特别是对知识分子之摧残，罄竹难书。

我年已耄耋，年来身体益衰，心脑血管诸症肆虐日剧，风烛残年，来日无多，行将随本淳兄嫂于九泉之下矣。

我不善文，今一以应本淳兄嫂子女嘱托之殷，一以表对本淳兄嫂思念之切，爰作此文。文字之拙劣，贻笑大方，非所计也。幸本淳兄嫂友好诸君，有以谅我。安息吧，本淳兄嫂。

2004 年 4 月下旬泣书于贵阳

# 为人正直　治学严谨
—— 缅怀本淳兄

季家修

我是南京一中校友，常去母校探望师友，1947年便与本淳兄相识。1948年我们都在钟英中学兼课。1950年我由二中调到三中，与一中同属白下区，两校经常在一起活动。1956年，我们同到南京教师进修学院任职，1978年以来又在淮阴师专同事，交往长达半个世纪，知之较深。

本淳兄为人正直。当时一中语文教师中有五位资深的前辈。本淳兄谈论中常推崇张叔义、陈绳其和唐圭璋，对其他二位也无微词。的确，这三位前辈的道德文章诚堪景仰。本淳任教一中时，遇过五位校长，而他常称赞陈重寅和俞西远。的确，这两位校长的为人、学问和管理水平都是卓越的。本淳兄对人的评说是正直的，并非"逢人夸好，遇货讨廉"。

1957年整风前后，学院开过几次座谈会，上级机关（包括省委）也来院开过几次座谈会，号召鸣放。本淳兄自恃清白，胸怀坦荡，据实陈词，乃至触及当局尊严，我当场听了他的发言都替他捏一把汗。

自1983年起，他连任两届淮阴市政协副主席，议席上慷慨陈词，为大家所共知，无须赘述。

本淳兄治学严谨。正如他在《诗词蒙语》自序中所说的，"不肯尚同于时贤"，兹举二例：

例一，关于袁枚《游黄山记》中的"端午"一词的解释。

袁枚《游黄山记》："癸卯四月二日，余游白岳毕，遂浴黄山汤泉……天雨寒甚，端午犹披重裘拥火。……初九日，从天柱峰后转下……"

20世纪40年代，本淳在南京一中与一位资深的前辈同教材。这位前辈断章取义、望文生义地把"端午"释为"端阳"。本淳通读全篇，反复思考，认为"端阳不在四月二日至九日之间"，说不通，多方寻找依据，释为："端"，正也，"端午"即"正午"。

这件事，我是从唐圭璋与施肖丞两位先生闲谈中听到的。他们谈到"后生可畏"，引此事为例。并且说当时跟班听课的青年教师，不止本淳一人，语含褒义。

例二，王维所作的《鸟鸣涧》："人间桂花落，夜静春山空。月出惊山鸟，时鸣春涧中。"对首句中"间"字的理解，上海古籍出版社《中国历代文学作品》是这样注释的："'人间句'，'桂花落人间'的倒文，意谓'月光照亮了大地'。古代神话中说月中有桂，桂往往成为月的代称，如月魂桂魂，桂花即月花，花华字同。"

我校中文系曾选用它作教材。本淳备课时发现这个注释是错误的。他指出："间"《说文》作"闲"是通假字。因为人闲，所以桂花落才能觉察，极状其境之幽。如果解释为"月光照亮了大地"，那么"月出惊山鸟"又如何说得通呢？注者为什么会想出上面的曲解呢？推想其也许以为只有秋天才有桂花，下文有"春涧"不好讲；殊不知桂花有四时都开花的，有"春桂"有"四季桂"，而山间多有"四季桂"，春天白花，秋天黄花，花形相同。

最近出版的《王维诗选》干脆把此诗的首句印作"人闲桂花落"。我想，如果注者见到这种版本，可能就不会出错了。

这类"不肯尚同于时贤"的例子，在他的著述中也有所反映。如，《〈诗话总龟〉版本源流考略——兼向郭绍虞先生请教》《标好人名、方便读者——古籍滥标人名举例》《王昌龄早期颂扬扩边战争吗？——与吴与恒、王绶青两同志商榷》……还有一篇题为《也谈〈望岳〉的立足点》。初稿上有副标题"兼向臧克家先生请教"，定稿时删去了。然而明眼人也会察觉，因为臧文与此文发表的时间太近了。

本淳兄治学勤奋，不妨以他的主攻方向——诗学为例做点介绍。

1941年至1945年，他在浙大师从郦衡叔先生学杜韩苏黄颇有得。其习作曾被潘伯鹰先生主办的《时事新报》副刊——《饮河集》刊用。潘先生是著名诗人，选诗的标准很严，可见本淳兄学生时代的诗已入佳境。

1956年，本淳兄任教于南京市教师进修学院。当时，南京市教师进修学院、南京师专、教研室三块牌子一套人马，工作虽很重，他仍挤出时间去南大旁听胡小石先生讲杜诗，还向汪辟疆先生登门求教学宋诗。

1978年来淮阴师专任教，后来又兼任副校长和淮阴市政协副主席。课务、公务"一肩挑"，他仍挤出时间致力于诗学研究。陆续出版了《唐人绝句类选》《诗话总龟》《诗词蒙语》《蹇斋诗录》。他四处求索资料，南图、北图、天一阁不知跑过多少趟。

他勤于札记。我每次到他的书斋，总爱翻翻堆在案头的书，发现书中夹着许多纸条，都是读书札记。书页里还插一些卡片，可能是摘要、索引之类吧。

本淳兄善于考证与校点，陆续校点过《唐音癸签》《苕溪渔隐丛话》《震川先生集》《小仓山房诗文集》……古谚云："学识如何观点书。"古版书籍是没标点的，下句读已经不易，何况用新式标点。我曾点读过古算书，深谙其中甘苦，至于校正就更难了。首先善本难逢，必须多方求索。有关年代、地名、人名、引文等，如有疑问，必须追本溯源，多方考证，力避孤证。

本淳兄不论读书还是教书都很谦虚。闲谈中我曾听他说过两句话。其一，我们四部（经、史、子、集）的功底太薄了；其二，我们的教学基本上是讲授型，而少研究型。最近我阅读了三本教学史，发现自己的教学功底太薄，比之教学史上大师的授徒，我们只能算是教书匠，很少带着研究课题引导学生一道探索。

本淳兄的学术成就固然有天资因素，而起决定作用的还在于他的严谨、勤奋、谦虚。

缅怀挚友，老泪难干，拭泪撰联，以寄哀思。

相处许深交，多年学术切磋，最忆陈词同议席；

顿惊传噩耗，一霎天人隔绝，那堪重读互酬诗。

2002 年 8 月（该文曾载于《淮安政协》2002 年第 5 期）

# 刚直坦荡一书生
## ——纪念老友周本淳教授

晁 樾

我与本淳兄相识于南京解放不久,当时我在南京教联任秘书,又在南京一中兼课,本淳是一中的语文教师。1955年南京教师进修学院省、市"分家",我们又同时调入新成立的南京教院,本淳兄任语文教研室主任,从此共同经历了多次政治运动,直到"文化大革命",全家下放苏北,本淳去淮安,我去洪泽。半个世纪的交往,彼此相知益深。无论人品和学养,在老朋友中,本淳兄是我很敬重的一位学长。我曾经读过一篇纪念马寅初先生的文章,其中说到中国知识分子的高贵"风骨",称之为"书生气节":执着理想情操而无惧权势,百压不折;身陷逆境困苦而泰然自若,不掩本色。我认为本淳兄也正是这样的学人。

1958年本淳兄被错划右派,当时他的所谓"错误言行",除了"批评一中肃反扩大化"(完全符合事实),主要说他在课堂"放毒","攻击领导""狂妄至极"。其实这指的不过是对郭沫若的几个学术观点的不同意见,特别是在讲《中国农村的社会主义高潮》按语时,对毛泽东"阳谷县是打虎英雄武松的故乡"一语的准确辩解,顶撞了"最高指示",当然罪责难逃。错划后降级留校,"劳动改造",他的刚直性格却依然如故。有一次在公共汽车上,看到一个熟悉的教师趁人多拥挤不买车票,就大声指责说:"你不要认为我是右派,就不能批评你，不买票就是不对。"对方怒目而视，也只好去补了车票。事后他对我们描述了这件"小事"的全过程，大家心中赞叹不已。

1960年后，本淳重新走上讲台，风度依然。每逢工作教学上疑难是非问题，直言争辩，不到弄清不罢休。他读书多，又博闻强记，有时和领导意见相左，也绝不退让。我们教研室的"班长"是个老好人，这种场合多不表态。我气不过，就常附和本淳兄的正确意见，这就让心胸狭隘的个别领导面子难堪，积怨益深。"文化大革命"开始，本淳和我就自然成了第一批被打倒的"反动权威"，其实当时我们只是小小的讲师，离"权威"何止十万八千。有一次在校门口"挂牌示众"，我被派去厨房劳动幸免。本淳和其他教研组的几位教师，赤膊站在木凳上，炎夏烈日，汗流浃背。午饭后他回到教研组办公室，我轻轻劝慰说："这种事一定要想得开些。"他立即回答："呼我为牛则为牛，呼我为马则为马，听之任之，我还是我，放心，饭照吃，觉照睡。"说罢仍赤膊躺在拼起来的办公桌上，不一会儿竟鼾声入梦。我当时心潮起伏，受到很大震动。这是何等宽广胸襟，何等潇洒人生，在我是万万做不到的。他的话深深宽慰了我，消减了郁闷和困惑，心情也开朗了不少。本淳在浙大读书时曾有一段时间深研佛学，我当时不禁想：这真是如来助他安度苦海。

"文化大革命"结束，拨乱反正，本淳兄还有景常兄、北山兄三人都留在淮阴师专（今淮阴师院）任教，我一人回南京教院，顿觉孤单，缺少了切磋学习、问难补失的益友。对于本淳兄来说，"文化大革命"之后正是他平生展示才学的最好时期。他除教学外，还担任师专的副校长，学报主编，辛勤育人，发愤著作，写出了多篇辩疑析难、功力深厚的专业学术论文，后结集为《读常见书札记》。记得当时《新华文摘》转载某名牌大学的人文版学报上一篇洋洋万言的古典文学专论（据说是博士论文），本淳兄指出该文有多处严重错误，有的竟是常识性的。为此他写了一篇考证翔实、严肃恳切的批评文章，发表在淮阴师专学报上，同时投寄《新华文摘》。后来《新华文摘》在转载该文时特别加上编者按语，检讨前次对某大学文章错误的失察。这件事，使淮阴师专的学术地位大大提高，从此学报声名远播，为各方学者所重视。有一次本淳兄来南京，几个朋友去看他，谈起这件事，我们说《新华文摘》为师专作了一次无偿广告。他仍然很严肃动情，指出：当今学风不正，特别是年轻人，不认真读书，治学求"捷径"，引二手材料，不查原著，甚至断章取义，妄加分析，文章越长，错误越多，此风断不可长。

本淳兄教书治学严肃认真，生活上则十分俭约，衣着随便，不修边幅，能饮酒而量小，好小吃而不求美食。平时口袋里总装着零钱，在街上碰到便宜又实用的，就买一些。他常向我们推荐冠生园的面包，而且指出不要买当天的，要买前一天减价的，但他买书从不惜钱。调入教院不久，他收到一笔不多的稿费，就加上平时所有的积蓄，花五百多元买了一套《四部备要》。那时的五百多元，相当于半年的工资。他不肯花钱买新的自行车，买的是一辆相当旧的二手货，一直骑到苏北乡下。

我到洪泽约两年后的一个秋天中午，正在村头场边闲望，看到村后五百米外的公路上，一个身穿短衫骑自行车的人，形态动作酷似本淳，不一会儿竟转向我村的小路。越来越近，我才看出真是"老周"，喜出望外，高呼奔迎。他还是那样健壮，面孔更加黑红，装束完全是一个老农。他是听说我建房出了点事故，地区发了通报，特来看望。"相见无杂言"，他围着我的"新居"转了一圈，盛赞我的小菜园经营得好，还有鸡、鸭、猫、狗，"四畜兴旺"。我以生爆子鸡、番茄炒蛋待客，再加村头小店的半瓶薄酒，他吃得开心，不一会儿就杯盘狼藉。饭后已近黄昏，他却不肯留宿，说住在我家晚上肯定话长，不得休息，要到县城找一个小旅馆好好睡一觉，明天还得赶路。我说："你真像一个云游僧了。"我送他到公路上，他跨上那辆旧车，迅速去远。望着他弯腰用力蹬车的身影，在落日的余晖中消失，半天短聚的欢欣，不知怎的，顿时化作莫名的悲凉。

我们这一代知识分子，经历了太多的动乱和苦难，书生意气，弄文罹网。虽然晚逢盛世，毕竟荒废了无可挽回的青春年华。本淳兄能够老有成就，实在难得，可敬堪羡。近年来，最初到教院工作的几位老朋友相继凋谢，北山、景常先后离去，本淳虽长我两岁，但身体一向比我好得多，谁料竟也先我驾鹤西归。

最近，本淳兄的儿女共筹为父母编印纪念文集，来信相约。追思生平交游，往事历历如昨，斯人虽逝，风范永存。谨以这篇短文，答谢孩子们孝亲敬老的深情，并寄托我对故友的哀思。

2004 年 4 月于钟山之阴岗子村

# 永怀良师益友周本淳学长
常国武

2002年7月下旬，继久山孙肃学兄之后，"山阳四友"中的第二位诗友謇斋周本淳学长也溘然长逝。不幸的消息接踵而来：当我开始酝酿这篇纪念文字的时候，"山阳四友"中的最年长者季廉方去世的噩耗又不期而至——这怎能不使我这个"四友"中最年轻的仅存者悲痛欲绝呢？

"山阳"是淮安县（今为淮安市楚州区）的旧名，"四友"按年龄依次是季廉方、周本淳、孙肃和我四人，我们四家都是在1969年岁暮到1970年年初被当作"城市垃圾"从南京下放到淮安农村的。在"文化大革命"之前，季、周两位曾因工作关系偶有接触；下放之后，季、孙俩人同时落户在盐河公社，因而开始认识。我和他们三位则素昧平生，从未觌面。四人从相识、相知到结成亲如兄弟的挚友，是有着一段非常值得怀念的往事的。

1972年夏，江苏省教育厅委托淮安县文教局为高中二年级语文课本编写教学参考资料，局领导将这一任务交给了所属教研室的负责人张人权同志。人权是我的学生，在淮阴地区从事教育工作多年，深知当地语文教师在中国古代文学方面功底较差，于是特地从南京下放来的教师中遴选了周本淳、孙肃和我三人参加这项工作，重点撰写古代文学作品的分析和注释。工作地点放在县城北郊的第二中学内。当时正值暑假期间，校园里空荡荡的，只有我们七八名编撰人员在其中工作，而且都是男性，因此非常自由自在、无拘无束。

当时我正在我所下放的范集公社创办一所制药厂，研制大型输液和用中草药提炼的针剂，并取得了巨大的成绩。由于制作工作很忙，我又是厂内最主要的技术骨干，所以是最后一个到达二中的。到校的第二天，我就发现本淳学长案头的一张白纸上写了一首词，很有感情，也很典雅，一问，才知道它出自孙肃学兄的手笔。与此同时，我又看到周、孙两位与季丈廉方唱和的几首七言绝句，从而进一步知道他们三人在古典诗词创作上都极有功力。我也是旧体诗词创作的爱好者，当然气味相投，立刻参加到唱和的行列之中，大家的新作从此便如泉水般地涌现出来。

编写工作结束后，本淳学长回到下放地平桥公社，被分配在当地中学教高中语文。孙肃学兄回到盐河公社，不久也与季廉方同时分配在该地中学教高中语文。我则分配到县文教局教研室负责本县未达到专科水平的在职中学语文教师的函授辅导工作。虽然分散三地，但诗词唱和并没有中断，而且还不时往来晤谈。"评法批儒"之后，我和孙肃学兄先后调到淮安师范学校任教，两家又比邻而居，于是常邀季、周二人进城来我们两家聚会，孙和我也不时相约去平桥或盐河看望周、季。每次相聚，都是"言笑常喧阗，杯盘辄狼藉，忘形到尔汝，情亲逾胶漆"（拙诗《悼孙肃学长》中句）。平桥的菜肴非常可口，其中的"平桥豆腐"尤其驰名遐迩，我们每次到平桥，本淳学长都是先期在饭店里预订好包括这道菜在内的丰盛酒肴来招待大家。淮安县城附近有一个河下镇，镇上有一家文楼饭店，以做汤包闻名远近，我们也多次到那儿去聚餐。每次宴饮之后，都免不了诗词唱和，所写内容，除了畅叙友情之外，就是倾诉胸中的不平和悲愤，有时甚至明明暗暗地抨击种种不分是非、颠倒黑白的时政及其始作俑者。季、周两位写的诗功力最深，孙肃兄则擅长填词，我最年轻，附于骥尾，故在唱和中受益匪浅。本淳学长性格最为豪爽豁达，对我的帮助最大，不仅常常为我推敲字句，且多次指出我诗句中某些平仄的误读，如"茗"误以为平声，"茨"误以为仄声等。这些提醒，使我终身受用，也不会再贻误我的学生辈了。

和本淳学长接触的时间愈长，就愈觉得他学识的广博和精邃。这除了他好学不厌的因素之外，还因为他具有特强的记忆力和在文学方面的出众才华。正因为此他才有大量的学术著作和学术论文问世，才有大量创作的旧体诗词编印成册，并在同道中广为传诵。

1978年，淮阴师范专科学校重新恢复，淮阴地区教育局副局长丁朝壮找我长谈了两次，一再希望我留下来继续为淮阴地区教育事业"做更多的贡献"。我已经动心了，可是我的前妻考虑两个女儿的前途而坚决不同意。丁局长不得已，只好请我在其他下放干部中推荐两三人。我推荐了周本淳和于北山两位学长，并且告诉他，周、于两位在中国古典文学方面的造诣比我高明得多。由于在淮阴地区工作的我的学生很多，他们对我的吹嘘，加上我在下放淮安期间也表现出一定的水平和才华，丁局长开始根本不相信我对周、于两位的评价，甚至说什么"怎么可能还有人能超过你呢"。最后见我态度非常认真、诚恳，才终于决定将两位学长留下来。以后事实证明，他们两人对师专（后来改为淮阴师范学院）都做出了很大的贡献，对提升该校在国内的知名度起了无可替代的作用。于先生去世较早，所以本淳学长的贡献尤多。后来他被任命为副校长和淮阴市政协副主席，不是偶然的。

1978年10月，我回到了原来的工作单位南京师范学院，先在学报编辑部，1983年又回到中文系负责国家八五重点科研项目"宋代文学史"的撰写和主编工作；其后，我还为我的恩师、词学泰斗唐圭璋先生代培博士生，并为系里高年级学生开选修课。本职工作已经十分繁重，还要接受某些出版社和杂志社的邀约撰写书稿和论文。在上述工作中遇到一些疑难问题时，我常常写信去向本淳学长请教，他有问必答，从不厌烦。1997年我退休前特别是退休后的十余年间，全国各地许多新建、重建、扩建的名胜古迹，往往请我撰写楹联和碑记，我拟好初稿后，也不时寄请本淳学长过目，帮我润色。学而不厌，诲人不倦，本淳学长是真正身体力行了的。

本淳学长不仅邃于学，而且也深于情。对于几十年风雨同舟、相濡以沫的妻子钱煦老师是这样，对他们的子女是这样，对像我这样在"文化大革命"期间同遭患难又志同道合的朋友，也一样是情同手足，关怀备至。1978年10月，我奉调返宁，他特地邀约了二三十位与我相识的友生在淮阴地委招待所设宴为我夫妇饯行，又先后赋诗两首相赠，以表惜别之意。1980年11月，我前妻病逝，他特地从淮阴赶来参加追悼会，会上与我抱头痛哭，如丧亲人，情深意长，至今不忘。其后他每次回到南京，或与我把酒畅叙别情，或与我研讨有关文学艺术问题，娓娓而谈，终日不倦。这些往事，无一不时时浮现在我的脑海之中，恍如昨日。

1975年夏，本淳、孙肃、叶祥苓（南师中文系教师）和我四人同游安徽九华山和黄山，在黄山天都峰绝顶，曾请其他游人为我们摄影留念。最近翻阅集于一册的黄山照片，这一合影仍完好无损地保存其中，可惜除了我一人之外，其他三位都已先后作古。掩卷长叹，情何以堪！我在《悼孙肃学长》的长篇五古结尾写道："魂兮何时来，前尘重追迹？"草毕此文后，同样的感情又不禁油然而生了。

2004年6月

# 古之遗直的现代遭际

周勋初

本淳先生去世已有多年了。当年他在淮阴师院去世，没有给我发来讣告，隔了很久才知此事，已经无法表达哀思。前年我古籍所与中文系古代文学教研组一起赴淮阴师院进行学术交流，本拟利用这一机会拜访一下周夫人，面致我对本淳先生的悼念之情，谁知当我打听住处时，承告不久前她已在南京去世。我知道，他们夫妇之间感情极好，一方先走，另一方总是难以接受，二人相继弃世，也可以说是携手同归，但在他人看来，总是难以为怀。

我与本淳先生谊属同门，先后相识已经将近半个世纪。记得20世纪50年代初，我回南京大学从胡小石师当副博士研究生，一起考进来的有谭优学、杨其群二人，从本科生上来的有吴翠芬一人。胡先生为我们开讲《说文解字》部首，郭维森、侯镜昶一起参加听课。洪诚先生为30年代中央大学的老学生，这次也来重新听课。这些都是本系人员，自然熟识。周本淳、王明孝二先生其时正在南京市教师进修学院任教，也来听课，初见面时自然较为陌生。只是本淳先生性格开朗，又健谈，不久大家也就很熟了。

本淳先生的年龄正介于中间阶段。比起洪先生来要小些，比起我们一帮学生来，又要大上几岁。他是抗战时期的流亡学生，大概是在后方的浙江大学毕业的。前来听课时，学问已经成熟，因此经常写些文章呈请胡先生请教。我们看他的署名，都感到好笑。因为他每署称"小门生周本淳拜呈"，这与当时的社会风气距离太远了。中华人民共和国成立初期，已有横扫一切旧传统之势，人与人之间都称"同志"，有的人称呼父亲、母亲也仅称"同志"。我们这帮学生当然还没有完全达到这样革命化的高度，称呼老师时仍称"先生"，自报家门时则称"学生"，因此看到本淳先生自称"小门生"时，都觉得太迂拙，时常引为笑谈。

革命形势正在迅速发展，识时务者为俊杰，有些先进分子，早就起而批判那些资产阶级知识分子行列中的老师。本淳先生这样的尊师重道，显然已经滞后于发展中的形势。

年龄大一些的人受到传统道德规范的影响显然要深些。洪诚先生也是恪守传统道德规范的老实人，本淳先生于此可称古道可风。记得当年暑假他曾前去莫干山游玩，下山后专程前往杭州大学探访老师王驾吾先生。他对老师一直怀有深厚的感情。

同学不久，鸣放即起。运动开始，上级号召鸣放，帮助党整风，揭发一些党员的违法乱纪。有些事情可说是严重的，颇引起老百姓的不满。我们一起上课，总要提前一刻钟左右等待胡先生前来，大家常是利用这段短短的时间交换一些消息。本淳先生对一些党员的劣迹很激愤，也举出过许多事例，具体情况已经记不起，但我相信他决不会乱加编造，按他的品性，按他当时的觉悟，他决不可能编造。他的哥哥是个老革命，按照他当时的身份，也不可能走上反党的道路。当他愤然揭发一些事例之后，最后总要说"现在还有党中央管着他们，否则不知会坏到什么地步"，可见他对党中央的信任是毫不动摇的，他坚信党中央正领导大家克服这些不良现象。

但运动的发展非始料所能及。不久风向转变，进修学校两位旁听者都不来上课了。我预感，直心直肚肠的本淳先生一定遭到了麻烦。

果然，随后听到他已被划成右派，从此也就无法再联系了。我们再次重逢，已在打倒"四人帮"之后。他在淮阴师范学院工作，与于北山、肖兵等先生一起，从事该院中文系的学科建设，并已取得很大的成绩。20世纪80年代初期，省教育厅在南京等地举办了好几次古代文学的会议。本淳先生性格依旧，风采依旧，但年事已高，学问上更成熟了。他常来南京与程千帆先生等人讨论学问，还常到南京图书馆看书。我们常在馆中见面。

改革开放之后，迎来了知识分子的春天。我和他曾一起赴安徽亳县参加三曹会议，会上组织大家赴黄山游玩。那时大家年纪毕竟还算轻些，曾经一起登上最高的莲花峰，且合影留念。每当我翻出这张照片时，知识分子苦尽甘来的感受总会涌上心头。

20世纪80年代后期至90年代初期，我们在学术上的交流最多。我有书出来，常是送他请教；他有著作出来，也常是送我。他的所长这时才充分发挥出来。他为人民文学出版社和上海古籍出版社整理了好几种古籍，像《诗话总龟》等书，其水平不知要超过原来一本据称是名家整理的本子多少倍。而他在江苏教育出版社出版的一本论文集，取名《读常见书札记》，可见他仍保持谦虚的美德，决不会因身份改变而摆什么架子。

在他晚年，还做了一件大好事，为我系的古籍整理一大项目《全清词》的顺康卷作了审订和加工。其时程千帆先生年迈体衰，工作时已力不从心，幸有本淳先生相助，才使这一大项目有完善的结果。记得我在接洽此事时，请本淳先生来南京面谈且共同筹划，并偕夫人钱熙女士一起前来。我知道，钱熙夫人为浙江大学名数学家钱宝琮教授之女，钱先生不光在自然科学方面卓有建树，在人文科学方面也成绩可观。他写的《太一考》一文发表在《燕京学报》第12期，是楚辞方面的一篇名文，我在当学生时就一再拜读，故与钱熙夫人见面时倍感亲切。当时我在南大接待餐厅设宴为本淳先生夫妇接风，千帆先生夫妇一起参加，席间畅谈学术，共庆传统文化终于出现复兴之势，彼此庆幸劫后余生，尚能待到杯酒酬酢的一天。此情此景，今日思之，仍倍感神往。

历史终于恢复了本来面目。人们痛定思痛，才能认识到今是而昨非。本淳先生一类人物的品格，才能受到大家的认可与尊重。

随着改革开放的不断深入，经济建设不断发展，人们的生活水平日见提高，但人们的道德水平却很难说是与时俱进。二者不协调的情况引人深思。所可知者，物质的东西破坏之后，重建起来还比较容易，传统道德破坏之后，想要重建可就没有那么容易。这使我不时想起，像本淳先生这样恪守传统道德规范的人，可谓"古之遗直"，他的当代遭际，因其"迂拙"而横遭厄运，也就成了一种必然。他的坦率诚恳，他的正直热情，他的尊师重道，前时因其有违时尚而不被人认同，今日思之，当今又是多么需要这种精神的注入。

2003 年 3 月

## 悼念周本淳教授
章明寿

溽暑天气,传来周老逝世哀讣,不啻一声闷雷!

我认识周老,始于1975年夏。当时市区某工厂写作组拟注释章太炎《訄书》中的《订孔》,邀请一些人参加讨论。会上周老引经据典,甚至整段背出原文,受到与会者的敬重。

1978年周老调来南师分院中文系任教,得以经常过从。我曾数次听周老的课,给我印象很深的是讲屈原《离骚》的全文。讲台上,他评点旧注,落实字句,旁征博引,挥洒自如。使学生于屈原人格阐述中受到思想教育,于骚体文学诠解中加深语言修养,获得师生一致好评。至今他那低昂浑厚的合肥方音,犹萦绕耳际,而先生已归道山,何胜浩叹!

周老于教学之余,更致力于学术著述和古籍整理,成果不下数百万言。如《唐音癸签》《震川先生集》《诗话总龟》《唐才子传校正》《苕溪渔隐丛话》等,字斟句酌,考证精当,洵为校点巨著。又如《读常见书札记》《唐人绝句类选》《诗词蒙语》等,精彩纷呈,每创新见,均独具一格。特别是周老对出版物某些论断失当或错字迭见的现象,抱知无不言的态度,勤于撰文匡正,显示了君子爱人以德的优良作风,很值得提倡。

基于对旧体诗词的共同爱好,这些年我们每有诗作,辄互相赠阅。我拜读过他的《浙游杂咏》《京黔杂咏》《扶桑吟草》等佳什，并曾回赠两绝："寰海星驰作地仙，豪情浮想总联翩。'浙游'廿首成追忆，恍读龚公'己亥'篇。""流云飞瀑海潮音，旧雨新知写意深。裁就华笺心一片，吟坛又谱广陵琴。"他也阅过我的《京游杂咏》《湘行吟草》《皖会绝句》。今年"五一"期间，我应亲戚之邀，南游杭、沪，写有《杭沪行吟》，送呈周老。适巧他刚结束锡、杭游程，承他夸我"文思敏捷，亲情真挚可读"，并说他已动笔，写成后定当奉阅。孰料沉疴永逝，终以未能读到他的大作为憾！后此开会、远游，我再写诗作，却向阿谁寄赠？思之倍觉凄然！

在遗体告别厅壁上，见到周老集句的自挽联：应尽便须尽，有生如无生。体现了他于人生哲理的大觉大悟，对浮沉名缰利锁者确是一帖清凉剂。当然，我们对待这样一位立德立言的学者、教授、专家、诗人，还应如悼词所概括的，予以全面、公正的评价。我代我们学院写的挽联为：

越卅载奉献人民教育，著述琳琅光后世；
曾一番襄理师专校务，作风稳健树仪型。

我给周老的挽联，迫于时间，未遑书申。现补记于此，作为本文的结束语：

识荆注《尴书》，授课忆《离骚》，十余载同组教学，博闻强记当代少；
诗词赏《蒙语》，惊讣悲《薤露》，百万言遗作传世，落月沉星哀思长。

2002年8月（此文曾刊于2002年8月18日《淮安日报》星期刊）

# 他的君子、学者形象，永存于我的记忆中
张景良

周本淳教授，是和我同在1983年进入淮阴市政协的。

在淮阴市第一、二届政协长达10年的时间里，共举行过10次政协全会，40次政协常委会议，近百次主席办公会议，还有记不清的专题协商会议。在这些会议上，我们一起学习邓小平理论与党中央重要文件，共同讨论国家大事与淮阴改革建设方针大计，向市委、市政府提出建议与批评意见，这就使我对他的为人有较多的了解。

我觉得他是一位富有正义感的人。他崇尚真善美，反对假丑恶，爱憎分明。每次会议，当谈起报纸上宣传的孔繁森等英模人物先进事迹时，表示无限的钦佩；而谈起社会的不良风气特别是党内出现的以权谋私和种种丑恶的腐败现象时，则深恶痛绝、嫉恶如仇，为我们党和国家的前途担忧。对我们党坚持不懈地开展反腐败斗争，对成克杰、胡长清等大贪官处以死刑，则拍手称快，表示从这里看到了党和国家的希望。

我觉得他是一位表里如一、光明磊落、襟怀坦荡、为人耿直、敢于实话实说的人，他是我们党的诤友。每次市委、市政府开座谈会，他都能坦诚地既讲成绩，又勇于揭露矛盾问题。记得在1996年，有一次市委老干部局组织享受副市级以上待遇的离休老干部数十人，集体参观烟厂、淮钢、石化和开发区一些企业。参观后，要参观者座谈感

受，并由市委负责同志参加会议，听取大家意见。有近十位同志发言，多数讲这些企业改造及经营管理好，赞扬市委对经济体制改革抓得好，唯有党外人士蔡德芝、周本淳同志提出了以下的批评：涟水县委书记陈某，他口碑很不好，群众反应他白天广集资，晚间广受礼，有受贿卖官嫌疑，书记很难继续当下去，市委把他调来市委机关工作，这是对的，可是不该任命他担任市教育局局长。市委领导人解释，陈某被免去县委书记职务后，曾要求市委任命他当市政府秘书长或市委组织部副部长兼人事局长，市委没有同意。后考虑到市教育局不是核心单位，就任命他当市教育局长。周本淳、蔡德芝同志对这样的解释很不满意，对我说：四个现代化的关键在于科学技术的发展，而科技发展靠人才培养，人才培养靠的是教育事业的振兴。邓小平把教育事业看作四化建设中一个重大战略问题，强调我们要靠教育事业的发展，来培养有理想、有道德、有文化、有纪律的社会主义建设的接班人，怎能说教育部门不是重要的单位呢？市委安排陈某任市教育局局长，反映出对教育不够重视，势必影响淮阴教育事业的发展。周本淳与蔡德芝对市委领导提出这一批评意见，对我也是深刻教育。我想到当时包括我在内的许多共产党员，没有一个提出这样的批评意见，而是由两位党外人士提出来，这充分证明：许多党外人士，虽然他们没有参加共产党，但他们有很高的爱国主义、社会主义觉悟，地位又比较超脱，不求升官，不怕丢乌纱帽，因而能够向党政领导提出批评意见。而不似某些党员干部对上级领导往往是报喜不报忧，只讲讨好奉承的话，不讲忠言逆耳的话。这也证明毛主席提出的党与民主党派长期共存、互相监督的正确性，也说明周恩来同志号召共产党员多与党外人士交朋友，特别是多交直面批评党内存在的缺点、错误的朋友是英明的。周本淳同志真正是党的诤友。

我觉得他是一位精心研究中国传统文化、取得了丰硕成果的学者。周本淳同志博览古代文赋诗词，功底深厚。记得有一次中国社科院历史研究所冒怀辛同志为我们市政协全体人员讲"中国传统文化的现代意义"，近三小时，冒先生讲得头头是道，内容丰富，我们听者无不佩服冒先生知识渊博，不愧是国学专家。可是他讲的过程中，周本淳同志多次即席插话，对冒先生没讲清楚的作了补充，对冒讲错的作了纠正，我们对周本淳同志的国学水平有了进一步的认识。周本淳同志热心于古籍整理、校勘、标点工作。每次政协全会，晚间委员们大多去看电影或戏，唯有他在宾馆的客房内埋头写作。经他专心致志的努力，累计完成十多本共几百万字古典书籍的整理、校订。他送给我好几本，我翻阅了他整理的《唐才子传校正》一书，发现他对元代辛文房撰写的该书中332人的传记，逐篇考证文中讲的某句词语、某首诗、某件事的出处，并补漏、改错，在每篇后作了校记，计有1171条。其中对李商隐就作了18条，对白居易、罗隐、温庭筠均作了15条。这些校记是通读《旧唐书》《新唐书》《全唐诗》《唐诗记事》《唐摭言》《直斋书录解题》《河岳英灵集》《太平广记》等有关传记诗词，进行考证后写出的。我翻阅了他选编的《唐人绝句类选》一书，他从唐代226位诗人创作的五言绝句、七言绝句中精选出862首，按社会阶层状况、边塞征戍、妇女生活、写景、抒怀、咏史、咏物、哀挽八类，进行编辑，并逐诗点评。从这里可以看出他刻苦勤奋读书，精细专研，博览强记，真正做到了古人倡导的博学、审问、慎思、明辨、笃行。他对古籍整理、校勘具有严谨、求真、务实的科学精神，这是他在学术研究上之所以能够取得显著成绩的根本原因。

金无足赤，人无完人。周本淳同志有时讲的某些话也有点片面、偏激，这也算不了什么大问题。人们在研究问题、探索真理的过程中，由于个人经历、所处社会环境、工作实践的局限性，对一些自己不熟悉的事物，怎么能在认识上没有一点片面性呢？一个心直口快的人，怎能没有一点偏激之言呢？1957年3月，毛主席曾在中国共产党宣传工作会议上说："要求所有的人都不带一点片面性，这是困难的。人们总是根据自己的经验来观察问题，发现问题，发表意见，有时候就难免带上一些片面性。但是，可不可以……如果不是这样，不要求一天一天地、一年一年地有较多的人采用比较全面地看问题的方法，那末，我们就停滞了。"

周本淳同志的正直无私的君子形象，求真、务实、严谨治学的学者形象，将永存于我的记忆中。

2004年秋（作者曾任淮阴市政协主席）

# 回忆周先生

张闻玉

2000 年 7 月底，程在福兄电话告诉我：周本淳先生去世了，你代表我们发一个唁电吧。我简直不敢相信，一个乐以忘忧的健康长者会突然地离世。为了得个准信，也为了转告，我立即与周先生的弟子杨德威君联系。原来，贵州方面最早得到信息的就是德威君，是周先生的家中人长途直接通知他的。

德威杨君是周先生在贵州友朋的中心。通过他的努力，周先生见到了抗战时期在贵州读书、教书的朋友与弟子。有德威君的热情接待与精心安排，周先生先后数次到黔中这块故地重游。我见过德威君与同窗们印行的《骆驼》刊物，其中载有很多回忆当年周先生传道授业的生动文字，表达了"骆驼班"弟子对周先生的敬仰。

此之外，周先生在贵州的朋友还有一党，那就是在福兄电话中说的"我们"几个曾在贵州大学问学张汝舟师的同门小兄弟。二毋师汝舟先生在贵州执教近四十年，弟子遍黔中。与周先生交往较多的主要是蒋南华、程在福、张耿光与我。南华兄曾任贵州省社科院院长、省古代文学学会会长，学究文人，不沾官气，仗义直行，为汝舟师的冤案平反奔走出力最多；耿光兄、在福兄先后到滁州向二毋师求学，在福兄是在滁州师专参与主持了二毋师的丧事才返回贵阳的。这就是周先生《蹇斋诗录》中《游黔杂诗》所写的："二毋教泽黔山水，喜服同

门四子贤。"（见该书 82 页）

"我们"这一批贵州学子，与周先生"先后门墙结契今"（用《蹇斋诗录》句），而最早认识周先生，与他交往最多的便是我。

1979 年 9 月初，我到滁州汝舟先生门下进修，学校在琅琊山下的醉翁亭边，环境优美。汝舟师几经磨难，晚年总算有这么一块净土。我们也经"文化大革命"浩劫，学业荒疏，有这么一个机会，如同久旱逢甘霖，就安安心心在琅琊山下读书近两年。

滁州侍坐，汝舟师向我讲了许多他早年的经历，"国立八中高二部"给我的印象特深，因为有一批虔诚的弟子始终崇敬他，几十年情谊深重。"高二部"弟子中，他提得最多的，就是"周本淳"了。

我在《汝舟先生的佛事》一文中写过：抗战期间，先师任教于国立八中高二部，其学识与品德影响着不少追随、仰慕他的弟子，随他信佛吃素的就不少。周本淳、范培元、傅轶群、黄同书随先师播迁湘西读高中，毕业后考入浙大中文系还坚持素食，是浙大当时有名的"四和尚"。他们几位佛衣佛法，浙大还专门为他们安排素餐，这在当时的校园里也属稀奇。

"文化大革命"中的 1971 年 9 月，汝舟师被遣送回原籍全椒县南张村老家。这期间，不避风险，敢于专程到南张村拜谒汝舟先生的就是周本淳。更何况，他也在"被改造"之列，自顾不暇。这就难能可贵了。师徒情深，可见一斑。

我查过当年的"记事本"。1980 年 4 月 3 日记："汝舟师回南张村老家。"4 月 6 日（星期天）记："周本淳来滁。"他是专程来看老先生的，可是不巧，先生刚走了两天。他见老先生不在，就匆匆告辞。这是我们第一次见面，只有简短的问答，留也留不住。还是"记事本"，1980 年 8 月 2 日（星期六）记："宋祚胤、周本淳来滁。夜宿招待所。"

这次到滁州，汝舟先生很高兴。他们三人的交流，有时口讲，有时笔谈，其乐融融。我心生羡慕，一直陪侍着。我到滁州已一年，学业大有长进，汝舟师不时在宋、周面前夸奖我。我心里明白，宋、周两位算得上真正的学问家，老先生不过示意他们关照、提携我这个无名小人物罢了。

《蹇斋诗录》有《挽咸斋宋祚胤兄》的诗，"滁州两宿又杭州，零雨凄迷夏似秋"所指便是这一次。不过，时间是1980年8月。《蹇斋诗录》误记成"七九年夏"（见106页注七）。

这次在滁州，晚上由我陪他们二位，交流自然就多了。我们谈贵州的今昔，谈老先生的起居，谈老先生文章的搜集、刻印……题目无边，彼此都很投合。

1983年10月下旬，借湖南师大宋祚胤教授《周易新论》的出版，我们应邀到长沙参加"周易讨论会"。南大王气中先生、汝舟先生长子叶卢大哥（浙江师大）、孟醒仁先生（安徽大学）、周先生与我，都得以欢聚一堂。我们的住地在省农科院招待所，就是大名鼎鼎水稻专家袁隆平院士的基地，在举世闻名的马王堆汉墓的附近。郊野鸟鸣蛙鼓，红橘累累挂枝头，到处是成熟丰收的气息。每当晚饭后，我们便在田野间陪气中老先生夫妇散步。这期间，我与周先生才真正开始了学术交流。他很健谈，当天讨论会上的发言，他都在散步时对我们做了简要而中肯的评点，我受到的启发尤多。有一天下午，我在会上就《周易》的研究方法发言，批评一些人将四百五十条爻辞视作四百五十张卡片，进行归纳、分类，指明这不是系统的研究，这不是研究《周易》。晚上散步，周先生对我说：你今天的发言，有的人坐不住了！他的微笑很自然，看得出是满意的微笑。我感到周先生在支持我、鼓励我、肯定我，打从心里就靠近了他。

1984年6月，我应南大程千帆先生邀请，到南大中文系讲古天文历法，宣传汝舟先生的学问。在南大招待所住了一月，其间与本淳兄又得以相会。此前,他已经给南大的研究生讲过一门课,反映很好。这次来,是到南京图书馆古籍部查资料,早出晚归。他接受上海古籍出版社的点校任务,一点不敢马虎。晚上交谈,他讲查证的艰辛以及获证的喜悦。他大老远从淮阴坐汽车到南京,不就为几个字吗!让我感到他是一个一字不肯放松、勤奋而又严谨的学人。

这之后,他来贵州多次。只要我在,是务必要会他、陪他的。我们总能做到推心置腹,无话不谈。

这之后,凡是他出的书,他都有寄赠,总是亲笔签名。书一到手,我会迫不及待地阅读。周先生的诗写得好,考据的功夫到家。我喜欢他的诗,喜欢他编的《唐人绝句类选》,更钟爱他的《读常见书札记》。值得一说的是,他寄赠的书,凡有印错的字,他都一一校改,一丝不苟,朱笔粲然。我读起来,自然就心存敬意。我们常常想,像周先生这样的学者,当今能有几人?

2000年宋祚胤先生辞世,2000年9月叶卢大哥也辞世了,不到两年,本淳兄周先生又逝去,我很悲伤。同门的老学长一一离我们而去,实在是我们民族文化的损失、华夏民族的损失。这样的损失无论如何是难以弥补的。

我代表"我们"几位给本淳师兄周先生拟定的唁电是:

能诗能文能考据　华夏硕儒归上界
有德有量有丹心　黔中季子哭先生

事实就这样,我们是先后同门,我们是"季子",我们共有一位尊敬的二毋师张汝舟先生。本淳师兄的道德文章,的确堪称我们的楷模,我们都乐意尊称他"周先生"。

流水东去,转眼又两年多了,钱煦女士也已随周先生而辞世。为抚慰晚辈对父母无尽的哀思，仅以这短短的文字表达我、我们贵州学人对周先生长长的怀念。

2005年3月7日晨于贵州大学寓所

# 高山仰止
## ——沉痛悼念我们敬爱的导师周本淳先生

杨德威

1945年秋,抗战刚刚胜利,我们贵州省立遵义高级中学第四期升入高二年级,新校长高树森先生为我班聘来了新任的级任导师周本淳先生。周先生是安徽肥西人,当时只有24岁,中等身材,健壮结实,身着长袍。四方脸,浓眉,直鼻,方口,略带络腮胡,双目炯炯有神,声音洪亮,常带微笑。

周先生还兼任我们的国文课。他教我们的第一课是《庄子·逍遥游》,他教导我们要立志高远,逍遥于天地之间而心意自得,不为世俗利禄所左右。同时他又指出,只有爱国为民,才能逍遥,才能心意自得。此后结合立志的问题,他又为我们讲授了张尔岐的《辨志》。周先生说,这是一篇典型的八股文,教这篇文章是取它的内容而不是提倡"八股"。他特别强调立志的重要性:"人之生也,未始有异也,而卒至于大异者,习为之也;人之有习,初不知其何以异也,而卒至于大异者,志为之也。志异而习以异,习异而人以异也。志也者,学术之枢机,适善适恶之辕楫也。"他说:"什么是善,什么是恶,有一个标准,有益于人民大众,就是善,反之就是恶。"他对当时统治者的专制独裁及内战行径进行了有力的抨击,借这篇教材给我们进行了生动的爱国为民的立志教育。周先生为我们讲授了韩愈的《张中丞传后序》、屈原的《离骚》，要我们学张巡的爱国抗暴、屈原的忧国悯民。还要我们背文天祥的《正气歌》、岳飞的《满江红》。他讲韩愈的《答李翊书》，要求我们扎扎实实做学问。讲授《古诗十九首》，要我们了解我国诗歌的源流，是从《诗经》到《古诗十九首》，经过六朝到唐代，发展成格律诗。他要我们学《行行重行行》《明月何皎皎》几首所表现的忠于爱情、坚贞不渝的崇高品质，不要学"不如饮美酒，被服纨与素"所流露的颓废思想；并上溯至《诗经》中的《式微》《伯兮》等篇，说明诗歌的人民性传统，又联系时局，猛烈抨击当时的统治者。听周先生的课，仿佛是灵魂上受着沐浴，精神上受着浸润，一堂课一下子就过去了，常常是下了课还舍不得走。颜渊赞美孔子说："仰之弥高，钻之弥坚。瞻之在前，忽焉在后。夫子循循然善诱人，博我以文，约我以礼，欲罢不能。既竭吾才，如有所立卓尔。虽欲从之，末由也已。"周先生给我们的教诲，就具有这种巨大的教化作用，而当时我们还处于少年时代，周先生也只是24岁的青年啊！

　　周先生提倡白话文，但同时要求我们能够掌握文言文。记得有一次，他要全班同学都用文言文写一篇《申自然传》。这是三节课连在一起上的。第一节课，他讲了明末爱国者申自然的故事。大家都用文言文写了一篇传记作品，我在文末仿效《史记》写道："杨氏子曰：吾闻之：'高歌可以当哭，悲泣可以当歌。'自然毁其家以纾国难，而卒不得其志。（下略）"

　　周先生把我叫去，问："为何写杨氏子而不称杨子？"我答："杨氏子曰就是杨家娃儿说，我又不是孔子孟子，不敢称杨子。"他说："妙极。"在这句话旁加了几道圈。又问"高歌，悲泣"两句，哪里听来的？我说来自成语"长歌当哭"。他问："为何拉成两句？"我说："你教我们'唯陈言之务去'。"他说"妙极"，又在旁加了圈。他又问成语"毁家纾难"你为何改为"毁其家以纾国难"？我说："国难，不是一般的灾难。"他又说"妙极",又加了圈。后来,他在文章末尾批道:"佳哉,少年。深得太史公笔意,盖所谓神似者也。"最后,又翻到作文的前面,把"甲"下面加了一个"上"字。记得得"甲"的有邱玉瑗兄,得"甲下"的有赵世隆兄。大部分同学都得"乙",只有个别得"丙"。后来周先生对我们说,这是浙江大学中国文学系学生必做的作文题,做不好,要补考,合格了,才给学分。从此他对我班更喜欢了。

有一次,周先生买了许多糖果,把我叫到他的宿舍去,介绍我认识他的未婚妻钱煦老师(浙大著名数学史专家钱宝琮教授的四女),我一见钱师母就笑了起来,还挤了一下眼睛。师母笑着说:"调皮鬼。"周先生问:"怎么,你们认识?"师母说:"他是我们浙大附中的低班小同学。"这件事就仿佛发生在昨天,五十多年过去了,他们当时的音容笑貌却宛若眼前。

第二年的端午节,我得到祖母和母亲的同意(父亲重病且已残疾),请我们的级任导师周本淳先生到我家过节。周先生赏光了。第二天送我一首五言古体诗:《端阳留别杨生德威》,这是我毕生的殊荣。这首诗在"文化大革命"中丢失,但周先生收入了他的诗集《蹇斋诗录》:

端阳留别杨生德威
夫子教无类,犹自行束脩。
鲁祭燔不至,驾言去悠悠。
此岂饕餮徒,礼义固有由。
嗟哉今末俗,六籍弃如仇。
谁复知此礼,衣冠事沐猴。
杨生不羁才,泛驾时摧辀。

立身鄙世俗，传家诗礼优。
独来贺令节，盘馔罗珍馐。
举箸不能咽，百感梗中喉。
我本八皖人，负笈来播州。
寇平无计归，忽忽如羁囚。
传道与授业，亦自稻粱谋。
嗟子美玉姿，拙匠惭雕镂。
相从二百日，念别涕交流。
赠君亦自赠，言行期寡尤。

周先生东去之后，我于 1948 年考入浙江大学，后因参加地下外围组织暴露身份，被疏散回贵州，又参加了曙光社。会师后忙于革命工作，一直未和周先生取得联系。1958 年我被划为右派，到大方马干山牧垦场牧羊，放马，烧炭，做过伐木工、搬运工、铁工下手等等，根本就失去了一切寻师访友的权利，但我想念从小学到高中的老师和校长之心与日俱增。

1979 年，忽从贵州大学中文系张文玉兄处得知周先生在打听我，并得知他也受到不公正的待遇，足足耽误了二十二年的光阴。恢复名誉后，已评为副教授（后晋升为教授），正住北京某宾馆为某古籍出版社点校古籍。我立即给周先生发去长信，尽数思念之情。不几天，收到一张便条：三伏之天，挥汗如雨，伏案校勘，不遑详叙，权以词代简。附《踏莎行》一首：

真似昨天，又如隔世，卅年何限辛酸事。羽毛摧折禁飞鸣，昂头未屈凌霄志。弱草从风，苍松挺翠，崎岖万里分驽骥，羡君史笔记龙门，择人未可轻魑魅。

我立即回了一封长信，详叙了遭冤的情况，并步原韵和《踏莎行·向前看》二首（曾发表于当时的《贵州日报》文艺副刊），其一曰：

何须怨天，更勿愤世，山河重整攸关事。究奸窃国忒荒唐，匹夫不夺兴亡志。草性秋凋，松标冬翠，遐驰重负方奇骥。难为普罗米修斯，温黎暖庶轻神魅。

其二云：

朝霞霓空，百花霰世，开来既往风流事。自昔多难竟兴邦，后学毋改先贤志。丹橘犹青，幽兰宛翠，征尘漫浩师前骥，愿倾热血荐八荒，人间几曾无魑魅。

又过了一段时间，终于收到周先生的长信，是他完成校勘工作离京前写的。信中详述了他别后的坎坷，并述了中共十一届三中全会后的宏愿，至少出十本书等。

1986 年、1990 年、1994 年三年间，周先生夫妇三次光临贵州，参加学术会议并讲学。一次住在他初高中时期的老同学省纪委离休干部张俊德先生府上，两次住舍间。我们在贵阳的同班同学与德威等欢宴周先生伉俪，并恭请塞人诚、朱石林先生出席。席间师与师，师与生，生与生互谈遭遇，感慨良多。我受益匪浅。从此我与张俊德先生往还不断，事张先生如师叔伯直至今日。周先生的业师名宿张汝舟先生在贵阳师院、贵州大学当教授多年，桃李满天下，在贵州的有程在福、张文玉、蒋南华、张耿光诸兄，均为贵州名人，与周先生为张汝舟同门弟子，我请他们作陪，听他们讲述了张汝舟先生的品行学问，十分钦佩，受益良多。林钟美先生（与周先生为姻亲）与我先后宴请周先生伉俪，我们又相互出席作陪。1987年我到杭州参加母校浙大九十周年校庆，有幸与周先生夫妇相聚，并送了董酒。

2002年7月底，突然得到林钟美兄（贵州老年大学原副校长、《晚晴》杂志总编）的电话，得知周先生逝世的噩耗，我真不敢相信，一代宗师竟与世长辞。周先生生前的音容、笑貌、豪情、才气，宛然浮现在眼前，我不禁流下了热泪。

周先生苦心孤诣，皓首穷经，实事求是，发微钩沉，严谨周详，排谬取真，为祖国为人民校勘并出版了《唐才子传校正》《唐音癸签》《诗话总龟》《苕溪渔隐丛话》《震川先生集》《小仓山房诗文集》等古籍达七百万余言，出版了他的诗集《蹇斋诗录》和《读常见书札记》《考辨评论与鉴赏》《诗词蒙语》等专著，加上审订《全清词·顺康卷》三百余万言，总计在一千万言以上。

20世纪40年代，周先生多次引述《左传》"三不朽"以教育我们："太上有立德，其次有立功，其次有立言，虽久不废，此之谓不朽。"周先生立了崇高的爱国爱民之德和爱生如子之德。至于立功，不是高位重酬的世俗之功，而是立了为祖国和人民考证保存精神文明财富以及为祖国培育后贤之大功。周先生立了千万字以上之言。随着时间的推移，越将显示其不朽的作用。

高山仰止，景行行止，虽不能至，窃心向往之。

我们敬爱的导师周本淳先生永垂不朽。

2002年8月

## 人生几见月当头

万德良

1945年秋,我们遵高四期由一年级升到二年级,新任校长高树森先生,把原来一年级的甲、乙两个班,筛选成绩好的合并成一个班,其余的留级。新的级任导师是周本淳先生。

自高校长来后,规定学生全部住校,没有校外走读生。只在星期六下午少上一节课放学,学生可以回家住一夜,星期天晚上必须返校。

记得是一个初冬的星期天,我们返校后,听说电影院正在放映《西厢记》。据看过的同学讲,《西厢记》情节非常动人,看了还想再看,但票很不好买,所以他劝还没有看过的不要错过这个机会。于是我们班有七八个男同学就一起到新城去看电影。到达时第一场已经开演了,只好等第二场,所幸的是都买到了票。待看完那场电影回校时,夜已深了,街上行人稀少。走到万寿桥,大家沿河边小路回校。那时一轮明月正在中天,四野沉寂,同学们一路上热烈地讨论着电影情节,人影和话声惹得对岸人家群犬乱吠,有继有歇,此起彼伏。直到快进校门时,大家都自觉地安静了下来,怕的是惊动了校长要受批评。

我们一行走上斜坡,踏进校门后接着是平坦的操场,远看教室里早已没有灯火,全校静悄悄的,同学们都已安静入睡了。从校门到寝室,要经过约两百米的操场,月光下朦胧中看见操场上有一个人影在那里走动。走近一看,是级任导师周老师。我心里就在嘀咕,我们不守校规，深夜才归，级任导师一个人深夜还守候在这里，是不是校长要他在这里监督我们？在大家先后走近他身边向他行礼时，没有听到老师说一句话。我心中又有点担心，会不会在明天上国文课时，要当了全班同学的面，把我们一一叫站起来，当众训斥？当晚睡下，年轻时的瞌睡好睡，一觉就睡到打起床钟。说来也怪，睡了一觉后，对昨夜的事就不那样害怕了。那时我还不懂"法不治众"，但也想到又不是我一个人不守校规，如果要遭训那是大家都要遭的，用不着这样怕。对这一点，别看我年轻，调这点皮还有经验。

那天到上国文课前，我是存着听候级任导师发落的心情的。上课铃刚响过，就规规矩矩在座位上坐好等候。周老师走进教室，上了讲台，大家起立；老师点头作答，大家坐下。这时我想好戏就要开场了，心里不免有点紧张。只见周老师把书往讲桌上一放，不像往常那样一上堂就讲课，他抬起头开口说："昨夜的月色很好。"我就想，来了，欲擒故纵。心里更紧张了。但周老师接下来的话却平和得出奇。他说："人生几见月当头。昨晚是阴历的十一月十五，每年只有这一夜月亮才当头，四下看不见自己的影子。"一听这话，我吊起的一颗心就完全放开了，有这样风致的老师，怎么会责怪他的学生们赏月哩。

此后的一生中，每年到十一月十五的月夜，我都要守候天上的月亮，待到中天时，出去赏月。但"明月几时有"？那不是想看就能随便看得到的。贵州的冬天晴天本来就少，好一点的时候是多云的天气，更糟的是，有时候还会绵绵不断地下它十天半月的毛雨，这种气候状况还想看什么月亮哩？所以几十年来，也不过先先后后看到六七次当头月罢了。果真是"人生几见月当头"了。

其实，回顾我们的一生，又何尝不是"人生几见月当头"哩。周老师是我们的好老师，他就是我们学生年代的当头月。如果我们一生中在各个方面都能遇到像周老师这样的当头月，那我们的一生就一定会要多幸福有多幸福了。

当学生的年代,那时对老师都是称先生的。改称老师是解放后的事。

为啥会秃头秃脑地说起这一句呢?因为"先生"这个称呼,更能使我回忆起半个世纪前受周老师教诲时的情景,一种对本淳老师的缅怀之情便会油然而生。

有一次老师给我们讲《张中丞传后叙》,说张巡、许远睢阳死难事。文中有"人之将死,其脏腑必有先受其病者。引绳而绝之,其绝必有处……小人之好议论,不乐成人之美,如是哉!如巡、远之所成就,如此卓卓,犹不得免,其他则又何说!"讲到这里,老师颇有感慨地把最后一句的"说"字尾声拖得很长,头部左右摇晃,上身也随之自然地转动。老师全神贯注在课文中,全班同学静静地听讲,陶醉入神,鸦雀无声。有这样的老师授课,就是当学生的幸福,一生难忘。一堂课不知不觉就下课了。往后每天在教室门口看课程表时,一看见有国文课心里就由衷地高兴。

老师常着灰色长袍。有一次班上几个同学在操场上踢足球,老师兴致来了,挽起长袍,就同大家一起玩起来。有一天已是冬季,他穿了一件新的棉布长袍来上课,讲课讲到精彩处,要在黑板上写几个字时,他就用那崭新的袍袖代替擦布。

抗日战争胜利,老师回归下江南。其后众所周知,是"烽火连三月"的解放战争,解放后又是多次运动,虽然同学们有时也念谈到老师,但不知怎样联系。

20世纪80年代末,周老师从江苏来贵阳开学术会,待我知道这个消息时,已是过后好久的事了,未能见到老师一面,心中歉歉的。1994年4月,周老师携师母钱煦来黔开会,抽空专程由筑来遵,分别近半个世纪的师生又能见面,实在是不容易的事。在洞天聚会时,吃不了的东西，有同学看了可惜，便用塑料袋带走，周老师看了就说："这样很好，不能暴殄天物。"周老师是很爱惜天物的。

老师那次来遵，是在师母钱煦教授的陪同照料下来到的。以前我不认识钱老师，这次才初次见面。前此，老师来信末尾都有"钱煦附笔问好"，我当然每次写信都要礼貌地问钱老师安好。这次来遵一见之下，见她慈祥温婉，言语不多。在洞天饮酒时，周老师一高兴，多喝了点，钱老师就提醒了几次。饭后在步行回宾馆的途中，周老师说："经过'文化大革命'，没有离散的家庭，就有好内助。"酒后说起这句话，老师是有感而发的。但我能领会到这里既是指钱老师，也有劝谕同学们要珍视家庭晚年幸福的意思在内，他希望他的学生们家家都幸福。

第二天，我送两位老师到火车站，周老师从行李包中拿出相机，请钱老师为我们师生二人合影。先一天原是约好邓春要一起去送行的，火车要开了他还没有到，我出站来才见到邓春。他想再进去，我说就开车了，结果没有进去。而今深悔没有与他再次进站，那时我以为今后见面的机会还多，殊不知这竟成了我们师生的最后一别！

老师为人豁达大度，对"文化大革命"中整他的那些人和事，他的态度是"不值一谈"。老师的豁达也影响了我。在"文化大革命"中我也被整，平反时，上级人事负责人征求我的意见，我也来个"不值一谈"，竟让负责人大出意外，说我不同一般，是少见的高尚风格。其实我这是向周老师学来的。

老师因为有了这种气度，不问一时得失，专志自身事业——"文章千古事"，所以能不朽。这里我们都要好好地再向周老师学习。周老师有个性、有特征，他的高尚风格是一本无字的书，有生之年，我们确实应该好好地学习。

老师的《读常见书札记》多有独到的见解，我每每捧读，都有收获。在抄袭盛行的年代，香港竟有人无耻地将此书换了作者姓名出版。此举固然可卑，但也足见此书为港人所珍爱，不然那人偷印赚钱的目的就达不到了。

老师给我的题词，我悬挂客厅。老师的先后赐书，使我多次受益。我把书放在一起，有来客谈到诗词时，我就一一搬出来，让来客观看。走后我又整理好，放回第一个书架的第一栏的最左端，以便随时翻读。其中《诗词蒙语》我最喜欢，我不懂诗词，但又喜好诗词，因有老师的赐书，经常阅读，也增进了不少知识，于是我更爱诗词了。

后期同老师的接触，益觉老师和蔼可亲。我以师敬，师以"弟"待，地隔千里，书信不断，有求必应，师道长存。

周老师一生为社会创造了他自己用不上的财富——教书育人，著书立说。

在此，学生含悲祝愿敬爱的本淳老师在天之灵安息！

2004 年 6 月 10 日于遵义

# 深切悼念周本淳恩师

赵世隆

惊悉周本淳恩师逝世,实深悲痛!周老师在课堂教导我们的身影,又重现在我的脑际,使我回想到年轻时候,在湘江之滨的汇川坝,在桐油灯微弱的灯光下学习的情景。

1945年金秋季节。高树森校长到浙江大学校本部给我们聘请了一批浙大高才生:周本淳、曾雁翔、程光裕、王鹤年、申勉、赵春桂等老师来校任教。这一批老师品学兼优,到校后,尊重原有的教师,尊敬万苏黎、何锡州、塞人诚、唐和、何承模等老教师。老师们密切配合,教学质量大大提高,名师出高徒,培养了一批尖子生,为中文、英文、数学基础课程打下了坚实的基础。这一批同学,有很多后来考入贵州大学、贵阳师范学院以及省外的清华、浙大学习,取得了优秀的成绩。

1947年,贵州省教育厅招考十名公费生,遵高四期"骆驼班"的同学李盛治(敦)、夏寿龄、余毓嘉、王远富(铁夫)等六位同学考取了(其中有的调剂给高医、高农、高工了),这六位同学中有四位是周老师教过的,出现了"遵半榜"的可喜局面。贵州教育界人士,对高树森校长的办学成就,倍加赞扬。同年,遵高四期的同学喻凤翔和向德炎在重庆、邱玉瑷在上海考取了大学。

周本淳老师到遵高担任我们班上的级任导师,兼任国文教师。教了《逍遥游》《张中丞传后序》《答李翊书》《古诗十九首》……等古文名篇，提高了我们的文学水平，而且教育我们要去做一个爱国的正直的人，贯彻了高树森校长"好好地读书，好好地做人"教育宗旨。

周本淳老师教我们读清代张尔岐《辨志》时，我困惑不解。我国的文学很丰富，浩如烟海。有许多优秀的文学家，写了不少出色的文章，一个人读一辈子也读不完。周老师为什么要我们去学"八股文"呢？当周本淳老师神采奕奕，详细、精当地讲完了张尔岐的《辨志》后，指出是要学文章的内容，而不是学做"八股文"。我这才豁然顿悟，张尔岐的《辨志》是教育我们要立志，要立志爱国，要好学，要博，要专。像胡适之先生所说的："为学要如金字塔，要能广大要能高。"更重要的是要立志做一个正直的人。"人之生也，未始有异也。""志异而习以异，习异而人以异……"张尔岐《辨志》有特殊的教育作用，就其内容而言，可说是文学中的一枝奇葩！

周本淳老师还给我们出了有深刻意义的作文题《申自然传》。申自然是明末的爱国者。在周老师的精心指导下，全班同学都取得了好成绩。得乙、乙上的人很多，有三个同学得甲等。我也幸运地得了甲下。邱玉瑗得甲。杨德威古典文学基础好，结尾语写得最好，得了甲上。

多年来，政治运动接连不断，捕风捉影，众口铄金。我小心谨慎，对老师都少联系。中共十一届三中全会后，周本淳老师对遵义念念不忘，对遵义高中第四期（骆驼班）的门生们念念不忘，四处打听同学们的下落。通过他在贵州大学的朋友，终于联系上了。

1986年4月，周本淳老师和他的夫人钱煦老师来到贵阳，和四期同学欢聚一堂，塞人诚、朱石林两位老师也出席了。大家欢聚一堂共叙别后之情。我因出差，未能与会。有幸在德威家见到了老师伉俪。

在党的领导下，在改革开放的大好形势下，我国经济腾飞，人民生活水平大大提高，周本淳老师却因肝疾而去世了。周老师高风亮节、为学刻苦的精神，永远是我们学习的榜样。他亲手点校的《诗话总龟》《苕溪渔隐丛话》《唐人绝句类选》《唐才子传校正》以及其他专著《蹇斋诗录》《读常见书札记》《诗词蒙语》等，是极为宝贵的精神财富，必将永远永远流传后世，留在人间。

本淳恩师，遗德永存！

本淳恩师，请安息吧！

2002 年 8 月

## 诚挚的纪念　凝重的缅怀

贡泽培

案头一部《诗词蒙语》是周老师生前亲手题签——称我为"贤契"送给我的，如今是弥足珍贵的纪念了。封面上影印的先生照片，使我眼前即时浮现先生那敦敦厚厚、快人快语的形象，不禁想起1948年9月1日第一节课，先生在我就读的一中高一（甲）班上课的情景。时过半个多世纪了，时代风云变幻，人世迭经沧桑。我数度受教于先生，我的语文教学生涯又是先生领上路的。教泽绵长，师恩厚重，抚笔缅怀，思潮起伏……

### 一代名师开拓教学新路

"解放区的天，是明朗的天……"迎着新中国的朝阳，周老师跟许多师长一样自由地呼吸着新鲜的空气，心情舒畅。

南京一中曾是"首都"的模范中学，可中共地下组织的力量相当坚强。南京解放后，解放军南下"金陵支队"，派出以朱刚同志为首的军代表组接管了一中。当时一中确有一批富有正义感、渴求真理并且业务功底深厚、积极进取的专家学者型的教师，可以说是名师如云，他们都得到了善待、倚重。而周老师在其中更具鲜明个性和巨大潜能，又当如日中天之年。党组织给了他全面锻炼并施展才华的机遇。先生参加了"土改"工作队，回校后就被推为一中教育工会副主席；主持一中语文教研组，同时在南京市、江苏省的语文教研、中学教育研究的活动中发挥了牵头、骨干作用，非常活跃，业绩突出。1951—1953年，先生多次在市、省语文教学会议上介绍一中语文教学经验。1954年，又与南师附中钱震夏老师共同起草《江苏省语文教学纲要》。语文教改有了初步基础，为适应新形势的要求，中华人民共和国成立后的重大改革就是语文分教。按统一部署，1955年秋，一中、南师附中和四女中（现今的人民中学）用人教社新编的初中汉语、文学两套课本，先行一年，并组织了试教研究组，由一中担任召集人。学校高度重视，周老师、颜景常老师两位组长，亲自上阵，在坚守高中课务的同时，分别兼教初一文学、汉语。其时，我刚从省教师进修学院"脱产"进修结业回校，十分荣幸地同时承担汉语、文学的教学任务，还被"提拔"为语文组副组长。汪渡兴、商慧光两位老师也参加了试教。周、颜两先生跟我们一道备课，实际是在上堂教学之前先教我们，特别是我。这样就在我身上切实地贯彻了"就地卧倒，边教边学"的要求。第二年，高中也使用文学课本，初中语、文分教在全国全面铺开。周老师代表一中参加在苏州高中召开的全省第二次语文教学会议，介绍分教经验。这年暑假，先生虽已决定调到市教师进修学院执教，仍受特邀出席全国语文教学会议，并参加语文课本修订工作。颜先生代表试教校出席。两位先生带去论文、总结，在会上宣读交流。周老师在分教全面推开之际，应江苏人民出版社之约，写出用以指导中学生的《怎样学好语文》一书，此书应时缺之需，很受欢迎，多次再版。先生同时被评为南京市先进教育工作者代表（首次评选）。

周老师生命之树首度辉煌，其源泉何在？至为朴实的先生《自传》说得真挚感人："南京解放……余目睹干部之艰苦廉洁，与国民党判若天渊，乃一扫疑虑，积极投身革命。"又说，"担任一中教研组长期间，全身心摸索经验"，"此一阶段以教改为中心，全力以赴"。先生博闻强识而饱学，坦荡耿介且敦厚，我这稚嫩的学生已从课堂上有所领略，感佩不已。先生由"而立"至"不惑"的人生阶段，抱定"积极投身革命"的决心而"全力以赴"，现在追怀起来，更加敬仰。先生豪饮且常发诗兴，学生无从亲见；而先生在操场上师生排球对阵时，作为稳健的二排中锋，且不时冲至网前猛一重扣的爆发力，却为我目睹。这让我联想起像先生这样正直的知识分子——"朝闻道"，就释放出巨大的生命能量。南京一中在20世纪50年代拥有如先生那样的一代名师，才影响、哺育了当时年龄不足二十岁的一代青年教师。而先生就在建设"人民一中"的语文组、开拓新时代的中学语文教育新路中，成就为一流名师。

## 先生是"经师"，更是"人师"

我自1945年夏考进南京一中，读书近六年，诸位师长中对我影响深远的就是周老师。先生的道德文章、先生的完美人格，信服地表明先生是我人生第一师，是我终生之师。

古话说："智如泉涌，行可为表仪者，人师也。"周先生就是"智如泉涌"的"经师"，更是"行可为表仪"的"人师"。1948年秋，我就读的高一（甲）班是由全市统考录取的优秀学生组成的，先生的国文课一开始就以博学、才识将全班同学吸引了。"夫子循循善诱人，博我以文，约我以礼。"周老师对学生满腔热忱，肯教又善教。先生的一节课、一个课题，鞭辟入里，情韵十足，强烈地激发起学生的求知欲望、对古典文学和传统文化的热爱以及对美好的情感和境界的追求，使受教者油然而生充实感、满足感和兴奋感。那时的《国文课本》全是古典诗文，先生往往以课文为主，再征引有关篇章，课堂容量加大了，学生视野开阔了，兴趣和自觉性也随之提高了。一首岳飞的《满江红》，涉及了文天祥的《过零丁洋》以及《正气歌》；一首辛词，带出了陈亮等同辈词人的词章。李煜的词是从《虞美人》"问君能有几多愁，恰似一江春水向东流"句里的"愁"字，析其原因及其社会意义，拓展到词人有关词作，从亡国之痛这一侧面收到强化民族意识和爱国主义育人之效。我还在先生倡导、帮助下学写文言作文。学了《永州八记》《醉翁亭记》，袁宏道的山水游记小品，先生要我们写《采石矶记游》。我用文言绘景状物，加之篇幅较长，因而语句滞涩毛病较多，先生用朱笔修改点评，不厌其烦。先生出《"衣食足而后知荣辱"说》这一命题，要求我们尝试用文言论理。先生的点拨指点，非常奏效。我的习作既做了正面释理，又从"衣食足"未必"知荣辱"另一面论证，归结为"富贵不能淫，贫贱不能移，威武不能屈"的气节操守。先生以"说理具有思辨性和思想深度"，加以肯定。

令人难忘的是 1948 年至 1949 年间的寒假，周老师亲授了几十首杜诗。寒假提前了，春节后迟迟才开学。国民党节节溃败，正作鸟兽散。一中大操场冬雪覆盖，停满了自"淮海"撤下来的装甲车。风雪严寒，预示着春天不远了。两位关爱学子、热心育人的老师开了补习班，我选学了杜诗。周师一心让我们多学一些，提高了频率，增大了密度，便于让我们较快地接近伟大诗人。先生按作品时间选读，大体上有个单元划分。有的精析，有的略读。先生因材施教。一开始是《奉赠韦左丞丈二十韵》《自京赴奉先县咏怀五百字》《赠卫八处士》，这三首都是长篇，但未选《北征》。现在追忆，才悟到那是因"时"施教。先生以"咏怀"为重点。一个单元读下来，我们对杜甫的时代，其早期的遭遇、品格和情性，其才华、志趣和抱负，其忧国忧民的情怀,即对"诗圣"杜甫,开始有了初步的体认。当时能熟背,有些诗句终生不忘。接着,《丽人行》《兵车行》《哀江头》《春望》和《月夜》编为一个单元。再接着,《三吏》《三别》单元,只讲授了《石壕吏》和《垂老别》,另四首要求自读。这样对作为"诗史"的杜诗也有了一些感触。杜甫后期作品,以律诗为主,选授了必读易懂的代表作,《秋兴》八首就未选入。此外,先生还加了杜甫怀念李白的诗篇。最后,还教读了《丹青引》和《观公孙大娘弟子舞剑器行》,借以了解伟大诗人的艺术爱好和修养。

周老师酷爱杜诗,课堂上朗朗背诵抑扬顿挫,高声吟诵慷慨激越。"穷年忧黎元,叹息肠内热。取笑同学翁,浩歌弥激烈!"先生吟诵至此,学子们感受到这"忧黎元"的古道热肠,既是大诗人的,也是先生的;声调陡起更为铿锵,"弥激烈"之"浩歌"震撼学子心灵。先生总是"带着感情上课堂","全身心"倾注在学生身上。这样,教者与作品作者,与受教学生,在感情上水乳交融;作品所反映的那个社会,与眼前"穷年""黎元"身处的现实前后贯通。在先生循循诱导下,我由喜爱新诗进一步对古典诗词产生了深厚的兴趣。就在那时,我购进一套商务印书馆印行的仇注《杜少陵集》,历时56年,书籍已经焦黄,每每用书,就追怀起先生。近年新编高中语文课本,将"杜诗"列为一个单元,可见先生的见地之高和实践之早。

周老师向来与时俱进,语文教改与教育改革同步,且率先、热情地实践。时隔一年,1950年2月,周老师又来班上执教。这一班已是高二下(甲)班了,高二上时因开国大庆各项活动积极,被评为"模范班"。先生之重来,使全班振奋雀跃。虽然只一学期,高三时又调换了老师,但就是这半年,先生教改迈开大步,难以忘怀的就是新鲜。崭新的教材——新文学、新思想、新观点,总之新文化的营养,通过先生的周到安排、热心教学,源源不断地输进了我们的脑海,使我们这些嗷嗷待哺、积极追求进步的学子们得到了新的满足。以"政治标准"（第一）与"艺术标准"（第二）两者统一，解析选入课本的鲁迅、老舍、叶圣陶和茅盾的作品；以"文艺为工农兵服务"的新方针，阅读赵树理、孙犁、丁玲和刘白羽的作品；古代诗文占一定比重，首次从中接触"人民性"这个新概念，开始接受对于古代文化"剔除其封建性的糟粕，吸收其民主性的精华"的新尺度……这是先生先刻苦地学再热情地教，学生如饥似渴地汲取新鲜东西的新的收获。先生的睿智、敏感、求新，还表现于及时把《人民日报》关于运用语言的大讨论所发表的《为祖国语言的纯洁健康而斗争》这篇重要社论引进学校和语文课，作为教材学习，同时结合语言训练，让"语言规范化"这一重要课题在认识上扎了根。我当老师后，周、颜两位先生又将在社论发表之际报上同时连载的吕叔湘、朱德熙著的《语法修辞讲话》，作为全组人人必读的进修读本，颜先生又另外推荐了有影响的语法著作。这就及早地为1955年我校语、文分教的试教工作准备了条件。

经先生等老师推荐、校领导决定和市教局审批，我在1951年4月6日留校任教。我和留校的同学大都不足20岁。语文组是"老"带"青"的"强势群体"，洪诚教授当时曾来一中任教，周老师、颜老师与范培元老师诸位具有高尚的师德教风、深厚的底蕴造诣，因而我辈得天独厚。他们从面对面、手把手地指导教案设计做起，让我们脚踏实地，奋力攀登经师兼人师的境界。语文分教实验不足一年，周老师被调到市教师进修学院，应培养师资急需，开设专题课。我与同组一些同事选修了先生开设的中国古典文学和文学概论。我至今还保存着将庄、孟、史、汉中的文章言文对译的作业，这作业是先生从严要求布置的。"概论"是一门新课，先生阐释理论准确清晰，解说实例恰当生动，这对我们钻研文学教材、改进教学方法大有裨益。先生反复以"一缸水"和"一瓢水"的关系为喻，强调要厚积且薄发，方能深入而浅出，扎实又生动。我还多次担任全市备课中心发言人，得到先生和其他老师的精心指点，先生还审阅讲稿。诗人贺敬之《回延安》备课手稿留下了先生的改笔、批语，我也珍藏至今。

如前追忆，我数度受教于先生，又与先生同组朝夕相处达五年之久，先生热爱新中国，衷心拥护共产党，"积极投身革命"，"全身心"探索语文教学新路，大受学生爱戴，且被同行敬重，更为我们这些后辈所尊崇，也得到了党组织的肯定、倚重。周师就是质朴淳厚、快人快语的"真人"，是具有才胆学识的学人。先生《自传》最后概括一生说："不管忧患或得意，余所求者不失读书人之本真"，"守此勿失"。敬爱的先生啊，是地地道道"本淳"的一代师表。

## 追思无尽，言不尽意

改革开放二十多年正是周老师生命最后四分之一的岁月。艳阳普照祖国大地，先生在频繁的教学、著述活动中，老当益壮，犹如"夕阳红"，人生更为辉煌。地隔两处，我不能像早年那样面聆先生的教诲，但来自学报、辞书、丛刊等读物的信息源源不断。先生学术上建树日显，声誉日隆，地位日崇，学生思念、敬仰也日深。纪念先生，实感追思无尽。

先生辞世的前一年——2001年春，《诗词蒙语》辗转到了我的手上，我如获至宝，爱不释手。当时在民办华夏学校空闲时间较多，就及时读了，最近又读了一遍，很想多懂一些，又反复读了书前自序和书后自传。这部书完全是夫子自道，是先生对诗词的教学、研究"几十年沉潜反复"后的珍贵结晶，也是让我进一步领悟治学做人之道的难得的教材。先生虚怀若谷，谦称自己对诗词研究为"蒙童之见"。

先生又严谨地指出:"蒙以养正,启蒙之道,实非易易。"对这部呕心沥血同时又是水到渠成之作,出版社评价为"深入浅出,循序渐进",且"导人入胜的佳作"。我国古典诗词及其研究确实博大精深,而先生将自己的研究"深入浅出",是"几十年沉潜反复"因而学识博大精深的集中体现。非"深入"则不足以"浅出"。出版社评价先生的著述"创作上独具一格"。我觉得"独具一格"是多方面的。体例自出机杼,标题新鲜诱人,表述娓娓动人(一如在课堂上那样洗练、明快的语言风格)。还不止于这些,先生谈到自己治学根基是高中老师张汝舟先生奠定的,那就是:"自出手眼,切勿随人俯仰。"因此,先生在这部著作中恪守"既不肯尚同于时贤,又不屑苟异于当代"的宗旨,所谓"我明我心而已"。这就是先生"独具一格"之处。因此,这本书确实臻于"有思想的学术""有学术的思想"(《学者讲坛系列·编者的话》)的境界。我远没有先生那样的造诣,还不能展开我的心得感受。我只能说追思无尽,言不尽意。我要"学习,学习,再学习"。对于先生这部为诗词研究列入学者、大师级的著作,我有"仰之弥高,钻之弥坚"之感。我热切地企盼先生的《寒斋诗录》能够尽早正式出版,以满足后学的需要,并告慰先生的在天之灵。

钱煦老师是我的师母,是一中语文组老同志,是我不时得到指点匡正的老师。钱老师同样是"积极投身革命","全身心"改革教学、教育学生,受到学生爱戴、同事敬重。钱师从不计较名利得失,责己从严,待人宽厚。周师沉冤,"受害多端";钱师相当长时间处境困厄,一面含辛茹苦地相夫持家教子(而今子女都已事业有成),一面竭力承受,尽力抗争。周师辞世,钱师自有子女们悉心照顾,颐养天年。一次一中老同事聚首,眼见钱师精神大不如往昔,令人心情沉重;自然想到钱师因朝夕相伴、相濡以沫的周师先行一步,精神支柱几近欲坠,这已是不祥的征兆了。钱师噩耗传来,叹惋、惆怅难消……这里也同样是追思无尽，言不尽意。

  作为弟子一辈人，我也年逾古稀。难得机缘，缅怀先师、恩师，最切实的纪念是珍惜人生，坚持终生学习，使有限的生命也不至于虚度。要成为周师的真正"贤契"，我自忖难附先生治学的骥尾，但把先生"不失读书人之本真"的人生信条作为我的座右铭，并且付诸行动，以此报答厚重的师恩，这是我决心做到而且能够做到的。

2004 年 8 月 8 日完稿

## 深深的缅怀　深深的惋惜

林钟美

吾兄钟异的千金子荫和本淳、钱煦伉俪的公子武军喜结秦晋，于是我们就有了周家这门好亲戚。

正因为有这层关系，本淳、钱煦生前又喜到他们深有感情的第二故乡贵州旧地重游，于是远在贵州高原工作的我，就多有和他们接触、沟通、交流、亲近的机会。本淳是2002年仙逝的，钱煦是2003年西归的。两次噩耗传来，我都惊愕过，为失去他们悲痛过、茫然过。现在，几个年头过去了，我的脑海里还时常闪现着他们生前的音容笑貌。我常思，这样的好人，这样的学者才女，怎么一下子就从人间消失了？天公无情何至于此！

确实，我对他们在深深的缅怀之外还有着深深的惋惜。如果他们还活着，肯定对社会、对家庭都会有更大的贡献。

本淳姻兄在我的定位是学者，接触中觉得他很有学者的气质、风度和谈吐。他学识渊博，功底扎实。和他相比，我身上所挂的研究家、作家、戏剧家等名衔，也有点徒有虚名了。本淳校点并撰写前言由人民文学出版社出版的《诗话总龟》，以及他重订的《苕溪渔隐丛话》，自然足以传世，是社会宝贵的精神财富。他在1985年选编由浙江古籍出版社出版的《唐人绝句类选》，所编颇独到精当。他于2001年在上海出版的最后一本著作《诗词蒙语》，也很受诗学研究界的推崇。此书被认为是诗词入门的一把钥匙,但在我看来,称此书为"蒙语"乃是本淳的谦辞,实质上这是一本学术著作,其中融入了本淳数十年研诗的心得和许多独到深邃的见解。诗学之外,我也曾留意到国内有学者盛赞过他的校雠功力,盛赞过他对古籍整理工作的贡献。

从20世纪80年代起,我脱离报界担任《晚晴》杂志主编,本淳姻兄为了帮助我,支持我办好刊物,常写些诗词和杂文供我主编的刊物发表,为刊物壮色。本淳是诗人诗家,他的旧体诗词自然是写得极规范地道的,自然是写得情景交融、意境深远能引得读者心底的共鸣的。我们贵州有一个绝佳景点号称天下第一洞的织金洞,我读过上百首赞美织金洞的诗词,最好的一首还是本淳写的洋洋洒洒的古风长句《游织金洞并序》。本淳还为《晚晴》写过杂文随笔如《王元之论官冗》《王安石〈秃山〉诗》和《人焉瘦哉》等,这些针砭时弊的杂文随笔,取材新颖,立论公允,语文沉雄。本淳一生兴趣不在此道,无心杂文创作,如他能多在这方面下功夫,很可能要成为国内著名的杂文家的。

我在印象中把本淳定位为学者,把钱煦则是定位为才女的。钱煦教授出身名门,他的父亲是我国当代著名数学家、诗人钱宝琮。钱煦之为才女,和家庭的熏陶不无关系。如本淳一样,她大力支持我办刊,也曾为《晚晴》写过多首诗词和多篇叙事抒情的散文。钱煦的诗词写得婉约而灵动,就我个人的喜好,我爱读钱煦的诗词还胜过本淳的。钱煦的散文也写得很漂亮。她以诗人写散文,很讲究精巧的构思、语言的简洁、文采的飞扬。她在《晚晴》上发表的散文《理解万岁》《永远的怀念》、和《老有所乐举隅》等都写得很好,特别是其中的《老有所乐举隅》,我认为真可以选入中小学课本。我这样说,绝不是乱捧胡吹,我做过几十年的文学评论工作,读过太多的名篇佳作,我觉得我们是可以把文章拿到桌面上来对比鉴别的。

本淳、钱煦伉俪是中国传统文化道德和近现代先进思想孕育出来的优秀知识分子。他们一生很注重道德人格方面的修养，没有低级趣味，不计荣辱毁誉，始终一步一个脚印地行进在不断追求学问、追求进步、追求贡献的道路上。他俩从中学老师到大学教授为教育事业真可以说是无私忘我、勤勤恳恳奉献了自己的一生。1945年抗战胜利，本淳从浙大毕业后曾在贵州遵义教过一段时间的中学，他的学生对这个亦师亦友的年轻教师的教学能力、敬业精神无不十分钦佩。20世纪80年代以后本淳、钱煦每次从江苏到遵义旧地重游，都受到这些也年逾古稀的学生们十二万分的热情欢迎和款待，这也使我为之十分兴奋和感动。本淳、钱煦既极重友情更极重亲情。我的老母亲晚年被哥哥钟异接到江苏淮阴居住，每逢星期天，本淳、钱煦都把我的老母亲接到他们家去打麻将，排遣她老人家的孤寂，使她老人家在临离开世界的前几年充分地享受到人间的温暖。对此，我直到今天仍深深地感谢着身在九泉之下的本淳和钱煦。

　　我老了。孔老夫子孔圣人活了七十三岁，我已超过了他老人家的年纪。老了就懒得提笔，但这篇纪念文章还是要写的，何况本淳、钱煦的子女们一直期待着我。我写这篇文章还有一个企图，就是想留点文字给周家、林家的后人们，希望他们在立身处世方面，能以本淳、钱煦作为自己的榜样，做自己应做的事吧！

2006年3月25日于贵州

# 二爷和父亲

周轩进

周本淳是我父亲周伯萍的胞弟。按北方的习俗,我应该称他"二叔"。但按照我们安徽肥西老家的习惯,我从小叫他"二爷"。

奶奶吴元玲,是清朝李鸿章淮军主力之一的"武壮公"周盛波最疼爱的孙女所生,后又嫁回周家,虽然小脚,从小识字懂医。

记得奶奶从小就给我们讲过他们兄弟两人亲密无间的一个故事:一次下雨,二爷和父亲一起去上学。当时因爷爷吸食鸦片,奶奶与其分家,独立负担儿女念书。家里只有一双雨靴和一把雨伞。于是,爸爸穿上雨靴,背起二爷,二爷则打起雨伞,为二人遮雨。兄弟手足情深,可见一斑。

抗日战争爆发时,爸爸说:"国难当头,匹夫有责。"决心投笔从戎,抗日救国。但考虑到"忠孝不能两全",就拜托二爷,一边继续读书,一边照顾母亲。

这样,二爷秉承兄长的托付和"国有文方盛,家行孝本先"的祖训,秉着继承和拯救民族文化于危亡的理念,考入浙江大学继续读书。爸爸则抱着必死的抗日决心,参加了新四军和共产党。

父亲本名周本厚,为了表示像宋朝民族英雄文天祥一样抵抗外族侵略,至死不渝的决心,取文天祥《过零丁洋》诗句"身世浮沉雨打萍"更名周伯萍,以表示"人生自古谁无死,留取丹心照汗青"的抗日决心。

父亲和二爷，特别是奶奶所属的周氏家族，祖上是李鸿章的淮军主力之一。袁世凯赖以发迹的"新军"营，就曾一度是驻军天津小站，拱卫京畿的周家军属下。周家历史上也曾一度被传为安徽省巨富，慈禧太后还因此向周家"借钱"，并亲赠与己乳名"玉兰"同名的玉兰树致谢，至今仍然成活在肥西"周家老圩子"大院内。这样一个封建大家族，当时视父亲参加共产党新四军为"背叛家族"，是家族耻辱。

父亲因文武双全，革命意志坚定。特别是技有专长，在中学念书时就曾在打算盘比赛中拔得头筹（有些类似于当代的计算机高手）。因此在新四军从事后勤工作中成绩卓著，很快提拔成团职干部。根据高等军事学院后来的一项研究，由于新四军江南根据地相对富饶，而八路军根据地土地相对贫瘠，新四军承担了八路军根据地百分之六七十的财政供应。后在淮海战役，百万大军渡江作战中，父亲均担任大军的粮食部长（大约相当于古代大战时的"兵马未动粮草先行"的粮草官吧），为革命立下了功勋。

上海解放时，父亲担任华东粮食局副局长、局长。在陈云同志的直接指挥下，在上海附近的无锡悄无声息地屯下了大批粮食、布匹等战略物资，真正做到了消息密不透风。上海资本家大肆囤积居奇，倒卖银圆、粮食、布匹，以拒收人民币而企图挤垮新生的人民币和新生的人民政权。时机一到，陈云突然一声令下，父亲他们立即从无锡向上海输送大量粮食、布匹等物质。以人民币低价买卖粮食、布匹，拒绝银圆交易，一举击垮了上海资本家的投机倒把，奠定了新中国人民币的坚实基础（史称经济战线的淮海战役）。因此，国家粮食部建部时，父亲被任命为粮食部的第一个党组成员兼首任办公厅主任，负责国家粮食部的筹建工作。以后又被任命为副部长，担任过驻外大使。在家族看来，父亲不仅不再是"入了匪帮的家族逆子"，反而成为家族骄傲的"朝廷命官"。特别是担任毛主席亲自任命的首任"中华人民共和国驻希腊王国特命全权大使",使近现代就崇尚"改革开放""洋务运动",一度"言必称希腊",崇尚"以文治家"的周氏家族倍感荣耀。

后来续家谱时,不顾父亲再三推辞,一致推举父亲为家族续谱的名誉会长。

当年的日本侵华战争,是想使中华民族"亡文灭种"。如果说,父亲当年奋起参加新四军共产党,是抵抗日本侵略军对中华民族"灭种"的武装抗日,二爷则是为了保护和传承中华文化,不使日本亡我中华文化。在动乱的战争中,徒步800里,穿越湘黔的崇山峻岭,考入西迁贵州的浙江大学,学习中华传统文化,他走的是"文化救国"的道路。

中华人民共和国成立后,兄弟二人殊途同归,共同庆祝中华民族的新生。记得当时二爷参加了民主人士在怀仁堂举办的庆祝大会。二爷第一次见到了正在入场的毛主席,不由自主地兴奋高呼:"毛主席万岁!"当时民主气氛极为浓厚,还不兴后来那样山呼"毛主席万岁!"于是全场惊愕!场面十分尴尬。用现代青年的网络语言来形容那时的二爷,活脱脱的就是一个博学"直男"。

他那声"万岁!",完全是出于他国学的习惯和一个民主人士对新中国、共产党和毛主席的发自内心的真诚热爱,随情感脱口而出的内心欢呼。

然而,正是由于这种博学"直男"的性格,使他在后来的生涯中历经了种种苦难。

中华人民共和国成立后,二爷曾长期担任教师进修学院的讲师,专为各学校的老师传业授道,可以说是"教师的教师",或也可称作"教师爷"吧。记得他曾眉飞色舞地给我讲解过毛主席诗词,称毛主席诗词"高屋建瓴,胸怀博大,气势磅礴"。但也因此,"不拘一格,有时不太遵守诗词格律,特别是平仄规律"。

尽管历尽苦难，但二爷始终保持着乐观的人生态度。读书不歇，笔耕不辍。粉碎"四人帮"，平反复出后，厚积薄发，发表了"著作等身"的国学著作，并应邀成为中华书局专门点评古籍的专家顾问，成为业内公认的国学大师。在国学圈内，他十分受人尊重。例如，他和素有书法"草圣"之称的国学大师林散之，经常互相切磋古文诗词，成为莫逆之交。一次，切磋到妙处，二人都恍然大悟，抚掌大笑。林散之趁兴挥毫，写下了他当时自认为是平生最潇洒得意的一篇草书，顺手送给了二爷……

特别难忘的是后来有关杜甫诗词问题和二爷的一次互动。

记得是在1981年7月初，正值炎夏，二爷出差到北京，住在父亲帽儿胡同11号的家里（帽儿胡同11号是昔日王府，联合国所存北京胡同模型，电影《蔡锷》之家的取景地）。我当时在《光明日报》国际部任编辑。中午午休时，我常和后来担任《光明日报》总编辑的张常海和总编室主任马雨农等桥牌牌友一起打桥牌。那天见常海（《光明日报》有民主平等传统，对报业同仁都不称职务，直呼姓名）出牌有些心不在焉，便问他怎么回事。常海叹了口气说，新华社刚刚发布了胡耀邦同志的一个重要讲话，讲话里引用了杜甫的两句诗"会当凌绝顶，一览众山小"。我们《光明日报》作为科教文卫的知识分子大报，对耀邦同志引用的古典诗词给出精准到位的解释是责无旁贷的，绝不能落在《人民日报》的后面。明天必须要刊出对杜诗的权威解释，但一时很难找到权威学者在这么短的时间里，为我们写出需要的文章。

我趁机插话说，我手头就有一个古典诗词的权威学者，不知是否可用？听我介绍完二爷的基本情况后，常海立刻表态：抗战时期的国学大学生，教师的教师，解释应该会是足够精准了。如果没有深厚的诗词底蕴和真才实学，恐怕也没有胆识给毛主席诗词挑毛病。

于是问我能否立刻去向他约篇专稿，先拿来看看，再决定能否赶在明早刊出。我立刻领命赶回父亲家中。当时还没有现在这样发达的网络，文章资料都无法从网上信手拈来。一路上我有些担心：二爷是出差至此，没有随身携带任何文史资料。而对领袖人物引用的诗词解释，又容不得半点差错。

我对二爷说明来意后，二爷稍作沉吟，立即答应下来。不到一个时辰，挥笔一气呵成！

我拿来一看，不仅诗句寓意、背景解释得精准到位，而且旁征博引，引经据典，指出了杜甫写作时暗用的孔子"登东山而小鲁，登泰山而小天下"的典故。还拿杜诗这两句"会当凌绝顶，一览众山小"和王之涣的"欲穷千里目，更上一层楼"作了对比分析，指出，杜诗不论是在"登临"的决心，对"凌绝顶"困难的预估，还是登顶后胸怀的开阔方面，都略胜王之涣诗一筹，从而比较好地诠释了改革开放初期中共领导人的胸怀和心境。

二爷在没有任何资料可供参考的情况下，全凭自己对国学的博闻强记和深刻理解，不仅诗词解释精准到位，而且对各种古文经典信手拈来，应用自如，实在使人叹服。

张常海和马雨农见文后都拍案叫绝，喜不自禁。第二天，几乎一字不改地全文刊出。之后立刻在全国民众，特别是知识分子中引起了强烈的反响。

当时的《光明日报》影响力正可谓如日中天。由于改革开放不久，国内还鲜有专门介绍国内外各种科学教育文化知识的报纸杂志。许多最新的科学知识和新名词，都是《光明日报》首先推出的。例如，什么计算机芯片、微处理器乃至艾滋病等当时的新名词，都不过是经我一个小小编辑之手翻译确定推出而为大众接受的。我参照外电编写的一篇消息《太阳黑子大量出现，色球爆发即将发生》被刊在《光明日报》头版头条，还在全国引起了轰动。我们那时的各个编辑部和编辑记者，都不断地向读者首先推出各种类似新知识、新名词、新概念，为全国读者所喜爱。特别是1979年在杨西光总编辑的主持下，率先发表了《实践是检验真理的唯一标准》，被《人民日报》《解放军报》和各地区省报等争相转载，引起了全国思想解放的大讨论。那时的《光明日报》虽然最高订阅数还没有超过200万，那是因为印刷和纸张供应跟不上，被迫和《解放军报》一样，凭证限制订阅。每份报纸都至少有几人，甚至几十人传看。

二爷此前虽然早已是诗词和古文圈内公认的大师，但影响还主要在相对窄小的学术圈内。此文章一发表，套用现在网络语言来形容，就是"一夜爆红，粉丝无数"。周本淳立刻成为全国知识界、学生界和政治文化等界的人所共知的名人学者。

过去对毛主席引用的古典诗词的解释等，《光明日报》多请郭沫若、臧克家等权威学者担纲。这次请周本淳对胡耀邦主席引用古典诗词进行解释，一些群众也理所当然地认为，周本淳是新时代里可以和郭沫若、臧克家等相提并论的国学权威人士。记得二爷有一个圈内朋友看到二爷的文章引起了如此之大的反响，兴奋地跑来向二爷祝贺道：过去对领袖人物引用的古典诗词解释，都由臧克家他们垄断了。老兄这次终于把臧克家他们比下去了，真是大长我辈学者的志气啊！

中国从古至今，许多文人墨客，大多借酒起兴。古如李白《将进酒》，后如外交部才子乔冠华，三杯茅台酒下肚，思如泉涌，华章一挥而就。二爷也不例外，喜欢饮酒赋诗，但最后可能因长期饮酒的关系，导致严重肝疾，竟不治身亡！

2002年7月末，二爷不幸逝世的消息突然传来。父亲不顾年老体衰，患有心脏病，想要亲去淮阴告别吊唁。但考虑他心脏病发恐有不测，被我儿孙及组织上劝阻。考虑到我和二爷多有交往，感情颇深，大哥周先路又不在身旁，父亲亲书悼词（见文末附件），委托我代为吊唁。第二天一早，就派他的司机王景德和我驱车900余公里，急忙赶去吊唁。一路上，为了早日赶到，我和小王交换开车，在长途行车中，得以歇人不歇车。但不幸的是，由于出发仓促，没来得及在长途出发前按规定做必要的保养检查，车在路上抛了锚，耽误了时间，未能赶上单位向淮阳市政协副主席周本淳教授作最后的遗体告别仪式。但单独安排了我和小王向二爷告别。我们第二天还赶上了淮阳师范学院为二爷举行的全院追悼大会。我在会上宣读了父亲的悼词和委托悼念书，特别回顾了当年二爷凭着深厚的国学功底，一挥而就，为《光明日报》写下了产生巨大影响文章一事。

周光春与父亲和二爷同为肥东肥西大同乡，他和父亲一起参加革命，曾任"封疆大吏"的广西壮族自治区区委书记，后又担任国家审计署署长和顾问。他因喜爱诗词，常与父亲切磋。后来父亲将"真正的专家"二爷，介绍给了周光春。他们也成了文友。后来，他惊闻二爷去世的消息后，特意转交了他2004年腊月写于西山塔影楼的悼念二爷的诗文。其诗曰：

博谙古典造诣深，札记勘源但索真。
校点总龟删补细，拨冗为我正诗文。

其文云：

周本淳同志幼而爱诗，稍长写诗，著有《诗词蒙语》《震川先生集》《唐人绝句类选》《唐才子传校正》《小仓山房诗文集》《古代汉语》《诗话总龟》《苕溪渔隐丛话》等大量著作，执教于淮阴师范学院，1996年应日本名古屋大学邀请前往讲学。本淳同志胸怀坦荡，曾蒙不白之冤，犹以古诗自我排解。综观一生，少罹忧患，中历坎坷，晚如啖蔗，不管忧患得失，不失读书人之本真，守此勿失，不问升沉荣辱，是为信条。从伯萍同志处得悉本淳同志病逝，至为痛惜。

近现代的安徽周氏宗族，发迹于淮军主力之一的"武壮公"周盛波和周盛传之手，显然是以"武"起家。但在合肥的家庙"爱莲堂"供奉的先祖，一直是宋朝理学大师，以《爱莲说》和《太极图说》传颂于后世的周敦颐。为子孙后辈名字排辈的祖训则是："国有文方盛，家行孝本先。典章从法守，礼乐在心传。"可见一直是崇尚以文治家的。因此，在家谱记载中，也是把一文一武的周伯萍（周本厚）、周本淳兄弟二人，共同视为家族的骄傲。

周氏兄弟二人，当年为了拯救中华民族于危亡，后来又为中华民族的伟大复兴，殊途同归。在中国共产党的领导和指引下，奋斗了终生，终成正果。

去年父亲百年，因尚未走出疫情，母亲又去世，未能及时祭奠。

今年是二爷的百年诞辰，又恰逢中国共产党的百年华诞。

宋朝诗人陆游有诗《示儿》云：

死去元知万事空，但悲不见九州同。
王师北定中原日，家祭无忘告乃翁。

在此，谨以陆游的《示儿》诗句和我的百年纪念拙文，纪念二爷周本淳的一百周年诞辰和补祭父亲周伯萍的百年，共同庆祝中国共产党的百年华诞！

**完稿于 2021 年元宵团圆节**

备注：

周本淳教授系周恩来总理的家乡淮阴市的原政协副主席。

此文系应堂弟之请，为淮阴师范学院纪念周本淳教授百年诞辰纪念集而作。

附件：父亲的悼文

> 周本淳同志治丧委员会：
>
> 惊悉舍弟本淳病逝，谨致沉痛哀悼！
>
> 本淳李谌笔耕，一生正直忠厚，学有大成，国家支柱，夫妇琴瑟和谐，相濡以沫；儿女继承父母品德，都有成就。人生如此，毫无遗憾。
>
> 我们全病多年，医生要止高言，不能为信亲送行，特嘱次之舒进代表前往。
>
> 至盼哲亲和全家多衣保重。
>
> 周纷萍、朱尚明率儿孙辈偕挽。
>
> 2002/7/29

# 姑父周本淳与浙大师长的二三事

钱永红

去年底，武军表哥发来微信，2021年是四姑父周本淳先生诞辰一百周年，淮阴师范学院准备出版文集纪念他。这让我回想起2004年，四姑母钱煦与我南京莫愁湖公园散步时，流露出心中久藏的愿望。她说："你姑父一生做了许多好事，写了许多好文章，应该将他的论文编辑出版，贡献于后人。而我已年老有病，心有余却力不足了，不免感到很遗憾！"现在，姑母的愿望就要实现了，九泉下姑父、姑母一定是笑逐颜开！

四姑父是古典文学和古籍整理专家、教授及诗人，还曾担任过原淮阴市政协副主席。有幸与他多次面对面交流，也读过些他的论著，他对浙江大学是一往情深的。我听得最多的是姑父对浙江大学各位师长的敬重与感激，印象最深的是浙大师长们对姑父学识与业绩的赞许。

## 姑父对浙大恩师的回忆

1941年秋，姑父周本淳历经千辛万苦，穿越湘川黔交界的群山，来到遵义投考浙江大学文学院，最终如愿以偿，成为公费学生，师从王驾吾先生学桐城派古文，郦衡叔先生学杜韩苏黄诗。

姑父清楚地记得他入学时，竺可桢校长在永兴场开学典礼上的讲话。竺校长不光谈科学，也提王阳明的"致良知"学说，教导新生重视道德修养。浙大校训是"求是"，核心就是做真正的人。这个训话给姑父留下了深刻的印象。

谭其骧先生辅导了姑父"中国通史"，还将自己的《资治通鉴》借他。姑父曾感激地回忆说："因而我的通史成绩达到优异。"

姑父回忆说：王驾吾先生带着我们一同去瞻仰离遵义城六七十里远的郑子尹墓，要求大家一齐写文章，既开拓视野，又锻炼文笔。几年受业，终身受用。他从王先生身上领悟到什么叫光风霁月。1983年，王先生谢世，姑父专程赶到杭州悼念，写下一副挽联以寄托自己的哀思："弟子恸山颓，博礼约文，训诲犹萦耳畔；先生观物化，光风霁月，典型长在人间。"

姑父回忆说："得从江宁郦衡叔先生受诗业，重温昔时所诵习，仿佛豁然开朗。其时家国多难，只身西南，乡关万里，读杜公乱离之诗，犹如为己而作。行走坐卧，不离吟诵，耳目所接，莫非诗才，触事成篇，行诸梦寐，几入痴迷之境。"

"纵枵腹，琴书自乐洋洋"，这是姑父于1982年为浙大八十五校庆填写的《念奴娇》词的一句，是当时浙大学生的真实写照。1945年端午节，姑父信笔写下一首绝句："炊珠爨桂寓公羞，一醉难为今节谋。莫问中原旧风俗，鲂鱼如雪酒如油。"结果，郦先生知道了，特邀他去郦家过节。

## 竺校长笔下的优等生

四年寒窗无需问，龙虎榜上亦留名。姑父入学第一年就获得"中正奖学金"。他在校的诗词习作被潘伯鹰先生主编的《时事新报》副刊——《饮河集》刊用。竺可桢校长在日记里多次提到姑父的品学兼优。如：

1945年5月22日日记："七学期平均分数在80分以上者有国文周本淳，史地宋晞、史以恒，数学丰宁馨……"

1945年8月9日日记："昨周本淳来，谓皇甫炜自附中来信，附中尚差一国文教员，故要余作介绍函与附中，余并为作一函。……余谓素来主张用人一秉客观之成绩。本年国文系毕业四人，七学期成绩周本淳86分，傅轶群80分，而皇甫炜78分，操行周为乙……"

竺可桢日记中对浙大附中没有聘用优等生周本淳甚为不满，后于当年8月26日，又为姑父"作一函与中山中学校长，介绍为国文教员"。虽然姑父没有前往中山中学任教，而去了遵义师范，但他对竺校长一直充满着感激之情。

浙大毕业后的姑父，牢记浙大名师们的教诲，先在遵义师范，后至省立高中，教书育人，尽心尽力，还在1946年出版的国内颇有影响的研究性杂志《文化先锋》发表了论文《从〈白石道人诗说〉论白石之诗》。

## 岳父的器重

祖父钱宝琮先生是浙大文理学院数学系的元老级教授。1937年11月，祖父率领一家老小十口跟随浙大西迁，1940年来到湄潭。四姑母于1943年考入浙大国文系，结识了同系高班的周本淳。

抗战胜利后，姑父自费跟随浙大复员返乡，任教于南京市立一中。1948年，姑父、姑母特意选择腊月初五（苏东坡的生日）举行婚礼。祖父、祖母专程从杭州赶来祝福。

1956 年，祖父奉调北京，专任中国科学院一级研究员。姑父因考证研究《世说新语》，到北京查阅纷欣阁丛书等古籍资料。祖父得知后，不仅从单位图书馆借出古籍供他阅读，还一字不苟地摘抄罗振玉的《唐写本〈世说新书〉跋》。1957 年，姑父就写出了《〈世说新语〉原名考略》初稿。

1972 年，姑父前往苏州探望已卧床不起的岳父。老人家念念不忘尚有九题论文未属稿，还提及《庄子·天下篇》"至大无外"和"至小无内"两句名言，认为其中不乏科学命题与数学命题，还问郭庆藩有没有批注。姑父一时记不清，便询问老人要想做什么。祖父严肃地说"这是两个科学概念，不能马虎"，特别嘱咐他归检《庄子集释》。姑父回去后，翻阅了郭庆藩《集释》全文，把郭的注释抄录给祖父，说明前人确实没有从科学概念方面解释这两句话。姑父心里期待着病榻上的祖父能够写出相关的研究论文，可谁知那次省视竟成了永诀。

祖父弟子梅荣照细读姑父 1982 年发表的《〈论二十八宿之来历脱稿后作〉等七首的跋语》后说，"十分敬佩（钱宝琮）先生在中国数学史研究上敏锐而深远的目光"，对"先生没有留下任何遗稿"，深表遗憾。为了继承先生的未竟之业，梅荣照于 1992 年发表《"至大无外，至少无内"诠释——纪念钱宝琮先生诞辰 100 周年》一文，就"至大无外，至少无内"之言，全面论述了名家对无穷大与无穷少的定义及重要性。梅文指出："当时钱先生并不了解郭庆藩的态度，因此在弥留之际，仍谆谆嘱托其家人查阅郭庆藩的《集释》。我相信，如果钱先生知道郭庆藩也是持与庄子和司马迁同样的态度，他的批评可能更要强烈一些。"

## 缪师书札中的品评

浙大西迁遵义期间，国文系还有另一位讲授《诗经》、唐宋诗和高级国文的著名教授缪钺。姑父虽非其入室弟子，但一直以师事之，十分敬重。

缪元朗整理出版的《冰茧庵论学书札》（商务印书馆 2014 年）收有"与周本淳、钱煦书（八通）"。在缪先生书信里，有不少内容论及姑父的学问。如：

1981 年 7 月 16 日："奉到　惠寄《徐州师范学院学报》，读过你的近作《读校随感录》一文，从各方面指出近来校点古书中疏误之处，并阐述其致误之由，精覈密栗，功力深至，极为欣慰。标点古书固可以方便读者，然若疏误过多，反足以贻误后学，出版社应慎重处之。"

1981 年 12 月 23 日："接奉钱煦同志手札及本淳同志惠赠校点《唐音癸签》，谢谢。本淳同志治学精勤严密，深可嘉赏。中央三十七号文件，主张大量整理、出版古籍，继承并发扬中国文化之优良传统。本淳同志大可有为。"

1982 年 3 月 2 日："本淳同志荣任师专副校长，正可以发挥才能，培养人才，倡导学风，闻之甚以为慰。今年四月，浙大庆祝八十五周年校庆。去年我曾接到校庆筹委会来函征文。我作了四首五律，已经寄去。兹倩人抄录一份，附寄　惠存。"

1982 年 8 月 4 日："七月十日，惠札及寄示《简介舒雅杜甫诗序记》手稿并近作印本两种，均已奉悉。月前寄来琢如先生遗诗印本，早已收到珍藏矣。现在想已会毕返校。简介舒雅之文，可谓发潜德之幽光。当即交《草堂》学刊编委会，将可于 1983 年第一辑中刊出（《草堂》学刊年出两期，1982 年第二辑已付排）。吾弟愿来成都参加杜甫学会，甚为欢迎，下届当嘱秘书处具柬邀请，以谋良晤。"

1984 年 3 月 20 日："久未通候，时在念中。惠书及诗，均已读悉。作五言长律，难于气机流转，笔势跌宕，你的新诗能做到这一点，用典、修辞，亦均工整，允称合作。其中个别辞句有可商者，已在原稿上批写，附还，请裁酌。近作小诗二首，乃应赵瓯北后嗣之约为其先德举行纪念者。琢如先生生前喜读瓯北诗，所作亦颇受其影响。1938 年，吾初至宜山，与先生相识，即大谈瓯北诗，至今记忆犹新，故此诗第二首及之，纪念前修，兼怀故友也。"

1985 年 2 月 14 日："去年秋冬间你来到成都，晤谈半日，深慰平日相念之怀。惟惜你们是集体行动，不能多留数日，再倾积愫也。日前文廿同志来寓，送来你与钱煦同志赠送给我的'双沟'佳酿，正好供春节饮用，领受感谢。去年接到你的《西游杂诗》，就旅途闻见，写景抒怀，吊古慨今，极有意义，其中佳者几可与定庵《己亥杂诗》媲美。《观草堂联语有感》一首，春秋笔法，实获我心。'才子加流氓'，鲁迅先生对此君早有定评矣。"

1986 年 7 月 16 日："《妇病行》及《摊破浣溪沙》词，均已细读。遵义贵筑，旧地重游，自有许多感想。"

1988 年 2 月 24 日："顷蒙 惠寄吾 弟校点之《诗话总龟》及《唐才子传校正》两书，整理古籍，功力日深，读后欣慰无已。……我今年精力渐衰，尽量摆脱各种琐事，近来主要工作是培养博士生数名。近作《玲珑四犯》词一首，追忆昔游，叙写在遵义情事，附寄清览。"

四姑父周本淳就是这样的一位不负师长众望的浙大学子。

我们怀念他。

2021 年 3 月 28 日 修订于南京银达雅居

# 忆周本淳教授

吕善庭

周本淳教授辞世已经两年了，但是他的音容笑貌还时常在我的脑海里浮现。

我在认识周本淳老师之前，对他的盛名已有所闻。知道他是南京市教师进修学院的知名教师、学者。在那特殊年代，他与夫人钱煦老师一道被下放到淮安县（现为楚州区）平桥公社当农民，后来他俩又一起被派往平桥中学任教。

南京师范学院淮阴分院（不久更名为淮阴师范专科学校，后又与淮阴教育学院合并升格为淮阴师范学院）于1977年初建校筹备工作大体就绪，急需抽调一批胜任高校教学的教师来院任教，周本淳老师理所当然是首选目标之一。因时间紧迫，我们观察小组到达淮安县城后即分头展开工作，分工由一位同志去平桥中学了解周本淳、钱煦两位老师的情况。不久，他俩和其他一批教师先后被调来南师淮阴分院。

周本淳教授在淮阴师专（后为师院）任教期间，我们同在《淮阴师专学报》编委会，加之我们曾经是隔壁邻居，接触较多。他曾一度担任副校长职务，我们合作共事，关系融洽。1983年，淮阴市（现为淮安市）政协成立，他以无党派人士、知识分子代表的身份参加了市政协，任常委、副主席。1986年我也从师专调市政协，任常委兼文史委员会负责人，恰恰他又分管文史工作，成为我的领导。我们经常共同研究文史工作,讨论文史稿件,有时一起出席省政协文史工作会议。因此,我们接触更多了,感情也加深了。

对于周本淳教授不幸逝世,淮阴师范学院的挽联曰:

越卅载奉献人民教育,著述琳琅光后世;
曾一番襄理师专校务,作风稳健树仪型。

这是对他一生确切的评价。

周本淳教授匆匆离去,我极为悲痛;对于他的往事,我历历在目。

他造诣深邃,博闻强记,治学严谨,力求真谛。他数十年从事中学语文教学和高校中国古典文学教学,具有较高的教学水平和优异的教学效果,硕果累累,可谓"手植桃李万千株"。在繁忙教学的同时,他在古籍整理校点和古诗评论赏析等方面,业绩俱丰。他编著、出版了《读常见书札记》《唐人绝句类选》,整理校点、出版了《唐才子传校正》《唐音癸签》《诗话总龟》等书。受国家教委和华东师范大学出版社的委托,他又主编、出版了全国师专中文专业通用的《古代汉语》教材。他还是汉语大词典出版社《中国文学史大词典·宋代卷》的主编之一(此书后夭折)。他编著、整理、校点的学术成果,加上他在全国各地期刊上发表的几十万字古典文学论文,总计多达数百万字。著名文史专家、国务院古籍整理领导小组顾问缪钺先生,认为不少出版社印行的校勘校点的古籍错误甚多,唯周本淳教授所校勘标点的数种古籍均精确无误,故赞誉他是"鹤立鸡群"。我有位文史友人冒怀辛先生,是中国社会科学院历史研究所研究员,1988年途经淮阴,我们请他在市政协大会议室讲解中国传统文化的现实意义。这位学者功底深厚、博学多才,全凭记忆讲解和板书。当他板书稍有迟疑时,周本淳教授立即给以提示;有时板书稍有错漏,周本淳教授及时帮助补正。事后，冒先生对我说："你们的周教授是一位很有学问的学者。"周本淳教授是在历尽坎坷之后，来淮阴师专（师院）任教的，他在古典文学领域锐意进取，自强不息，尽量释放自己的能量，取得了世人瞩目的成就。他不禁感慨万千，曾写了一首七绝：

雪压霜欺二十年，虚心劲节总堪怜。
今来雨露经行遍，喜见新篁茁瘦鞭。

周本淳教授无私无畏，襟怀坦荡，刚直不阿，敢讲真话。无论在淮阴师专担任领导职务期间，还是在市政协任副主席期间，他这种高尚的政治品质和道德情操，在我的脑海里都留下了不可磨灭的印象。即使在出席市委、市政府召开的有关会议上，他也决不是只讲"莺歌燕舞"，更不无原则地随声附和，而是能够针对本市工作中出现的问题、不良倾向以及某些腐败现象慷慨陈词，直抒己见，以引起有关组织上的重视。

他对后辈有高度的责任心和强烈的忧患感，悉心关怀下一代茁壮成长。周本淳教授对自己的子女以及孙辈，注重热爱祖国、奉献社会、苦读自励、勤劳俭约等方面的教育。即使他在遭受政治折磨、举家下放农村的逆境中，仍然经常教育子女既要成材更要成人。他的五位子女接受家庭和学校的良好教育，废寝忘食，刻苦攻读，终于先后成人成材。其长女先惠，是南京某国营单位的副经理，现已退休；次女先平，是内蒙古自治区社会科学院机关党委副书记；长子先民、小女先林，都是留日博士，先林已回国在南京师范大学任教；次子武军，是市第二人民医院副主任医师。他们均在各自岗位上为国家效力，为社会奉献。周教授也很关心社会上青少年的健康成长。市关心下一代工作委员会筹办《家长》刊物时，我就办刊宗旨、读者对象等方面向他作了简介，他很赞赏，并主动表示要为这个刊物写稿。他在试刊号和创刊号上连续发表两篇有关教育培养青少年的文章。在试刊号上，发表了《日本的儿童乐园——家书摘录》。这是他录自当时在日本名古屋大学攻读博士学位的长子先民的家书，信中叙述了日本一家儿童乐园，供儿童免费游玩，园内的玩具设施，旨在培养儿童勇敢、灵活和体能，对比了我们国内儿童游乐场所在这些方面的差距。这是他用"他山石"以"攻玉"，引国外的事情作为我们的借鉴和参考。在创刊号上，发表了《从两件小事看范仲淹的家教》。他从范仲淹的家教"以清苦俭约著于世"，引申出爱国华侨领袖陈嘉庚先生捐资办学，自己却非常俭约，以厦门集美村"归来堂"上有其自制的灌肠器为证；又引申出香港曾宪梓先生热心兴教，曾说过绝对不将财产留给子孙，要让他们自力更生。周教授在文末语重心长地指出："要想子孙真正能够自力，必须刻苦自励，绝不能像有些家长，什么都要代孩子弄好，生怕孩子吃了苦。……这样能培养出合格的跨世纪接班人吗？"这是周本淳教授对市关心下一代的刊物办刊初始的一腔热忱和支持，更是他对广大青少年的殷切关怀和期待。

周本淳教授的一生，是光明磊落的一生、严谨治学的一生、勤奋敬业的一生。

2004 年 7 月（作者曾任淮阴师专校长）

# 我心目中的周本淳先生

程中原

什么时候认识的周先生，记不起来了，但初次见面留下的印象却异常深刻。古铜色的脸上爬了太多的皱纹，平头，光脚，穿一双凉鞋：活脱脱一个老农民。那时刚过了"五一"，天还不热，他已经提前换季了。后来知道，这双凉鞋，他一直要穿到国庆节。

真正接触得多，是在粉碎"四人帮"后得到第二次解放的那个春节。在两淮地区的朋友们，从年初一到正月半，天天相聚，开怀畅饮。周先生夫妇从他们下放的平桥来，多次参加这样的聚会。在淮安、淮阴城里的几个朋友，也曾赶到平桥周先生家里叨扰，吃过有名的"平桥豆腐"。周先生是能作豪饮又十分健谈的一个。他率真坦诚，放言无忌。你尽可以同他倾心交谈，用不着作任何戒备。听说他被打成右派，主要的一条罪名，是公开指出毛主席行文的一个差错。毛主席在《中国农村的社会主义高潮》中为阳谷县一篇材料写的按语说，阳谷县是打虎英雄武松的故乡。老周说，错了！《水浒》第二十三回写得很清楚，武松是清河县人氏，他是回清河县路过阳谷县的景阳冈打死了老虎，怎么成了阳谷县人呢！说了真话，吃了苦头。可是，书生本色不减，还是实话实说，无拘无束，实在不易。

过不多久，淮阴师专以南京师范学院淮阴分院的名义重建。我和周先生都在中文系任教，朝夕相处，交流日多，他成了我的良师益友。

从他那里，我才真正懂得什么叫作"手不释卷"。在办公室，在家里，不用说，他总是看书。就是听报告、开会，他也都是一卷在手，得空就看。他以发现书中的差错为乐事。看到哪一页上有差错，他就在那一页上夹一个条子。他看过的书，往往夹了不少条子。这不是一件容易的事，学术功底深，且眼光要敏锐，不然你发现不了问题。条子多了，周先生就会说，看，看，把中国人的面子丢光了。有一回，他看一本相当权威的出版社出版的新校注的陆游的《老学庵笔记》，非常失望，书中夹了许多条子。周先生把他校改过的这本书给这家出版社的那位在学术界很有影响的责任编辑寄了去，提请他们注意出版质量。很快就收到这位编辑寄来的一包书和一封非常恳切的回信，对周先生的意见心悦诚服，万分感谢，并约请先生在他们预定的选题中任择一二，进行编校和注释。那本《苕溪渔隐丛话》的新的校注本就是这样来的。周先生学识的渊博由此可见。

自到淮阴师专以后，在思想解放运动形成的宽松的学术环境中，周先生几十年的学术积累释放出来，形成一种喷涌之势。他的《读常见书札记》，很见学术功力，成为《淮阴师专学报》和《活页文史丛刊》的一个带有标志性的固定栏目，以后结集成书公开出版。对于诗词，他既精于研究又长于创作，在普及与提高相结合上下功夫。继校点的《唐音癸签》出版以后，他又撰写了《诗词蒙语》和《唐人绝句类选》两本普及性的读物。他在这两本书上花费的力气并不比写学术著作少。我最初读到的是油印本，似乎是他自己和他的夫人钱煦先生共同刻写的。其认真严谨的态度、精益求精的学风，真让人感动，令人钦佩。

周先生的记忆力惊人的好，这同他从小就熟读、背诵许多作品，基本功十分扎实，后来又不断把玩研究是分不开的。我每有问题向他请教，总能从他那里得到满意的回答。在我接触的先生中，对古典文学作品博闻强记者多多,但似无出周先生之右者。

大约是1983年的春天,为参加纪念茅盾的学术研讨会,我写了一篇论文,评述茅盾和张闻天自20世纪20年代末起,六十年间,几番聚散,但目标一致,神交心通,情深谊笃,始终不渝。张闻天去世后,茅盾还是不忘旧情,接连写文章怀念。论文完成后,想不出一个具有概括力的、比较适称的题目。一天晚饭后散步,遇到周先生,我向他求教。他几乎不假思索地说,杜甫有一句诗"九重泉路尽交期",是老杜送别朋友的,你看如何?我一听,犹如得了神助,欣然用这句诗做了文章的题目。看到的人都说,贴切极了!这句诗简直就像是杜甫特为茅盾同张闻天的友谊写的。

有问题问周先生,总是能立即给你回答,他问不倒,而且很少说要查一查书。这样,我有什么关于古典文学方面的问题,总是问他。我1983年调到南京,1991年调到北京,遇到这方面的问题,也还是问他。

1999年6月30日上午,"当代中国"丛书总结大会在北京人民大会堂举行。江总书记接见了来自全国各地的代表,即席讲话。讲话中随口背诵了王勃、韩愈的一些名篇。第二天,当代中国研究所秘书处的同志按录音、录像整理他的讲话,整理到这些诗文时,感到为难。他们找我帮忙。王勃的《滕王阁序》,韩愈的《祭十二郎文》,我读过,即便背不周全,找原文来对,也就解决了。可是,韩愈的一首诗却把我也难住了。第一句"一封朝奏九重天"是听清楚了。底下的句子,因为不熟,听了几遍都不得要领。怎么办呢?我想到了周先生。随即拨通了淮阴他家里的电话,向他请教。电话里传来周先生略带沙哑的声音:"那是韩愈晚年上《论佛骨表》惹恼了皇帝被贬岭南途中写给侄孙的诗。是一首七律,八句诗是:一封朝奏九重天,夕贬潮阳路八千。欲为圣明除弊事,肯将衰朽惜残年。云横秦岭家何在,雪拥蓝关马不前。知汝远来应有意，好收吾骨瘴江边。"千里之外，一个电话解决了问题。在对周先生钦佩之余，我不免为自己的浅薄而汗颜。

最令我敬重周先生者，还在于他那片赤诚的爱国之心。他常挂嘴边的一句话是：不能让日本人笑话，要让他们知道中国有人。他是就中国古典文学研究说的，因为他的专业在此，他力所能及的也就是这一块。他的手不释卷，他的精益求精，他的喜欢匡谬正误——越是权威越要碰，虽吃尽苦头而未悔！我想，这都是同他那根深蒂固的爱国情结分不开的。这正是在内忧外患、颠沛流离中成长起来的那一代中国知识分子最可宝贵的品格。

2004 年 10 月 27 日

# 天赐淮人一巨星
## ——怀念周本淳先生

周桂峰

周本淳先生去世已有两年了。两年来，我的感觉是，他并没有离开我们，他的音容笑貌还时时浮现在我的眼前。甚至，连他初到淮阴师专（当时名称是南京师范学院淮阴分院）报到，住在淮海广场附近的简易招待所的情形都还清楚地记得：上着短袖衫，下穿西式短裤，一手端着用扬州酱菜瓶子做成的茶杯，一手提着极普通的提袋（大概是编织袋或人造革的）。静静地走在淮师路上，谁也不会想到，他就是大名鼎鼎的周本淳先生。

我不是周先生的学生。因为，在周先生调来之前，我已从南京师院毕业，并在南师工作一年多，于1979年底调来淮阴分院。但我分明又是周先生的学生，因为周先生上的中国古代文学课，我从先秦一直听到了唐五代，周先生的《唐人绝句类选》选修课，我是听了全程，而且比学生听得更认真。而周先生对我，也实际上把我当成了编外的学生，他每次到外面去参加学术会议，回来后，会把我感兴趣的资料拣出来送给我；就在他去世前两三个月的一天，他特意打电话叫我过去看看，他还有一些历年积存的资料，看有没有价值，如果有用，可尽数拿走；他每次出书，也总是亲题扉页送我一本。如今，我看着书架上的周先生赠书，看着那些书扉页上熟悉的题字，总是令我想起当时的情景："桂峰同志正"（《苕溪渔隐丛话》扉页）、"桂峰宗弟惠存"（《诗话总龟》扉页）、"桂峰诗兄吟正"（《蹇斋诗录》扉页）、"桂峰老弟存正"（《诗词蒙语》扉页）……这些各不相同的称呼，都体现了周先生自谦；在我，却时时体会到先生的期许与督促。这些年来，我的一些小小发现也都得到了周先生的鼓励和支持。当我第一次将一篇考证文章《刘过三考》送到本校学报编辑部时，周先生当即予以肯定，给了很大的鼓励；后来，当我的关于李清照研究的文章一篇篇出来之后，他总是不时地给我鼓励和指点；当我在2002年初，将我的《李清照论》送呈先生之后不久，有一次在路上相遇，他便热情肯定，特别说："《李清照师事晁补之论》，我非常赞成。"

我不是周先生的助手。当他给1976级学生上课时，领导曾让我帮周先生批阅学生作业，但当是却并不明确称为助手；当1982年夏天，领导刚刚准备让我从下半年开始给周老做助手时，却又因从华东师大分来了一位新人，这助手就又给他去当了。但是，实际上，周先生还是把我当作助手培养的。当他在1988年与常国武先生共同主编《中国文学史大辞典·宋代卷》时，在本校的年轻人中，他邀请的唯一参加者，就是我。虽然，此书后来在出版过程出现了变故，终致夭折于编辑部里。但在我写作陆游等人的大量词条时，已经得到周先生、常先生的具体指导，使我受益匪浅。由于书未出版，周先生一直慊慊于心，当出版社终于也觉不妥，做出赔偿时，周先生亲偕钱煦先生将钱送到我高处四楼的家中，我感受到的已不是那些钱的分量，而是一位前辈的责任心。1995年，当东北有人约请周老参编《中国古代诗话评注》时，周老又一次邀我参加，并让我先选书目，我知道这是周老存心将方便让给我，也就真的先选了《全唐诗话》《漳南诗话》《梅磵诗话》等。尽管，这套书至今也没有面世，但在注释这些诗话的过程中，既锻炼了我的校释能力，也丰富和深化了我的诗学观念。不过，这在周老心中，却一直是一块心病，每次见面总是提及。

　　周先生的身体一向很好，几年前曾经有过一次脑血栓，但不久就恢复如初。后来几年，见周老较前瘦了点，我正欣欣于"有钱难买老来瘦"，谁知竟会一病不起。周老病重住院之时，我正在烟台参加韵文学会的年会，与会的老专家每每问起周老近况，我都告诉他们"身体很好"，他们也都托我"代向问好"。可是，回到家，来不及转达那些专家的问候，便听说周老住院了，便听说竟已昏迷不醒；刚要到医院去看望，便已传来了周老去世的消息。他走得竟是如此匆匆。后来，我在灵堂里看到他的自挽联："应尽便须尽，有生如无生"，才体会出周老临去时的从容与达观。面对着灵堂里略带微笑的遗像，真不相信那冷酷的事实。他是那样热爱这一方热土，将自己辉煌的晚年全部奉献给了这片土地，他怎么会舍得离开呢？他是那样热爱祖国的古典文学，每次都有谈不完的话题，他怎么舍得丢下不管呢？他急公好义，他尊师重友，他疾恶如仇，他正直敢言，他博学多智，他治学严谨……我们多么需要他带着我们往前走啊！天不佑人，天道不公，天道何存！那时的我，才真正感到了语言的贫乏、语言的无力，竟无法表达我无比的悲痛。只好用我稚拙的诗句勉强表达我的心情，尽管有班门弄斧之嫌，但我知道先生是宽容晚学的——

文苑杏坛荆棘横，十年风雨误苍生。
万方不幸淮人幸，天赐淮人一巨星。

铁骨如山壮气横，诗心流出大河声。
校雠述论皆精警，泽被千秋得永生。

常赐新书开俗眼，每垂青目拨浮尘。

> 一旦归山天渺渺，不知问学向何人。

诗写得不好，但是表达了我那时的一部分心情。

两年来，我们的学科，我自己，又碰上过许多新的事、新的考验。每一次，我都会想，要是周老健在该有多好。差可欣慰的是，周老有书在，他校注的《苕溪渔隐丛话》《诗话总龟》《唐音癸签》，他选编的《唐人绝句类选》，他的论著《读常见书札记》《诗词蒙语》，他的诗词创作《蹇斋诗录》……都足以为后学立极。这些书，形象地告诉我们：什么是勇敢的探求精神，什么是严谨的治学态度，什么是向上的人生追求，什么是崇高的师德规范……

有时候，我想，假如周老不来淮阴，他必然会有更加优越的研究条件，他必然能出更多的研究成果，他必然会获得更高的学术地位；可是，假如我们的古代文学学科没有周老，没有周老的指导、扶持、影响，将会是什么模样呢？周老来淮，是在时代大不幸的背景之中造成的，也是他个人的不幸；但是，他来到我们的学校，来到我们的学科，实在是我们学校、我们学科的大幸。周老的心血，已经融在了这方热土，已经融在了我们学科中。

周老永在！

2004 年 8 月于古淮河畔

## 春风的回忆
——怀念周先生和钱老师

施梓云

记得那是1978年的春天。漫长的严冬终于过去，人人都轻松而满怀着希望，连风也是清新质朴的。在淮阴师专的校园里，我第一次见到了周先生。先生慈眉善目，脚上过早地穿着凉鞋健步而行，手上提着一只刚从街头购得的母鸡，想来该是中午的汤菜。我身旁来自淮安的同学告诉我：周先生曾下放在他们县的平桥公社，乡民们都传说这位老先生学问大，过年时向他求副春联，他能一挥而就；还曾攀上桑树采摘桑椹与儿女们边吟诗边分食，唐诗能背一万首。不需要乡民的传说，我早闻知先生大名，但初见的风采更使我感到春日一般的明朗和平易。先生没有注意到我们，客气地和相遇的熟人打着招呼走过，留在脸上的笑容盖不住眉峰下睿智的眼神。

什么时候第一次见到钱老师，我想不起来了。应是在见到过周先生之后不久，但感觉中却是很早很早，似乎从来就认识，如孩童从来就认识母亲。在我的印象中她永远亲切慈祥，说话时轻声慢语，说到有趣的事情会和我们一起笑很久。

因此我到两位老师家中只觉得自然又温馨。特别是在毕业留校工作以后，因为我的妻还在苏州，钱老师会托人带口信或让幼公子武军来邀我到他们家一同过星期天。那时他们还住在两层的老楼，我爱抄近从旧教工食堂后的一条小路走去。该是春夏之交吧，路边人家不知是谁种满了丁香，灿烂的金黄，沉郁的芬芳，夺人心魄。有时会有一二客人，多是周先生的助手或是来看他的学生。照例是准备了几样好菜，但总留一两样让我来掌勺，说是要尝尝我的手艺，其实我知更是为免却我的拘束。钱老师在一旁递盐递糖，有时还和我说几句苏州方言。照例餐桌上周先生要饮几杯洋河酒，兴致勃勃地评说一些时闻典故，常常妙语连珠，大家笑声一片。照例饭后还要每人捧一杯茶，周先生坐回他的书桌，其余人回到沙发上，这时话题会更广阔。

那一段时间先生正在校点《诗话总龟》，编选《唐人绝句类选》，同时在撰写《读常见书札记》。在此之前先生校点的《唐音癸签》已经在刚刚复苏的古籍整理界获得一片赞誉之声，而这三部书又各从全然不同的学术角度表达了先生对古典文学特别是唐宋文学的深思，昭显了他对中国古典独到的见解。有些想法，特别是《读常见书札记》中的一些实例，先生会在这时先讲给我们听。先生治学严谨而又目光敏锐，能从世所不疑处质疑，人所难察处钩错，就连当时海内外极力推崇的一部宋诗选注，他也指出了二十多处硬伤。这需要极深厚的学养，更需要求真的勇气。然而他还是感慨书海汗漫，古本散佚，校证犹如辨歧路避陷阱，必须小心再小心。他曾举例说在 20 世纪 50 年代一次学术会上，有人提出"是"在先秦不是判断词的论点，一般人似乎也一下子找不出反例，但洪诚先生当场随口引用了古籍中近二十条有力例证反驳，并说回家翻翻书还可举出几十条。先生赞叹洪诚学问高深，同时告诫我们："说'是'容易些，说'不是'要更谨慎呀！"

我相信先生说的不仅是古典研究。不过做学问严谨做人也认真的周先生没有想到，确凿的"不是"也曾给他带来不是呢。有一回不知怎的，我好奇地问先生当年被划为右派的缘由，他却笑道："此事有于北山先生戏赠的两句诗为证：'错把他乡作故乡，气煞人间武二郎。'"

钱老师解释：当年组织学习毛泽东为农业合作化高潮调查报告所写的按语，其中有一则表扬山东阳谷县养猪先进，说阳谷县是打虎英雄武松的故乡，今日当发扬其精神云云；认真又率真的周先生却指出错处："水浒的各种版本都说武松是清河人氏而在阳谷县景阳冈打虎，阳谷不是武松的故乡。"也许只算是伟人无关宏旨的疏忽，但毕竟是错，而敢说"不是"的周先生就此划为右派。这个在今天已经化作笑谈的荒诞后面，却是周先生一家经受二十年磨难的现实。

然而经受磨难，周先生所想到的并不是一己的荣辱。秉承自古以来中国知识分子的悲悯情怀，先生更关切的是天下的兴亡、苍生的苦难。先生爱作旧体诗，诗如其人，一样的是刚正不阿，蔑视为害黎民的威权。

对于写旧体诗词，其实钱老师也有相当的功力。我偶然读数学家苏步青先生诗词集，看到有一首词前小序中提到"琢如先生四公子煦，年少擅作长短句"，就去问钱老师。她告诉我，当年她父亲钱宝琮琢如先生与苏步青先生先后为浙江大学第一任和第二任数学系主任，两人关系很好，经常诗词唱和，只有十几岁的她也跟着写诗填词，结果是大数学家的女儿以语文作了自己终身事业。

钱老师爱文学，爱艺术，常常以小说或电影作为与我们谈话的题目。有一次看了电影《流亡大学》，钱老师特别高兴，告诉我影片真实地再现了日寇入侵时她的母校浙江大学边上课边逃难，最后徒步到达贵州的传奇历程。跟着父母的钱老师和她众多的姊妹都是那场流亡的见证，只不过他们因为老的老小的小而未徒步行走。于是遥远大西南的贵州和艰苦卓绝的十四年抗战联系在一起，周先生与钱老师半个多世纪的同甘共苦、相濡以沫也从那里开始。我相信是那一段不平常的岁月使身躯纤弱的钱老师内心分外刚强而宏远。

钱老师回忆那些日子时是愉快的。尽管那时生活十分艰苦，父亲拿不到薪水，母亲只好到集场变卖衣物，换一点粮食给八九个孩子果腹。但那时年轻，父母姊妹在一起，亲情爱心温馨着清贫之家。有一次钱老师甚至对我说到周先生第一回上她家门的情景。她说虽然父母非常民主，从不干预儿女的恋爱自由，更不会以衣貌取人，但毕竟是初见，周先生还是向别人借了一袭长衫穿着隆重登场。那是夏日，又有点紧张，周先生的光头上沁出了油亮的细汗，于是躲在内室偷看的调皮的姐妹们为这位准姑爷取了个外号"油和尚"。说到这里大家一齐笑起来，周先生也快乐地眯着眼睛，仿佛回到了当年。

从那以后，两位老师再也没分开。他们一同教书，一同做学问，一同抚育儿女，一同面对坎坷的人生，又一同迎来幸福的晚年，一直到走完人生的里程。他们走过的艰难、经过的挫折也许我们难以体会，但他们的情操、他们的学识、他们的情感令人景仰、令人欣羡。他们总是和颜悦色、从容博雅，一片真诚地对人，给他人以帮助和快乐，自己却在心底深处默默承载着命运的伤痕和病痛的重压，不愿添累任何人。

离开淮阴十年间，我也曾几次回来拜望过老师。他们的精神都还好，只是周先生的须发一次比一次多一点白，酒已经少饮了。二老见到我一如从前的高兴。钱老师告诉我，搬到新居后院子里种下的石榴已经开花了，还说今天恰好买了什么什么菜，显然是希望我们再吃一顿团聚的家常饭。周先生却在一旁笑道："你不要强留他了，难得来，老同学、老朋友都在等着他聚餐呢。"情形还确实是这样，虽然我很想重温饭桌上的笑谈和教诲。我想总还有机会的，再来时我会多留几天，好好陪陪两位老师。但机会已被上苍夺走，两位老师先后西去，已成永远的神仙眷侣，只给我留下了无尽的思念与哀伤，留下了凝固在大理石碑上的笑容。我忽然想起有一回钱老师告诉我，说是过两天要和周先生一起乘飞机去贵州湄潭参加老同学聚会："我们单独出行不坐飞机，要是出了事留下一个人多难过；两个人就不怕了。"我悚然感叹这越过生命的至爱和不离不弃的深情，而今他们果然又相逢在无穷的天外，彼此只分开了短短一年。

他们远去了，不再归来。那一代身历战乱与运动却威武不屈、贫贱不移、富贵不淫的知识分子在渐次远去，我唯希望中国文化的精神和智慧、中国知识分子的良知和骨气不会随他们远去。

我怀念周先生和钱老师。虽然今天春风杳杳，秋声又起；虽然我痛犹未定，长歌难续，但我怀念他们，怀念在他们身边如沐春风的日子，怀念那如火的石榴、如梦的丁香。

2005 年 8 月草成，10 月改定

## 先生本色是诗人
胡　健

大学读书时，周本淳先生是我的老师；现在我们同在一个学校，而且我与周本淳先生还是上下楼的邻居。

夜晚灯下，翻阅周先生新赠的新著的《诗词蒙语》，别有一番滋味在心头。此书被列入上海文艺出版社"学者讲坛丛书"之一，这套丛书所收都是章太炎、蔡元培、朱光潜……这些20世纪学术大师的典范之作，装帧印刷也都很讲究。丛书编者对周先生的这本新著有一段介绍：

> 周先生不仅对诗词格律有深入研究，教学上积有丰富经验，而且创作上别具一格，所以本书深入浅出，循序渐进，堪称诗词入门的杰作。

夜晚灯下，翻阅周先生的这本新著，对我却有一种如温岁月的亲切感，书中的好多篇章时不时地把我带回到读书的年代，带回到读书时的课堂，带回到……记得"文化大革命"后淮阴师专成立，我有幸成为周先生的第一批弟子。最让我难忘的是先生讲课时的风采，爱自编讲义，爱挑教科书的毛病，爱……周先生学风的谨严与知识的渊博很是让我们惊异与敬佩。《诗词蒙语》以《"三言两语"说平仄》为开篇，我还清晰地记得当年先生为我们讲近体诗,说读到一位日本学者关于平仄的文章,他引经据典,认为这位日本学者的解释不够妥当,并且还深入浅出地谈了自己的见解。课后,他写了这篇《"三言两语"说平仄》的稿子,记得当年还是我遵先生嘱托,把它送到当年淮阴市《耕耘》杂志的编辑部,并在那份杂志上发表的。如烟往事,往事如烟,那时我20多岁,先生50多岁,20多年弹指间,却又依稀昨天……先生还著有《读常见书札记》一书,所收大都是对一些常见古籍中一些问题的析疑辨误或对当代学者在引用理解这些古籍时的一些不妥之处的指纰纠漏之作。清人姚鼐曾对翁方纲说:"诸君欲读人间未见之书,某则愿读人所常见书耳。"在学者们所常见的书中能有所发明、有所发现,如果没有深厚的学术功底、没有独立独到的识见是断难做到的,周先生的这类文章,对他来说大都有感而发,自然成文,但别人读来却常常有豁然开朗温故知新的快感,确实体现出了"成如容易却艰辛"的大家境界。

又翻《诗词蒙语》,眼睛又为之一亮,先生在《短章重字巧安排》一篇中还收入了他的少作《枕上》,这是一首很有特色的重字诗。这首重字诗是先生早年因日寇入侵而逃难遵义时所作的思乡之作。先生当年在课堂上讲重字诗时,也曾为我们吟诵过这首诗,我至今还依稀记得他吟诵这首诗时抑扬顿挫的音调:

> 枕上家山枕外鸡,家山梦断剩鸡啼。
> 听鸡犹唱家山调,无那家山一枕迷。

整首诗清新清纯,隔着岁月读来犹如中老年人看年轻时的小照。岁月无情,但先生当年身处国乱之中的离痛别苦,以及青春的才情诗情却跃然纸上真实动人。这确如清人方东树论诗时所说:"万古长青,唯一真尔!"周先生在《诗词蒙语》序中说,此书"是几十年沉潜反复,不能不有所感发的诗学心得的汇集"。先生的《枕上》写于日寇侵华时期,先生当时还是位青年;我听先生讲授重字诗,听先生吟诵这首《枕上》时,先生虽已过天命而却身健不让中年,如今《诗词蒙语》出版,先生已年至耄耋,我想我记忆中的这些雪泥鸿爪,或许也可以为先生《诗词蒙语》序中所说此书所收"是几十年沉潜反复,不能不有所感发的诗学心得"一语做点滴细微的印证……

先生在来淮阴师院任教之前,也就是在"文化大革命"中后期,举家下放在苏北的淮安平桥;这之前先生在南京教书时期曾被错划为右派,以致快上印刷机的著作都被撤下,后又被毁掉……说先生前半生历经坎坷并非虚辞。然而让人敬重的是,先生在坎坎坷坷之中却依然坚持着自己的人格操守,不失正直淳厚的做人本色。先生曾出版有《寒斋诗录》一册,那是他历年诗作的选集,真实地记录着他的人生与生活,表达着他的思想与情感。记得先生诗集中有一首《自嘲》,那可以说是先生在坎坷岁月中的一幅自画像:

碰壁经年未褪狂,何须杆木始逢场。
为牛为马随呼应,是鬼是人自主张。
偶放强颜争曲直,难随众口说雌黄。
莫嫌雨雾凄迷甚,暖眼当空有太阳。

先哲有言:"宁为狂狷,不做乡愿。"先生在极其困难的境遇中,不随波逐流,坚持着自己做人的信念,坚持着自己的人格操守,这是相当不易的,这是先生让人非常敬重的地方。诗的开首提到一个"狂"字,我想在许多情况下,这个"狂"字与"莫须有"是多么相近。记得先生在《寒斋诗录》出版时,审稿者曾提议要先生将集中的一首揭露"文化大革命"浩劫、痛斥个人迷信的诗作删去，先生竟立即表示不从，并说："如果删去这首诗，那我宁可整本诗集不出。"我想这件小事也可为先生的"碰壁经年未褪狂"作点注解吧。先生的"狂"，其实正是先生人格操守的表现，我以为先生的这首《自嘲》，把先生在困境中的思想信念与豁达心胸都生动有趣地表现出来了。

我以为，从某种意义上说，先生一生都在与诗打着交道，他治古典文学，虽涉及的方面很多，但我觉得先生治学的重心仍在诗学。周先生来淮阴师专以后，真谓老当益壮，校点出版了《唐音癸签》《诗话总龟》《苕溪渔隐丛话》等多部中国古典诗学名著，先生校点整理过的这些诗学名著早已成了治中国古代诗学的学者案头必备的典籍。先生在这本新著《诗词蒙语》中之所以能对中国古典诗学条分缕析，探幽入微，引经据典，辨难析疑，涉笔成趣而又自成系统，这绝不是偶然的。或者可能有师生情重的关系吧，我过去也读过一些类似体例的书籍，但喜欢的并不太多，却觉得而今周先生的这一本似乎最好读，最有益。原因何在呢？先生集诗人与诗学研究者于一身，一生钟情于诗，一生研究中国古代诗学，他写出的当然是"当行语""心得语"了，这种境界显然不是一般作者所能达到的。

先生已退休多年了。记得前些时候，我在楼梯口遇到周先生，他向我谈起一件事。原来，医生劝喜酒的先生不要再喝酒了，先生却认真地说："酒可以不喝，诗却不可不写！"先生爱诗竟然爱到如此程度。我想，诗或许并非如平庸的学者所定义的那种东西，真正的诗是润泽人情、沟通社会、折射宇宙的"天地之心"，因而诗心才是人心，人心才是诗心。正因如此，诗才能卫护着人内心的充盈而不使之荒芜，滋润着生命的活力而不使之枯槁。也惟其如此，"诗意地居住"才是人们企慕的理想。先生一生以诗为伴，因时因事，抒发着自己的真情实感，共同着人民的喜怒哀乐，颂赞着祖国的日新月异。先生做过教师、教授、大学副校长、淮阴市政协副主席，但依我来看，先生的本色却是位诗人。

  灯下翻阅着先生的新著《诗词蒙语》，颇多感慨。当年先生在课堂上为我们讲课时，人虽50多岁，身健却不让中年；而今先生虽年至耄耋，诗心却依旧未减，或出外讲学旅游，或探亲访友，或写诗撰文……记得有人说过，诗人精神上是不老的，而先生本色是诗人……

  附注：此文曾发表在2002年1月30日的《淮海晚报》的副刊上，是我读周先生《诗词蒙语》时的一些随想；现周先生与我们已是天上人间，故将此稿作些文字上的改动，借此来表示对恩师的深深怀念。

2004年5月28日于淮阴师院

# 怀念恩师周本淳、钱煦

张乃格

1977年初，我来到淮阴师范学院（当时叫南京师范学院淮阴分院）中文系读书。由于当时学校刚刚恢复，榛莽满目，一切草创，所以开头阶段不少课任老师都是从南京师范学院（现南师大）临时抽来的，本校的课任教师很少。周本淳先生就是这少数几个本校课任老师中的一个。周先生上的是古代文选课，除章明寿、徐有均老师先后"插花"给我们上过少量的古代文选课以外，我们的古代文学都是周老师一个人"包干"的，直到1980年初毕业。走上工作岗位之后，我也经常去看望老师，向周先生和钱煦老师请教学习与工作中遇到的各种问题。我深深地感受到二位恩师那高尚的品德、渊博的学识和对学生无私奉献的挚爱。

一

周先生渊博的学识在学术界是出名的。谈起我国的古代文学，他总是娓娓而谈，如数家珍。他上课的风格很特别，往往并不局限于课本，而是"开放式""跳跃性"的，围绕授课内容，上下数千年，纵横万余里，旁征博引，举一反三，让学生在对照比较中体会不同时代、不同场景、不同人物、不同心境、不同见识所进行的同题材创作所产生的不同的审美效果。周先生记忆力惊人，从先秦经典的原文，到这些经书的历代重要注疏，再到南北朝诗文、唐宋文学，总能脱口而出。我在学习上有个习惯，喜欢在课后将自己感兴趣课程的课堂笔记重新整理一过。周先生课讲得快，我常常不能完整地记下他在课堂上所谈到的作家、作品，这时便设法查找原文补上。每次整理古代文选笔记时，都可以发现周先生在课堂上似乎"信手拈来"的内容，与书本上的文字竟然一字不差。因为周先生的课信息量格外密集，基础不好的人，或上课时稍微一走神，思想就会"跟不上趟"，丈二和尚摸不着头脑。所以每当听他讲课，同学们都觉得非常"解渴"，总是早早地来到教室，上课时也特别守纪律，连一口大气也不敢出，生怕听漏了一句话。

曹禺先生的大型历史剧《王昭君》发表后，我觉得剧本写得并不理想，于是想写一篇有关王昭君的文章，从侧面提出自己的一些意见。一次在图书馆查找有关王昭君的资料，因王昭君是汉代人，有关她的权威性资料当然应该在《汉书》中找。可是中华书局标点本《汉书》一共有12大本，有关王昭君的内容究竟在哪一本、哪一页呢？周先生那天恰好也在图书馆查资料，正当我急得抓耳挠腮之际，先生了解了事情的原委后，便顺手取出《汉书》第一册，翻到元帝纪，指着其中的一段说："在这里。"然后对我说："其实关于王昭君的资料，《后汉书·南匈奴传》记得更翔实、更有意思，你不妨看看。"正是在周先生的指点下，我后来写成了《漫说王昭君对呼韩邪的爱情》，登在1979年第一期的《淮阴师专学报》上。周先生的学术专长是文学而不是历史，平生治学也并不研究民族关系史，对史料却烂熟于胸，真叫人佩服。

即使课外答疑解惑或者是闲谈，周先生那渊博的学识也无不令人折服。当时学校开设了毛泽东诗词赏析课，是另一位老师上的。这位老师曾在课堂上讲到毛主席和陆游的咏梅诗，因为我们平时有问题爱向周先生请教，便同周先生讨论起陆游的咏梅诗来。周先生平时都是有问必答，这一次也不例外，从梁简文帝的《梅花赋》，谈到梁元帝的《咏梅诗》、鲍泉的《咏梅花诗》、何逊的《咏早梅诗》、陈阴铿的《雪里梅花诗》、谢燮的《早梅诗》，进而又谈到唐王适的《江滨梅》、齐己的《早梅》、宋王淇的《梅》、陈与义的《和张矩臣水墨梅》、林逋的《山园小梅》和卢梅坡的两首《雪梅》等，直听得我们目瞪口呆。

徐复先生是我国当代国学大师。1992年前后他和省志办副主任季文通主编《江苏旧方志提要》，我负责协助他们处理改稿等一些事务性工作。在谈到周本淳老师时，徐复老高兴地说："你是周本淳的学生啊，他这人过目成诵，学问可大着哪！"并对我说，"你是周老师的高足，我特别放心。"后来，徐复老和季文通主任还决定让我担任这本书的常务副主编（另两位副主编当时是苏州大学历史系的陆振岳教授和扬州师院历史系的党总支书记许卫平副教授），全权负责全书的修改定稿工作。

二

周先生是一位非常有造诣的古典文学专家，上海文艺出版社在世纪之交曾经出版过一套"20世纪学术大师的典范之作"，总名为"学者讲坛系列"，一、二两辑共收梁启超、章太炎、蔡元培、朱光潜、朱自清、顾颉刚、郑振铎、叶圣陶等人的18种著作，其中绝大部分学者都已作古，只有两位学者尚在世，周先生就是两位在世的学者之一。但周先生又和一些穷经皓首、埋头于故纸堆的学者不同，他在从事古典文学研究、古籍整理、古文教学和旧体诗词创作的同时，又时刻关注社会，关心民生疾苦，而且"眼睛里容不下沙子"，胸怀坦荡，正直敢言，是个伉直的勇士。1977年上半年，周先生给我们上屈原的《离骚》。在谈到屈原沉冤被放时，周先生不说是放逐，而说是"下放"。在谈到楚王忠奸莫辨，世人美丑不分，屈原惨遭迫害时，周先生更是痛心疾首。

周先生的伉直有一种诗人的敏锐。他是诗人、省作家协会会员，每当有所见、有所闻、有所感，佳句便常常喷涌而出，有时也会将诗稿寄给我，供我学习。1993年，全国各地新一轮改革开放向纵深发展，但也有不少地方不顾主客观条件，热衷于圈地开发，可是圈而不建，"开发"而不"开张"，劳民伤财，得不偿失。有的虽然做了一些开发的工作，但却借机"损公肥私"，高楼竖起来，干部倒下去。周先生忧心如焚，沉痛地吟诵道："尽情圈地却抛荒，目眩神遥逐孔方，瓮算筑巢迷引凤，心疯剐肉任肥狼。非关险语期惊俗，为惜坚冰叹履霜。差幸庙谟明察早，措民盘石系农桑。"（《感事》）对于乱圈地、瞎开发的种种弊端，近年以来才引起人们的重视，可是周先生却在十多年前就已经注意到了。同年9月，淮阴一大楼举行名犬展览，而清河区小学教师因政府欠薪不得不群集区政府上访索薪。周先生目睹此情此景，奋笔激书："尊师佳节过，老泪忽潸然。战略高悬的，运行软着鞭。华楼喧宠物，小教索工钱。舌敝虚夸辈，何时痛改弦？"（《九月十一日书事》）周先生当时任淮阴市政协副主席，一次读政协报，愤于其中一则有关贫县富车的报道，作《读政协报贫县富车感愤》："浇愁倾老酒，无计使心宽。车富多贫县，民贫有富官。媚人豺解事，得道虎能冠。目断诛妖剑，何时快斩看！"忧国忧民、疾恶如仇的情怀宛然可掬。

周先生的伉直更有一种志士的执着。1968年，"文化大革命"如火如荼，人妖颠倒，浊浪横流，一大批正直干部、专家学者被打成牛鬼蛇神，世人的性格也被扭曲，周先生非但不愿随波逐流，而且还时时就一些大是大非的问题与人争辩。周先生一生经历曲折，1958年被补划为右派，1965年下放盱眙马坝劳动，"文化大革命"中重戴右派分子帽子，再受批斗，1969年又全家下放淮安平桥，1972年20岁的三女小华由于医疗条件恶劣等原因不幸早逝。但即使在这样的情况下，周先生也从不违背自己为人行事的原则。1981年，周先生在六十大寿之际，曾经对自己的一生作过一次总结，结论仍是"强项不知回"（《花甲自述》）。"强项不知回"，正折射出周先生耿直如山的风范和百折不回的人格魅力。

## 三

学生生活还没有结束，我就自以为读了几本书，梦想着做起"文章"来。可是毕竟"先天不足"（缺乏才气），"后天失调"（"文化大革命"影响），所以动起笔来常常架势吓人而结构散乱、内容空洞。有关王昭君的那篇文章是我发表的第一篇习作，原文洋洋洒洒写了一万多字，后来听从程中原老师的建议，只保留了其中的一个部分，并改题《漫说王昭君对呼韩邪的爱情》，一个"漫"字，也暴露了我当时写作的缺点。毕业前夕，我又写了一篇有关蒲松龄《促织》的赏析文章，周先生看了后，建议我只保留其中有关《促织》结尾的部分，并且对我说："人不能一口吃成个胖子。做学问也一样。要选好'点'，'点'多了就自然连成了'线'。文科重在积累，好比滚雪球，越滚越大。"按照周先生的意见，这篇文章被压缩到2800字，并将标题改为《促织结尾优劣论》，后来发表在1980年第2期的《淮阴师专学报》上。

根据周先生的教诲,我毕业后在工作中特别注意克服自己的浮躁心理,一般都选择一个词的释读、一个句子的理解、一个史实的考订乃至一个标点的辨证等细小的问题练笔。最近为了写这篇怀念文章,我特意对已发表的东西进行了一次简单的统计,发现这方面的习作居然有20余篇。1999年我的《旧志标点疑误汇析》出版,全书虽然有将近30万字,但却是由275则短文组成的,每一则短文都是对一处错误标点的分析,共涉及称谓疑误、职官疑误、舆地疑误等15类。一次魏家骏教授对我说:"你写的东西怎么和周本淳老师那么像?"这话后来传到钱煦老师那里。有次钱老师问我,我说:"我怎能跟周老师比?周老师几岁时就已经滚瓜烂熟的书,有不少我现在还没读过呢。周老师是大海,我连一滴水都不是!"

周先生虽然是个渊博的学者,但上课却能深入浅出,把许多看似"玄虚"的东西讲得明白如话。如平仄对初学古典诗词的学生来说是有一定难度的。但周先生却说,平仄并不深奥,就在你我身边,而且每个人每天都在反复地使用。周老先生举例说,"三心二意""三言两语""三长两短""三番五次"是口语,人人会说,但为什么人们只这样讲,而不讲"三意二心""三语两言"?就是因为平仄问题。因为在我们汉语里,凡是四个字的词组,只要意义上没有特定的限制,一般都是按"平平仄仄"或"仄仄平平"的方式组合的,这是汉语的一条普遍规律,并不是古典诗词才有的。后来我在泗洪中学做语文教师,也学着从方言口语、日常生活用语中去寻找古汉语素材,并将它们运用到平时的古文教学中去。文言文的使动用法是中学古文教学的一个难点,我就跟学生说,使动用法并不神秘,你自己也在用。例如:"盖茶杯",杯子是被盖的;"盖锅",锅是被盖的;但"盖被子",被子却不是被盖的,而是使被子盖人。"吹(煤油)灯",灯是被吹的;"吹灰尘",灰尘是被吹的;但"吹电风扇",电风扇却不是被吹的,而是让人被电风扇吹。"晒衣服",衣服是被晒的;"晒粮食",粮食是被"晒"的;但"晒太阳",太阳却并不是被晒的,而是让太阳晒人。"盖""吹""晒"就都是使动用法。学生听了以后恍然大悟,说:"原来这么简单哪。"后来我将自己的教学心得写成《方言、口语在中学古文教学中的利用》,发表在1987年第3期的《淮阴师专学报》上,又写成《试论古文今教》,发表于1988年第1期的《淮阴师专学报》上,并被中国人民大学全国书报中心《复印报刊资料·中学语文教学》1988年第7期全文转载。

《试论古文今教》全文只有1万字,被全国书报中心转载是微不足道的。但周先生和钱老师却十分开心,并鼓励我进一步努力。于是我花了一年左右的时间写出了《古文今读今教》。书稿完成后,钱老师提出,周老师工作太忙,她稍微清闲一点,要我把书稿送给她看。当时书稿共有30多万字,钱老师花了不少时间才看完,并在书稿上作了多处改动。可惜1989年我申报高级职称时,书稿让当时所在单位的上级主管部门给弄丢了。几年后,我重写此书,书名改为《古文今读示例》,后来在1995年出版了。

1989年,我调省地方志办公室工作。当时官场上的腐败现象已经逐渐暴露出来。我觉得腐败现象的滋生和蔓延是监察体制不力造成的,便准备写一本《中国监察史》、一本《中国谏议史》,并且已经搜集了几十万字的资料。周先生知道后,当头泼了一盆冷水:"一心不能二用。你刚到一个新单位,干的又是新工作,本职工作连门都还没入,怎么还能有时间、有精力写出八竿子都打不着的书?最实际的选题,要结合自己的工作来确定。"我按照周先生的教导,一心扑在工作上。当时省志办正在组织省内一批学者校点宣统《江苏省通志稿》,根据出版社的要求和单位的安排,校点稿完成后先由我审核再交出版社。这虽然是一项既无名(不署名)也无利(不拿校点稿酬)的苦差事，但我却从中获益丰厚。当时全国还没有一本有关旧方志标点方面的书，我根据自己的实践与体会，写成了《旧志标点概论》，后来于1995年初出版。多年后，我又根据旧志整理与新志编修中所掌握的资料，先后完成了《江苏区域文化研究》与《江苏民性研究》的写作，并相继出版。其中《江苏民性研究》还被胡福明先生称为"治学精神扎实"而又具备填补"空白"意义的"开拓"性著作（胡福明《江苏民性研究·序》）。可以说，要不是周先生的教导和提醒，要取得这些成果是根本不可能的。

## 四

周先生不仅是我最为钦佩的老师，是我道德的楷模、学术活动的领路人，而且对我个人的工作、生活也有一颗慈父般的心。

我原来的工作单位在一个县城，爱人是县直机关的一位局级干部，这在当地可以说是个"高干"，平时凡事不用求人，而且工作轻松，没有压力。但交通闭塞，信息不通，要读的书总是借不到，学术上遇到的问题也难得有人可以讨教。从1984年前后，我就计划调到南京。先是准备进一所专科学校当老师，试讲后学生座谈会、教师座谈会的效果都很好，商调函已经发到我所在的学校。可当时我是县中高三的语文教师，县中骨干教师的调动要经过县委常委的讨论。县委常委讨论后，一位分管教育的副县长和县委宣传部部长亲自到我家传达会议结论：像你这样30多岁就可以当高三把关教师的本县人太少了，县委不能放你到外地，但作为让步，县委可以让你们生第二胎。县委的这个意见简直让我们哭笑不得。后来有人指点，你可以先调出教育部门，然后再往南京"曲线调动"。但由于各种原因，无疾而终，这时恰好有个单位要我，经过他们的工作，县委下了调令。这时又有好心人提醒我:"调动工作是要请客送礼的,你们可不能太书呆子气。否则,'在共产党领导下,什么人间奇迹都可以造出来',不要看调令已经下了,说不定废纸一张。"我和爱人觉得请客送礼等于是出卖了自己的人格,就是工作调成了,今后在单位里怎么做人啊。果然,县委的调令上同时调了我所在单位两个人,最终另一个走了,我却没能调成。而且,据说县委下了红头文件而实际上没有兑现的,全县解放以后可能还没有过。

当时年轻不懂事,我一气之下,竟拂袖而去,干脆不教这个书了,而且一拖就是大半年。一次周先生(他当时是市政协副主席)出差到我所在的县,到我家来看我,把我批评了一顿,让我先调到县教师进修学校。又是半年过去了,一次县政协的一位同志无意中对我说:"周主席对你真好啊,他上次是专门为你的事来的,还让我们把你的问题当作落实知识分子政策的问题在县政协会议上作为提案提出来。"听了这位同志的介绍,我忍不住鼻子一酸,心里深深自责:"张乃格呀张乃格,你都做了些什么,毕业这么多年了还让老师这么为你操心!"

1992年以后,我先是生了胃病,后来心脏又不太好。周先生每次来南京见到我,总是批评我:"听说你天天不分昼夜地干活,这不科学。你是想长干呢,还是想短干?要想长干,就要慢慢来,一天干一点,可以干到七八十岁。要是短干,就照现在这样干,我恐怕你连五六十岁也干不到。"周先生批评的口气十分严厉,但对学生身体的怜惜之情却更让我刻骨铭心,终生难忘。

## 五

2002年7月30日上午10点多,我正在参加一个会议,突然接到江苏教育电视台吴艳秋打来的电话，说是周先生病故了。我一下子蒙了，怎么也不相信这是真的。我当即请了假，要求将我的发言调整到第二天下午，然后慌慌忙忙赶到淮阴参加周先生的追悼会。

在我的印象中，周先生的身体一直是最棒的。在淮阴师院里，周先生总是全校第一个穿凉鞋最后一个换下凉鞋的人，而且从不穿袜子。深秋时，我们年轻人有的都穿上棉鞋了，周先生还是一双凉鞋，看到他脚上的塑料凉鞋，我有时都打冷战。我常对家人说，周先生不仅是位学术大师，还是个运动健将。我永远都相信，周先生肯定可以活到100岁。就在这一年的5月底6月初，周先生和钱老师来南京小住，我先后到湖北路和莫愁湖畔他们的暂住地去看望他们，仍见周先生身体健壮，说话的声音仍像往日那样爽朗洪亮，我还在为老师的健康长寿而暗暗祝福，甚至还有些许羡慕。可哪里想到，周先生竟溘然仙逝了。

今年4月2日，我正要到雨花台功德园为周先生、钱先生扫墓，恰好出版社派人送来《江苏民性研究》的样书。我将这本还散发着油墨气息的小书恭恭敬敬地放在周先生、钱先生的碑前，心里默默地对老师说："二位恩师，虽然你们不能为学生的习作提出具体的指导意见了，但你们哲人的品德、诗人的情怀、学者的精神、政治家的胸襟、慈父般的爱心，学生将永世不忘。"

2004年5月7日

# 深厚优渥的学养　廉正清白的懿德
—— 追忆恩师周本淳先生在连云港的两件往事

沈立东

尽管我离开连云港至今已历二十六个年头,但是恩师周本淳先生当年在连云港的两件往事却历久弥新,让我终生永铭。

时在1982年春,我因家庭及生计等原因从母校淮阴师专(即今天的淮阴师范学院)调至连云港广播电视大学任教。当年暑假,恩师周本淳先生参加江苏省教育厅组织的江苏高校部分教授来连云港暑期疗养并讲学的活动。其间南京大学王气中教授应连云港市教育局之邀,在教育局会议室作"初唐四杰王勃年谱"的学术讲座,王教授虽学术渊博,但地方口音太重,恩师当场为其全程做"翻译"并板书。恩师一边传译,一边板书,对王教授报告内容作了非常精辟且十分超前的理解和必要的补充,让在场的听众不仅仅是五体投地地钦佩,而且是无比地惊叹。尤其是王教授讲到王勃每一次活动地点时,恩师不仅准确地默写出活动的时间,而且在黑板上开列出王勃其时创作的作品清单,现场不时传出阵阵啧啧赞叹之声,气场大有"喧宾夺主"之势。时我带着我的几位弟子也在听众之列,他们事先已得知周先生是我的恩师,其中一位系我执教生涯中学习最为刻苦的门生沈若铭(现任连云港市文协副主席)由衷地感叹说:"目睹周老先生的风采,我才知道什么叫名副其实的学问家!"

恩师此次连云港疗养活动中曾写下诗歌三首。其一，《连云港避暑即事呈诸老》："莽莽山连海，萧萧夏亦秋。喷云驱百怪，凿石化千楼。杖履陪耆德，诗书接胜流。赏心真乐事，福地此都州。（按，都州即郁州，连云港古称，《山海经》称郁州为都州）"。其二，《水帘洞次白匋韵》："苍涯翠壁树高低，一径才通水帘栖。观物诗翁真慧眼，弥天方丈笔端齐。（按，白匋即1982年与恩师同去连云港疗养的南京大学吴白匋教授）"。其三，《次千帆先生韵》："爱此海上山，更着秋前雨。我辈即飞仙，何劳问宾主。"（按，千帆即1982年与恩师一起参加暑期疗养的南京大学程千帆教授）

在我的人生学海之中能得恩师这样学养深厚优渥的良师指点实是我此生最幸运的际遇。1977年恢复高考，我踏进了南京师范学院淮阴分院（后更名为淮阴师范专科学校，亦即今天的淮阴师范学院）的校门。当年恩师在中文系古代文学教研组执教，课堂上恩师精深的学问和严谨的治精神让我如眼前讲座下的听众与我的学子们一样由衷地惊叹而佩服。三年学业完成后，我留校实习并执教古代文学，恩师被中文系指定成为我的指导老师，学习并讲授唐宋文学。能有幸立雪恩师门下，让我大喜过望。此后，无论是课堂教学还是课外阅读与科研，恩师对我总是手把手而教，尤其是科研，恩师根据我发表的文章及平时阅读和研究的擅长与兴趣，帮助我确定"古代妇女文学"的研究专题与方向，并以其深厚优渥的学养和严谨而灵活的治学精神给我以终身无穷的受益与影响。记得我在恩师的指导下完成我的第一部著作《历代后妃诗词集注》时，涉及对许穆夫人除《载驰》以外的另外两篇作品《竹竿》和《泉水》著作权的考订问题。对于《诗经》的研究我对"汉学观点"持肯定态度，但心中没有把握，因为中华人民共和国成立后大多专家学者对此观点持或疑或否态度。为此，我请教于恩师，恩师给了我三点提示：一是，学术研究中见疑即否者非"左"即懒，与"严谨"二字是两回事。中国文明历史绵长悠久，典籍资料或潜隐或淹没，若不经钩沉钓潜，辨真去伪，则切勿轻置是否。事实证明存疑待考比见疑即否、见疑即弃要科学得多。二是，对于《诗经》中有关考订，汉代学者距离成书时间较近，应优先考虑其真实性。因为他们当时所见到和掌握的资料必定比后世之人尤其是现当代人要多得多，应当比后人尤其是现当代学人有优先发言权。三是，如果你觉得有关这两篇作品的著作权问题你的考证资料能够自圆其说，则不要犹豫。在恩师循循善诱和热情的鼓励之下，我不仅解决了研究中的具体问题，而且那"听君一席话，胜读十年书"的良师之训让我醍醐灌顶，启发良多，终身受益。从那时起，我十分珍惜投止恩师门下这一可遇而不可求的宝贵良机。此后我陆续正式出版了《中国历代女作家传》《历代妇女诗词鉴赏辞典》《中学语文课本古典诗词赏析》等著作及发表了多篇论文，皆无不受恩师的直接指点和治学精神的巨大影响。

恩师的这一次连云港之夏的疗养活动因为全程都是集体行动，我未能很好地接待恩师，十分遗憾，好在惜别时恩师安慰我说，没关系，连云港我一定会再来的。此后，我一直期盼着恩师的光临。

时过五年之后，即1987年暑假，恩师携师母钱煦老师赴沈阳查阅明代学者胡震亨、清代学者朱大启的文集并探亲，自沈阳返程时二老果真特地转道连云港看望我们，钱老师也是我的授业恩师，当年执教古代汉语课程。接到二老电话，我与内子十分高兴，用自行车（那时既没有公交车，也没有出租车）从车站接回二位恩师，刚至家门时邻居打招呼问我，是你们的父母吧？接二老来住几天吗？我与内子含笑答应，二位恩师也乐得呵呵大笑。我自调连云港工作以后每次回母校就教并聆听恩师教诲时，师母总会给我做上可口的饭菜，并亲自过问、安排我的住处，包括在留校实习和执教期间，二位恩师不仅在工作、学习上，而且在生活上也是这样对我关怀备至。所以，二位恩师待我与父母何异？我在追忆二位恩师的文章《今生缘 师生谊 父子情》中曾提及过此事。是的，二位恩师与我今生之缘既在师生，更有父子、母子深厚情谊。迎接二位恩师来我家的那天晚上，我邀集五年前暑期聆听恩师讲座的几位弟子作陪，给恩师接风洗尘，席上我的弟子执徒孙之礼，畅忆那次学术讲座上的往事，并向恩师请教许多学术问题，二位恩师十分开心，全然忘却旅途劳顿，直至更深夜阑，仍然兴致不减。有生之中这是我与二位恩师最难忘怀的一次相聚。尤其是这次连云港欢聚之后，我问要不要通知连云港市政协，因为恩师时任淮安市政协副主席，无论按官方程序还是当时的社会风气与习惯，恩师的行程食宿完全可以由当地政协安排，皆无越规逾矩之嫌，但是恩师毫不犹豫地说，我们此次外出纯属私事，无须惊动公家。后来淮安市政协得知恩师在连云港，通知连云港市政协，恩师才不得已答应他们的邀请去一趟海边。第二天恩师在连云港市政协李川副主席陪同下去五年前暑期度假疗养的连云港港口游览一天，并曾赋诗记述此次港口之游，诗为《北行杂咏》之十一。诗云："墟沟（按即连云港港口西侧古镇）镇日车如龙，化石千楼语未虚。难向连云寻旧迹，五年面目已全疏。"然后二位恩师乘车回淮。

恩师一生坎坷，多履劫波，然初心无改，耿直廉正，洁身自好，令人钦佩。立雪恩师门下多年以来，恩师不仅以其深厚优渥的学养领我进门，哺我成才；而且更以其廉正清白的懿德育我立身，教我做人。恩师生前，惠我良多，终生难忘。值此恩师百年诞辰之际，追忆当年两件往事，以志弟子拳拳思念之衷。愿吾恩师安息！

2021 年元宵节

# 二十年师生缘
## ——怀念周本淳、钱煦先生

文 廿

二十年前，踌躇满志的我刚从大学毕业，带着对毕业工作分配不公的愤懑和远离父母家庭的淡淡忧愁，千里迢迢从四川成都踏上了去工作单位——淮阴师专的路。在淮阴师专中文科，有缘遇到了让我终身受益的良师——周本淳先生和钱煦老师。前年、去年，两位恩师先后永远离开了我们。先生的音容笑貌、谆谆教诲时时浮现，仿佛如昨。先生的恩德学生无以回报，写下此文表达我的无限思念之情，愿在天堂中仍比翼双飞的先生们幸福、安息！

## 二十年师生缘

二十年前，我从师范大学毕业被分配到淮阴师专中文科任教。由于对淮阴知之甚少，不禁有些担忧。恰好我毕业论文的指导老师常国武教授与淮阴师专的周本淳教授相熟，热心的常教授便向周先生推荐了我。于是，我从四川成都一踏上淮阴师专的校园，便受到周先生、钱老师一家的照顾，使我的孤寂、忧愁得以冲淡。巧的是，我到淮阴师专任教时，正赶上当时任周先生助教的我的师兄张逸群将调走，于是我便成了先生的第三任助教。

从此,我便在先生的教诲下,一步步走上讲坛,开始了我的教师生涯。记得我头一次上课讲的是王勃的《滕王阁序》,虽说过去对"落霞与孤鹜齐飞,秋水共长天一色"的《滕王阁序》也不算陌生,但让我把用典如此之多的四六文讲得清清爽爽还真有点难度。先生看出了我的担心,便宽慰我道:讲古文,关键自己要读熟。遵照先生的教导,我便首先把文章读熟,直到能背下来,然后再把一句句中的用典弄清楚。搞不懂的地方,就去请教先生。此时他总是耐心地讲给我听,或是告诉我看什么书上的第几页。那次我上讲台讲得十分得心应手,下了课洋洋得意之情写在脸上。由于太高兴了,下了课我没回自己的宿舍而是直奔先生家。先生看我那高兴的样子,问,课上得怎么样。还没等我说话,一旁的钱老师说,瞧她那兴奋的样,一定上得很成功!我开心地笑了。

渐渐地,周先生、钱老师把我当成了自家人,家里买了什么好菜,总想着喊我一道去吃,他们刚刚牙牙学语的孙女润宁成了我的小朋友。有时我们住在单身楼的青年教师还会结伙买上爱吃的菜到周先生家"打牙祭",每当这时,周先生、钱老师都乐呵呵地欢迎我们。我们这帮小青年都不太会烧菜,便推会烧菜的大哥施老师充当"伙头军"。每次"打牙祭"我们必定把肚皮吃得圆圆的方才离开。

1988年5月我与爱人在无锡举行婚礼,由于母亲卧病在床,父亲忙于教育实验,又远在千里之外的四川,所以他们无法来锡参加婚礼。女儿出嫁而无娘家人,令我不安。周先生、钱老师主动承担起娘家人的责任,不顾长途颠簸之苦,从淮阴赶到无锡参加我的婚礼,令我感到十分安慰。那时,沪宁高速公路尚未建,从淮阴到无锡的长途汽车要走八九个小时。周先生、钱老师还送了我们一件别致的礼物:周先生为我们写了一幅字:"鱼水钦情洽,诗书凤契深,云天长比翼,好伴凤鸾吟。"这幅字，说出了我们爱的历程，也说出了先生对我们未来的祝愿，它成为我们新房里最亮丽的风景。

1989年秋，我随爱人调至无锡工作。此后，我们便与周先生、钱老师书信、电话联系。二老一直关注着我的生活、学习。记得刚进报社工作时，我编辑服饰版，钱老师还剪辑了一大叠剪报寄给我。我工作上的成绩也不忘告诉两位老师。

## 三年前的金陵聚会

2001年9月1日，值周先生、钱老师在南京之际，由在南京的施梓云发起，淮阴师专的校友与周先生、钱老师在南京相聚。就在那次聚会上，我这个周先生的最后一个助教，也是最年轻的助教与师兄们相见了，第一次见到了大师兄沈立东。正是那次聚会，让我更深地感受到昔日淮阴师专校园里的学生是多么敬仰、爱戴周先生。参加那次聚会，我是利用周末到宁的，仅在南京逗留了24小时。在南京逗留的24小时，与钱老师说的悄悄话，让我觉得她对生活是如此挚爱。

她向我诉说了一年前因胆囊切除术诱发了她的忧郁症，使她变得对人对己都十分刻薄，并试图完全封闭自己时，周先生此时对她体贴入微，不仅事事让她三分，而且还每天哄着她开心，用讲故事的方式对她进行心理疏导，终于渐渐地让她走出了困境，使她开始愿意与人交谈，并参加了淮阴师专退休教师的老年歌咏队……说到这些时，钱老师的脸上充溢出少女般的羞涩和作为一个幸福女人的喜悦之情。我被她的语言和幸福感所打动，我为自己能看到如此精彩的白头偕老的至爱感到三生有幸，我在心底为他们的至情至爱祈祷——愿至爱永远不老。

## 最后的太湖之游

两年前（2002年）的5月8日，我欢欢喜喜地从无锡长途汽车站接到了从淮阴赶来看我的周先生和钱老师。一见面，我们便有说不完的话。自从一年前（2001年）我们南京一别，他们的头发越发显得白了，但精神依旧矍铄。当时无锡正在改造火车站广场，毗邻火车站的长途汽车站也是路难行，就连打的也变得艰难起来，但这些丝毫也没影响我们相见时的兴奋。

那年的"五一"过后，天上便下起扯不断的绵绵细雨，这时正赶上周先生、钱老师下榻的运河饭店到我们的住处之间进行地下管线改造和道路维修，到处是尘土，一下雨变得到处是烂泥，走起来也格外艰难，但他们好像并不以为意，每次陪他们走过来吃饭，周先生都兴致很高，手中还不停地转动着他那两只石球。

他们到无锡的第二天，决定游游太湖。5月9日一早，我将女儿送到学校，将工作安排好，便直奔先生们下榻的饭店，此时我爱人已先我到达饭店，二老已基本收拾停当，准备出发。这时，钱老师拉住我看他们新买的旅游鞋：一样的款式，一样的颜色，只是大小不同。我高兴地叫道："噢！真不错，还是情侣鞋呢！"听罢，钱老师哈哈笑起来，惹得周先生也笑起来。说笑着，钱老师递过一双旅游鞋让周先生穿上，只见周先生颇有些费力地将鞋穿上，钱老师也将另一双穿在了自己的脚上。我们出发了，可刚出房间下楼来到饭店的大厅，就听见钱老师抱怨脚上的鞋子不对劲，我们在大厅停下来，钱老师看看自己脚上的鞋子，再瞧瞧周先生脚上的鞋子，终于发现了问题，有些生气地冲着周先生说，你把鞋子穿错了！并令周先生坐在沙发上，开始换鞋子。换好鞋子，钱老师试着走了两步，笑着说，这下对了。周先生穿上她换下来的鞋子，摇摇头，笑着说，刚才也是你让我穿的那双嘛！

伴着淅淅沥沥的春雨，我们来到了鼋头渚，乘上园内游览的"小火车"向太湖边上进发。雨渐渐地大起来，公园内也绝少游人。下了"小火车"，撑着雨伞，我们一行在雨中漫游太湖，春风轻轻吹拂，时时送来阵阵甜甜的花香，和我在一把伞下走着的钱老师异常高兴："这儿的空气可真好！"说着话，我们来到了横云山庄，我和钱老师抢着在"太湖佳绝处"的牌匾下合影。那边，周先生和我爱人的伞撑在一处，只见周先生一边走，一边手中不停地转着他手中的石球，嘴里还不住地叨念着："好多年没来了，上次来太湖还是十多年前你们结婚的时候……"我趁机说，咱们在这儿合个影吧！我担心，这是我们最后一次同游太湖。于是我们拉来位游客在"太湖别墅"前为我们照了张合影。接着我们沿着风景如画的湖堤前往"鼋渚春涛"，去领略鼋头渚的标志性风景：飞云阁和"横云"、"包孕吴越"的摩崖石刻。沿着湖堤上行，我们来到广福古寺，正值中午时分，我们在寺中小憩并以寺中的素面作为午饭，斋饭让二老吃得很香甜。见二老丝毫未有倦意，我们便乘上渡船，来到三山——太湖仙岛。三山岛早已今非昔比，昔日空旷的岛屿已被处处的琼楼玉宇所代替，摘星亭、月老祠、凌霄宫、西华殿、太乙天坛……隐现在山峦林木、飞泉流水之中。钱老师赞叹三山变化之大，过去那个她曾看见小蛇出没的荒岛，如今变得如此富丽堂皇。周先生则一边环岛观景，一边手中不停地转着石球，嘴里也不闲，悠然自得地吟诵起他心爱的唐诗，听着他那抑扬顿错的语调，看着他那摇头晃脑的神态，我知道他的心中必定是十分惬意的。

果然，3个月后也即2002年的7月2日，我们收到了周先生、钱老师寄自淮阴的信，信照例仍是钱老师执笔的，信上说，这次的锡、杭、宁之行非常愉快，特向我们致以衷心的感谢！随信还寄来了3张照片，一张是我和周先生在太湖边上的合影，一张是他们为我们夫妻在太湖仙岛的瀑布前照的，还有一张是他们二老在杭州"花港观鱼"的合影，这张合影上，二老精神矍铄，带着那惯有的幸福、慈祥的笑容。拿着这张照片，我还对爱人说，他们看上去很年轻，精神很好。可没想到，这也许就是他们最后的一张合影，两个多月后，周先生竟永远地离开了我们。这次我们的太湖之游也便成为他们最后的太湖之游。

2004 年 7 月于无锡

# 有时，我们疑心他就是唐宋的某一位诗人
## ——忆恩师周本淳先生

蔡恒齐

今年年初，在北京与阔别十多年的程中原老师、夏杏珍老师相聚，席上自然是叙旧谈新，感人慨世。可是，当两位老师告知我周老师逝世的消息时，我惊怵了，2002 年，我还在电话里听他硬朗的声音并约请他来京。这一突然的噩耗无疑是真实的，但却在心理上又是那么的难以置信。

心潮难平，往事如烟。

但在如烟的往事中透着巍巍的青山，还有青山下淙淙流淌的溪水。

1979 年，我在大学读中文系，周老师教我们古代文学，以诗词韵律为主。课上，他总以他那比较地道的安徽话抑扬顿挫、声情并茂地吟诵着。起先，很多同学以一个并不雅致的词——摇头晃脑去形容，不久，大家都知道，那是一种怡然自得，那是一种身心陶冶，那是一种忘我的境界。他就是这样沉浸在中国的韵律里。那时，社会的诸多禁锢还未解除，这种已身心化了的韵律感染着同学，诗的情绪弥漫着教室，我就是那时开始学写诗的。

吟诵是一种陶冶，周老师对诗的解读则是对人性的教育。在一个个关于诗人的故事里，一则则诗人的花絮中，我们知道了高古之情、

鸿鹄之志、浩然之气、山水之乐、田园之趣，我们感受到君子的脉脉情怀、铮铮骨气和谦谦风度。我们学会了做人的情怀、做人的骨气和精神。我们常有问题请教，或在课间，或在路上，或去老师家里造访，他总是悉心教诲，在他和蔼可亲的脸上总写着诲人不倦，在他平易的背后似乎总表达着古代仁人的风范。有时，我们疑心他就是唐宋的某一位诗人。随着时间的远逝，我们会忘掉不少生活中生动的细节，但有些感动终生忘不了，它们已经变成了血液，在我们身体里静静地流淌。

毕业的时候，周老师送给了我一句孟子的话："无恒产而有恒心者，惟士惟能。"这句话便成了我以后生活的座右铭。

毕业后，我在乡村中学教书，也写了一些古体诗词，身边无人请教，便忐忑地寄给老师，未想到很快便得到了回信，并给了我极大的鼓励。后来，老师还给我寄来了他新出版的诗词创作方面的专著。更让我感佩的是，他称我"恒奇仁兄""恒奇贤弟"，我深知身之卑微，何有仁贤。但我从此知道了，虚怀若谷、平易近人本身就是一种立人立德的教化，也学会了谦虚，学会了在生活中汲取"仁"，汲取"贤"，汲取被社会遗忘了的立身之本。

后来，我辗转迁徙。偶回江苏，便去母校拜访老师，老师言笑如昔。

2000年，我在北京主持《中华成语千句文》的创作工作，便又请周老师和肖兵老师给予指导。周老师给予了极高的评价，并提出了很多具体的修改意见，使这一项目最终得以高质量地完成。

后来，我和老师相约北京，未料，这竟成了我未尽的心愿！

周老师走了，留给了我们诗中的生活。

2005 年夏

# 周先生的"禅意"

张青运

正是在周先生的身上,我领悟了知识人做人和作文的道德。

我与周先生,相识相处的时间都不长。20世纪90年代我从南京大学毕业,分到了淮阴师专(今淮阴师范学院)中文系工作。第一次见到周先生,是听他介绍到外地游学归来的感受。在一个阶梯教室,全校教师约有两百人,这是一个由校方安排的报告会。周先生讲述了他游历天一阁等地的学术观感,最后特别对学校的资助表示了感谢。我早就听过周先生的大名。在南大,我的导师和古典文学的教授们常常讲起周先生,说起他50年代就学于南大中文系的胡小石先生,和我的导师们都是学友,学问做得非常扎实。包忠文先生戏称他为"小和尚",特别说到他的生活态度有"禅意"。周先生对学校的感谢,我颇不以为然,只是把它看作一种应酬。我心里还有些许悲哀,在大学校,教授们都会有成千上万的科研经费,还会为点交通费感谢谁吗?可是,我后来知道,"文化大革命"后,周先生完全有可能调到像南京大学这样的高校去,那样,他的学术地位和家庭生活可就是另一番模样了,那是多少人挖空心思去追求的啊,可是他还是选择了留在淮阴。以后,相处多了,感受渐深,他也曾贵为市政协副主席,从未听他有过炫耀,甚至没听他说过官样的话。他曾经做过淮阴师专的副校长,"当那个校长,麻烦。别的校长都是党员,开了党委会,还要专门向我传达,大家都烦，我就说，校长我不当了，免得大家都受累，就辞了。给我的那间办公室，几年我从来没往办公室放一本书，一交钥匙，全结了。"他说得那样轻松，就像说一件有趣的琐事。他没把官当回事，只是读书人的本色。

后来听钱煦老说，他们下放到淮安后，就打算在农村待一辈子，实实在在地安排生活，没有对生活的抱怨，没有对农民的优越感，没有知识分子的虚荣心，这样全无"我执"，实在是太不容易了。周先生和钱煦老的散步，是淮阴师专校园的一景。总是在晚饭后，两位老人绕过教学楼，穿过"师陶园"，徐徐地走，倾心地谈。春去了，秋来了，四季更迭；浙江大学的湖边，平桥农村的小路，淮阴师专的校园，景色变幻，不变的是那身影，那是人生的万物皆备于我啊。他和我聊过陆游的诗，"衣上征尘杂酒痕，远游无处不销魂。此身合是诗人未，细雨骑驴入剑门"。陆游报国无门，流浪他乡，凄风苦雨，他却有着旅游的心境。这恰是周先生欣赏的一种人生的心境。我渐渐理解了周先生身上的"禅意"。随遇而安，安而不谡，居而不媚，善养浩然之气，堂堂正正做人，谦和而冲淡，无论是拥千金还是居陋室都不动容。

再说说周先生的感谢。相处稍久，我渐渐明白，他的感谢真诚而无谄媚，感谢的并不是哪次获益的机会，哪个帮了忙的人，而是感谢生活。我曾听他偶尔讲起过下放平桥的生活，在他，那生活却如田园诗一样，而我是知道农村生活的艰苦，是他用他的诗意来看生活，给了生活以诗意。他曾向我展示他书房里的一幅字，那是一个美籍华人慕名赠送的，内容仿佛是祝愿健康。我想，周先生一定会有林散之、胡小石那样名家的作品，但未曾听他说起，倒是这一幅，书家名不见经传，书法水准平平，反得了他的钟爱，他尊重心的交流。感谢生活，是一种大智慧、大慈悲，是博爱的胸怀。这就是周先生"禅意"的最高境界吧？

在很多事情上，周先生却不肯"散淡"，倒是极认真，而且往往是小事。

有一次，在《扬子晚报》上，周先生发表了一篇"读者来信"，批评南京一些文化部门利用公共文化场所举办古尸展览谋利。我最初的感受是，堂堂正正的大学教授，何心管这样的闲事。我和胡健说了，他是周先生的学生。他告诉我，周先生就是这样，亵渎古典文化，再小的事也是他的大事，倒是大有"我不下地狱，谁下地狱"的气度。

后来我也亲身领略了老先生的认真。一次，我应邀到电台作一次讨论文化的现场直播节目，谈的是20世纪现代工业对传统文化的冲击与破坏。我没想到周先生从头到尾仔仔细细地听了节目，再看见我，肯定了两句，就复述出我在讨论中的一段话。说的是现在工业文明建造出钢筋水泥的城市森林，使生命无所归依。周先生居然有这样的爱憎，有这样的记忆力，都使我大为吃惊。

周先生曾经和我聊过学术界的恶习。他举了个例子，说20世纪50年代，他曾经参加过农村土改工作组，到农村去发动土改。"工作组进了村，要开展工作，农民不配合，怎么办？先找那些二流子、邪头，让他们先跳出来，斗地主，分土地，先冲一阵。局面打开了，再把这些邪头打下去。几十年了，都是这么一套。"他的眼里充满了不屑的神情。他从来讨厌那些捕风捉影，用存在主义的时髦理论硬套生剥老子《道德经》的"野狐禅"；也讨厌靠打名人、惯做翻案文章的"才子们"，主张实实在在做人，扎扎实实做学问。现在想来，这个例子实在深刻得很。曾有诗概括黑暗的文化年代，"卑鄙是卑鄙者的通行证，高尚是高尚者的墓志铭"，终是没走出那个时代啊。

周先生去世了，我常常怀念起他。他渴望的中华文化的复兴，已经成为时代的共识。只是有人以为只要投入几位乃至十几位数的人民币，就可培养出中国文化的黑格尔、萨特，那是胡扯，文化的品格是能用钱买来的吗？在文化的深处，那些平凡的文化守望者才是伟大树冠的根茎。中国文化的复兴，不必期待有多少个世界级学者的出现，而在于产生培育这些世界级学者的环境的生成。周先生这样的人多了，周先生的品格受到更多的人尊重，中国的文化复兴就有希望了。

周先生的学问也许不会在学术史上被频繁地提起，但他的人格，会让他的朋友和学生们久久地怀念。

2004 年 6 月

## 繁华落尽现真淳
——忆恩师周本淳先生

卢新元

1999年,我考入淮阴师范学院,学习功课不是很紧,就想就自己的爱好在古代诗词方面随老师进行一些系统的个人学习。经李德友先生介绍,我十分唐突地来到了周先生的家里。二老非常热情地接待了我,从二老慈祥的面容、亲切的言谈以及从容不凡的学者气度中,我隐约感觉到先生不是一个平凡的人,有一点隐士风范。二老问了我一些学业上的事,让我讲述对古代诗词的理解。我说我喜欢黄庭坚,甚至觉得他的作品比苏东坡的一些作品境界还要高。周老先生当即指出,最好不要作这样的对比,否则会有失公允。他说,两首词的比较鉴赏可以用"我更喜欢"这样的词句,但不能用孰高孰低这样的评价来武断地给作家下结论。就这样,我开始了在周先生那里对古代诗词的系统学习,并从先生的为人处事中看到了先生的高风亮节。这种品质也一直影响着我。

先生授我诗词,并不从诗词入手。他认为年轻人要想对唐诗宋词有一个较为深入的体悟,应当做好两方面的工作。首先,打好扎实的小学基础。古代汉语是古代文学的基础,他要求我以王力本为主,认真研读,在此基础上再旁涉多种相异的版本以便参读。其次,要学会追根溯源。任何一个断代文学史的研究都不能静态地看待这一时期的文本，而应该看到它的源流始末。他举例说，《论语》是中国古代文学形成之初的杰出之作，其中的很多语言至今都被人使用，它不像《尚书》那样佶屈聱牙，又不像后世的一些作品那样平俗，它既有先秦散文的古朴凝练，又不乏后世杰出散文的散逸开阔，同时它的内容对我们做人也有着很好的警示作用。所以先生在我到他那里的最初一年，就授我这两门课。我当时并没有意识到此类安排其实是先生有意为之，既是经验之谈，也可以说是做学问的不二法门。不久前，曾经见过一份资料，是著名学者吴承仕在日本京都大学的课程表，他也是将语言学和文学穿插教学，在教日本学生元曲的同时补开了《京话初阶》。著名历史学家邓文如先生之子、南京大学的博士生导师邓瑞老先生对这份资料给予了很高的评价。他说，将小学知识和文学同期穿插由一位老师讲授，是非常科学的教授方法，事半功倍，对年轻人学习古代文学大有裨益。我告诉他周先生当年给我授课的时候就是采用这样的方法，他连连夸赞，并说我是个幸运儿。可惜我当时并不能完全理解老先生的这种教育思想而用力不勤，不过这一时期的学习，也确实帮助我打好了古汉语的基础。我在以后的工作学习中，遇到古文字问题，特别是在阅读古文献时，虽不敢说游刃有余，却也时有得心应手之感。

先生治学严谨，对自己的学术研究更是一丝不苟。有人认为先生从事的古籍点校工作虽有意义，但终究不如文学研究的价值来得突出，而先生的文学研究方面也往往是就一些常见问题，从小的方面进行自己的理解阐述。对此我曾当面问过先生，他说，古籍点校工作有时候确实是一件吃力不讨好的事，但是其价值并非不高，在某种意义上说，它应该比文学显学研究更为重要。文献学本身就是一门基础性学科，需要坐得住冷板凳的人；而从事这样工作的人，或许不会名噪一时，但这项工作对于文化的传承不可或缺。他认为他的古文学研究之所以就一些常见问题、小问题而展开，那是因为他是一名师范院校的教师，所培养的是从事基础教育的人才；加上自己地处淮阴，不可能像其他学者一样就一些大问题、大方向展开研究，否则，研究工作难免会走向空泛。他的这一观点，我曾和当时很多同学讲过，大家听了都深深折服于先生的坦诚。先生送我一本他的《读常见书札记》，上面的印刷误字都已经标出，同学间竞相传阅，韦编三绝。那段时间先生应上海古籍出版社之邀整理自己的诗词研究论文，定名为《诗词蒙语》，付梓发行。当我拿到先生赠书时，大吃一惊，这本书是和顾颉刚、郑振铎、罗继祖等九位著名学者的论著一起作为系列丛书发行的。先生看我啧啧惊叹的神情说："他们都是著名学者，我忝列其中，真是诚惶诚恐啊。"我知道，先生虚怀若谷，不汲汲于名利，而先生确实是有这样的实力和地位，可以和上述诸君一起被称为20世纪著名学者。先生在拿到书后，再一次逐字检阅了一遍，并从文中找出误字，勘正后让我打印成文，寄给出版部门。其认真态度让人诚服。

先生博闻强记，在很多老师同学中流传着一些佳话，而我所知道的是，先生曾在翻阅某著名出版社出版发行的诗词鉴赏词典后提出质疑，并公开指出了其中大量的引文、注解等错误。每每提及此事，他总是面露担忧之色，他说，这种普及性的读物，怎么能有这么多错误呢！贻害了很多人啊。有一次我写一篇关于重阳节习俗的小文章，请先生帮我指点，先生当即说出了关于重阳的七八个典故，关于"落帽"一俗，先生说："'醉舞风落帽'，应该查《辞源》的第几本，大概在第几页到第几页之间。"他当时说得准确，我已经记不清了，只记得钱师母当时帮助翻检，确实无误，让我感叹至今。后来我也曾想过先生为何能记得如此翔实。我想，大概是因为先生长期从事点校工作，对工具书的熟悉已经到了这个境界，所谓博闻强记，唯用心尔，当下学者能达到如此境界的鲜有其人矣。

先生敬长携幼，为人厚道。他和著名书法家、当代"草圣"林散之先生曾有不少诗歌和书法作品,先生虽然没有师从林老,但每每提起林老,总是敬称为"林老"或"林先生"。肖兵先生曾在很多场合提起周先生时,都说"我的老师本淳先生",而我在周先生那里每次听到他提起肖先生时,都称呼他"肖兵先生"。对肖先生的学术研究,有些老师甚至学生有时会提出一些微词,而我从未听到周老对肖先生有任何不好的评价,更多的是对他工作的认同和肯定。不但对肖先生如此,周先生在提起学校的年轻教师时,都会尊敬地称呼他们先生,像李德友先生、顾建国先生,而他们都要比周先生年轻三四十岁。记得有一次,周先生提到顾建国先生时说:"顾先生虽然年轻,但学问做得很扎实。"

先生对我,不止在为学,更在做人上给予了很大的帮助。我当年考入淮阴师院,和很多学生一样,觉得自己好像明珠暗投,说话做事不拘小节。当时的班主任许彩云老师也是周老的学生,看到我的一些缺点,知道劝说无用,便请周老在授课之余给我讲讲为人之道。有一次周老把我叫到家中,让我吃了一个香蕉,然后给我讲了一些他和钱老师大学时期因抗战转学南北的事,又讲了"文化大革命"期间自己以及朋友的一些经历。并告诫我,为学是大,做人更是大,不应该因为一时的得失而斤斤计较,风物长宜放眼量,心态平和的人才能活得轻松。可惜我那时并不能真正听得先生的教诲,大学四年碌碌无为,常常以一种放荡的心态生活,而疲惫之情唯有自知。每次到周老家中问学,别时总是依依不舍,因为在二老那里我有一种宁静的皈依感,只有在周老给我讲课的时间内,我才能将内心所有的焦躁和烦闷一扫而空。现在我每每自问,在淮师最让我难忘的时光是在哪里,我只有一个回答,那就是在周老的家中。我像一只落魄的小羊,蜷在清澈的溪边,溪水清清,芳草茵茵。

家父和周老曾有过两次接触。一次,钱老师托我让父亲趁着来看望我时帮周老代购一件棉袄,这是父亲第一次和周老见面,他们聊了我的学业,以及我的心态问题,然后周老试穿了那件衣服。我看到父亲帮周老弯下腰系纽扣,当时让我回想起父亲为祖父穿衣服的情景。临行无论父亲怎样拒绝,二老一定要将买衣服的钱给父亲。后来我每次回家,父亲都要问我二老的身体。从那次以后,父亲便很少来学校看望我。我毕业后问他为什么,他说:"你当时心态不平,我很担心,但我到了周先生家,就知道你在那里学习不会出事了。"2002年上半年,父亲给我送衣服,顺便看望了周老,父亲和我想了半天,要给先生带点礼物,最后买了两个大西瓜和两把香蕉,先生和父亲聊了一些我的近况后,指着西瓜说:"这么大的西瓜,我们两个人也吃不掉。这样吧,我们一起吃几根香蕉,然后你们把西瓜带走,留给他们宿舍的同学吃。这个时节的西瓜我们也不太吃,年纪大了吃东西要注意。"我们没有办法,只能带回。周老善体他人,于此可见一斑。

从那以后,我因为作论文便没有按期到先生家去,只是偶尔打电话,在校园里遇到打声招呼。放假前夕,我去向二老告别,可惜二老出门旅游故未能遇见。没想到竟然从此再也见不到周老了。当我闻其羽升之悲报时,其悲难言。周老自挽联"应尽便须尽,有生若无生",更显示出他豁达的胸怀,昭示后人。

我工作后常常想起二老,想到自己碌碌无为,愧对先生,而先生生前对我的教诲,为我的人生提供了指引。他谦逊的品格、平和的心态成为我一生追求的境界。

甲申冬于北京甘家口

## 蹇斋者　性本淳
### ——周本淳先生二三事

沈若铭

"周本淳先生是谁？"一文友问道。

"周本淳先生是我恩师的恩师。"我颇为自豪地回答说。

那是1994年仲夏的一个炎热的傍晚，我们几个文友在北京宣武区一个小酒馆里聚会。当时，我作为江苏电力系统文学与新闻相结合的所谓"一支笔"，被借调到北京《中国电力报》副刊部临时帮忙当了半年编辑。一位署名"蹇斋"的沈阳文友，在喝酒闲聊时提出要把他的书房也改名"蹇斋"，并戏称为"劣马困庐"。我知道他喜欢唐诗研究，并且正在诵读明代胡震亨的《唐音癸签》。而周本淳先生正是上海古籍出版社约请的《唐音癸签》校点专家，他的《胡震亨家世、生平及著述考略》一书，已被《中国年谱综录》收入以代胡氏年谱。周先生字"蹇斋"，我料定这位文友是借用了先生的名号，所以开玩笑地说了一句："该罚酒了，朋友，竟敢盗用周本淳先生的名号！"这位朋友惊诧不已，红着脸自罚了一杯。拱手道："若铭兄真的是才多识广，在下佩服！"这才有了上面一位文友"周本淳是谁"的开篇一问，而我的"周本淳先生是我恩师的恩师"之回答也非空穴来风。

周先生生于1921年，安徽肥西人。二十岁那年，与四位同学穿越抗日战争的硝烟战火，至遵义投考浙江大学文学院中国文学系。1945

年获文学士学位后,先在遵义师范和贵州省立高中教学。后为南京一中聘任为高中国文教员。那时的南京一中几可称为国立一中了,周先生任教十余载,声名鹊起。他起草了《江苏省语文教学纲要》,撰写了《怎样学好语文》的中学生手册,被江苏人民出版社一版再版。周先生夫妇"文化大革命"中遭到迫害,1969年主动要求在淮安平桥落户。直至中共十一届三中全会平反冤假错案后,周老才重见天日,成为南京师范学院淮阴分院(今淮阴师范学院)的教授、学术委员会主任和淮阴市政协副主席。

也就在这期间,我的恩师沈立东先生成了周先生的得意门生,并留校任先生的助教。1982年,连云港市人才引进,沈立东先生到连云港市广播电视大学,担任全国首届电大文科班语文教师。天逢奇缘,我当上了沈立东老师任班主任的市直属班班长。沈立东老师的古代文学课旁征博引、深入浅出、生动形象,受到了广大学生的热烈欢迎。在他的谆谆辅导下,我连续三年成了连云港市电大的文科状元,毕业后成了全国电力系统和连云港市小有名气的作家、记者。

当时一接触沈立东老师时,就被他深厚的古代文学功底所折服。而他几次三番地笑着说:"等到你见到我的恩师周本淳先生时,你就知道什么叫学识渊博了。"

天遂人愿,1982年暑假,周本淳先生参加省教育厅组织的各大高校部分专家学者代表团来连云港市疗养并开展古代文学专题讲座活动。记得那一日,周先生赤足穿一双圆口麻底布鞋、中式宽松大脚裤衬着真丝短袖,端坐在前排的一张椅子上。他身板硬朗,慈眉善目,一副朴实脱俗、精神矍铄的样子。时南京大学的王教授在作"王勃被废斥后羁旅巴蜀时的诗歌创作"的讲座时,王教授因腿脚不便,四川口音太重,大家听得很吃力,场面略显尴尬。这时周先生站了起来说,王教授你就只管讲课,我来当你的翻译给你写板书。当时我在台下低声对沈立东老师说:"周老也没背课,怎么自告奋勇地担当起这样的苦差事?万一写差了搞错了怎么办?"沈老师莞尔一笑说:"别担心,你就等着看周老的好戏吧!"

结果呢,我是大开了一回眼界啊!只要王教授讲到王勃于何年何月到了四川何处,还未说出诗名,周老的板书便龙凤飞舞地写到了黑板上。从暮春到晚秋,从《羁春》的"还伤北园里,重见落花飞,"到《山中》的"况属高风晚,山山黄叶飞"。王勃在羁旅巴蜀时那么多诗作,周老写了整整一黑板,无一字差误!容纳数百听众的连云港市教育局的会议室里顿时举座皆惊,一片哗然,掌声经久不息,让我的心震撼不已。想想自己以及身边的那些极少潜心钻研学问浪得虚名的作家、诗人、文友们,我心中暗下决心:要么不学文,学文必要以周老为楷模,做一个踏踏实实用心读书作文厚积薄发的文化人! 沈立东老师也曾对我要求道:三年内不必急于投稿发表作品,扎扎实实多看书,多做点学问,为将来的文学发展打好基本功。

1987年的暑假,周本淳先生携夫人钱煦先生从东北、青岛搜索资料,返回淮阴途中,转道至我恩师沈立东先生家里做客。我和电大同学李志刚等作陪,当晚我们恭执徒孙辈之礼,在饮酒品茗中听周、钱二位教授讲诗词、评古人,好不畅快,二位先生更是兴致盎然。钱先生也是我恩师沈立东先生的授业恩师,见我对古文学十分痴迷,她告诉我,周先生的《读常见书札记》明年就要出版了,届时你可读一读,应该对你的眼界识见和知识积累有所裨益。

第二年,我的床头案几上便有了周先生的这本著作。这是先生多年来发表在各刊物上的古典考据及诗词赏析的文章集本,从此这本书一直出现在我的案头和出差途中的旅行包里,可谓形影不离,手难释卷。后来,我又得到了周先生的大作《诗词蒙语》和《唐人绝句类选》,这几本书让我在增长见识之余,也给我在全国各地电力系统的多次文学笔会上的讲座发言侃侃而谈增加了不少底气!

在一次华东电力系统文学笔会上,因为我的《钓海者》《诗人》《彷徨》三篇小小说被中国《微型小说选刊》转载,原《上海文学》主编曹阳老师称我的作品为充满了想象力的才情哲思之上品,并要我作个专题发言。我谈到想象力时,列举了两个例子:一是中唐诗人徐凝颇为自负地写庐山瀑布的那首七绝:"虚空落泉千丈直,雷奔入江不暂息。千古长如白练飞,一条界破青山色。"宋代文豪东坡居士对徐氏此诗很不以为然,评此诗时骂道:"飞流溅沫知多少,不与徐凝洗恶诗。"平心而论,这诗也并非像苏东坡所"骂"的那样一钱不值。但是和李白的诗一比,二者的想象力和心胸格局则立判高下:"日照香炉生紫烟,遥看瀑布挂前川。飞流直下三千尺,疑是银河落九天。"徐氏以"一条界破青山色"和李白"疑是银河落九天"状庐山之瀑,怎么比?真的没法比!看来徐凝明知有李白题诗在前头,只应去吟诵他的"天下三分明月夜,二分无赖是扬州"多好,非要去写什么庐山瀑布。相比之下,徐氏还真的没有"眼前有景道不得,崔颢题诗在上头"的李白明智。

这是大家胜小家的名例,当然也有小家胜过大家的。我们不妨来赏析一下唐代诗人中同是写洞庭君山的三首绝句:

湖光秋月两相知,潭面无风镜似磨。遥望洞庭山水色,白银盘里一青螺。

——刘禹锡《望洞庭》

烟波不动影沉沉,碧色全无翠色深。疑是水仙梳洗处,一螺青黛镜中心。

——雍陶《洞庭诗》

曾游方外见麻姑,说到君山此本无。元是昆仑山顶石,海风吹落洞庭湖。

——程贺《君山》

  三首诗比喻和想象一首比一首奇特，程贺的名气远逊于晚唐著作等身的诗人雍国钧，更不能和大名鼎鼎的刘禹锡相比。但程贺竟以仅存的这一首想象奇特的孤篇《君山》诗，得了个"程君山"的外号，小家的海风吹来的"昆仑山顶石"，胜过了大家的"白银盘里一青螺"，但是从形象和神巧来看，我仍是为刘禹锡鼓掌！我的专题发言，迎来台下文友们的一片掌声。我深深地躬了一躬，拿着手中周本淳先生的《读常见书札记》轻轻地说了一句："谢谢大家捧场，我也只是多看了一本书而已。"

  在人的一生中，尤其在生命事业转折点，你会遇到决定你人生命运选择的贵人。对我而言，有的如恩师沈立东先生那样伴你良久，有的似师公周本淳先生那样与你此生偶一相逢，匆匆而过，只是点化你一下。但是，一面之缘，却可影响、滋润你的一生。我真有幸，学术生涯中得周先生之大惠，终身受益无穷。

  今年，淮阴师范学院将举行周本淳先生百年诞辰纪念活动。我作为与周先生只有两面之缘的晚辈后学，受恩师沈立东先生嘱托，作此文以纪念周先生。叩书之余，诚惶诚恐，感激涕零，以致悼念，愿师公安息！

2021 年 2 月 24 日　于连云港古城海州

# 张汝舟致周本淳书信十通校释[①]

张道锋[②]

## 一、引言

周本淳先生（1921—2002）乃20世纪中国古典文学领域颇具盛名的大学者。早在大学时代我就听闻师长提及周先生的《读常见书札记》，他们认为这是学习考据类小文章的典范之作。欣喜之下借来一阅，发现他对《诗话总龟》《世说新语》的考辨固然是考据的典范之作，其对苏东坡、白居易、罗邺等人作品的赏析又何尝不是艺术批评的典范之作呢？可以说，周先生的治学方法是真正做到了"文献学"与"文艺学"的统一。此后因为我要进一步深造古典文学与文献学，故而陆续拜读了周先生所著《诗词蒙语》，所编《唐人绝句类选》《小

---

[①] 张汝舟（1899—1982），名渡，字汝舟，号二毋居士，安徽省全椒县南张村人。1926年入读东南大学（中央大学），师从黄侃、王伯沆、吴梅等著名学者。1930年起先后任安徽省立六中、国立八中教员。1941年任湖南蓝田师院国文系讲师、副教授，1945年开始任贵州大学教授。1953年院系调整至贵阳师范学院任教，1959年复回贵大任教。因在反右和"文化大革命"中受到冲击，1971年起回南张村老家赋闲。1978年秋至滁州师专工作，并于1980年受聘安徽师大滁州分校顾问教授。1982年1月22日突发脑溢血病逝于滁州师专。张汝舟先生著有《二毋室古代天文历法论丛》《二毋室汉语语法论丛》《二毋室论学杂著集》《张汝舟手稿集》等。张汝舟先生与马一浮、张舜徽、徐复、殷孟伦、王气中、林散之等20世纪学者名流交往密切，在学术界声望极高。先生于传统声韵学、汉语语法、天文历法、古典文学、历史学、佛教皆有深厚造诣，门下弟子众多，在20世纪学术史上占有重要地位。

[②] 张道锋，1989年生，安徽滁州人，北京大学中国文化书院研究员，东南大学特聘教授。

仓山房诗文集》等，这些作品大都能很好地体现周先生精湛的学养和高远的学术眼光。可是这些都还没有引发我对周先生本人的兴趣。

直到我拜张闻玉教授为师，系统学习天文历法，才偶然发现我的师公张汝舟先生与我乃是同乡。晚年的张汝舟先生困顿潦倒，潜居琅琊山下，很多敬佩他的弟子克服重重困难，千里迢迢汇聚到琅琊山下滁州学院，只为了见恩师一面，这其中就包括汝舟先生早年的弟子周本淳先生。此后几年我在编纂《张汝舟文集》和手稿集过程中，随着对汝舟先生作品的了解不断深入，陆续接触到不少汝舟先生和周先生师徒相关的材料，其中价值最大的当是周先生为汝舟先生《二毋室论学杂著选》所写的跋语。周先生的跋语已经超越了普遍意义上的"编后记"。严格地说，这是一篇最早的张汝舟小传。他在跋语中盛赞了老师在各个学术领域做出的杰出贡献，同时褒扬了他不畏权贵、视真理为生命的人格魅力。特别是字里行间流露的几十年亦师亦友的亲密关系，在大动荡的历史年代，是多么珍贵的回忆啊！

周本淳先生自 1938 年考入永绥国立八中，即与张汝舟先生结下一生的师徒情缘。1941 年周先生进入时在贵阳的浙大中文系读书，汝舟先生彼时在湖南蓝田教书，二人的交往因此密切起来。1946 年汝舟先生已调到贵大中文系任教，周先生专门绕道贵阳看望老师并留宿。20世纪 50 年代初，汝舟先生路过南京，周先生在南京一中教书，故而一同在玄武湖边散步畅谈。1971 年汝舟先生因特殊原因被遣返回乡，得知消息的周先生于 1975 年前往全椒看望汝舟先生。"先生虽卧病，既闻淳至，欣然而起。追念湘西旧游，一一垂询近况，犹谆谆以敦品力学相勖。"1980 年夏，周先生又与同门宋祚胤共往滁州谒先生。"淳等虽皆白发苍颜，而先生视之犹湘西时，训诲不倦。"这是他们最后一次见面。

1999 年乃张汝舟先生百年诞辰，周本淳先生于酷暑之日写下了

《怀念恩师张汝舟先生》。在张、周二人长达半个多世纪的交往中,留下了很多宝贵的通信,汝舟先生的日记中亦频频提及这位爱徒。兹选录其中尤要者,略加校勘,系以编年,或为周本淳研究者之一助。

## 二、张汝舟致周本淳书信

### (一)

本淳老弟[①]:

四十年不通音问,忽然苏北飞来一函,情如昨日,喜可知也!两首新词《临江仙》,语切事实,词句工稳,大有词味。一般诗人作词,"句读不葺知诗耳",不足取。老弟次韵我的《临江仙》,四十年前往事涌上心头。那时难师难弟,情如父子,本不足奇怪。值得回忆的"矮屋绛纱"里,一天来一个张振鸿,老弟对我说:"夫子之门,何其杂也?"我说:"他是少华派来侦察,怎么能拒绝?"我话如此说,心中暗暗高兴,居然有"子见南子,子路不悦"的敢于斗争的学生!我记得清清楚楚,你当然不会忘记。我们的矮屋绛帐里大多是打狗腿子队里人,老弟更显身手,那天张振鸿要不是在我家恐怕免不了吃苦。高一部主任夏赓英到我们高二部,被学生大吼大骂,夏抱头鼠窜而去。高二部对于这么一个大职务、大人物敢于当面唾骂,这种风气国立八中其他十部是没有的。八中学生不少进了贵州大学,我也去了。在解放前夕反饥饿运动中,安徽学生都在学生会会长史健(滁县人)旗帜下搞运动,结果史健和金春祺(全椒人)牺牲,坐牢的八九个。淮上健儿"名不虚传"!这种性格,在旧社会要吃亏的。南大洪先生说:

---

① 此信写于 1977 年 4 月 27 日。

"几千年旧社会一下子就改造好啦？"但在新社会吃点亏，不会有性命危险，一切自责，都体念国家，不必较量荣辱得失。老弟有才气，有胆量，我知道。但遇事挺不住气，缺乏涵养，我有点担心。七二年秋和七五年秋，我到南京。我问范培元，他说你还在农村。去年冬在合肥见了顾红，我又问，他说你们夫妇曾经一道到过合肥，我才放心。大寨精神就是踏踏实实。毛主席教导——科学是实事求是，来不得半点①虚伪和骄傲。先生老了（79），还觉活一天改造一天，老弟还可看到本世纪末中国成为一个四个现代化的社会主义强国。今后二十三年每一个人都要想想，怎样为国家献出力量。老弟古典文学基础是有用的，好自为之，为国效力，不考虑个人地位问题，是所望也！

附寄《盲翁近稿》一份，希望不要乱传。我对你家景绍说，乱传"无益有害"，老诗人嘲笑"戏染髭须学后生②"，新诗人可能要生气，什么陈规烂格，五绝、七绝、七律还想混进我们的园地！老弟以为如何？

从你给林老的词，好像你们没有见过面，所说"湖上拜其颜"，恐怕是你许愿吧！林老不轻易写字送人，你通过什么渠道"南天一纸遥颁？"其外人能得到林老的□□没有，你同林老的关系始末，详细告诉我。

单人耘兄、冯远明兄，我想不起是谁谁，你代我问候，并把他们的情况告诉我。你爱人是何处人，什么文化程度，干什么工作，有几个孩子？望告师母。

祝
全家快乐进步

汝舟复

---

① "点"为脱文，据文意补。
② 此句出自刘禹锡《与歌者米嘉荣》，原句作"好染髭须事后生"。

**又启者。**

在永绥一个上午,我领七八个同学经过难民所,拉轶群一道登宗佛山。在山顶上我指着一个广场大规模的集会,对大家说:"这是一群蚂蚁!"山顶上[①]八九个人,我只清楚地记得有轶群和苇、苕,你应该也在。记得吗?如果记得,你知道那天是什么集会?望[②]告,切切!

汝舟。

又你能不能回忆出那天在山顶上还有谁?

## (二)

本淳老弟[③]:

上月底接到你的长信和诗词,内容十分饱满,十分振奋!新时代活的这样痛快——婚姻美满,子女进步,朋友谊深,工作忙碌,诗文、写作、艺术卓然可观……这一切在你们同门中也不多见。你们同学中,有科学院研究员,有大学教师,有中学教师,有其他文化工作人员,这些不必比量。新时代一切工作都需要取得不平常的成绩,才能够在本世纪末"中国要成为四个现代化的社会主义强国"的这二十三年中献出每个人的力量。先生老了,五、七年还不会死,也要和诸位老弟不断联系,有些残稿零篇,加上你们的学历,在中国革命熔炉中也许能炼一颗两颗小小螺丝钉。这一点,为国愚忱,老弟以为如何?

上月29日,离家到合肥治眼,30日与小妹乘三轮车到安大,在周景绍家午餐。先后见到醒仁老弟与外文系杨稀明老友,从九点谈到十六点,我喉咙都哑了。也是"四人帮"打倒了,彼此可以畅所欲言。

---

[①] 原作"上顶山",据文意改。
[②] 望,原作"忘",误。
[③] 此信写于1977年6月13日。

醒仁想调你到安大，同去的一位世侄吴庆稀在面（合肥三十一中教务主任）。大家有同感，醒仁虽热心，有两重困难：一隔省，二苏北未必放。希望老弟置之度外。

老弟希望到肥，约醒仁、轶群到我家，彼此有想不到的快愉，越早越好。近在今暑，远在明正。从合肥车站买票，乘两小时车到巢县的苏家湾，然后转车，半小时到楠杆，楠杆到我家只五华里。表侄王恩春在楠杆管理市场，汽车上下，他都在场，你们下车由他领你们到我家。从苏家湾到楠杆公路不大好。如果久雨之后，你们不要在苏家湾下车，直接买票到全椒古河，同样当天下午有车到章辉，路好。次孙先队在章辉医院担任院长，小孙女三妹在供销社工作，章辉到我家十华里，公路已修好，不过还未通车。你们到章辉，也许有大队、生产队拖拉机把你们带到家门口，后一条路线好一些。

王务兰同学在美从事分子研究。两年来有无联系？中美邮电关系是否有困难？望告。尽可能你和他通信。叶芦现仍在浙江师院，高血压严重，一男五女，大孙女、三孙女已结婚，有孩子了。长孙杭生，尚未结婚，三个小的孙女也都高中毕业，表现尚好。在南张三个孙子各有优点（小妹最狂，她爱好英文，听过两年广播讲座，又爱好文艺），她很赞成周叔叔的诗词，我给她讲了大作《送幼子参军》，谈艺术技巧方面所谓"炼字、炼句、炼意"。旧诗要求工[①]稳，进一步要求词意，通过炉火锤炼。所谓"炼字"、"炼句"主要是为"炼意"。班超投笔从戎，遂平生志，被你炼成一句"得遂从戎志"。"丈夫亦爱怜其少子乎"被你炼成一句"丈夫怜少子"。"久炼成钢"一句俗话，被你加一个字，炼成一句好诗"纯钢久炼成"。上面对一句"宝剑常磨利"，很工整，似从荀子"金就砺则利"化出来的。开头用班超典故

---

[①] 工，原作"公"，误。

为少子点身份，为新中国儿女争光彩；"新朋壮汝行"，把旧社会征兵"哭声震断咸阳桥"的意思就反映出来了。这就是炼意。中间两联教训子有方，甚为得体，也算是炼意。结句更好，为本篇透露思想性，"真马列"一个"真"字，反假马列的旗帜就很鲜明。"慎勿务虚名"，正是防修的最要害的语言。随便这样说说，未必全是，希望你给小妹补充改正。以后来信只称"汝舟师"或"汝舟吾师"，"汝舟夫子函丈"把先生推回三十年尊敬。"四人帮"垮台，思想大解放，老弟解放到这样称呼等于推先生当古董店老板，我不干。我爱和小朋友在一块，多是初中学生，我对他们说："毛主席封你们是七点钟太阳，我老了，等到一口气不来，就是晚上七点钟太阳，落山了。活一天，我学习一天，活几年是几年，一口气还在，我总是下午五点钟太阳。"老弟，你相信吗？"老骥伏枥，志在千里"，否则白吃人民大米。希望你来信，多辩论辩论，发挥你四十年前敢说敢讲的风格。文言可以，要打标点，词也要打标点，减少小妹的苦痛。我的眼睛76年春节突然恶化，不能看报，写信也歪歪倒倒，近一年半写的诗、长信等都是小妹和一个表侄孙帮忙。最近在城里看白内障，还没有成熟，到秋天复诊，一开刀，就能看报、读书、整理稿子。即使秋天还不开刀，急什么，我对业苕多次说："悲观在思想上是腐蚀剂，在生命上是杀伤剂。"很多朋友说我是"盲目乐观者"，我说"我盲目乐观好"，纵不满意，我先快活一段时间。后来失望，我还要盲目乐观，不发牢骚。老弟，你还相信吗？

祝全家健康快乐，代向单人耘同志问好。

汝舟

77年6月13日

## （三）

得本淳信及几首五律，诗句有"谪居""厄运""虎口余"诸词，口占一绝见意[①]

熊熊烈焰老君炉，廿载顽躯坐此中。
八十尚存惭自问："金睛火眼有还无？"

## （四）

本淳老弟[②]：

得上月二十八日手书，欣忭之至。欣知林、洪二老不忘旧好，可谓卓绝，□幸知钟山九一高龄，老人尚健在人间。谨恭缮一札，烦由徐老托钟先生外孙挂号代寄，以示郑重，拜托拜托！顷得滁县安师大教学点电话，明后日准来车接叶芬。工作已调去，欢迎诸友先到琅琊，赴宁问题当面决定，淮北市安师大分校今冬明春，势在必往住月余，不可爽约。劣札一立轴，烦由林老父女转老炊。老炊非凡俗，老弟有所闻否？即颂

风生讲席！

汝舟 一九七八．十一．四

## （五）

复江苏淮阴南京师范分校中文系周本淳教授[③]

本淳老弟：

来书及林老昌午去年佳作，并收到。去冬曾接一札，并无两信，

---

[①] 此信写于 1978 年 10 月 24 日。
[②] 此信写于 1978 年 11 月 4 日。信眉附言"小妹（玲玲）录取芜湖师大外语科"。
[③] 此信写于 1979 年 2 月 26 日。

迟复为歉！

　　最近曾到宁否？是否再谒钟老？据气老云：钟老大运动初，不肯随声附和，任意歪曲斗争文史馆馆长，拂袖而弃副馆长，退出上海市文史馆。寻归南京祖上之敝庐，一切生活，只靠子女云云。而徐老之高足，钟老之外孙以及钟老子女都不应默默，可以申诉，但万不可令老人知也！老弟素有侠骨，并不须本人挺身出头代鸣不平，可与徐老商量，促钟老外孙与全家商量此事。幸留意焉！

　　老弟57年事，申诉有结果否？去年冬55号中央文件下达，附发中央57年十月《划右派分子的标准的通知》。无论如何，我们师生不合划右派分子标准，必须改正，恢复我们政治名誉。不平则鸣。驾老来信说："蒋云从升教授，叶芦升副教授，理所当然。"

　　顷闻醒仁也已升副教授，老弟实学高于孟、芦，副教授如不到手，"理当然"乎？不平则鸣！先生老矣，不计较这些。叶芬挺不住气，去年十月底去信到贵州省委会替我申诉，申诉家属皆有权。两个多月，他们不理。今年春节后，本人写材料申诉，由学校打印三份，用学校党委会公函分别寄贵州省委会、贵阳师范、贵州大学两校党委会，如再不理，那就岂有此理了！一切勿念！

　　许多信没有工夫复，更不谈来诗不和了。最近情不能已，写两首另纸抄寄，一笑。

**次韵散之老友去年书寄《古风》一首，兼谢惠赠《江上诗存》**
　　八十也过一（余少林老一岁，今年也八十一），于国嗟何益！惠我千首诗，开怀理秃笔。挺生百代应，继者华主席。吾辈虽老矣，挖则有潜力。

　　附原唱：

　　今年八十一，为学日求益。字字见精神，惯用长毫笔。横扫四人帮，拥护华主席。谁谓我耳聋，批斗有余力。

**口占一绝，约散之老友游滁**

此邦林壑足烟霞，当日欧公亲口夸。苦忆倦游聋耳健，可能乘兴访琅琊！

## （六）

本淳老弟[①]：

得书大快！嗣接《活页文选丛刊·征稿启事》，更惊！解放前，开明、中华皆有活页文选，抗战中长沙公益出版社（移在蓝田）亦有活页文选，皆印发前人佳作，嘉惠学人。你校乃采集当时文史佳作，任读者各就所专采用，免定购全刊，仅取一二，对经济、对精力皆为浪费。此则活页与海内著名刊物争夺市场，必然化雨普施。非在四化红光普照之中，安能见此鸿图？非有八指头陀乳育下之狂妄沙弥参与其中，何能谁能有此不可思议的设计？信如是也，则方丈维摩室容万千问疾菩萨，又何"荒山小庙"之足云？未受沙弥戒而穿海青的狂生，今亦垂垂老矣，现亦在六安"荒山小庙"。今后可能与老弟东西对峙，对国家四个现代化有所贡献。

冬饮师一听问业者语言支离，辄惊问"你吃谁的开口乳？"今接大札，不须惊问，只提出吃八指头陀开口乳者两个狂沙弥。未受沙弥戒而穿海青，狂何如也！轶群也住小庙，今春坚托两位教语文课的赴马鞍山参加安徽语言学会召开的学术会议，过滁看我。谈次，极赞轶群之学之品。二君一出北大，一出川大，谈吐雅驯，似非世俗之人，工于互相捧场以自重也。二君皆年逾四十，轶群必有足以感召之处，不能不令我想起他吃过的开口乳。两位老师说："傅先生虽开荤，基本吃素。"轶群来信，愧损之至，以为垂老无成，殆不然也。已约今暑把

---

[①] 此信写于 1979 年 10 月 3 日。

晤，今暑太热，未能返南张，居所未定，改在深秋，幸即将此信转野庙另一个狂沙弥为盼。清代淮安是府，六安、滁县皆为直隶州，何得云"荒山野庙"？湖南有二位八指头陀，今师是后起。一个文盲篾匠，出家走遍华东，亲近许多高僧，以华严二法师。全椒现有二大名医。曰边正方，年七十有六，工诗善画，与林老订交，尚在，身着袈裟，住芜湖丛林时，《草堂诗存》有诗纪其事。又一是汪岳尊，来滁见过。……全椒名医边老正方，林老《草堂诗存》有诗纪之，尚在解放前边老着袈裟时订交时作。后充九华外当家，托钵到和县，有病者请诊，法师开一帖，病者托人请栗庵先生审核。张先生见之大加赏识，边老医名，大振皖东，有此一段姻缘。七六年夏在全椒把晤，我说："解放前不出家，不是英雄；解放后不还俗，也不是英雄。"他作诗不避禅语，兼说："佛法开慧，医术利生。"我与林老说过："以出世法，办世间事。"此乃普财童子五十三参之微义也。性一法师，湖西文盲篾匠，走华东求法，追随华严大师慈舟，"无为而无不为也"、"圣人不凝滞于物，而与世推移"，何可自洁？凡与国计民生有害者，必绝之耳。传闻北京一老杨言曰："我老婆可以离婚，唯心论我不放弃。"也可能是张东荪先生。不粉碎"四人帮"，没有言论自由，一切学派文化都被窒息。其文科学有素养者，不但被弃，反而遭殃。往事已矣，眼向前看。……琅琊寺已遭"四人帮"之阨，象教已无迹可寻，何来大德克副狂沙弥之望？

姑挂号邮寄近著《九歌新释》，幸勿恃一堂之批准，而由法眼菩萨之鉴定耳。《耕耘》第二期，颇有起色。《酿泉》二期，也将与读者见面，定邮寄以收"相观而善"之效。

《耕耘》二期，以重要地位载周伯萍先生一绝句，从其署名，附记所在，及其与总理关系，疑伯萍即令兄本厚，而诗有宋味。令兄之笔，据五点推测：（一）非连理枝头无此好言。（二）必是周总理门下健者。（三）署"伯×"可能与老弟为"伯仲"。（四）后署"写于阿尔及尔"可能即"阿尔巴尼亚"。（五）此作宋味很重，老弟你于宋诗也许连理。不知所推测有当否？幸告！初期见李一氓将军大作冠于篇首，甚怪。询知解放后李将军乃苏北主要将领之一，此诗之被推重，自可释疑。二期见周大使□之作，也大惊。受推重仅次于李将军，而所作大为径庭，妄作五点推测。四点可能取信于人，最后称为宋味甚重，非里手又专攻文论如老弟者何必取笑于人？姑妄言之。

"曾亲教诲萦回久"，与周总理的关系，受教你，时间长，七个字完全足清。"无限哀思遣却难"，由上句受教你，世间长，才能顶上"无限哀思"。"遣""难"是两个谓语，中间用个转折连词"却"，何等老辣！"景[①]仰前行勤亦学"回应朴实，首句"受教"，妙在"景仰前行"四字，抢尽司马迁《孔子世家赞》"高山仰止，景行行止，虽不能至，然心向往之"。"前行"就前面的"景行"，将《诗经》两句抽出四个字，伏司马迁赞语，自比史迁，尊总理为圣人，妙在意境，字里行间，有迹可寻，不是唐首[②]，妙在神韵，可意会而不可言传。收句"余生尽效登攀"必以此句作结，云不是虚悼。自托诸葛，承总理之大业，应有此抱负。"登攀"二字，与上句隐伏的"高山"呼应。据所见言之，未必当也。《耕耘》二期，荒芜先生诗二律，一五言，一七言，甚可观，似较老弟佳什稍胜。旧诗，古体最难，近体五律最难。唐宋惟王、孟、青莲为五律神品，少陵、眉山为妙品，阆仙、后山为能品而已。老弟五律颇工，虽私与老弟信口批评"可比肩前辈，除林老外"。近作二律，似不逮荒芜，但亦可取。诗人有作，不可不隐约自占身份，但不可逾分。左太冲当其诗赋未动江关而步武班孟坚。张平子作《三都赋》，为二陆所讥嘲。谚语"春雪主旱"，因值辅弼周年忌日，托标"瑞雪"，描出"天人共祭"的先贤遗爱之远，意境甚高，身份自

---

[①] 原作"谨"，误。
[②] "首"疑为"道"之误。

在，庶免逾越不自量之讥。荒芜二作，一题"有赠"，文中所赠之人甚明，亦以下位关注国家，不能妄附显贵；一题借明题主名，却运用燕策故事，托为古人颂古之作，影射时事而已。命题不苟，老弟荒芜之作，异曲同工。我常对人有"猪八戒吃人参果"之诮，口过口过！诸君已犯绮语，戒之戒之！老朽更应受恶口之诛，罪过罪过！此祝。

## （七）

本淳老弟[①]：

得肖兵同志信，略有所觉，已与老弟略述，今日复肖君信，当以善意相报。但另有所感，不能不与老弟一提。老弟之师友，才有高下，大抵纯正。亲附诸老如汪辟老、林散老，气中、徐复二教授老，非由我引荐，而亲附之也，自具只眼耳。尤其钦仰冬饮老人及钟老，至性过人，实为难得。肖君有二可疑，提出供老弟参考。

（一）著作引征博而不洽。肖君读书勤奋自应肯定。正文于论著不允洽。越肯读书，越有资本，博而不洽，论著可以欺人，且可假名流相资利用，成为假名流。大惑者，终日不解。当代著名大学文史真教授能有几人，不必点名，大都还不是前世修的。前世者，解放前也。解放前许多开不出课的教授有名气的照有，解放前骗了人。林老说"真读书人天下少"，看看文史哲报刊，方知林老之言不妄。肖君过去所走道路，似乎不妙。

（二）老弟说，"肖君很听老辈说话"，余不敢以老卖老，但以善意相告，弦外之音，从活页预目《鳏为女性》说起。略申好奇好怪之非。更从预目还有《陶诗新解》一篇，不知作者是否即舒城人，蓝田师院老师徐仁甫先生，我与此老近同乡、老同事，相过四年，知之甚

---

① 此信写于1980年1月23日。

深。如系此老,则《陶诗新解》大有问题。贵校活页选材之不慎,主其事者确乎不妙。

## (八)

本淳老弟①:

你们已到莫干山与王驾老、叶芦欢聚,至为欣羡。但不知拙著一包,已交到蒋礼鸿教授否?切复!

务兰纪念□,既赶急付邮,只得挂号寄上。切勿②忘将拙著二种——《历术甲子篇》《中国古代天文历法表解》及《安徽日报》八月十四日一并寄海外。并附一纸,寄费告我,不能累老弟。这两本近著我处已罄,现将老弟两本寄去,我一定有办法还你。

此致
敬礼

汝舟 80.8.29.

## (九)

本淳老弟③:

务兰老弟真是一名虔诚佛子,对我震动太大了。他今天走上觉路,还不忘你对他的启发,又不忘记在永绥□果子园第一次性一法师与我谈话,就在他□□里种下善根。又不忘记在旅馆(肯定是外国)见到《印光法师文钞》,他从来未谈,叹为稀有之妙法,又自买一部

---

① 此信写于1980年8月29日。信眉附言:"前天(8.31)到宁,在林老处遇单人耘老师,谈得甚是投契,希他与昌午二老师早日到琅琊畅谈!汝舟又80.9.2.。"

② "勿"为脱文,据文意补。

③ 此信写于1980年10月26日。信眉附言:"本淳弟:昨天到宁,买助听器,不久将到北京参加佛教会。当天回滁。未到南大。不知杨铸老墨宝二联,气老转到否?王务兰以后还告诉我他们通信处,不能长此累老弟。加之,三妹正集邮,希望有外国邮票。令兄与务兰处请剪几张寄给她。"

《印光法师文钞》,从此素食,专修净业,专精直奔安界。壮哉壮哉!

同时接到叶芦信,说:"驾吾先生避免来客,每天独人带一本书到黄龙洞里去读书写文章。"此老真不可测[①]!叶芦被瞒过了,你有善根,穿过几年海青拜释迦老子,你会知道你老师驾吾先生每天逃到黄龙洞读什么书,写什么文章。如果是写《墨子集注》,一定是阳墨阴佛,用宋五子手段阳儒阴释,挫我四游西湖之想。一造黄龙洞,不知老友还念旧否?我对老弟与宋祚胤之赴莫干山收获如何,入宝而退友,老弟该不至于。林老爷一辈子俗人,今天连多少风云人物,都被他加以"恶客"徽号而严拒之。气老目见老弟现在已是华东风云人物,红是红了,"红"得发紫,就辜负良师(驾吾)益友(务兰)。我最近对王鼎三老弟说:"你们夫妇皆光荣入了党,皆为贵州重点中学及小学的安顺二中及小学书记兼校长,子女已经或将来皆入党,全家在党的光辉下荣幸度过幸福。倘无更高志气,力争上游,归根结底,是一个庸俗伙伴——立小功,传虚誉;犯小过,不判罪——历史上这类庸人岂少也哉?谁不求安而避危?"老子曰"安平素",如来说"常乐我净",试问:孔曰"杀身成仁",孟曰"舍生取义",又怎样解释?庄子说"大惑者终身不解,大愚者终身不灵",几千年历史上象牙塔里面培养了多少英雄儿女!

一为文人,便毫无出息,此鲁迅先生所深痛心者也。文人无行,易于售骗。一乡皆称愿□人,有人捧场,有名可扬,得意忘形,纱帽一带,嘴就歪,名位越高越糊涂。最近黄山开全国哲学讨论会,几百千专家。讨论内容,令人不解。讨论什么呢?有的说:中国唯心论在历史上只有消极作用。有的说:唯心论在中国历史上也起过进步作用。我很疑这批专家对于中国哲学,毫无所知,还是清末海禁大开以

---

[①] 原作"恻",误。

后，一批束书不观的口吻。不承认唯心论有进步意义，是无知；承认唯心论有进步意义，也是无知。根本不懂中国哲学是什么东西嘛，从何谈起？

最近一个月，精神上起了较大振动——贵州十俊之来滁，王务南之来信，林老之游琅琊，叶芦述驾吾之居黄龙洞，还有一项更大振动在等待我——到北京会几位大和尚大居士。坐十个月牢，当二十年右派，实在没有什么振动。1979 年写了十来篇论文，近二十万字，发二千年人从未发，也感到不过尔尔，只有愚昧人才发急，认为渴不及待，要鸡毛上天。

务兰来信说：李约瑟博士是英国人，不是美国人。我清楚记忆，李博士是美国人，著的是《中国科技史》上册，下册将出版。李博士言论弘通，择要记在日记上，据《参考消息》，尚可查到。同时在《参考消息》上可见另一篇报道，是英籍华人著一部《世界科技史》也赞颂中国科技，我未节录。最近感到意义不大，连尊岳与李约瑟博士有故，乃至气兄与方毅院长深契，也不曾想到为个人通通关节；不但无此想，连贵州省委会惠部长之爱，也觉得此老多事。我不消极，不感到有什么"恶客"，好心的儿女朋友要我静养，我说"静养"不如"动养"，此中人语云，不可为外人道也。

老弟不是早晚又到苏州开会了吗？烦造印老法师灵隐寺瞻仰，如有可能，代请一部《金刚经》《观音普门品》《普贤行愿品》。老弟到上海机会也多，不知上海佛学书局开门否？不好意思托务兰在海外求经！此祝

快乐进步

汝舟复 80.10.26.[1]

---

[1] 信末附言："近著四种至少两种（浅释、表解）已否寄务兰？望告。"

## 三、结语

  2019 年是周本淳先生的老师张汝舟先生诞辰 120 周年，作为张汝舟先生的再传弟子，我努力促成滁州学院成功举办了"张汝舟先生诞辰 120 周年全国学术研讨会"。在会议现场，我很幸运地结识了周本淳先生的爱女周先林老师、爱子周武军老师。他们在会议讨论中至情至性的发言令我深受感动，也颇受鼓舞。周先生的另一位公子周先民老师是我素来敬仰的学界前辈，令我粗识周本淳先生生平大略的《周本淳先生年谱》即出自周老师之手。三位老师在会议结束后对我教导颇多，我们也因此结下了深厚的友谊。

  2019 年 11 月，我主持的国家重点古籍项目"全椒古代典籍丛书"首批成果发布会在北京国家典籍博物馆如期举行。这套丛书是为了纪念全椒古代历史上的先贤而汇编成的大型古籍丛书。会后全椒领导请我拟出丛书捐赠名单，我当即想起了张汝舟先生的爱徒周本淳先生。周先生长期任教于淮阴师范学院，后来也曾担任学院领导。我想，以纪念张汝舟先生的古籍丛书赠与周先生曾经奉献过的淮阴师院，这是多么有意义的一件事！于是我通过周武军老师联系图书馆，并捐赠此丛书给淮阴师院。诚如武军老师所言，这正是本淳先生的余德所致。每念及此，我都不禁唏嘘万分。

  今年是周本淳先生诞辰 100 周年，谨以此急就章缅怀周先生的在天之灵，同时怀念那个早已渐行渐远的大师时代。

2021 年 3 月 20 日<br>
于滁州琅琊山脚下

# 悼诗一束

# 哭本淳侄并序
周孝敬

余负笈沪滨，久为侨人，时切乡思，丁亥秋，重过金陵朴园，小住数日。时淳侄执教于南京第一中学，暇作竹林之游，玄武泛舟，秦淮步月，西窗剪烛，纵论古今，甚可乐也。此后余浪迹钱塘，侄亦移居淮安，世事沧桑，风云变幻，不相见者，五十有四年矣。庚辰春，侄自东瀛讲学归来，过余愚庐，乃得复见，相对唏嘘，倾语尽日夕。颂王粲登楼之篇，咏杜陵垂老之别，回首旧游，有寂寞荒江之感。而侄独旷然无累于物，闭户著书，啸歌自适，其胸中蕴藉，宜有大过人者。方思小别重聚，期颐寿考。何意竟示微疾，殁归大化，哀讯传来，弥深人琴之恸，唯念曩昔游处之乐，一弹指间，陈迹俄空，因赋长句，以志悼念之怀耳。

半生淮海寄高踪，谁识仲容国士风。
讲学未忘天下事，著书犹有百家融。
春涛歇浦三年别，秋月秦淮一梦中。
回首旧游空幻迹，那堪衰泪洒江东。

癸未仲冬周孝敬

## 四言诗·礼赞先贤十六韵
——读《我们的父亲母亲》

吴金华

1978年攻读研究生时,从常国武先生那里听说,在淮阴高校任教的周本淳先生品学极高,心窃慕之。1987年的一次国际学术会议上,经先师徐鸣谦先生介绍,得识周公,并合影留念。今年7月因先师逝世到南京参加追悼会,遇同门学友周先林君——周公之女公子也,始知周公及夫人钱老已经作古;及至9月初收到所赠《我们的父亲母亲——周本淳钱煦追思录》,又知先师徐鸣谦先生于2004年11月15日为此书作赞云:"褒美佳偶,务实求真。广施教泽,淮海驰闻。昔睹骚解,耳目为新。晚稽校疏,无与比伦。余嘉其业,余敬其人。凡吾朋好,同此凯欣。"吾师敬正直之士,爱创新之文,先师既云"余敬其人",则其人之道德文章可想而知矣。以往只读过周公《读常见书札记》,深服其文史之精;近日获读周公及钱老一部分诗词,更仰其诗学之高。自念鄙陋,无缘向周公请教,怅恨久之。今日又收到先林君惠寄的周公遗著《诗词蒙语》及《骞斋诗录》,更增景仰先贤之情。于是不辞俚俗,草成十六韵,既略报同学赠书的厚意,更聊表礼赞英哲之微忱。

古之遗直,今之守真。彬彬学者,莘莘诗人。肝胆映雪,才气穿云。

笔有巨浪，目无纤尘。时弊洞察，忠言直陈。忽值无妄，竟触逆鳞。

岂惧放逐？何畏艰辛？患难与共，伉俪无伦。既度浩劫，如返青春。

峻峰①脱雾，和气送薰。魑魅怅怅，亲朋欣欣。上庠传道，东瀛腾芬②。

惠施桃李，福贻子孙。贤子贤孙，能诗能文。追思恩德，阐发精神。

英喆虽逝，懿范永存。

---

① "峻峰"见《晋书·凉武昭王传》《梁书·夏侯详传》，然《汉语大词典》未收。
② 东瀛腾芬：指周公曾应邀到日本讲学。

## 悼念周本淳诗翁

王斯琴

诗星一夕坠淮阴，
噩耗惊闻痛不禁。
岂料初逢成永别，
因缘何浅恨何深。

2002年9月9日

# 悼诗（外一首）
符柬明

### 哭蹇斋教授

块垒多年借酒烧，
蕙兰不意竟先凋。
改诗作序诗兼友，
泪湿秋衫痛未消。

2002 年

### 呈蹇斋教授

昔年白下仰高贤，今日鸿文拜锦笺。
学继乾嘉多大著，诗承韩杜尽佳篇。
同遭放逐身犹健，久历艰辛志益坚。
晚得知音深自慰，漫吟俚句献经筵。

2000 年

## 悼老友周本淳先生并钱煦大姐（二首）

郑天任

泪潜惊噩耗，文星黯淮阴。
山阳同牛鬼，渠北结知音。
半世输肝胆，一生共浮沉。
别来时欢聚，老歌倍温馨。

天丧斯文日，南冠意气亲。
笑谈文革事，漫话牛棚吟。
高歌长征路，校著日丰盈。
桃李满园好，师表垂后人。

2004年9月

# 追怀周本淳先生（四首）
吴在庆

肥西周骞斋本淳先生归道山有年，其贤嗣先惠、先林君等拟编纪念文集以寄蓼莪之思，来函请文。骞斋乃予素所敬重之师友，不道哲人遽萎，哀何以堪！抚念前尘，感怀交集，吟此以为悼焉。

一

初见金陵恨校迟，相逢鹭岛又缘诗。①
周家事业泽流远，君述骞斋皆我师。②

二

校勘《才子》著鞭先③，《蒙语》谆谆笔似椽④。

---

① 20世纪80年代后期，即与公书信往还，90年代初始于南京国际唐宋诗词会上相见；1992年秋，复于厦门唐代文学国际学术讨论会中相逢。
② 业师字君述，亦周姓。公诗题中曾有"台湾阮廷瑜教授出示与家君述教授唱和七律"之句，亦以业师为本家。
③ 公有《唐才子传校正》，乃最早为此书校勘者。
④ 公曾寄我所著《诗词蒙语》，中多有心得之言。

还有名山功业在,《总龟》《渔隐》俱流传[①]。

## 三

耿直温文钟一身,岂期正气反蒙尘。
士人风范传千古,赖此争来禹域春。

## 四

公赴蓬莱道友期,忍看旧雨洒如丝。
闽南连月阴霾日,信是乾坤亦泪滋。

吟于 2005 年 2 月 19 日星期六

---

① 《诗话总龟》《苕溪渔隐丛话》均为公所校点,其功伟然。

# 七绝一首

王翼奇

鱼雁频通读稿时,周行示我见真知。
书林秋叶红谁扫,人远风微不尽思。

曩曾责编《唐人绝句类选》,与周本淳先生书札往复,获益匪浅。后又读先生读常见书举误之著,弥深孺慕。今先生已归道山,请益无由矣!哲嗣先惠、先平、先民、先林、武军诸君书来索稿,欲为哀思之录,因成一绝,书寄秣陵,言有尽而思无穷也。

2005 年 3 月 18 日

## 悼念周本淳诗友乡兄

丁大钧

耄耋已过未识荆,交流诗著感知音。
半生经历坎坷路,录入名书慰寸心。

注:

上海文艺出版社将周本淳教授著作收入了著名的"学者讲坛丛书",可以告慰英灵矣。

## 悼诗三首

洪 桥

本淳兄下世二年余,其子女来函征稿,怅然有怀,率成俚句以奉。

同遭天火怯焚身,廿载飘零役梦魂。
长日诵骚聊下酒,冤平已是白头人。

杏坛解惑久驰名,立说学林气象新。
长铗三弹时运转,车来马去政声闻。

一家和乐破愁云,内有贤良弥足珍。
凤老群雏欣有托,梅兰松竹满华庭。

2005 年 3 月 21 日

# 哭周本淳先生
荀德麟

## 其一

泰倾斗坠楚淮惊,夏日无光暑雨频。
骨已灰时知恨晚,忆方殷处冻飞云。

## 其二

把酒论文重鼎言,直声肝胆照人先。
龙门错爱今生愧,惠作赠诗感忘年。

## 其三

将渡扶桑困病时,耳提面命授机宜。
校文理稿良多益,十载萤功总觉迟。

## 其四

典型顿失杏坛空,道义文章孰与同?
更取《謇斋诗录》诵,一重吟奠一悲风。

# 先父诞生九十周年纪念日记梦寄怀
周先民

年年冬至自难忘，今岁此时尤断肠。
碧落黄泉九载远，眉头心上五更长。
为师为父隆恩在，立德立言宏愿偿。
忽梦呼儿备酒盏，醇醪饮罢好还乡。

注：先父逝于 2002 年 7 月，距今已九年余矣。

2011 年 12 月 22 日

# 恩泽难忘

# 点点滴滴在心头
周先惠

有许多记忆，埋藏在心的深处，如果不是爸爸妈妈的去世，也许还不会轻易打开。

那是我们很小的时候。大板巷44号，大铁门，一排长长的带走廊的地板房，有好几层台阶，每间房都有南北门，朝南是一片平地，种着花，朝北有条路，路北又有一排平房，东西两边都是通道，西边的不在路口，我们叫"巷裆"。这里住着九户人家，都是一中教师。听说这房子原来是日本人的医院，它是我们儿时的摇篮。

不记得爸爸教我们什么功课，只记得每天晚上，我们正玩得高兴的时候，只要一到八点多钟，爸爸就会不停地提醒我们回家睡觉，每次我们都是恋恋不舍地很不情愿地回家去。这个习惯也传给了我，儿子上学的时候，我也是不管他的功课，却十分注意他的睡眠时间，也会老催他休息。

记得没上小学的时候，爸爸每天给我一分钱，到巷口的小书店去看两本小人书。上小学的时候，一次不知什么运动，要写小旗子。老师说你爸爸写字好，我就带旗子回来请爸爸写。爸爸写好了，我一看有许多笔画是虚着的，就自作主张用毛笔又描了一遍，其实是把好端端的字描坏了，可是却不记得爸爸说过我。

可能是三年级吧，妈妈送给我一本橘黄色的日记本，上有"苗地"二字，要我学写日记。记得有时候没得可写，就写道："今天没有什么事，就不写了。"也算一篇吧。妈妈还经常教我们写信，如果说今天能写点什么，就是小时候开始学的。

爸爸教我们下象棋，每次让我们车马炮，记得弟弟进步很快，后来爸爸就不让子了，再后来，弟弟有一次居然把爸爸打败了，我们都高兴得拍手，爸爸也笑了。我们家还有一个传统节目久玩不衰，就是比心算"24点"。四人每人一摞扑克牌，一次同时出一张一起翻开，看谁算得最快，最慢的一人把牌全收走，最后谁手上有牌谁输。爸爸妈妈和我们一起比，爸爸经常是牌还未全翻开就拍手，然后大家逼他说出答案，他实际这时才开始组合，因为方法多种，他算得快，往往眼睛一瞄也就脱口说出了答案，但也有根本不可能的，只好把牌收回去，我们就一起嘘他。后来我们也学会了这种先斩后奏，这个游戏对训练我们的快速思维实在功不可没，现在回忆起来都乐不可支。

一到放假，爸爸妈妈只要有空就带我们到郊外去，到公园去。因此我们从小就和爸爸妈妈一样热爱大自然。一到郊外，就陶醉在树木的清香中，快乐无比。现在想来，这真是爸爸妈妈留给我们的宝贵财富，受用终生。

爸爸爱好体育，我们很小的时候就教我们学游泳，我至今记得我和妹妹的第一件泳衣都是蓝色的。大一点的时候爸爸就带我们到中山门外的前湖去游。从小就让我们养成了运动的习惯，这又是让我终身受益的。

妈妈还喜欢教我们朗诵，我7岁时在北京伯父家住过大半年，回来一口北京话，所以普通话有基础，并且爱上了朗诵。记得一有客人来，我们就要表演节目，有时候妈妈还把她做的诗让我们朗诵给客人听。后来我考上了南京小红花艺术团朗诵组，至今有些诗句还能依稀背出呢。

我们院子里都是教师的孩子，按年龄自然分成几拨，和我一般大的，每天晚上手搀手围着院子边走边唱，每逢大的节日，还经常把各家的家长都请来，开茶话会，我报幕，大家一个个上去唱歌跳舞表演节目，好不热闹。我们还喜欢做买卖，个人拿着乱七八糟的东西，互相谈价格，你卖给我，她卖给你，还用自制的小秤来称，讲的是普通话，现在想来真好笑。还有办家家、烧饭做菜，等等。记得有一次，我们在比踢毽子，爸爸妈妈也接过去，居然一下踢了二十几个，令我非常吃惊：他们怎么会玩小孩子的东西？他们也会踢？其实那时候他们也不过三十多岁，为什么不会踢呢？

大概是1958年，有一天，邻居小孩和我们闹矛盾，吵起来了，就听她说："右派！右派！"我很气愤，怎么能这样骂人。就跑回家去告诉妈妈，没想到还是真的，这时候我才知道爸爸被划了右派，妈妈一直瞒着我们的。但我的记忆中，我们从没有感到过委屈，每天都是阳光灿烂，是我们亲爱的爸爸妈妈守护着我们那天真的童心、纯洁的童心，或者说，他们本来就认为他们是对的，爸爸是受冤枉的。那时候，在学校里我是三好生、队干部，在家里，我们天天快乐玩耍，所以我的童年真是无忧无虑的幸福童年。1962年我顺利地考取了妈妈所在的学校——南京一中。

进入中学后，我的学习成绩还是在班上领先的，还参加了田径队。在我初中毕业时，曾狂热地想去新疆建设兵团，那时候，"左"的气息已经悄悄地蔓延在学校，到"文化大革命"开始时，爸爸妈妈先后遭罪，我经历了不堪回首的岁月，人生最美好的青春岁月对于我却是孤独与痛苦，是我一生中最不愿回首的一页。1968年10月，从大妹妹报名到内蒙古插队开始，我们姊妹仨一个个离开了南京，1969年底，爸爸妈妈也自愿报名下放到了淮安。那时候，我已经知道了农村的苦，可是爸爸妈妈却像庆贺节日一样，当时我无法理解，现在想来，当时他们对南京实在伤透了心,而爸爸随遇而安的东坡性格在农村的艰苦之中放射出巨大的光芒。妈妈作为一个重点中学的语文教师,去教一个农村小学的一年级学生,却也认真负责,兢兢业业,毫无怨言。爸爸下去时让他管下放干部盖房子的木料,本是一个"肥差",他却是把好木材都分给别人,自己拿了最细的盖房子做梁,结果不能用,又返工。

记得有一年回家,我闷闷不说话,妈妈觉察到了,在我回乡时,特地写了封信寄给我,让我无论遇到什么事情都要想开点,一切都会好的。后来我遇到了爱我的人,也是知青,就是我现在的爱人,生活在我面前豁然开朗,妈妈为我高兴。回家的时候,她送我一个小小的手电筒,春夏秋冬多少夜晚,就是这个小小的手电照亮了漆黑的田埂,每天伴着我去约会,细心的妈妈为我想得真周到啊!

1976年我调回了南京,1977年元旦结婚的时候,非常简单。记得第二天,爸爸特地在曲原酒家花了35元请了一桌,非常丰盛。那是我一生都不会忘记的,爸爸不想委屈他的女儿啊,可是女儿又为您做了什么呢?有件事我非常后悔,那是2001年吧,爸爸妈妈住在我们家,不知谁送了个大柚子,很香,那天爸爸兴高采烈地捧着柚子,嘴里说着:"吃柚子了,吃柚子了!"就往客厅去。我却不知哪根筋出了问题,说先吃苹果,爸爸又把柚子放回了餐桌。事后我想起来,真是悔恨,爸爸,您当时为什么不说我几句呢?2002年6月,爸爸妈妈远游归来,怕给我们添麻烦,先住在首蓿园一个招待所,我一听条件不好,赶紧把他们接回家来。后来看爸爸日记才知道,每天我喊他吃晚饭时,他其实正在津津有味地看动画片,但他从不让我们等他,就和我们一起吃饭了。其实等一会儿完全不妨碍,他却一点不提。爸爸,您总是为别人着想啊!

别人送我的补品,我说了一句:"以后寄给阿平。"没想到爸爸当天下午就一个人过马路走二十多分钟路到邮局去寄了，因为是小玻璃瓶装的，要一个个包起来，他又去买了卷纸，仔细卷好，寄完以后回来兴高采烈，好像完成了一件大事。我想远在内蒙古的妹妹收到的不是包裹，那是老父亲的一片爱心啊。

1999年9月，爸爸妈妈住在我们家，到商店买东西时妈妈摔倒了，睡在床上几天不能下地，近八十的爸爸跑里跑外照顾妈妈，还是兴高采烈的，2002年的3月，小民从日本回来探亲，我和他一起去淮阴，在家里住了几天。我们天天打几圈麻将，有说有笑。有一天爸爸打牌时忽然起身上厕所，但还是把裤子搞脏了，妈妈立刻去帮他换掉，也没有说一句责备的话。

爸爸从2001年的12月7日开始记日记，他去世后我读到他生命最后一个年头留下的笔迹。每天都是津津有味地叙说着件件小事和感受，最让我感动的是他的生活态度。其实，学校的自然环境虽很好，却经常停电，甚至还会停水。他们用的是太阳能热水器，却需要电才能工作，一停电就洗不了澡，可是爸爸从来没有抱怨过，总是写道，几时来电了，沐浴甚畅。他总是对生活抱着感恩的态度，哪怕是被小偷偷掉一样东西这样的倒霉事，爸爸叙述起来也是活灵活现。妈妈说，你看爸爸，好像捡到一件宝贝一样。是呀，既然不可挽回，为何要让自己痛苦呢？这就是他乐观的生活态度。我想，爸爸的学问高深，我是不可能继承了，但他的生活态度却是深深地融入了我的血液，我正像他那样享受着生活带给我的一切，这种精神将陪伴着我愉快地走完属于我的人生。

以上是我写于2004年11月的回忆父爱的文章，距今已近十七年了。亲爱的爸爸，您离开我们已快二十年了。现在，在纪念您的百年诞辰之际，我想将您驾鹤西行后我及全家的情况，择要向您汇报一下。

首先要告慰您的是，我们的儿子张晗，2006年在美国提前一年获得博士学位，现在是日本一家研究所的一名年轻科学家，他的创新发明正处于投产准备之中。他和孩子们在日本的平安幸福令我们十分欣慰。

二是您的子女一直延续着亲密的手足之情。我们曾一起奔赴青藏高原，沐浴了布达拉宫的圣洁之光；我们曾一起参加了钱氏家族大聚会，相聚杭州，专访妈妈的故乡嘉兴；我们更曾远赴贵州，沿着您和妈妈读书时的足迹，走进了西迁时的浙大，游览了山清水秀的湄潭和遵义，那也是您和妈妈的爱情诞生的地方。

三是我在西祠胡同创办了以交流"老三届"人原创文章为主的"珍藏散落的珍珠"板块，它在几年时间里声誉鹊起，正如珍珠闪着淡淡的光芒。我在这里结识了好些新朋友，他们的人品、才华和友谊让我受益终身。同时借助网络和老年大学平台，我找到了酷爱朗诵的好友，创办了珍珠朗诵团，这可以说是我有生以来值得纪念的两件大事。

当2018年我70岁时，眼前一直闪现当年爸爸挥毫写就的四个大字——"七十初程"。为了纪念知青下乡五十周年，作为策划组织者，我为一场高品质的诗歌朗诵会而全力以赴。可谁能想到，在距离正式演出只有三天之际，我突发脑梗住进了医院，一切努力付之东流！一个常年在紫霞湖劈波斩浪的冬泳爱好者突受厄难，躺在病床上动弹不得，一时间感到前途不堪设想，万念俱灰——原来上帝给我的"七十初程"竟是"七十学步"。

这时是爸爸随遇而安、凡事往好处想的处事理念引导着我，是亲朋好友的爱的暖流拥抱着我，终于让我走出了沼泽，接纳了现实。我的诵友们一直陪伴着我的康复之路。在2019年中元节的时候，我坐着轮椅去看潮，那个夜晚，钱塘江边，万籁俱寂，明月当空，我们《春江花月夜》的朗朗诵声成为最最美妙浪漫的珍贵回忆。而后我又经历了视力下降的危机，这时候，我就尽量用听和说来弥补。2020年秋天，我和诵友们合力完成了《老人与海》的诗朗诵音频作品，这是一首赞颂顽强拼搏的生命之歌。可是考验还在继续，在庚子年年末，我竟然又遭遇了股骨颈骨折的打击，是妹妹先林和丈夫张俊方方面面的帮助照顾，才让我渡过了最艰难的时刻。而这个辛丑年的春节是张俊陪伴我在医院度过的。出院以后我又开始了再一次的蹒跚学步。但我已不再悲观失望，而是为自己每一天每一个细小的进步加油。和以往一样，钢琴和朗诵是我最好的精神寄托。

亲爱的爸爸妈妈，我是你们热烈爱情的结晶，是你们给了我年轻健康的基因，它独一无二、神奇美妙，它有着强大的自我修复功能。我将用自己的余生告诉人们，在与衰老、病痛伴随的道路上，一个人也可以走得很远，有生理缺陷的生命仍然可以继续它的精彩，直至终点。

亲爱的爸爸妈妈，往日的点点滴滴正如春风化雨，滋润着我"七十初程"的岁岁年年。作为你们的长女，我很骄傲。此刻我能够感受到你们赞许的目光，感受到你们在天之灵的深深祝福。

我们永远在一起！

2021 年 3 月 29 日

# 半儿纪念
张 俊

二老走了,前后只一年多一点,走得都那么猝然。至今念及,凄然中总有一种朦胧,仿佛二老仍健在淮阴(今淮安),不久就会来宁小住,或转道出游或讲学访友。我每次出差途经淮阴,总会提醒自己,仿佛不如此又会习惯地将车停泊在岳父的北窗下……

我与二老相识、相交、为翁婿已有三十六年。小朋友两年,准女婿就达六年,后"准转正",二老始终给我以父母之爱、师尊之诲。

初会二老是在 1969 年初春,我们知青互相认门,以便日后好互通信息。好像到大板巷已是明月当空的时候,大院子中央一排日式带走廊的平房,走廊前还有三四级水泥的台阶。那晚好像停电,好大的月亮把屋顶照得白花花的,走廊是上暗下明,台阶泛着又冷又硬的白光。月光还照进屋子,在地板上拉出一个不规则的长方形。二老住着足有 40 平方米的一大间,中间一隔为二,右端开一个门。外间是会客兼书房。迎门的板壁前放着高大的书橱,地板上还堆摞着书籍,还有古色古香的红木书匣,上面刻着认不出的字。靠右端的台子上点着一根蜡烛,既照亮外间,又透过门洞照进里间。那晚好像二老已经睡下了。借着昏黄的烛光,我透过玻璃,努力想看清并记住那挤得满满的书籍。一本本砖头般厚的"大书",一函函"古书"(线装书),顿使我崇敬中升起一种神圣。我一边跟里间的岳父问着什么,岳父用不是普通话的乡音应着什么；一边继续搜索着书名。大概一心二用，结果什么也没有记住，只留下了好漂亮的房子、好多的书籍、好大的学问、好高级的人家的印象。这次只闻其声未睹风仪的拜访却留下了一个心理暗坎，那就是以后可不敢在二老面前谈语说文。

其实二老是非常可亲可近的人，尤其是岳母，哪怕第一次见面，那和蔼可亲的谈话都使人倍感温暖，如在母怀。1972年2月，我和先惠已相恋整整一年，约好到已下放淮安（今淮安市楚州区）平桥公社孟集大队陆庄生产队的岳父母处禀明情况接受审批。那时岳母已在平桥中学教书，岳父在平桥公社"毛宣队"。二人工资在全平桥是最高的，用现在的话可谓之"大款"。我一介初中二年级尚未读满的知青可谓要啥没啥，一无所有。凭什么娶人家的女儿？凭什么获得"批准"？二老不会不知道嫁女选婿的最基本的条件。好在我那时无知，无知则无虑，无虑则无忧。到了平桥，天已近晚，略作交谈后，二老就带我们到平桥最大的饭店，品尝了最好的当时商业部定牌菜"平桥豆腐"。第二天，我和先惠下到离平桥18里地的陆庄家里。二老还在平桥买了鸡，托人带到陆庄，以资招待。10号，二老专程赶回家，晚上弟妹和奶奶都到北排房子休息了，约我和先惠在南排草房谈话。一方木桌，一盏罩子灯，一人一方。二老先让我们各自陈述，对我们很理解、同情，只是劝导我们好好接受再教育。11号，岳父和先惠专程送我到淮安，12号我踏上了早班返南京的长途客车。

回南京以后，我给二老寄去问候和感谢的信。岳母在复信中单备一纸，为我一个字一个字地纠正我那封信上的错别字。我觉得就像妈妈俯身给我身上的衣服缝补一个一个小窟窿。这样两三次以后，写完信的我都要对照字典自纠一遍。殊不知四年以后，我已经在给我的学生纠正错别字了，那最早的师范就是岳母。

二老对孩子们的理解同情，对女儿选择的支持，对准女婿的宽容、帮助,是那样深深地感动着我。

1974年9月,我被推荐上了晓庄师范。1975年,先惠由陆庄迁到离南京很近的江浦县农村,我由学校到长途车站接先惠。她跟我说,妈妈在她离家时讲"迁过去了,大家就要好好过"。听了这话,我心头不知怎地感到悲凉。岳母对女儿的叮嘱,平淡中透着母亲的担忧。我尽管不知道以后的生活会怎么样,但我们一定"好好过",决不辜负岳母的一片心。当时的感觉至今仍刻在我的心上。

先惠迁到江浦以后,每年的春节,我和先惠都是到二老那里过的。平中的一间大教室被木板、橱柜隔成几处,既是几代人的卧室,又是客厅、书房和厨房。我被安排睡双层架子床,所有人铺的盖的都是岳母一人操持。晚上大家睡在各自的床上,轮流讲故事。记得我当时讲的是罗马尼亚电影故事《巴布什卡历险记》。过后,岳父笑着说,不错,会讲故事,也能当个教师了。那时还有排球赛、象棋车轮战……在岳父母的身边过春节总是那么有乐趣。

1977年我和先惠完婚后回门,岳母才安排我们住一起,专门为我们借了房子,床上用品全部换为新的,感觉特别温馨。我还奇怪,岳母也讲究老百姓的旧风俗。

1978年2月,岳父母调到淮阴师院教书,各方面条件就更好了。春节大聚会,办舞会、唱歌会、赛排球、去花街吃包子,真是很丰富。而这一切,总是二老出钱。除各小家送的礼物外,凡代买的东西都一一算清给钱,不让小家庭开支。

岳父母家习惯是早睡早起,我则是晚不睡早不起。到了早上,他们都尽量把声音压得很低,为我把饭焐在焐子里。1990年,我在省级机关被下派响水县工作。有时未赶上直达车,就买到淮阴的车,在岳父家吃了中饭再转车去响水。一次进门,岳母不在家,岳父靠在床头看书,得知我还没吃中饭,竟丢下书,亲自下厨为我弄饭。岳父知道我在家不烧饭。我赶紧从岳父手里接下锅子，无论如何要自己弄，老人还是把各项东西为我准备好后才离开厨房。

岳父对我的关心更多的是在学业上。1975年夏天，岳父叫我到平中为他晒书，6年前没看清的终于可以看清了。十几天晒书，使我了解了老人的全部藏书，也了解到一个中学语文教师应该读的书。每年春节，岳父母都要推荐我读一两本书。1976年我被分配到南京一所中学做语文教师，岳父很高兴。他说趁现在年轻，多读些书，古代散文至少要熟背百十篇，诗三百首，深入研究一位文学大家，然后搞语文教学才不至于讲错话。1978年，先民、先林考上南师大以后，每年春节，岳父就给我们开讲座，讲文史知识，讲目录学，讲音韵学，讲工具书的使用。岳父说把这些工具给你们，把方法教给你们，你们就可以去钻研了。世上的书是读不尽的，读书是一辈子的事。1978年，岳父为我买了第一本旧注的原著——杜预的《春秋左传集解》，那是我读原著的开始。1980年又让我买了《古代散文选》。1982年，省教育学院招收二期高师本科班，岳父亲自为我要来一个报考指标，当我考取时，岳父写信祝贺："我心甚慰。"教院两年，我不敢一日懈怠。

岳父嘴里从不要求我怎么做，他是以身教我应该怎么做。岳父好像70岁以前，从不看电视剧，不看电影，不看娱乐消遣类东西。出差一只包，除了常用药就是专业书。那时我家狭小，老人晚间还得住旅馆。早上给老人送早点，一个大房间里二十几张床铺，唯有岳父枕书而眠。在那样的环境里，就那么一点时间，他都读书不辍，勤奋如此。而他那时已是淮阴南师分院政文科教学方面的顶梁柱了。

1979年寒假，我到淮阴岳父母家过春节。学校不知怎的还没放假，在芦席棚搭起的教室里，岳父给学生们上《离骚》。这首诗歌很难懂，我听过不止一次，竟没留下一点印象。由于不懂也就不觉得《离骚》之美，但学中文的又不可不知。我在教室最后面坐下来，岳父边念边讲,边讲边念,两节课听下来,我如醍醐灌顶,不仅字解句通而且当堂背诵不爽,深深被《离骚》折服,不愧千古名篇。可见课上得好不好,完全在教师的学术素养和讲授技巧。我也因此明白了一个教师应该努力的方向。

1978年起岳父在教学之余,致力于著述和校点古籍,出书十多本,每有书出,则赐予我,望我长进。我也每每细读,但都没有读完。学养太浅,消化不了这些鸿篇巨制是原因之一。其实岳父母高中和大学时期,也正是抗战最炽时期,社会动荡,辗转漂流,偌大的祖国已很难放稳一张书桌。岳父有如此渊博的学识,完全靠见缝插针,靠锲而不舍、心无旁骛地学习。岳父这种精神是真正的传家之宝。有了这种精神,干什么事都会成功。

1987年,我不甘当中学语文教师调离学校,干起教育行政工作。1988年底,又调到新办的江苏教育报社当编辑、记者。1992年邓小平南方谈话强调改革开放。1993年初,我就辞职下海经商了。如果前面两个调动都是当时很受人羡慕的话,那么最后的"下海",与岳父母的习惯标准就相差很远了。没有了公职可能引发的危险,那时的人们比今天更敏感,但岳父母都接受并相信我的选择。岳母还开玩笑说我总是干最时髦的工作。

二老在各个时期都是子女们最放心的靠山。他们给子女的支持唯恐不力,给子女的照顾唯恐不周,从精神到物质,主动又细致。然而二老对子女对他们的孝敬,总觉得太多了,总担心给子女们增加了负担,拖累了子女。

我们在南京对二老的迎来送往多些,岳母每次都表示感谢。我说一个女婿半个儿,先民他们又不在南京,我做这些都是应该的。岳母说,我们感谢也是应该的。

1997年我们公司买了轿车,二老再回淮阴,基本上都是用专车送。一次我亲自送，中午在朱坝用餐，二老争着付钱，连饭店的老板娘都笑起来了。我说如是先民送你们，他会让你们付饭钱吗？岳母说，那让你们花得也太多了。

2002年岳父去世，岳母的精神也崩溃了。淮阴感觉不好，我们就将老人接来南京的家里住，上医院我开车送老人去。老人身子重，坐在沙发上人往下坠，我每次抱住她，使她在沙发上坐好。晚上为活络脚部穴位，先民专门从日本带来了电动恒温泡脚桶。桶重水深，保姆也端不动，就由我来端。有时岳母弯腰困难，我就帮她洗脚，她感到不安。后来就按照先惠的建议，由我接着岳母的泡脚水泡脚，这样打水倒水也就顺理成章了。但老人还认为她拖累了我们大家，反复说，她住在这里算什么，总以为住女婿家不顺。我劝她说，你在你亲生女儿家，你不认我是儿子，半个总要算的。你抚养了我们几十年，现在你住这里，完全是应该的。我们还得感谢你，给我们一个机会，让我们的孩子知道应该怎样对待上人。不敢用"伺候"一词，怕又加重她"拖累"的感觉。

先民等人出钱为老人专门租了房子，由先林母女跟老人、保姆共同生活，先惠则每日跑。大家还订了作息表，散步、购物、访友、打牌，可谓朝夕相伴，彩衣娱亲。可岳母还是认为沉疴难愈，不愿拖累儿女而毅然西去……现在想起来，也怪我们对岳母的病太缺乏常识，加上岳母的自我掩饰而盲目乐观，让我们至今愧然、潸然……

…………

二老已经安息在南京雨花台功德园的芳草翠柏中，墨玉般的大理石墓碑上镌刻着岳父的自挽联"应尽便须尽，有生如无生"。这是二老为人的准则，也是二老为人的写照。他们是真正做到了。人生匆匆，惟德惟馨，世世传承，悠悠久远。

2005年10月

## 难以忘怀的父爱

周先平

今年12月22日是父亲诞辰一百周年。虽然他离开我们已经快二十年了,但他的音容笑貌和恩情教诲却时时萦绕在我的心里。

记得我们童年时,父亲母亲是中学老师,平时忙于工作,但到了休息日,常能带我们兄弟姐妹去公园,亲近大自然,呼吸新鲜空气,锻炼身体。寒暑假是我们最开心的时光,完成假期作业后,父亲教我们游泳、打乒乓球、下象棋等,让我们感到无穷的乐趣,至今打乒乓球仍是我的爱好。在学习上,父母亲注意培养我们的自觉性。在思想品德上,要求我们做事认真,待人真诚。在生活中,分配家务事给我们几个子女各司其职地去完成,培养良好的劳动习惯。

每逢过年,父亲母亲不但给我们每人买新衣服,让我们享受美味佳肴,还带我们给亲友拜年,观看夫子庙的灯会,等等,真是开心又快乐。童年在南京拍的全家福和在公园拍的不少照片我都珍藏在相册里,它们陪伴我走过了一年又一年。

1958年,父亲因仗义执言被错划为右派,工资连降三级,在南京市教师进修学院图书馆任管理员。我们一家十口人(包括保姆)生活水平急剧下降。父亲母亲尽其所能,努力保障我们的营养。正因为如此,直到现在我们的身体都比较健康。

父亲是人民教师,曾先后在遵义省立高中、南京一中、南京教师进修学院、平桥中学和淮阴师范学院教学。他不仅向学生传授知识，同时还注意培养学生的思想品德。他的学生遍布祖国各地，可谓桃李满天下。直到今天不少学生还在怀念他。

1966年的"文化大革命"使我们家与全国人民一样，历经磨难。父亲母亲在单位遭到批斗，我支边去了内蒙古鄂尔多斯乌审旗乌兰陶勒盖公社插队。临行前母亲带我们兄妹6人去拍了照片，后又带我去父亲单位看望关在那里的父亲。父亲精神还不错，叮嘱我要好好锻炼，不要想家。

没想到我刚离开南京一年，一家人又被下放到江苏省淮安县平桥公社。当我到公社拿到家信时，打开一看，顿感凄凉，南京没有家了，不由得泪流满面。1970年春节前，我们草原四姐妹一起冒着严寒历经路途的艰难回到南京时，她们都兴高采烈见到了父母，而我只能借住在邻居家，过了几天才到淮安县平桥公社孟集大队陆庄生产队见到了父母亲、奶奶和兄弟姐妹。一家人住在两间茅草房，但他们却能坦然对待。一家老少三代9口人过了团圆的春节。

1969年《毛泽东选集》四卷合订袖珍本出版发行。父亲立即给我寄了一本，并在书的扉页上题诗："送汝草原去，余怀喜不虚。两年真觉悟，千里好驰驱。勤励雷锋志，精研主席书。牧民如父母，休念旧家居。"看到父亲的诗，倍感温馨。在牧区插队的4年，我和牧民同吃同住同劳动，亲如一家。他们亲切地称呼我为"玛乃呼很"，汉语义为"我们的闺女"，并给我起了蒙古族名字"赛罕琪琪格"，义为"美丽的花朵"。牧民热心地教我放羊、挤羊奶、接羊羔、给羊灌药，教我从深井中打水、背柴、种地和打井，等等。蒙古族牧民对美好生活的向往、热情豪爽的性格、不畏艰险的意志，激励我战胜了种种困难，从一个南京市的中学生转变成新时代的牧民，并与蒙古族牧民结下了深厚的感情，在广袤的鄂尔多斯高原留下了青春的足迹。

1972年7月,在知青的帮助下,我分配到乌审旗河南公社供销社工作,成为自食其力之人。1973年初,在取得双方父母的同意后,我与同样家在外地的蒙古族青年教师巴图结婚成家。1978年初,我和爱人带女儿到淮安平桥公社探亲,父亲亲自到淮安县迎接我们。全家老少四代10口人,欢欢喜喜度过了春节。

1978年2月,父亲调到淮阴师范学院,教古代文学史、古代文学作品选和文化史等课程。父亲因教学工作出色和科研成果显著,获得过曾宪梓教师奖,并享受国务院政府津贴。曾任淮阴市政协副主席、淮阴师范专科学校副校长等职务。

1980年3月,父亲1958年错划右派的冤案得到改正,他特地给我写信,让我分享喜讯,并在南京兴高采烈地宴请亲朋好友。同年8月父亲到北京国家图书馆查阅资料后,特地坐火车来呼和浩特看望我们一家。

父亲是研究汉语言文学的专家,而我公公是研究蒙古语言的专家,两人交谈甚密。他又与在内蒙古的分别几十年的老朋友相聚,畅饮茅台酒,共叙离别情。父亲还去昭君墓参观并题诗一首:"数家寰区总是春,汉胡战伐杳无尘。昭君大义光千古,留得青青慰远人。"表达了对昭君出塞和亲历史功绩的赞誉。父亲并将此诗书赠与我(手迹照片见本书"手迹一组")。而这里的同事与朋友也经常戏称我是昭君出塞。

1984年夏天,父亲母亲从淮阴坐火车来呼和浩特看望我们,全家人特别高兴,我们一起去五塔寺、昭君墓、大昭寺及满都海公园等地游玩,并拍了全家福,留下了永久的纪念。

1990年4月,从父亲打给我的电话中得之,弟弟先民要去日本留学,我赶紧请假,坐火车经二十多个小时的路途赶到南京。父亲母亲也到南京为先民送行。然后我与父母亲一起回到淮阴,度过了愉快的假期。临行前,父亲又特书一首近作赐我:"当年逐日更追风,晚服盐车峻坂中。汗血利民心自足，昂头一笑夕阳红。"《花甲自述》诗他也书写后赐我："行年六十化，一酌漫悠哉。谬听人呼老，谁怜心尚孩。彩衣犹许着，强项不知回。蹴鞠随儿戏，歌吟共妇咍。夜窗勤校读，时命破愁哀。天道初阳夏，神州吉运开。战灾足鸡黍，调鼎得盐梅。善启群英愤，高歌四化催。骥驽齐尽力，青老竟呈才。试目中华盛，先干庆捷杯"（手迹照片见本书"手迹一组"）。看到父亲的自叙诗，就像看到他孜孜不倦勤奋著书立说的身影，对我是很大的鞭策。

1994年秋天我回家探亲，看见父母亲退休后生活安排很有规律，每天坚持看书读报，从事学术研究，还坚持早、中、晚饭后在校园散步。父亲每晚坚持练习书法，并书赠八个字给我："从颜所乐师孔之时"（手迹照片见本书"手迹一组"）。让我向孔子的学生颜回学习，安贫乐道。现在我可以告慰父亲，我基本上做到了随遇而安和知足常乐。

兄弟姐妹都工作和成家后，父母亲把更多的爱赐予了我。每次通信中，都很关心我们全家的生活，不断鼓励我们进步。每逢佳节，总要给我们寄钱和物，改善我们的生活。每当我家遇到买房或者子女上大学等大事时，父亲母亲总是慷慨解囊相助。在父母的影响下，兄弟姐妹也无私支援，帮助我家渡过一个又一个难关。最近几年我家有困难时，兄弟姐妹依然是积极援助，令人感动。

1998年夏天，兄弟姐妹们为父母筹办金婚纪念。我带女儿从内蒙古到南京，大弟弟一家从日本名古屋回国，父亲母亲和小弟到南京，在大姐家欢聚一堂，庆祝吉日。

2000年是父亲的八十寿辰。8月中旬，我带小儿子回南京，我的大儿夫妇从苏州到南京，大弟弟一家从日本名古屋回国。8月18日中午，我们在饭店聚餐并合影留念。下午，在大姐家给父亲祝寿。我们姐弟妹5人共同朗诵大弟弟写的《八十颂歌》，孙子孙女齐声高唱《生日快乐》歌，气氛热烈，激动人心，令人难忘。

2002年7月20日傍晚，我从呼和浩特回到淮阴探亲休假。一进门，就听到母亲说，父亲病了。我赶到床前，看到父亲面容憔悴，令人心疼。那么一个谈笑风生、乐观豁达的父亲，为什么会突然变成这样？第二天，我和弟弟陪父亲去住院检查治疗。姐姐一家和妹妹一家从南京赶到淮阴，大弟弟一家也从日本名古屋赶来，我们陪伴在父亲床边，盼望父亲早日康复，但因病重，大夫也无回天之力，9天后便与世长辞，我们十分悲痛。

从1978年春天到2002年夏天病逝的二十多年里，他厚积薄发，发表论文百余篇，出版了11部著作，超额实现了写10部书报效祖国的宏愿，成为名副其实的当代硕儒。父亲一生豁达乐观，待人真诚，工作刻苦，钻研不止，他是我终生学习的榜样。

亲爱的父亲，您永远活在女儿的心中。

2021年3月24日

## 难忘的 1978 年春节

那顺巴图

2002 年、2003 年，我的岳父、岳母先后离开了我们。我远在内蒙古，与二老的接触不是很多，但 1978 年的平桥探亲还是给我留下了难以磨灭的印象。下面我就把这个印象写出来，借以表达我对二老的纪念之情。

1978 年元月底，我和先平带着两岁的女儿阿林去探望在江苏淮安县平桥的岳父岳母。岳父岳母原来分别在南京市教师进修学院和南京第一中学教书。"文化大革命"，他们被下放到平桥公社插队落户。这是我们结婚五年后第一次去探亲。从边陲内蒙古乌审旗河南公社出发，我们坐火车经呼和浩特、北京和徐州，再搭乘长途汽车途经淮阴至淮安。刚一出站口，就听到一个男子的声音："嗷吆！阿平！"我一听便猜，这肯定是岳父了。岳父跑上来一边和我们握手，一边高兴地说："你好！你好！"看着我们的女儿说："这就是阿林吧！"首次见面，岳父就给我留下一个热情洋溢、虔诚随和、平易近人、一见如故的深刻印象。原来我想，岳父应该是一个具有知识分子架势、文质彬彬而又比较严肃的人，但是这种想象立即荡然无存。仔细端详岳父，只见他中等个儿，两眼炯炯有神，有一个宽大的额头，操着浓厚的安徽口音，说起话来声音洪亮。我们在淮安县城一个小饭馆内吃午饭，然后买车票，准备去平桥。吃饭间，岳父热情地向我们介绍南方的风土人情，介绍淮安名优小吃。同时，岳父还自豪地向店主人介绍自己的女儿和我这个来自内蒙古草原的蒙古族女婿。吃饭的其他客人被岳父的侃侃健谈所吸引，把一双双友善和好奇的目光投向我们。岳父只要走到哪里，哪里便会立即热闹起来。从淮安乘汽车，半个小时就到平桥公社。走入平桥中学，岳母已经得到消息，只见她扎着做饭时的围裙，挽着袖子，叫着我们的名字，跑出来迎接。岳父岳母朴实热情的言语举止，着实令人感动，至今令我难忘。

这一天，只有岳父岳母和奶奶在家，大弟弟先民到陆庄小队去拆除原来居住的房子，妹妹先林因在淮安县城做工晚上才能回来。岳父岳母住的房子，十分简陋，一间大屋用柜子和帘布隔成三部分，一部分奶奶住，一部分岳父岳母住，另一部分作餐厅、书房和厨房。南方的房子不像北方那样严闭，门窗四处漏风，冬天室内没有烤火，人们在屋里也得穿着棉衣。那天，天空阴沉，空气潮湿，到了傍晚小雨绵绵。晚上，先林兴冲冲回来，见到我后，未等我开口，首先便打招呼："巴图同志，你好！"说着便伸过手来，要与我握手。小妹性格活泼，聪明机灵，招人喜爱。她每天都是这样，风雨无阻，骑着自行车，跑五六十里路，来往于淮安和平桥之间。我由衷地钦佩小妹的毅力和那吃苦的精神。岳父岳母这一家人，热情好客，家庭氛围和谐民主，等级观念淡薄。晚饭准备得十分丰盛，再加美酒一饮，我不再拘束，海阔天空，便与岳父聊了起来，谈得非常投机，从家庭琐事到国家大事无所不谈。饭后，我们在岳父和岳母准备的房子内休息。这是一间单身教师的宿舍，因为主人寒假回家暂时借来供我们休息。一张大床上，铺好了新床单，装有开水的暖铜壶已经热好了被窝，这一夜睡得特别香甜。

第二天，姐先惠和姐夫张俊，风尘仆仆，从南京赶来过年。先民也从小队归来。这一下全家更加热闹。遗憾的是，只有小弟周武军，因在部队服役未能回来过年。一看，先惠就是一个心直口快的人；张俊头脑精明，有点文质彬彬，说起话来慢条斯理；先民体格高大健壮，看似久经锻炼过的。岳母是忙里忙外，做这做那，根本没有闲暇时间。我和岳父到集镇上买菜，兄弟姐妹每个人都有事情可做。给子女分派家务，各负其责，是岳父岳母多年来的教子方法，子女们不仅完成了工作，也养成了热爱劳动的好习惯。

晚上，先惠、先林带着阿林去看电影，我和先平留下来与岳母拉起家常。忙碌一天的岳母，这时才有时间和我们说话。岳母更多的是问及先平的生活和工作，我在旁边听着，偶尔也发问几句。岳母心细，善于察言观色和了解人意，特别能够体谅人，对子女充满了真挚的爱。岳父岳母一共养育了六个子女，我想把这六个子女从婴儿拉扯到成人，岳母不知度过了多少个不眠之夜，不知付出了多少心血。对于一个职业妇女，既要工作，又要操持家务，还要养育这么多子女，其千辛万苦是可想而知了。中国妇女多数是勤劳质朴的体力劳动者，而岳母却是知识与劳动相结合的新社会女性的典范。我们在这边说话，张俊却在那边向岳父请教古文。岳父认真地在讲解某一古文词句，从其渊源和本义，再到引申义，解释得精辟透彻。到了10点多钟，岳父又开始练起书法。听岳母说，岳父天天都这样。我问岳父，经常练习书法有何好处。他说练习书法可以达到精气神三者高度统一，其妙无穷；而且同时可以练习毛笔字，提高书法水平；还可以静心专注，提高思想境界。

第三天正是年三十。一大早起来后，大家按照各自的分工，分别忙碌起来。先民负责杀鸡取血和劈柴，先平、先惠、先林和岳母负责洗菜、切菜，我和张俊等负责烧火和蒸馒头。大家一起动手，上午就把过年的东西全准备好了。下午，我和先民打乒乓球，不几个回合便败下阵来。先民乒乓球打得很好。我不服气，又和先民下象棋，岳父观战。下到第二十步，我设下一个陷阱，但是不成功，先民却未看出，大叫"不好，要输棋了"。这时，岳父说："这是假陷阱。"在岳父的指导下，这局棋我又败给了先民。我心中暗自惊叹，岳父不仅精通古汉语，中国象棋也下得很好。

大年初三，我和张俊、先民等去陆庄生产队，拆除岳父岳母原来插队时住过的茅草房。到达小队后，与先民一同下乡的南京知识青年，设宴招待我。知识青年各显神通，每人炒了一盘自己最拿手的好菜，餐桌上摆满了几十样佳肴。席间，大家谈起内蒙古，特别关注蒙古人的喝酒。他们对于内蒙古的了解甚少，即使了解一点，也只是从《祖国啊，母亲》等影片和其他资料中知道片段。他们提议，我用碗，他们用盅，大家一起喝酒干杯。当时，我还年轻，身体好，盛情难却，一连和他们干了几大碗。下午，我们去拆房。这是岳父岳母刚下乡时盖的两间茅草屋，比平桥中学的还要简陋。岳父岳母三代六口人就是在这样一个二十平方米的房间内生活了五年。在我和岳父岳母的交谈中，对于这段生活从未听见过他们叫苦。外国人对于中国的知识分子挨了整而无怨言很不理解，因为他们不知道中国的知识分子是爱国的。有福能享，有苦能受，同甘共苦是岳父岳母的优秀品质，这使我肃然起敬。

通过短短几天的接触，我对岳父岳母的认识逐渐完整起来。岳父是一个嗜好饮酒、善交朋友、知识渊博、思维敏捷、性格开朗、心胸豁达的人。岳母是一个性格内向、心地善良、和蔼可亲的人。艰苦奋斗、助人为乐是他们的共同品德。从岳父岳母身上，我不仅学到许多知识，也学到待人接物和如何做人。

在岳父岳母家过春节，不知不觉，一个星期就过去了。因为我们还要到南京游览名胜古迹，就要离开平桥。岳父岳母专程把我们送到淮安。在去南京的车上，我情不自禁地回想起在平桥的日日夜夜，岳父和岳母的音容笑貌一幕一幕地浮现在眼前，久久不能消失……

2005 年 8 月 5 日

# 父 亲
周先民

2002年7月29日是我一生难忘的日子,就在这一天的19时54分,我无限敬仰和至爱的父亲与我们永别了。

7月19日突接妹妹先林电邮,晴天霹雳一般,说父亲患病,虽尚未确诊,但有可能是肝癌晚期。我闻讯顿觉大脑一片空白,但转念一想,又觉得不可能:老人家身体一向硬朗,四月份体检,肝功能正常;外出旅游月余,5月份刚回来;又听说7月15日还出席了淮阴市委召开的老同志座谈会,并发了言。怎么会一下子就肝癌晚期了呢?在这种万分焦急而又夹杂着一丝侥幸的心情中度过了两天,21号又被告知情况不好,20号已住院。于是我匆匆安排好手中的工作(两个学校的学生期末考试),于23日晨9时从名古屋飞往上海,晚5时赶到南京中央门汽车站,与守候在那里的姐姐及外甥张晗会合,坐他们的车于晚上8时赶到了爸爸的病榻前。当时爸爸躺在病床上,看到我们进来,有些肿胀的脸上立刻露出了笑容。看得出来,老人家一直在等着我们的到来。他精神尚好,虽然说话比较吃力,但还是问这问那,讲了很多话,说由他负责最后审订的350万字的《全清词·顺康卷》已经出版,还给我看传达喜讯的南大周勋初先生的信。后来我听说,老人家这两天没怎么说话,把力气都攒在那儿等我们。我听了真是百感交集:爸爸,为儿的不孝,一事无成,可总是得到您的厚爱和器重,您让我怎么报答您呢？28日晚，爸爸已经眼不能睁、口不能言了，但意识还清楚。我和表哥吴大刚一左一右守在病榻前，一边为老人家按摩，一边说话给老人家听。我对大刚述说爸爸的往事，说了很多很多。我说爸爸传奇般的博学会让病魔敬畏三分，不敢造次；我说爸爸的乐观精神也会使阎王爷徒唤奈何，空手而归。这时候，我看到爸爸的脸上有了表情。我们都认定，那是会心的一笑、欣慰的一笑。爸爸，您在西行前最后的意识里，一定听到了为儿的发自肺腑的心声；您在生命的最后一刻，肯定又一次感受到了为儿的对您无限敬仰和炽爱的感情。

杜甫说：存者且偷生，死者长已矣。父亲离开我们已经两年多了。两年多来，我总觉得父亲的生命并没有"已矣"：他那精彩纷呈的人生镜头常常会闪现在我的眼前；我的心中总会温暖地忆起他对我们毫无保留的爱；他那高尚的人格、渊博的学问和他留下的不朽业绩一起，也还在伴随着我，鼓舞着我，教育着我。

## 慈爱的父亲

传统上习惯把父亲称作"家严"，把母亲称作"家慈"，可是在我的记忆里，父亲母亲对我们都是慈爱有加，父亲的严厉竟很难想起。在我关于幼时的印象里，父亲督促的只是我们的睡眠，关心的只是我们的营养，追求的只是给我们快乐。父亲所在的教师进修学院位于市中心的新街口地区，他下班经常会带些好吃的回来，或是鸡头、鸭头，或是旺鸡蛋、五香蛋，或是豆腐干、猪尾巴之类，以至于黄昏时盼着爸爸下班回来，在很长一段时间里成为心里收藏的一道诱人的风景。父母节假日里则常常领着我们外出游玩。我幼时学会游泳，就是父亲利用暑假在工人游泳池教我的。记得有一次去中山陵，父亲早就雇好两辆马车停在院外。当我第一个出门发现马车并知道马车就是在等自己的时候，父亲，您可知道，对于一个小男孩来说，还有什么比在邻居的注视下爬上马车更让我兴奋快乐的事吗？那敲在石头路上的"哒哒"的马蹄声，声声入耳，在我耳边"哒哒"了几十年。它总让我想起快乐的童年，它让我从小就为自己的家庭、为自己的生活而自豪。几十年后，当年那因能乘上马车兴奋不已的小男孩，为庆贺父亲的八十大寿，在紫金山麓的东郊宾馆订下房间，让父母亲在那优雅的环境中稍稍享受了一下。虽然在物质生活丰富到极点的当今时代，这一点都算不得什么，宾馆外面的林荫大道上穿梭不停的高级轿车的嘈杂声中，几十年间一直萦回脑际的马蹄声却分明再度清晰地在耳边回响了起来。

父亲1958年被打成右派，可父母亲为了我们的健康成长，瞒得严严实实，我们丝毫也没有受到右派阴影的影响。我是直到1966年"文化大革命"乱起，同学们在老师（配称老师吗？）的组织下互相揭发家庭疮疤后才知道右派之事的。记得我先是惊诧屈辱，奋力反击，在老师处得到确证后，便满腔悲愤地冲出课堂哭着跑回了家。现在想想，倘若不是父母的苦心，瞒了我们多年，我那幼小的心灵将受到怎样的重创！我敢肯定，我将不是今天的我了。我一生平平，不如人处多多，可我很少有自卑感，即使在最落魄的时候。这都得首先归功于给了我快乐童年的双亲！就为这一点，我也要永远地感激你们——我亲爱的父亲母亲！

至于在我们的学习方面，父亲一向是顺其自然，施教于无形。在我们小时候，父亲正经教的，印象中只是分别让我们背熟过《三字经》和毛泽东的三十七首诗词。对于我们在学校的学习，似乎很少过问，至多考完试看一眼成绩单。记得有个夏天，有一次我大考算术只得了97分，拿出成绩单时颇有些忐忑不安。父亲看到成绩后，果然注意到了，就问："怎么错的？"我说，粗心，忘了列算式。他又问："懂不懂？"我说懂。他就说："懂了就行。"再没有一句责备的话。现在想想，父亲对我们学习的这种随意态度，既培养了我们的自信心，又熏陶出我们的自律意识。在课外阅读方面，父母亲为我们买了全套《十万个为什么》及许多文艺书籍，读不读则由我们自己。记得我兴致勃勃地读了《十万个为什么》《星火燎原》以及《红岩》《林海雪原》《水浒传》《三国演义》《西游记》《钢铁是怎样炼成的》《普通一兵》等许多小说。父亲从不主动指导，但有问必答。答则详尽备至。我问得最多的不过是《新华字典》《汉语成语小词典》上查不到的字词方面的问题。先问妈妈，妈妈不知道了再问爸爸。印象中父亲总是张口就说出读音、意思，是典故则把那个故事也说出来，从没有问倒过他一次。我曾很好奇地问他是不是认识所有的字。父亲说《康熙字典》有四万多字，能认出一半的人不多。后来我悄悄问妈妈，爸爸能否读出一半。妈妈笑着说，爸爸肯定不止一半。妈妈还告诉我说，爸爸曾出版过一本书，书名就是《怎样学好语文》。我听了一股自豪感从心底油然而生，我为有这样一个父亲而自豪！同时我也认为母亲这个答案理所当然，因为在我看来，爸爸是教师进修学院的老师，是老师的老师啊！

1969年底，全家下放淮安农村后，我长期在农村劳动，最初几年兴致勃勃，后来就感觉没有意思、没有前途，就希望父亲能设法让我当兵。为此父亲动了很多脑筋，想了很多办法，但都没有成。可我那时不但不知道感谢父亲的苦心，还在心里埋怨是受父亲右派问题的牵连，有时也难免形之于色。可父亲从没因我的不知好歹而对我发火，总是默默地一次次做出新的努力。父亲不知受了我多少委屈，可他一刻也没有停止对我的关怀。现在想想，真是愧悔揪心。多么想说一声对不起啊，亲爱的爸爸，可是您已经永远听不到了！

男儿有泪不轻弹。父亲对子女的深情厚爱一般总是表现在行动上，强烈地诉之于表情的我只见过一次，那就是我三姐小华病逝的那次。那是1971年初的冬天，父母虽多方求医问药，三姐的沉疴却日趋严重。记得那些天寒地冻的夜晚，父亲一直搬一张藤椅坐在三姐的床边。有一天当我被父亲悲痛欲绝的叫声惊醒时，三姐在床上似乎没有了动静。父亲大呼着让我跑去请来了医生，可是为时已晚，她已经停止了呼吸。事后，父亲写了一组七绝，如今读来，仍然是字字泣血，声声含泪，令人悲哀难禁。

## 哀三女小华

床头咫尺远天涯，廿载辛劳镜里华。邻居相看尚呜咽，怎禁老泪不横斜！

行三自诩最聪明，任性常教阿母惊。十四雪天八百里，病中得意说长征。

聪明脆弱忽成痴，病已膏肓不自知。当世扁和求未得，神伤闭院望亲时。

侈说老时养阿爷，伤心先我骨成灰。北门[①]他日难重到，探汝亲携十往来。

灵魂生死本无稽，为遣悲怀妄道之。汝去泉台好安息，也无聪慧也无痴。

1977年恢复高考，我们全家都看到了希望。我们兄妹三人都积极复习迎考。其实对我来说，不是复习，而是学习。我没上过高中，实际上只在乡村的"戴帽子"小学（原是小学，加两个初中班，戴上初

---

① 病院、火葬场皆在淮安北门外。

中帽子）读过一年初二，可以说是白手起家，空手道。可我却坚定地认为自己肯定能考取。为什么呢？现在想想，这不仅是由于我能够得到父母亲卓有成效的最必要的指导帮助，更主要是因为在他们，特别是父亲的言传身教及潜移默化的影响下，我们都对自己的学习能力有着强烈的自信心。1978年我和妹妹先林、弟弟武军能同时一举考取高校，其主要原因正在于此，我觉得这就是父亲以不教为教之育儿方略的最成功之处。我与妹妹离家去南京师院上学时，父亲曾赠五律一首鞭策我们，现敬录在下面：

### 送民儿林女赴南京师院

新天多雨露，沾溉到民林。
云路知无忝，骊珠贵自寻。
锲期金石镂，学共岁年深。
短句聊相勖，悠悠父母心。

进入南师大中文系以后，我更倍感父爱的温暖。大学二年级，我想学写学术小论文，向父亲请教。父亲轻车熟路，告诉我该怎样选择论点，从哪儿收集资料，如何组织材料证明论点，等等。虽然当时写的名为《西汉已有五言诗》的习作未能发表，但却使我获益良多，长期受用。后来我在写毕业论文《李商隐无题诗构思特点》时，就找到了写论文的感觉。论文写成后，虽自我感觉不错，但深知走的是花拳绣腿的路子，与父亲真刀真枪的学问不同，所以就试投了《徐州师院学报》，结果泥牛入海，一放一年。后来斗胆请父亲认真过目，谁料父亲却鼓励有加。当时正好他刚在《文学评论》上发表过文章，与资深编辑陈祖美先生相熟，于是将拙文推荐给陈先生，竟也得到陈先生等《文学评论》的大编辑们的首肯，结果发表在该刊1984年第2期上。这是我发表的第一篇论文，也是我走上学术道路的起点。如果父亲没有兼容并蓄的大家风度，则不可能基本认可我这篇风格迥异的拙作；如果不是对我一以贯之的慈爱心肠，则不可能将它郑重推荐给学术大刊。所以我要说，我之所以能在学术道路上歪歪斜斜走上几步，也完全是父亲热情扶持的结果。可是小子不敏，无甚长进，在治学上没有作为。现在想想，这一点肯定很是让对我寄予厚望的父亲失望。然而，父亲却是那样宽容，总是从积极的方面理解我，鼓励我进步。

我1987年南京大学古典文学专业硕士研究生毕业后，留在中文系任教。其实这也最符合父亲的心愿，他盼着我从此能够扎扎实实做起学问来。可我却用心不专，心有旁骛。1990年我决定自费去日本留学，按南京大学的规定必须辞职。向父亲汇报后，父亲当然很不赞成。但看我去意已坚，就不再坚持，而是出钱出力，热情相送。他老人家总是这样善解人意，即使对子女，也总是理解第一，尊重第一，从不强加于人。临行前他设宴为我送行，那一句临别赠言至今仍回荡在我的耳边心上："别忘了是个中国人！"亲爱的爸爸，有您宽厚、慈爱的胸怀垫底，就冲着您这句话，我身在异乡，心系家乡，为了让您安心、放心、宽心，我不敢懈怠啊。1995年我拿到了博士学位，向父亲报喜。他老人家在向我祝贺之后，不经意间说出了盼了几年的愿望：你这下可以回来了。可是这以后我联系回国工作时，却多次受阻，迟迟难以落实。我想这又肯定让父亲一次次失望。可是他却反过来为我的屡屡受挫而担心，安慰我说，日本条件这么好，多待几年未尝就是坏事。一事当前，他总是设身处地地为子女着想，为他人着想。1990年以后我虽然身在异国，与父亲远隔千里，却格外多地感受到了他老人家对我及妻、女的厚爱深情！

## 父亲的学问

父亲逝世时,我悲痛难抑,泣撰了下面这幅挽联:

笑踏坎坷知足常乐为人从心所欲不逾规矩
饱读诗书过目不忘著文游刃有余皆合方圆

文字非常稚嫩,但它表达了我对父亲为人与治学的无限敬仰之情。此节先说其治学。父亲手不释卷,博览群书。他喜欢买书,只要看到好书,立刻买下。20世纪50年代时曾得到500元(相当于半年工资)一笔稿费,立刻就买了一套《四部备要》。袁枚说,书非借不能读也。可父亲总是随买随读,速度极快,夸张一点说是一目十行,读完也就记住了。对一些线装书,父亲还喜搦管施朱,一边诵读一边断句,并随处评点。对杜诗与苏诗他更是烂熟于心,口不停诵。正因为有深厚的学问与过人的记忆力作基础,父亲下笔著文时,才总是具有厚积薄发的特点,胸有成竹,举重若轻,自然天成。

父亲爱读诗,也爱写诗。自20世纪40年代前期读大学时,即厕身于诗坛诸老之间,在报纸副刊旧体诗词专栏上发表旧体诗。50年代在南京一中任语文老师时,著有《怎样学好语文》(江苏人民出版社,1956年)一书,极受欢迎,多次再版。同期他应上海古籍出版社之约稿,选编注释了《宋诗选》一书,并已发排,后因1958年右派问题未能出版。1958年之后被剥夺了发表权达二十年之久,其间曾撰《离骚浅释》一书,也曾编写过一些教材,前者因右派问题无从问世,后者则不能署名。1978年初他调入南京师院淮阴分院(后改名为淮阴师专,现升格为淮阴师院)。不久中共十一届三中全会拨乱反正,父亲的发表权得以恢复。此后他一发而不可收,在《中华文史论丛》《文学评论》等学术刊物上发表论文百余篇，并出版了下列十二种著作：《唐音癸签》（校点，上海古籍出版社，1981年），《震川先生集》（校点，上海古籍出版社，1985年），《唐人绝句类选》（编选，浙江古籍出版社，1985年），《唐才子传校正》（校点，江苏古籍出版社，1987年），《小仓山房诗文集》（校点，上海古籍出版社，1987年），《诗话总龟》（校点，人民文学出版社，1987年），全国师专通用教材《古代汉语》（主编，华东师范大学出版社，1990年），《读常见书札记》（1983年以前论文选集，江苏教育出版社，1990年），《苕溪渔隐丛话》（重订，人民文学出版社，1992年），《蹇斋诗录》（自作旧体诗词选集，1994年），《诗词蒙语》（上海文艺出版社，2001年），审订《全清词·顺康卷》（二十册，中华书局，2002年）。父亲在1978年复出后取得的这些科研成果非常引人注目，有些在学术界产生了广泛而深远的影响，奠定了父亲在学术界的崇高地位。

虽然古谚有"学识何如观点书"之说，但我还是想说，以上这些成果并不足以说明父亲的博识；或者说以父亲的渊博，如果不是被无端剥夺年富力强的二十年时间，完全可以取得更多更大的学术成就。中国文学史上说东汉王充，于书肆"阅所卖书，一见辄能诵忆"；说曹植才高八斗，七步成诗。我读到这些记载时，总是自然地联想到父亲。我当然不是说父亲能与他们相提并论，而是说父亲在读书、记诵、思维敏捷等方面，确实每每让我感到有远过常人之处。

1988年左右吧，父亲抬举我与他合作，为孙望先生主编的《唐代文选》的某些文章作注释。记得有一篇刘蕡的《对贤良方正直言极谏策》，几乎句句用典，有的典故我查遍工具书也找不到出处。只好硬着头皮一次次打电话去淮阴父亲处求援。父亲几乎总是在电话里就给我具体指示，所指当为某事某人，当查何书，等等。也正因为有这样一位博学全能的父亲做后盾，不学无术的我后来才斗胆接受南京大学出版社所约,选编并注释了《中国历代僧诗选》一书(1991年6月出版),其中向父亲请教之处不计其数。我在日本留学,之所以能顺利完成三十万字的博士论文《司马迁的史传文学世界》,也是由于身后站着父亲这位学术巨人。他就像一位高明的医生,妙手回春,把我碰到的疑难杂症一扫而光。我1995年3月拿到学位,同年10月该论文即由台北文津出版社列入"文史哲大系"中出版,想来这也曾给父亲带来一丝欣慰吧。

父亲被右派冤案压制了二十年,20世纪80年代初并没有。有一次,父亲得到一本人民文学出版社重印的《苕溪渔隐丛话》,随手一翻,发现错误颇多,他就随读随用红笔勾出,总有百十条,随即寄给当时并不相识的人民文学出版社编辑陈新先生,希望他们再版时改正。结果陈新先生从善如流,经研究后即决定把此书交给父亲重订,二人也随之成了莫逆之交。此书虽然因经费问题一直拖,1992年才面世,但足见父亲渊博学识之一斑。

1981年初夏,父亲做客北京我伯父处。适逢胡耀邦总书记登泰山引用了杜甫《望岳》诗,《光明日报》拟翌日刊载《望岳》全诗及赏析文章。在《光明日报》任职的父亲的侄儿周轩进紧急向父亲约稿。父亲在没有任何参考资料的情况下,全凭记忆,旁征博引,深入浅出,一挥而就,当即交稿。文章刊载在次日也就是7月5日的《光明日报》第四版上,题目就是《会当凌绝顶 一览众山小》。文章发表后,引起很大反响,有诗词界朋友称赞说:"过去解释领袖引用的古诗词,从来都是郭老和臧克家的'专利',至此被周先生一举打破,可喜可贺!"

《读常见书札记》里收有一篇《谈〈陈与义集〉校点问题》的文章,文章从"校字失当""篇名误漏""人名失误""引号不当""失其句读"五个方面,举出该书校点的六十二处失误,且全给出正解,所涉及的知识横贯经史子集,若非读书万卷,则不可能具此识力,信手拈来。有位父亲熟识的先生集几十年心血完成一部笺注,送父亲一部。父亲当即诵读一过,用红笔将他认为有误之处一一订正,并修书一封,让我并书带给那位先生,说订正了一些排版错误,供再版时参考。我出于好奇,悄悄数了数,竟然有137处见红。而父亲做这些注记时,全凭记忆,并未翻参考书,其博闻强识如此。

说父亲博闻强识并非我一个人的印象,凡是和父亲比较熟悉的同志、同事、朋友甚至前辈学者似乎均有这样的共识。父亲在淮安结识的挚友、南师大资深教授常国武先生说:"和本淳学长接触的时间愈长,就愈觉得他学识的广博和精邃。这除了他好学不厌的因素之外,还因为他具有特强的记忆力和在文学方面的出众才华。"南师大徐复先生是全国训诂学、音韵学学界首屈一指的大专家,据张乃格先生回忆,徐复先生得知他曾受业于先父后,高兴地说:"你是周本淳的学生啊,他这人过目成诵,学问可大着哪!"南京大学程千帆先生是古典文学界享誉全国的著名学者,20世纪80年代中期,我曾与父亲一起去看望程先生,席间父亲谈到自己正在为江苏古籍搞《唐才子传校正》一书,听说与北京某大学者撞车了。程先生笑曰:"你是坦克车,谁也撞不过你。"虽是笑言,却强烈震撼了我,油然生出一种对父亲高山仰止的崇敬感。程先生在致先父信中又云:"友朋中老学不倦如袁伯业者,先生而外,无他人也。"(见《闲堂书简》,上海古籍出版社,2004年7月版,第287页)我还保存了一幅程先生赠给先父的对联,兹将内容敬录如下:

本淳先生究心文史赙精孟晋殆将度越昔贤
**累世不能殚其学 一日未尝忘于心**
——趣取太史公语集联为赠 千帆并记

由此足见程先生对先父治学之黾勉劬劳的赏识与器重。

生也有涯,学无止境,真正的学者总是虚怀若谷的,父亲也不例外,而且愈到晚年,学术声誉愈显,他就愈谦虚。父亲在他80岁前夕,曾给我一信,信上说:"我最近几年反思一生,酸甜苦辣,五味俱全,实在谈不上多少成就,抱残守缺,做点拾遗补阙的小事,虽然不能说没用,但总不成气候……各人机遇不同,我既不追悔,也不追逐。君子素其位而行,不愿乎其外。这可以永远保持平衡心态。"父亲用这样的心态对待学问、对待成就,这不正是大学者才有的大境界吗?

上面提到的《唐才子传校正》一书,还有个插曲值得一提。我与妹妹先林1992年在日本京都逛中文书店时,无意中父亲的《唐才子传校正》一书赫然映入眼帘,原来这本江苏古籍出版社1987年出版的书,1988年即被台北文津出版社印出。于是我买下此书后把这件事转告了父亲。后来经过交涉,文津出版社赔偿了四五百美元了事。文津出版社以大量出版学术著作著称,这样不经作者同意即随意出版,当然有失身份,但似乎也可作为此书学术价值的一个旁证。

## 父亲的性格

对父亲的性格,我觉得很难用一个具体的词语来加以概括,因为我觉得任何一个具象的词汇都不足以传达出父亲的性格在我心目中至高无上的地位。父亲的学问和才华当然令我高山仰止,但他的性格同样令我崇拜不已。父亲极为欣赏苏诗,也极为欣赏坡公为人。他在《蹇斋诗录·自序》里说自己"酷爱坡仙,心仪其人,诗效其体"。如果说苏东坡的性格代表着中国传统文人的理想境界,其人是宋以后无数知识分子心往神追的最高偶像,那么,我觉得父亲在为人方面学习东坡是很有心得、得其神髓的。坡公一生波澜壮阔，性格极其丰富多样，但我以为其最大特点是善于享受生活，始终随遇而安，但又不曾模糊是非之辨，不曾失却进取之志。而这也正是父亲效法坡公并实践了一生的。

## 积极进取

父亲说自己一生"少罹忧患，中历坎壈，晚如啖蔗"，但无论在哪个人生阶段他都未放弃过进取精神。他少年时即失去父亲，独自在求学路上颠沛流离，但进学志向从不曾动摇。1941 年他投考浙江大学中文系，虽然数学为零分，但却以文科罕见的高分被录取为公费生（分数低者则私费），并获得过最高奖——中正奖学金。在大学他勤学苦读，1945 年大学毕业后，曾在著名的遵义高中任语文老师与级任导师，虽然只有半年，可是他的才华、学问、热情和正义感，却给他的学生们留下了毕生难忘的深刻印象。1949 年以后，父亲在南京一中作为语文组教研组长，意气风发，大显身手，勇于探索教改新路，千方百计提高教学质量，做出了引人注目的成绩。1958 年后他被打成右派，被剥夺了发表权，可是他并没有因此而放弃钻研学问。1969 年下放农村后，父亲已有一辈子做农民的心理准备，但他还是费了很大力气辗转把藏书运到了农村，照读他的书。

1972 年夏，淮安县（现为淮安市楚州区）教研室张人权先生冲破阻力，据理力争，终于使父亲得以从农村田头抽调到县里，参加中学教学参考资料的编写工作，从而有了一点发挥专长的机会。其学问才华也正是在这次编教参的工作中，得到了广泛的认同。这才有机会在张人权、常国武等许多朋友的帮助下，先到公社中学任教，后又调到淮阴师专，从此开始了他一生治学中最辉煌的时期。他到师专后如鱼得水，以只争朝夕的奋斗精神，在不长的时间里即做出了令学术界耳目一新的成绩。虽然成果出在师专时期，但我觉得这正是父亲一生积极进取、决不放弃的必然结果。

父亲积极进取的人生态度也体现在日常生活中。不管碰到什么难事，他总是抱乐观态度，把"没事"挂在嘴边，然后再积极应对。1996年父亲已是75岁高龄，4月我们办好了父亲来名古屋短期讲学访问的繁杂手续。可是父亲在临行之前突患小中风，经过紧急治疗，虽无大碍，但走路尚有困难。从身体考虑理应放弃这次长途跋涉，弟弟是医生，当然持此意见。可是父亲却以"没事"的乐观态度泰然处之。他一方面根据弟弟的建议，分秒必争地积极配合治疗，做好必要的应急准备；一方面积极地锻炼身体，尽最大可能改善身体状况，终于如期成行。当我在名古屋机场接到步履蹒跚却精神矍铄的父亲时，也深为他那积极的人生态度所感动。

父母亲来日时间只有半个月，除在名古屋大学讲学、游览名古屋之外，还拖着蹒跚的病腿抓紧时间西下京都览胜，东上东京观光，并在东京附近的千叶县一民间诗歌团体作了关于唐诗的专题讲座。记得有一天我们参观完东京的内阁文库（国家图书馆）出来时，因我不注意，让他抬不起来的腿被地面一道两三厘米高的障碍物磕碰了一下，立刻就出现痉挛现象，不能动了。在一旁的母亲、妹妹先林及我皆大惊失色，手忙脚乱帮他捶腿揉脚，我已在考虑是否叫救护车的问题。而父亲镇定坦然，嘴里照例说着"没事"，一边指挥我们按摩。说也神奇，一会儿居然真的"没事"了，待我把汽车开来，他竟自己走上了汽车。而且这个"小插曲"丝毫也没有妨碍父亲的游兴，我们照样按计划访"汤岛"，瞻仰号称世界最大的孔子铜像；游新宿御苑，在典型的日本式庭园中品味日本文化的雅趣；著名的上野公园的樱花虽已凋残，但父亲对半树白花半树绿的景象依然是兴致勃勃。父亲虽然早已是满头白发，可是他的生命之树却总是像那绿叶一样充满着勃勃生机。

**爱憎分明**

　　父亲是学者，也是诗人，他一生光明磊落、坦率正直、爱憎分明、疾恶如仇，这一方面是他所生活的时代环境使然，一方面也出于其做人的原则。我觉得父亲能在那些万马齐喑的日子里始终做到这一点，又与他的诗人气质不无关系。20世纪40年代他走上讲堂伊始，就在国文课上以充满爱憎激情的讲解感染了学生们，赢得了学生们的尊敬和信赖。50年代，他意气风发，为新中国培桃育李，从父亲当年学生们的回忆文章里，可以看出父亲热爱工作、热爱学生的满腔热忱。他出于真诚与真知，心中不满于某些领导的瞎指挥，自然发而为声；当看到毛泽东文章中误把河北清河县人氏的武松当作山东阳谷县出身时，即实事求是予以指出。结果以言罹祸，被时代潮流所席卷，成了右派。这种打击当然是刻骨铭心的，可是此后的父亲在行动上似乎并没有真正吸取"祸从口出"的深刻教训，依然"偶放强颜争曲直"，有话照讲不误。在我的记忆里，母亲对官方的一切做法总是由衷相信，而父亲常常有所保留，有时不免发发牢骚。这种印象是那样强烈，以至于后来读到毛泽东"牢骚太盛防肠断"的诗句，就自然与父亲联系了起来。"文化大革命"开始后，懵懵懂懂的我总担心父亲再次以言罹祸，殃及池鱼。1968年红卫兵来家里抄书、封书，有一本《中国人名大辞典》也要抄走，我们躲在一边，都只有害怕的份，甚至还有些觉得这些人是在"破四旧"。可是父亲却挺身而出，上前据理力争了。父亲说："这是本辞典，只是些人名。"对方答曰："是为封、资、修树碑立传。"父亲翻开一个个人名又说："这些人都是毛主席肯定过的。"可惜那本书有没有保护下来已记不清了。要知道，父亲既是历史上的"右派"，又是现行的"牛鬼蛇神"，在单位还挨着批斗，他这样做该是多么勇敢！现在想想，誉之为"大无畏"亦当之无愧！1969年全家下放，母亲单位的一个姓童的军代表不准父亲把藏书随身带下乡去，理由是你们下去是接受贫下中农再教育的。父亲不理睬他，照样把藏书分别捆扎好，悄悄搬上了运行李的车。可是竟被那个军代表发现了，硬是不让带，父亲和他顶了起来。虽然结果是没能带成，但父亲敢于据理力争，给我留下了难以磨灭的印象。后来，父亲还是设法把书运到了农村，可惜有些珍本已成为窃书"君子"的囊中物了。

**随遇而安**

父亲一肚皮学问，也一肚皮不合时宜，这也注定了他一生的坎坷多舛。一般说来，才学出众、感情激烈的人在精神上也格外敏感，性格上也比较脆弱。可"脆弱"二字与父亲无缘，风吹浪打之中，他总是处之泰然，随遇而安，"一蓑烟雨任平生"。1958年，父亲被打成右派后，被惩罚性地打发到图书馆管理图书，可父亲并没有因此一蹶不振。他在自传中说："两年右派，受害多端，但我以老庄自我排遣，不为痛苦得失所困扰。管图书，正可借机多接触古籍，过去闻名而未见之书，可以按图索骥。比起同冤者，我时间最短，未离单位，聊以自慰。"的确，父亲总是能在坏事中看到好的因素，我们在家里也从没见过父亲愁眉苦脸，未听过他唉声叹气。我想这也是我们家庭不曾被右派阴影笼罩的原因之一。1965年，父亲下放盱眙县马坝公社劳动，把我也带去了一段时间。住在农民的堂屋里，房屋虽新，可是与一大肥猪晚间共卧一室。那猪独寝惯了，见生人来，越发哼得起劲，臭烘烘加闹哄哄，知识分子们当然睡眠很受影响。可我的记忆中父亲总是有说有笑，毫不以为意，过得相当自在。"文化大革命"乱起，父亲是摘帽右派，又是首当其冲，被打成"牛鬼蛇神"，横遭批斗。父亲心中依然是"风雨不动安如山"，以不变应万变。

父亲的老同事晁樾先生在回忆文章中说："有一次在校门口'挂牌示众'，我被派去厨房劳动幸免。本淳和其他教研组的几位教师，赤膊站在木凳上，炎夏烈日，汗流浃背。午饭后他回到教研组办公室，我轻轻劝慰说：'这种事一定要想得开些。'他立即回答：'呼我为牛则为牛，呼我为马则为马，听之任之，我还是我，放心，饭照吃，觉照睡。'说罢仍赤膊躺在拼起来的办公桌上，不一会竟鼾声入梦。"

这就是我随遇而安、坦然面对一切厄运的父亲。胸中自有正义的"太阳"，那些"雌黄"的"众口"可奈我何？在父亲那颗高贵的灵魂面前，那些灵魂卑下的、靠整人发迹的官员和小将，不过只是过眼烟云，不过只是些不知春秋的蟪蛄而已。

1969年11月，父母带领我们全家下放淮安农村。当时的传言是，带薪一年，一年后将取消工资，完全与农民一样靠挣工分维持生计。曾有好心人建议父亲不妨考虑退职，这样退职金将比一年工资数额要多些。就是在这样的背景下，父母亲仍然是义无反顾、积极主动地下放了。这一方面说明父母对"与人奋斗"的城市生活环境是多么深恶痛绝，一方面也从生存层面更深刻地彰显了他们不畏贫穷、随遇而安的人生态度。我觉得在父亲的心里，未尝就没有一种甘当现代陶渊明的自觉意识。初到农村，全家三代八口人挤在两间小草房里，居然也就得过且过。紧贴我们住房旁有个长十来米，宽三四米的小河塘，出来进去挺碍事的。生产队长让我们抽空填起来，以后在上面为我们盖房子。父亲就领着我发扬愚公精神，每天挖土挑担填河不止。有时母亲、弟弟妹妹们也来帮忙。经过一冬一春，也就填得差不多了。接着父亲又和我去很远的地方买砖拖回来，在上面盖起了猪圈，后来又盖了房子。需要补充的是，当时正值"农业学大寨"，所以各级领导千方百计压农民大干苦干，没事找事，生产队劳动追求的就是一个量大。父母下放是接受贫下中农再教育的，所以与农民一起早出晚归，在田里劳动，一天也不曾少。而我们挖土填河，全是在工余时间干的，这件事足可见出父亲"与地奋斗，其乐无穷"的精神面貌。可以说，在那段日子里，父亲还有母亲，生活是非常艰苦的，劳动是极其繁重的，用传统说法，就是身处"逆境"，"不遇"到了极点。可是他在精神上却是安之若素，心有余闲。有这样坚强、高傲的心态，又有什么艰难困苦能把他打倒呢？父亲这一生对一切坎坷挫折，包括疾病都取一种居高临下的俯视角度，所以他总是逢凶化吉，立于不败之地。

**享受生活**

读苏东坡的传记，每每惊讶于坡公出神入化的才气，感动于坡公在逆境中不忘享受生活的那份心态和行为。他被贬谪黄州，发明了"东坡肉""东坡汤"。他被流放岭南，自己酿酒喝，自己设计房屋住。我觉得在享受生活方面父亲也是以坡公为榜样的。父亲多年处于逆境之中，但逆境并不能逼迫他放弃享受生活的权利。父亲不吸烟，衣着随便，伙食上从不讲究，能保证营养就行。但这只是外在的东西，父亲自有他享受生活的方式。父亲是读书人，是学者，但读书、治学对他来说绝不是苦事，而是乐事，是享受。他酷爱读书，要读的书很多；他常写文章，欲写的东西亦很多。但他始终做快乐的时间主人，而不是辛苦的工作奴隶。通常晚上不晚睡，早上亦不早起，安步当车，张弛有致。到了晚年，他不但自己放缓工作节奏，还常常劝朋友、学生们注意爱惜身体，不要与身体过不去。他常去南京图书馆古籍部查书，早出晚归，中午就在附近小饭馆吃个简单的午饭，然后找个浴室洗个澡，睡个午觉养养精神，再去图书馆接着干。晚上照例不工作，喝杯小酒犒劳自己。废寝忘食的蚀本学问与父亲是无缘的。人们常常说实现自我是人生之大乐。观父亲著文写诗即可知此言不谬，动笔的过程的确是父亲实现自我的一种享受。他从不做挤牙膏式的文章，总是有话要说，有理要讲，而资料都是烂熟于心的，且总要酝酿到发酵的程度，才展纸挥毫，一吐为快。这里且举一例，《读常见书札记》中有篇名为《东坡·老泉赘语》的两千字左右的文言论文,是父亲因事去《南京师院学报》编辑部,临时应编辑常国武先生的要求当场赶写的。因杂志急等付印,父亲在一小时内用文言一挥而就。遥想当时情景,当颇有古人倚马千言的风致。我觉得父亲很少尝过为写文章而临时翻找资料、绞尽脑汁的辛苦,我也不曾见过他行文之中搜肠刮肚、颦眉苦思的模样。只有作诗是例外,虽不曾忘食,但废寝是常有的,不过那是一种"忽有好诗生眼底,安排句法已难寻"(陈与义诗句)的创作境界,本身就是一种极大的精神享受,所以自当别论。

在享受读书、治学带来的快乐之外,父亲最爱的是下象棋,且棋艺相当高明。记得小时候有一年暑假,父亲几乎每天午睡后都领着我去南京夫子庙棋社弈棋。途中经过一个食品店,他自己来一大杯堆满泡沫的啤酒(生啤),给我一杯冰镇酸梅汤之类的饮料,他总是一口气饮尽,然后就进棋社找人对弈。一盘棋是二分钱,规矩是谁输谁付棋钱。父亲大约很有棋名,赢多负少,对弈时总有人围观,围观者中总有人喜欢插嘴支招,父亲从不加制止。只是等赢下棋后,再三言两语指出支招者的破绽。一般下到五点钟左右就回去了,我记得只有一次回去得较晚。那次父亲可能碰到了高人,输了棋后,又拉着对方复盘切磋,并对老板说,复盘照算一盘棋,预先付了棋钱。父亲这样投入,其中的快乐不难想见,盖可为同道者言,而难与不好者道也。在父亲的影响下,我也爱上了棋,小时候以争取与父亲下上一盘为荣,可总不是对手。直到20世纪70年代,才互有输赢。这以后的很长一段时间,与父亲见面时,在棋枰上一争高下成了我们之间的一件乐事。当然这件事一直于父亲、于我都是那么微不足道而从不以为意。只是在现在,文章写到此处,我才恍然悟到,这些微小到提都提不起来的琐屑,其实正是父亲那棵高大繁密的生命之树上,浓绿生动的逸枝斜丫啊。

下棋之外，父亲还喜欢喝酒。食可无肉，不可无酒。父亲一生在穿与用方面，一般是得过且；喝酒则坚持原则，不肯"搭浆"，尽可能喝好的，且每日必喝。喝了酒则话多，一日中的快乐借酒话就放大了，碰到些许烦恼也就借酒话飘散了，所以喝酒也许对父亲的身体不利，但对其精神绝对是大有益处的。母亲对父亲此嗜好甚为理解，唯为父亲身体计，在20世纪70年代中期父亲被诊断为高血压后，规定他一日只喝一餐，且一餐只限一杯（一两左右）。父亲深爱母亲，不愿拂其好意，可酒太少又不能过瘾，于是侧面迂回，在如何多喝酒上动足了脑筋。一是常常换酒杯，当然是越换越大。二是常找借口多喝。来客人是不用说的，当然得让客人尽兴，所以主人得舍命陪君子多喝一些；就连招待我的朋友，父亲也要陪陪酒。平日则有时说很疲劳，得多喝点解解乏；有时说受了凉，得多喝点暖一暖；有时又云有感冒前兆，得多喝点治一治——父亲的理论是酒治感冒最灵。父亲喝酒还有一绝，他喝完酒，酒杯就往酒瓶口上一套，一般不洗，他舍不得沾在杯上的那点酒香。尽管他很明白酒精挥发极快的道理，可是情感上不能眼睁睁看着酒香流失，其对酒的钟情竟至于此。无论如何，父亲在母亲的监督下，喝酒的量基本上很有节制，趋其利而避其害，这点得归功于持之以恒的母亲。1996年初，父亲患了轻微的中风，医生严令戒酒。父亲说不喝就不喝，硬是一下子就戒了酒，整整一年滴酒不沾。可见父亲尽管钟情于酒，但却不为酒役，始终是酒的快乐的主人。他自我解嘲说："常言道'嗜酒如命'，关键时候还是舍酒保命，还是命值钱。"一年后，医生又说可以适量喝点儿葡萄酒，父亲从此又与"干红"结了缘。

父亲一生热情好客，热心助人，只求耕耘，不问收获。曾多次教育我说，施之于人再多也应该忘却，得之于人再少也不可忘记。早在20世纪50年代执教于一中时，就多次资助过贫困生。在淮阴师院，父亲对贫困生也总是充满同情，常有捐助之举。我觉得对父母亲来说，"助人为乐"这个词不仅具有道德方面的含义，还表达了他们在助人中所体验到的实际感受——助人是他们人生之乐的一个来源。父亲生前曾郑重与我商量过在淮阴师院设立奖学金之事宜，希望能为品学兼优的贫困生作些实事，并借以报答淮阴师院的知遇之恩。后因种种原因被耽搁下来。现在我可以告慰父亲的是，他老人家的遗愿终于实现了。今年暑假为儿的捐献十万元，在淮阴师院同志们的大力支持下，成功地在淮阴师院设立了"本淳奖学金"。亲爱的父亲，听到这个好消息，您一定会含笑于九泉之下了吧。

人生七十古来稀。人老了，就无法回避"死"这个令人色变的大题目。刚过了七十岁，父亲就集陶渊明诗句为自己拟好了挽联："应尽便须尽，有生如无生"——父亲早已参透了人生，他但求活着的快乐，对死早就有一种听其自然的坦然。这种态度，如果用一个成语来表达，那就是视死如归。现在我们已经请常国武先生把父亲手撰的挽联写成遒劲的魏碑体，镌刻在南京雨花台下功德园中他的墓碑上了。每当我们祭奠时，就自然想起了父亲坎坷多舛而又充满快乐的一生。它将永远亲切地鼓励我们去笑迎坎坷，去享受人生。

文章写完时恰好已临近母亲一周年的忌日，不由我泪眼婆娑。父母亲相濡以沫54年，对父亲最熟悉、最了解的当然是母亲，所以我一边写这篇文章，一边就一直想着我亲爱的母亲。在我们家里，在我的眼中，父亲母亲早已是你中有我，我中有你，成为一个不可分割的整体。所以我觉得写父亲其实也就是写母亲，因为如果没有母亲用她那柔弱然而坚韧的双肩，在一旁默默地支撑着父亲，支撑着家庭，父亲就不可能取得那么大的学术成就，就不可能享受那么多的人生快乐，也就没有我们这个昌盛的大家庭！长期以来，父亲一直都是母亲的骄傲，为他的学问，为他的才华，更为他的人品、他的爱情。父亲去世后，母亲念念不忘的是为父亲编一本书，希望写出父亲的人生。她说父亲一生做了许多大事、好事，很值得写出来教育后人。可是她自己却因为身陷悲哀中而不能自拔，心有余而力不足了。宏愿未成身先死，又怎能不使儿女们泪满襟呢？

我还想到母亲理应是我这篇小文的第一个读者，这不仅是因为纪念父亲的文章是她最渴望读到的缘故，还因为长期以来我所写的大大小小的文字，习惯上总是要先请母亲把关的。我写的东西过于浅近浅薄，在父亲面前总是心虚得很，自认为不够让父亲过目的资格，也不愿意过多打搅做大学问的父亲。所以总是首先请母亲看，从她老人家那儿接受教诲，也领来信心。往往是得到母亲的鼓励后，再忐忑不安地呈给父亲。几十年来，母亲教了我多少知识啊！我几乎没上初一，就直接上了初二，对代数一窍不通。在淮安平桥陆庄生产队那两间草房的油灯下，是母亲每晚帮我补习了代数。母亲是语文老师，学数学已经是几十年前的事了，可是母亲却是那样驾轻就熟，讲解数理如数家珍，解析难题如探囊取物。我当时总觉得不可思议：我六年级学的算术都忘得差不多了，母亲是什么头脑啊，为什么能学得这么好、记得这么牢呢？母亲能诗工词，尤擅长在小令中用清辞丽句表达纯真的感情。我之所以懂一点押韵知识，能诌两句歪诗，也完全是母亲循循善诱教会我的。无知者胆大，我也曾胡乱写过小说，写时就想到母亲这个最好的读者，即使我写得再难以卒读，也总能得到母亲真诚的鼓励和认真的意见——母亲做什么事都是极为真诚和认真的。所以我写好了总是兴致勃勃地拿给母亲看，母亲每次都是兴致勃勃地仔细读完，有时不止一遍，读时作上记号，然后逐条与我商量，帮我修改。尽管我不是写小说的料子，但在母亲的耐心调教下，硬是生米煮成熟饭，1977年在江苏《少年文艺》上发表了一篇半小说和四首儿歌。更重要的是，这件事给了我莫大的自信，对翌年的考取大学起到了极大作用。而我的考取大学，母亲直接教给我的，应该说比父亲更多、更直接些。我忘不了复习迎考的那些日子，忘不了母亲耐心为我讲解古文、批改古文断句作业的那些场景。没有她那些深入浅出、细致入微的讲解，或许我还得多出几年修理地球的经历呢！我上大学以后写的一些幼稚的论文，也通常是由母亲审读的。记得我有篇论文荒唐地把意为辞官的"致仕"，望文生义地误作当官，就是母亲及时帮我纠正的。

现在，她老人家看了为儿的这篇文章，会怎么说呢？会以为我写得还有几分像吗？——一定会的。母亲对儿女、对学生，从来就是鼓励第一的。同时老人家也一定会逐字逐句为我推敲文字，使它的表达更准确、更流畅、更精炼些。可是此刻我茫然回首，又到哪里去聆听母亲那真诚的意见、去得到她那认真的指点呢？唉！我也已经永远地失去了母亲！

亲爱的父亲母亲，你们永远活在我的心中！

以上是写于2004年的悼念文章，距今已经17年了。亲爱的父亲，现在我想对您汇报的是，17年来，我随时随处都能感受到您那遗爱余荫的庇护，生活得很好；您的音容笑貌、懿德隆恩，我一日也不曾忘怀。您的恩德，虽然儿无以尽报，但也一直在做出努力。一是我于2004年捐资10万元，在淮阴师院中文系设立了"本淳奖学金"，实现了您的夙愿。并且此次乘淮阴师院隆重纪念您百年诞辰的东风，您的五个子女又共同决定为"本淳奖学金"增资捐赠10万元。看到您的后代在为您所热爱的淮阴师院和学子贡献力量，您一定会欣慰于九泉之下吧。二是为了彰显您的人生，弘扬您的学术，虽然力所难逮，我还是竭心尽力，写出了《周本淳先生年谱》和《当代学林一鸿儒》这两篇文章。我斗胆将您定位为"当代鸿儒"，您也许会不以为然，会批评我言之太过，可我却觉得您当之无愧。三是在您身后，我们为您编出了三部书。第一部是《我们的父亲母亲——周本淳钱煦追思录》，此书于 2005 年印行。第二部是五卷本的《周本淳集》，将于今年底由人民文学出版社出版。第三部就是这本《本淳学洽 薪尽火传——周本淳先生百年诞辰纪念集》，它也将于今年出版。曹丕在《典论·论文》里说："盖文章，经国之大业，不朽之盛事。年寿有时而尽，荣乐止乎其身，二者必至之常期，未若文章之无穷。"有了这三部书传世，我想，您的为人，必将长久地为世人知晓；您的学术，必将长久地在学界留传；您的荣名，必将长久地被社会铭记。而我们及其后代，也必将长久地沐浴在您的光辉之下。

2021 年 3 月底 于名古屋闲人斋

# 淮阴师专的林荫道
## ——记我的公公婆婆

高文军

和丈夫的最初相识，是在 1978 年秋，考上大学之后。

虽然那时候，我们和后来高考直接跨进大学校门的学生们相比，已经不算年轻了。但那个年代，连李谷一的一曲《乡恋》都还要被批过来批过去的，在大学谈恋爱之类，当然也被禁。可青春这事情，禁怕是禁不住的。初入校园，当事者无意，不知何时就被那边瞄上了。逃了几回也没逃掉，终于束手就擒，落入人家股掌。这边的父母倒挺开通"只要人好就行"，那边可是紧追不舍，还没怎么的呢，就要带没过门的丑媳妇去见公婆了。

那一年寒假，隆冬腊月的，跟着尚未结婚的丈夫，硬着头皮就去了苏北的淮阴。自家妈妈虽然对未来女婿还算中意，私下里却不太同意女儿的冒失：还没结婚就去人家家⋯⋯可谁让自己的女儿刚从那个"文化大革命"的年代走出来，脑袋里没有装进多少端淑之类的观念呢；又架不住那边"进攻"得紧，只好假装"潇洒走一回"了。

淮阴和南京同属江苏省，仅仅一江之隔，居然就是那么一个穷乡僻壤，是我这个从小在南京长大的始料所不及。虽然市区里还算好些，可也到处灰蓬蓬的，好像除了土之外，别的一无长物了。几百里长途颠簸之后，发现目的地原来不过这副模样，心中不免暗生几分埋怨。

可是进了淮阴师专的大门后，心中尘埃为之一扫。当时的师专里，有一条宽阔的林荫大道。虽值冬季，树叶落尽，高大的法国梧桐枝干扶疏，各自独立支撑而又相勾相连，勾连出一条树木隧道，颇有一些气派。冬天光秃秃的树干，足够遮挡掉一些不入人眼的肮脏，足够撑起一片蓝天。到了枝繁叶茂的夏季，该给这里增添多少动人妩媚，带来多少爽爽清凉啊。走惯南京林荫道的我，站在这异乡的林荫道下，不由得涌起一种亲切感。

脑子里各种情绪掺和在一块儿还没调整过来，糊里糊涂地就站在了"公婆"和一大家子的面前。一瞥之下，认定这两位是好老人（其实当时他们六十不到还不算老，那么，该是"老好人"？）后，很快就暗自松下一口气来。有意思的是，我发现我那未来的"老婆婆"，好像比我还易害羞，甚至尽量避免和我的眼睛对视。五六十岁的人了，居然有一种怯怯的小姑娘的神情。这才叫作"麻秆打狼"呢，正好我可省去被审视之尴尬。

虽说是头一遭，却不难发现，这是一个外人很容易融入的家庭。自己的父母都是当干部的，家庭里难免带点"干部"味道。可这家不一样。正儿八经的大学教授，却总让我在心里觉得"不像"。这并不完全是指他们看上去始终那么和蔼可亲，不管见到什么人都笑眯眯的；也不是部分地影射他们对外观太不讲究，衣着随便，后来夏季再来时"老公公"赤脚顶一双塑料凉鞋，简直就是一个"老农民"；而是指在家里，对孩子辈，他们也一点都不"教"。时值春节，儿女们都从外地赶回来。热闹固然热闹，一大家子十来口，光吃饭加洗碗也够对付一壶的。不知道是不是这家的传统：吃"大锅饭"也"分工包干制"，每天由一组负责所有家务，别的人不值日则可以甩开膀子玩儿，各尽其职而又能各享其乐。这法子对家里一直有保姆的我来说感觉很新鲜。虽然，并不因我是第一次上门且尚未"过门"而免去当番之劳，我也就是在那一个热闹忙碌而又和煦的春节里,生平第一次学会了打麻将。细想来,这么多儿女聚到一起,天伦之乐以外,还是"主妇"的精神负担最重。别的不说,一下来这么多人,光是住也住不下啊。"老婆婆"事先就张罗好,向假期归省的老师们借下房子,还帮我们一一准备好铺盖。极细微的操劳,让我无名感动。抱着被褥,跟在"老婆婆"身后走在林荫道下。碰到的人一口一个"钱老师"地打招呼,而"钱老师"也笑眯眯地向人们介绍:我们小民的女朋友。我觉得自己差点成了《百合花》里的小通讯员了。在一大家子吃饭问题上实行"包干制",首先被解放的也就是我的"老婆婆"了。这背后,当是"老公公"对其伴偶的无限关爱吧。

接触得稍多些,老人的智慧不显山不露水让我开始感知。一句话一个玩笑,常能点得我榆木疙瘩脑洞大开。此时才明白自己最初印象说老人"不像"教授,有多么的肤浅!大三时开始准备写论文了,自己有个想法觉得还不错。可是一次次跑图书馆查阅资料毫无收获,不由得几分沮丧。聊天时不禁向老公公叫苦。谁知他悠悠然对我说:没有收获,正是最大的收获!我脑袋瓜急转了几个弯,豁然开朗!后来,这篇经老公公一语点拨而写就的论文,不仅被全国最高水准之一的《文艺理论研究》刊登、《新华文摘》选登,而且被《全国大学生优秀论文选》一书收入。

大学毕业我们正式结婚,师专的路也渐走渐勤,可对俩老人却开始爱怨并生起来。原因之一,是因为我们在校期间"不太听话",付出的代价是得到最差的毕业分配结果:夫妻分居!眼看老爷子在教育界人头熟,帮了一个又一个不相干的人搞工作调动,可就是不管自家儿子。有一点点假期,我们只好两头跑。那年天寒地冻的我又去了淮阴,老爷子看出我有怨气,安慰似的请客去吃淮安名点蟹黄汤包。可蟹黄汤包,也抵不了两地分居呀。老公公有他的为人原则,始终不向儿子伸出援手。没办法，丈夫唯有背水一战，天天吭哧吭哧背书记英语单词，指望考上南京大学研究生回到老婆身边。考完以后，没有自信的他打发我去刺探"军情"。探了丈夫的还兼探小姑子，结果短短四个字"民林皆中"的电报发至淮阴一石激浪，"周老儿子女儿同时考上研究生"，在师专内一时成为美谈。因为那时已怀孕，那年暑假我就没往淮阴跑。师专的林荫道，当更加枝繁叶茂些？那以后，我才把见了老爷子就想噘嘴巴的心慢慢收起。再后来，让我陪老爷子喝酒时，才品出杯中物浓烈之后的芳醇。岂止如此？后来研究生学位身价陡涨，回头想想幸亏老爷子当初绝情一"逼"啊。

淮阴的冬天和南京比，够得上是天寒地冻了。可晚饭之后，这老两口必定双双出门，在师专的林荫道下并肩散步，让我记住了再平常不过的家庭生活中动人的一幕。林荫道在他们脚下延伸，为他们的足迹计时数步。春来冬去，年复一年。儿女们归来时，那散步的行列也就会加长，再加长。一直加到第三代出世，老人身后，又添了脚步趔趄的孙辈们的小小身影。有一年冬天，老人请我们出去"下馆子"。回来时路过一个店铺，橱窗里两个巨大的气球兀自在里面荡啊荡的。孩子们倒还没反应呢，老公公二话不说就买下了。小心翼翼牵着比自己身体大得多的气球，孩子的心里胀满了无数的欣喜神奇。虽然好景不长，两个大气球，一个硌到路边的小石子，炸了；还有一个，好不容易拽着走到林荫道下，眼看快到家了，孩子不当心小手一松，飞到树枝上挂住了。老爷子赶紧想法子要弄下来，哪里禁得住风摇树动，轻轻一晃，树枝戳破了气球，也炸了。两个满心欢喜的孩子不用说哇哇大哭。头上的法国梧桐树若有知，当会轻轻哂笑：好景不长，人生本来如此。可它要再豁达些，也就会相信：瞬间的幸福，足够一个幼小的心灵记忆到永远。

教者如此教，悟者自悟之。不用说老爷子博大精深的情怀，扎实厚重的学术功底,淳朴笃实的为人之道,还有看似大大咧咧实则春风化雨的哺育之情;便是老婆婆那不起眼的大家闺秀风范,那不为世俗所染因而显得不合时宜的旧式女学生似的腼腆清纯,还有那从不以自我为中心始终善待他人出自心底的谦和……以一旁观者看来,子女中能得其道者终是鲜矣。就像高大的林荫道下,还有灌木丛生一样,这二老只是恪守他们自己的为人之道,从不以自己的标准去要求别人包括自己的儿女们。后来,学中文出身的丈夫去日本留学了,想来老公公的心中当是说不出的嗟惜万分,嘴上却没有一句阻止的言辞。做了一辈子学问,衣钵传承的问题萦绕老人心头不消说,渐趋老境,连承欢膝下这种普通人家的乐趣,其实,不也是被我们无情地剥夺了吗?

出国后,淮阴自然也越少走动了。据说老人们到最后,也没丢掉散步的习惯。还听说他们爱漫步其下的林荫道也被砍去了不少,二老相携而行时,心头不知是否多了些寂寞?区区琐事,现在当然已无从知晓。和丈夫结婚一场,未能在二老床前侍汤奉茶,对我,终究是一大遗憾。1996年春,在我们的撺掇下,终于促成了名古屋大学文学院中文研究室邀请二老访问日本的成功。半个月的时间不算长,日常起居外,我们尽可能地带老人们去各地游玩,让他们满意而归。这,对心头郁积多年的遗憾多少有所补偿。

那之后又过去了25年。

二位老人先后驾鹤西归,我们也阴差阳错终是归国无门。日本的樱花年年盛开,淮阴师专曾有的林荫道梦中难回。虽然,久居他乡的我们并不敢枉由岁月蹉跎。2015年,我立足名古屋对现代文学作家郁达夫百年前在此地留下的文学与行踪做了详细调查汇聚而成的《且吟且啸 斯人独行 —— 郁达夫在名古屋》一书,由南京大学出版社出版。同年,在无资金无准备无时间的情况下几乎是拼尽一己之力,与名古屋大学共同举办了"郁达夫八高(名古屋大学前身)入学一百周年纪念"活动，除了我做演讲之外，还在名古屋大学举办了郁达夫足迹展览。眼下无论是中国人抑或是日本人都知之甚少的"郁达夫与名古屋"这一话题的提出，引起了人们的关注。活动被名古屋两家新闻媒体取材报道，随后又在名古屋市中央图书馆展出三个月（据图书馆介绍，由一中国人举办展览此为首次）。2019年8月，经过与名古屋大学几番磋商磨合，邀请到许子东、陈子善、高远东等国内著名学者及日本学者，成功举办了"郁达夫八高毕业一百周年纪念国际学术研讨会"。上述种种，既无任何"项目资金"，也没有来自其他方面的报酬。有的，只是唯有自己才明白的辛苦与付出。当我把这些付出点点汇聚，觉得差可告慰曾给予我们无限关爱的两位老人的在天之灵时，便也是极大的满足了。

2006年2月24日初稿，2021年3月31日补记于名古屋

# 小女儿的心声
## ——为爸爸百年诞辰而作

周先林

光阴似箭，日月如梭。转瞬之间，亲爱的爸爸妈妈离开我们接近20年了。2006年3月，我为《我们的父亲母亲——周本淳钱煦追思录》一书写下了《小女儿的心声》。通过回忆自己的成长经历，说明生前总是自责不如爸爸、"没有儿女心"的妈妈，对我和我们的呵护是"润物细无声"式的。妈妈与爸爸有着相同的儿女心，妈妈与爸爸一样对我们恩重如山！……

今天，在淮阴师范学院出版爸爸百年诞辰纪念专集之际，作为在爸爸精心呵护下健康成长的小女儿，我要写一写对我们恩重如山的爸爸，并轻声地问一声：这样的小五，您满意吗？

## 一、我是一个备受爸爸呵护的丑小鸭

我差一点无缘来到这个世界，无缘走进我们这个温暖的大家庭。

1954年11月，哥哥小民的降生对于已有三个女儿的父母亲来说可谓功德圆满了。只是那时候国家正处于全面学习苏联的时代。苏联为解决惨烈的俄卫国战争导致的人口饥荒，鼓励生育，即生育五个孩子的叫"英雄母亲"，生育十个的则是"功勋母亲"。我国也不顾人口学家马寅初的警告而照搬不误。其后果就是不得不在20世纪80年代强制推行"计划生育"，近几年又因提早进入老龄社会而鼓励生二胎……正是在爸爸妈妈当时任教的南京市第一中学领导的动员下，我才应运而生，并成就了一个"英雄母亲"。爸爸叫我"小五"。为庆祝上有祖母的八口之家人丁兴旺，爸爸为我选了一个"林"字。也许是"名如其人"吧，长大的我心胸较宽，没有通常的"小肚鸡肠"。两年以后，作为爸爸绝育手术的漏网之鱼，弟弟"小六"也加入了我们这个大家庭。我俩共同的名字叫"11"。时至今日。爸爸那亲切的"11，回家吃饭了"的呼唤声还不时在我俩的耳畔响起……

和漂亮的姐姐们相比，我就是一个丑小鸭——不但五官普通而且还带有铜钱大小的胎记。也许正是因为这一点吧，爸爸对我怜爱有加。"恃宠而骄"的我特别好哭，好生气。后来才知道我头顶上有两个发旋，天生就是民间所谓的犟种。近几年看清宫戏还明白一件事，曾经也令我自卑的前额正中呈三角形的发际线，竟然就是古人要精心装扮的"美人尖"——如果没有那块胎记，我还是个天生的美人胚子。

爸爸的偏爱有时甚至是无原则的。

冬天里爸爸常带两个男孩去泡澡。有一次，三岁多的小六炫耀说喝到红枣汤了。馋得我哭着闹着也要去。后来爸爸竟然不顾妈妈的反对真的带我去了。可那天澡堂单单就不卖红枣汤……去年从微信上得知，早已被拆除的大板巷的澡堂属于"瓮堂"，是清代留下的屈指可数的高级澡堂，我那次也算不虚此行了吧？

爸爸的偏爱常让我有恃无恐。

我经常不自量力地与大我两岁的小民（我们家的习惯就是除了大姐称姐，其他人都跟着大姐直呼其名。如果小六喊我"五姐"，那一定是要有求于我了）打架。输了就锁上前后房门一个人哭到睡着。下班回来的爸爸会指挥小民翻爬高高在上的气窗进屋开门，却从未说过我一个"不"字。有一次听我告黑状，爸爸不由分说抄起扫帚就揍。气得小民咬牙切齿地对爸爸喊道："等你走了我就打她。"——吓得我立刻在小六的陪同下躲到位于正洪街的表叔家里……

还记得一个冬日的清晨，因为我大哭大闹，不但打扰了家人的清梦，还吵醒了大院的邻居们。对于爸爸"再哭就把你甩出去"的强烈警告，我也置若罔闻。于是，气冲冲的爸爸抱起我打开了房门。大约只迟疑了几秒钟，就轻轻地把我放在了白雪皑皑的台阶上——此时，身后传来的竟然是三姐小华、小民和小六三人同时发出的饱含失望的"哎哟"声……也许是不忍心总让爸爸为难吧，自那天起，我改掉了坏脾气，我懂事了。

## 二、好运伴随我长大

长大以后，爸爸的偏爱多次带给我好运。不但助我两次躲过下乡插队的厄运，还让我爱上了白酒、爱上了后来视为楷模的苏东坡。

1968 年，在轰轰烈烈的"上山下乡"的热潮中，我家三个姐姐先后离开了家。记得 10 月二姐远赴内蒙古插队时，爸爸还被关在牛棚里。我和小六陪妈妈去火车站送行。人满为患的车站里，哭声震天。妈妈却说："这是高兴的事，我们不哭。"只因为"红五类"的同学临阵退缩，作为"黑帮"子女的二姐才得到了这个机会。

1969 年春，根据取消大学的"最高指示"，爸爸所在的南京市教师进修学院撤销了。全体教师在"滚一身泥巴，炼一颗红心"的鼓噪声中转到由石佛寺劳改农场改建的南京市"五七干校"劳动。11 月底，还在校读书的我们三个人不明就里，坚决支持爸爸下放农村的决定。

常被人称作"小周本淳"的小六还作为代表去誓师大会上表了决心。后来得知,听说南京的家没了,远在内蒙古插队的二姐伤心地哭了。

市干校的"特权"是可以在淮安县内任意选择落户的公社。于是爸爸根据一张江苏省地图,在与两个姐姐插队的宝应县相邻的水陆码头——平桥公社的上面画了个圈。只是不曾想公社安排我们落户的孟集大队陆庄生产队还在只有土路相通的18里之外。所以,到达的当天晚上,我们不得不在公社铺稻草打地铺留宿,爸爸还带领我们一起学起随身必带的"红宝书"。前不久还有一位淮安老乡对小六说起,当年就是他把床铺让给奶奶睡的。第二天,爸爸用板车拉上七十多的小脚奶奶,带领我们沿着兴修水利形成的"一支堆"一路向东。那天是我和小六第一次走那总也望不到头的十八里。小民年龄大些而且还曾和邻家哥哥一起步行去过常州,比我俩强多了。糟糕的事情是,从宝应赶过来的三姐小华不小心把一个孩子撞下了河堤。而令人惊喜的则是,生产队竟然专门为我们下放干部盖了两间草房。当时爸爸妈妈因为是带薪下放的干部,所以户口落在平桥镇上,而我们四、五、六三人的户口则落到了生产队,这在当时称作"一下到底"。三年后,根据政策我和小六的户口也到了平桥镇上,而小民因为已经毕业,则成了地地道道的农民。这自然是后话了。

安定下来后,我们五、六两个去了三里之外的同兴小学。老四小民跟邻家的男孩去了七里路外的红旗农中。因为听不懂淮安方言,我和小民同时打了退堂鼓。第二年春,我在小六的鼓励下重新走进了课堂——否则,我的学历就可能跟村里的大多数女伢子一样是小学肄业了。那年9月,我小学毕业后进了本校升格的初中班——俗称"戴帽子"。而小民为了将来能升高中也来同兴上了初二。可惜,毕业时因为升高中必须要贫下中农推荐而未能如愿。

1973年春天,我初中毕业。原本也将和先我一年毕业的小民一样插队劳动。幸运的是，邓小平出来主持工作了——升高中不再由贫下中农推荐而是公平考试。正是沾了这后来很快就被批判为"修正主义教育路线回潮"的政策之光，我考进了爸爸妈妈已先后调入任教的平桥中学。我和小六因为是在校学生，按政策户口也迁到了平桥镇。

这时，妈妈因为身体原因休假去了她在杭州浙江农业大学的姐姐家。我和爸爸过上了令我受益终生的"二人世界"。

孔子说："衣敝缊袍，与衣狐貉者立，而不耻者，其由也与！"意思是穿着破旧的丝棉袍子，与穿着狐貉皮袍的人站在一起而不以为耻的，大概只有仲由（子路）吧。爸爸也是这样的人，他的不修边幅是出了名的。在南京时，炎热的夏天，他会打赤膊，顶着降温的湿毛巾，骑车从新街口回大板巷的家。此外，除了冬天，常年赤脚穿凉鞋也是他的显著特征。下农村后，还曾因为衣着过于朴素而被当地农民当成撑船的。

爸爸给我灌输的就是：衣服是穿给别人看的，把好的吃进肚子里，身体好才更重要。他也是这样做的。爸爸几乎每天都要"上街"。他那拎着鸡进校，然后在公用水池边忙碌的身影几乎成了平中的一道风景，常常吸引同学们羡慕的目光。想来我至今引以为傲的好身体与当年下肚的众多童子鸡不无关系。话说回来，吃鸡应该算我们周家的传统，因为奶奶经常挂在嘴边的往事之一就是爸爸回乡看她时的待遇就是一天一只鸡。后来听爸爸说现在"不杀生"时，我的歉意油然而生。

更令我难忘的是陪爸爸喝酒。爸爸自诩嗜酒如命。七八岁时曾因与长他一岁的哥哥干了一坛黄酒而一起发酒疯打架。我则记得他招待一中的丁佑川老师到家里喝白兰地，结果一起酩酊大醉……

下农村后，爸爸竟然会为了买到一块零三分一斤的、当地人称"山芋冲子"的散装山芋干酒而不惜骑行几十里土路。后来招呼同公社的三五下放干部一起喝酒成了常事。再后来，因为借调到县里编写教学参考资料而结识了来自南师附中的季廉方、南京师院的常国武和南京技校的孙肃等下放干部。他们自封为"山阳四友",热衷于诗词唱和,喜欢一起喝酒聊天。

喝着酒的爸爸话格外多。"苏舜钦汉书下酒"就曾令我啧啧称奇。而他最爱絮叨的则是对他影响最大的苏东坡——后来乐观豁达的苏东坡也成了我的楷模,帮助我逃出抑郁的黑洞。

正是因为陪爸爸喝酒,听这些酒话,我也爱上了喝酒,尤其是白酒。记得高中毕业时,班主任吴忠浩老师请我们三五个学生喝酒,我连干几杯而没醉,第一次检验了我的酒量。

1994年,爸爸因为小中风而彻底地戒了酒。家藏的整箱洋河等全部分送给了往来密切的青年教师。

2002年7月中旬,曾经担任过淮阴市政协副主席的爸爸在参加市政协会议期间身体出现了类似重感冒的不适。会议结束后住进小六所在的淮阴第二人民医院检查身体。7月20号,远在内蒙古的二姐正好回来探亲。起初爸爸还每天回家,渐渐地就躺倒了……我听说后也立即赶到淮阴。眼见爸爸沉疴不起,我们都慌了神。记得有一次妈妈和二姐打车给爸爸送饭,到了医院才发现根本就没拿饭盒。7月23日,哥哥从日本飞到南京,当晚即搭大姐的车赶到爸爸病床前。连日闭目养神的爸爸睁开眼睛欣喜地告诉我们一个好消息:他为南京大学负责最后审订的《全清词·顺康卷》在上海付印了。后来南京大学为了感谢爸爸,特地送了一套给淮阴师院。记得26日那晚,当妈妈告别的时候,爸爸一边说:"老干(爸爸为享受离休干部待遇的妈妈取的昵称),你吃苦了。"一边紧紧地抓着妈妈的手,久久不放。

28日,爸爸陷入昏迷。当医生询问家属是否按惯例切开气管抢救时,我们的意见是:"如果病情不可能逆转,宁可让爸爸平静地离开。"

2002年7月29日19点54分,爸爸的心脏停止了跳动。享年83

岁。死因是酒精中毒性肝硬化。

爸爸离开后，我常常反复地问自己："如果知道喝酒会提早离世，爸爸会放弃这个嗜好吗？"

我的结论是："不会。""肯定不会！"在爸爸蒙冤——作为右派被剥夺教职的岁月里，在爸爸蒙羞——被逼挂牌示众的日子中，喝酒一定能让他躲进他所钟爱的古典诗词的王国里，会让他减轻甚至忘却痛苦；而在日常生活中，喝酒会放大快乐，喝酒会助他扩大交游——爸爸生性豪爽，是个特别乐意交朋友的人⋯⋯爸爸一定无数次地在微醺的时候走进他神往的唐朝、宋朝，与他熟悉的杜甫、苏轼等诗人神交⋯⋯

2003年7月，在爸爸离世一周年的时候，我和小民一起到了淮阴师院。其目的一是接妈妈到南京由我照顾，二是由他接管爸爸的藏书。当我惊叹书籍后面竟然有一瓶泸州老窖时，他立刻说道："这一定是爸爸留给你的！"如今我依旧珍藏着这瓶酒。我会在临终的时候打开——我要带着满身的酒香去与至爱的爸爸妈妈会合。

爸爸对我的偏爱还体现在坚定不移地把"留身边"的指标给我。

1975年7月，我高中毕业，再次到了不得不插队劳动的关口。更加幸运的是，国家出台了新政策：允许每个家庭选择一个子女留在身边安排工作。面对小六"应该留最小的"的吵闹，爸爸妈妈毫不动摇，因为他们一致认为女孩子下乡不安全。第二年春天，从不屑于求人的爸爸一反常态，千方百计地与来平桥公社带兵的指导员拉关系，终于把尚未毕业的小六送进了部队。而我，在安心待业一年多后的12月，兴高采烈地走进淮安县织袜厂，成了一个用机器缝合袜头的挡车女工。

记得进厂不久，爸爸就借大姐结婚的由头，来工厂发喜糖——从不吸烟的爸爸还特别去给炊事员敬了烟。可能那天我的菜里就多了一块炒猪肝⋯⋯时至今日，那个瞪着一双金鱼眼、斜叼着烟卷的徐师傅还一直鲜活在我的脑海里。

虽然当了工人，家仍然是我温暖的港湾。尽管淮安到平桥有 35 里路，通常我等不到周末，周三下班后就会骑车往家赶。不出意外的话，会在运河大堤上看到爸爸妈妈散步的身影——他们是特地来迎我的。当天晚上我不但能陪爸爸喝上一杯，第二天早晨还会带上一瓶妈妈特地准备的菜。后来爸爸妈妈同时调进了由淮阴师范学校改建的南京师院淮阴分院。家由平桥搬到了淮阴。但我回家的频率没有变，回家的距离也依旧是 35 里，只是回家的方向由南下改为北上了。

爸爸对我的偏爱还表现在默许我旷工去北京。有着两个儿子的奶奶曾经北京、南京两头住。自伯父 1966 年作为外交官出使以后，奶奶就以我们南京为主了。1969 年 11 月底，已经 76 岁高龄的奶奶随我们全家一起下放到了淮安县平桥公社。伯父每隔两年会回国休假，届时送奶奶去北京也成了我们家的惯例。1975 年是哥哥小民送的。1977 年 7 月，我递交了请求扣除工资的请假条，可工厂领导不准我这个学徒工的假。于是，渴望进京的我硬起头皮，拍拍屁股走了。

那时候去北京可不容易，必须先在平桥码头坐船到镇江，然后再坐火车。我把装有老母鸡的蛇皮袋和行李包相连后搭在肩上，搀着已经 84 岁高龄的小脚奶奶就上路了。时至今日，我仍然喜欢把两件行李一前一后地搭在肩上甩着膀子行走。记得陪我购物的晓研曾央求说："妈妈难看死了，快把包拿下来。"我的回答是："你不帮我拿的话就不要指责我。"——不惧世人的眼光，是跟爸爸学的。

在伯父帽儿胡同的家，我不但去了长城、天安门等地，把附近的鼓楼、地安门之类遛了个够，还提前听到了国家即将恢复高考的消息。但我却真的是无动于衷，因为自知即便是考进高中的，即便是因成绩好而一直担任班级的学习委员，但实际上除了一如既往地喜欢阅读文学作品而不是只背书名之外，并没有多少真才实学。半个月后，我回厂报到。生气的领导让我停工反省半个月。后来我发现 14 块钱的学徒工资竟然一分没少，还是有些意外的。

## 三、爸爸助我改变命运

1977 年秋，恢复高考的消息正式公布了。看到我妄自菲薄，妈妈用无比肯定的语气说："不要紧，你们差，别人比你们更差。"是啊，我们有知识渊博的爸爸，有循循善诱的妈妈，怎么可能比别人差呢？！

爸爸立即想方设法为我们寻找复习资料。很快，他在合肥六中任教的老同学远明寄来了他们编写的复习资料——一本包括政治、历史和地理知识的《文科三百问》。不难猜测，爸爸让我先看。此后，在织袜厂的简易宿舍里，我总是清晨四点半就开始在蚊帐里看书了。八个小时的长白班以外的时间，也几乎全部用于看书、背书。工友曾笑话我连梦话都是数学公式。那时没有复印机，我在摘录了一些备忘的难点以后很快把书转给了小民。那时他在平中临时代地理课。后来知道他考上大学后，平中领导竟然不肯付工资，说是正好帮他复习了。

1978 年高考前夕，妈妈特地说起这样的事：当一个同学家长关心地说"你们家三个要是考上一个就好了"的时候，她在心里笃笃定定地答道："我们家三个都能考上！"

果不其然。由于取消了初试，我们四、五、六三人——务农的哥、做工的妹和部队复原的弟同时榜上有名。即使数学仅得 37 分，我的总分也有 370 多。为填报志愿，爸爸特地带我去求教已重返南师的知交常国武老师。看到我政治 89 分，比语文好，还有十分强烈的南京情节，常老师建议说："即便对政治不感兴趣，第一志愿也要选南师政教。"

1978年10月18日，我和小民同时跨进了南师大门。不同的是他进中文系，我进政教系。那天爸爸专门送我俩到学校报到，还特地写诗激励我们。

### 送民儿林女赴南京师院

新天多雨露，沾溉到民林。
云路知无忝，骊珠贵自寻。
锲期金石镂，学共岁年深。
短句聊相勖，悠悠父母心。

入学以后，爸爸依旧对我关怀备至。他做的第一件事就是拜托常老师为我写报告，代我申请转入中文系。可惜因为当时的学籍管理制度不像后来灵活而未能如愿。由此我在求学的路上多走了一段弯路。

当听说我的班级组织论文竞赛时，爸爸不但鼓励我积极参加，还建议我研究张载的《西铭》。至今我还珍藏着作为奖品获得的笔记本。而张载那"艰难困苦，玉汝于成"的经典语录不正饱含着爸爸对我的殷切希望吗？

班级还征集过座右铭，我提供的是贝多芬的名言——"我要扼住命运的咽喉！"

我们去南京，小六留在淮阴学医，对爸爸来说也许是正中下怀。因为小六入学伊始，爸爸就指派他查找有关胎记的文献。在他找出"太田母斑"这个学名以后，又要他查找对应的英文。然后就给远在美国的老同学王务兰叔叔写信，拜托他为我求医问药。记得寄信时爸爸还风趣地说道："希望美帝还小五美丽。"

后来，小六毕业分配到淮阴市第二人民医院。爸爸特地找关系把他从内定的麻醉科调到皮肤科。如今小六早就成了当地出名的皮肤科专家——这一定也有爸爸的良苦用心吧。

令我万分感激的是，在我留学期间，嫂子从电视上看到了东京一家医院发布的"红宝石激光治疗仪"的广告。经过多次医治，1997年7月我回国的时候，终于把"丑小鸭"的帽子扔进了日本海。这当然还是后话。

## 四、爸爸为我指点迷津

1982年7月，我大学毕业。为了改善落后地区的教育现状，当时的分配政策是"一刀切"。即凡是来自"徐、淮、盐、连"四个地区的考生都"从哪里来回哪里去"。我被分配到了今天已不存在的淮阴专区清江市教育局。面对稍感失落的我，爸爸再次给我指明了方向。

那年暑假，省教委分别从南大和南师中文系的教授中挑选出十多位教授，组成了专门为连云港传经送宝的讲师团。如今只依稀记得有南大的吴白匋、程千帆、王气中，南师的徐复、吴调公、许汝祉、张拱贵等教授。身为淮阴师专教授的爸爸，也许是因为经常给南大和南师的研究生上课，不但被特别邀请，还允许我陪同前往。在连云港，我第一次见识了大对虾，其美味真是没齿难忘。

在开往连云港的大巴上，教授们谈笑风生。印象最深的是南大的程千帆先生谈论"文化大革命"期间在武汉放牛的往事。记得当时他朗声笑着说道："什么拍马屁，拍牛屁股才真管用。"因为提及"文化大革命"期间的往事，南师现代汉语教研室的张拱贵老师敲着拐棍破口大骂，然后就看到同车的许汝祉老师的脸慢慢胀成了猪肝色……而我第一次见到的徐复先生则一直在充当和事佬……

那天下车后，爸爸突然把我领到徐老面前，笑着说："小女要投到你麾下，考你的研究生。"记得徐老认真地看了我一眼，然后爽快地答道："她，聪明相，能考。"

1983年4月12日，曾经常来家里吃饭下棋的、高考以6分之差落榜的小邬从南京赶到清江市，与我领了结婚证。婚礼是在南京办的。记得当从上海来的堂妹夸我这个嫂子"德才兼备"的时候，小邬认真地加了一句："还有貌。"蜜月旅行时，我们去上海看他在交通大学的叔叔。面对叔叔对两地分居的担忧，他轻巧地说："她考研究生。"而叔叔的眼神分明是"哪有这么容易的事"！

1983年11月，因为清江市撤销我被调到淮阴教育学院，成了党史教师。胡适先生说过，"历史是个任人打扮的小姑娘"，党史又何尝不是呢？当年在南师课堂上我最感兴趣的就是不止一个老师照本宣科后所追加的"老实说"云云。如今我也只能这么做吗？在我左右为难之际，传来了徐老将招收中国古典文献学专业研究生的消息。

看我有畏难情绪，妈妈再次打气说会帮我学习《古代汉语》。还说爸爸会教我《中国古代文学史》云云。其实，因为我从小就非常喜欢阅读家里的文学课本及宋人话本等，对古代汉语并不陌生。我最担心的是涵盖古今中外内容的综合考试，尤其是我对文艺理论一窍不通。为能心想事成，我的作息时间表又一次定为四点半起身，十点钟就寝。寒冬腊月，为方便背书，我就在书房用一把椅子和两张单人沙发拼成了简易的床……

考试结束后，我觉得没考好，于是决定抓紧时间生个孩子，明年再考。可怀孕以后却接到了复试通知书，英语57分，政治75分，自以为要命的综合考试刚好60分，古汉语80分左右吧，而语言学概论则是93分。记得2001年春节，爸爸还提起老话：接到嫂子文军从南京发来"民林皆中"的四字电报时，前次被英语和政治卡了脖子的小民大喜过望，竟然拍着大腿一迭声地说"要死！要死！"因为南大自主将公共课的录取线降低了5分，英语46分和政治54分的小民才侥幸过关。若考南师的话则还将是名落孙山。而我在政教系四年，学哲学、党史、共运史、逻辑学等课程的效果就是提高了回答问题的能力吧，不用复习，政治就轻松拿下了高分。那次，爸爸妈妈还说起我的语言学概论得了93分，夸奖道："一本书都让你背下来了！"真心感谢爸妈给了我们一副好记性。

我终于又回南京啦。我投入了宽厚仁爱的"小学"泰斗、号称"三乐"先生的徐复师麾下。在徐老招收的四个人中我这个唯一的本校生却是学政教的，苏州来的徐师兄则是学外语出身的导游。后来才知道，我所谓明年再考的愿望真是"图样图森破"（太年轻太幼稚）——我们不但是徐老招收的第一届中国古典文献学硕士，还是徐老招收的最后一届硕士。过了这个村就真没那个店啦。

1984年9月，我穿上宽大的灯芯绒外衣，装成胖子到中文系报到。因为一家同时考上两个研究生而被教过小民的老师们称道。

两个月后的25日凌晨3点05分，我有了女儿。我取名"晓研"——拂晓诞生的小研究生。慈祥宽厚的徐老不但劝阻我办理休学手续，还嘱咐我安心休养，说有事会让方师兄转告的。真是有劳师兄了。后来方师兄深得徐老和钱老的真传，不但精通经学，还在《易经》占卜上独树一帜。爸爸住院期间他曾拨冗算出"命不该绝"。徐老后来也说，如果当时人在南京，如果入院就挂白蛋白补充营养，你爸爸是可能逃过一劫的。呜呼……

为保护视力，丈夫小邬曾认真地为我读《说文解字》，协助我完成作业。只是应了"一孕傻三年"的老话，我的心思已全然不在学问上了。后来徐老曾以为我题写书名来督促我把毕业论文《蔡中郎集研究》整理出版，我也终是辜负了……

## 五、我偏离了爸爸为我设定的学术轨道

1987年7月，我毕业了。在徐老和王主任的关照下，我留在系资料室的古籍部。同事之一就是后来大名鼎鼎的作家兼古琴演奏家郭平。爸爸要我在工作之余帮在南师学报工作的常老师做些资料收集工作，要我试着做《万首唐人绝句》的前期校对，还带我参加那时方兴未艾的鉴赏辞典的编写工作。后来，因为一心想出国，我推荐郭平接替，已经提交的几篇也不知所踪……不难想象，长此以往，我在文献整理方面也会有所建树，当个副研究员、研究员什么的也应该是水到渠成的。可是因为汹涌的出国潮，我的人生轨迹再次转了个弯。

## 六、爸爸支持我"洋插队"

1990年春，哥哥小民因为留学日本的亲戚帮忙，成了名古屋大学的留学生。为此辞去了南京大学中文系的教职。第二年初，他为我找好了留学的经济担保人，要我提供单位同意留学的证明材料。曾令我感激不尽的王主任却要求我先辞职，理由竟然是办留学就应该承担风险。爸爸像对待小民一样，依旧投了赞成票。

1991年10月，我成了名古屋大学的进修生。开始进入半工半读的"洋插队"生活。每周有四天必须到校，一是听教研室的课，二是学习名大专门为留学生开设的日语课程。其他三天就随先我半年留学的嫂子到电子元件加工厂做工。不久，我在学校附近一个叫"浜木绵"的中华料理店找到了晚间的工作。如果白天上课，晚上就去饭店工作，好处是有免费的晚餐。记得春天到来的时候，在饭店问起名古屋的赏

樱胜地，老板惊讶地说："你宿舍旁边就是啊。"当晚回家的路上，我第一次停下匆匆的脚步抬起头来，我看到了漂亮的樱花大道，我就在落英缤纷的图画中……

1992 年 4 月，我通过了英翻日的博士考试，成了学费相对便宜（40 多万）的名古屋大学的博士生。同时有了办理家属陪读和申请奖学金的双重资格。两个月后，女儿晓研就和她爸爸一起来到了日本。为陪伴晓研，我辞去了饭店晚间的工作。不久，小邬在豆制品加工厂找到了月入约 8 万日元的工作。一年后我以全优的成绩成了富士银行的奖学生——两年间每月有 12 万日元奖学金。我们在经济上彻底翻了身。

读博的要求是除了博士论文以外，每年要提交学年论文。因为第一年老师讲《左传》，于是我根据爸爸的建议提交了"左传引诗考"。后来在《文史常识》上读到与我不谋而合的论文时，曾为自己懒于进取有过一丝丝悔意。

我的博士论文选题是今鹰真导师提供的，即有关皇侃《论语义疏》的研究。这部出自梁朝的著作曾经失传，直到清代的书商在日本足利义满学校里发现唐代的手抄本才得以重见天日。而迫于当时的状况，该书中很多指责异族统治的文字被篡改得面目全非。这是一个得天独厚的选题，但不思进取的我还是止步于提交论文而已。不过，对我后来申请高级职称还是有帮助的。

1996 年，爸爸妈妈应邀来名古屋大学我们所在的教研室讲学。为此我特地提前调大了住宅。那半个月，我和哥哥小民专门陪同二老游览了许多风景名胜，到东京游玩时还特地去了位于东京附近的"葛泽吟社"，与我的日本诗人朋友进行交流。日本之行是二老第一次也是唯一一次走出国门。归国后，爸爸兴奋地写了《扶桑吟草》述行，妈妈也兴高采烈地写文章投稿……

## 七、爸爸妈妈对我女儿的恩情

1997年4月，女儿晓研小学毕业。他爸爸带她先我回国。为了扫清这个仅在国内上过一年级的外孙女今后学习的障碍，外公外婆真是费尽了心思。二老不但亲自教她，还特地请来特级教师为她补习数学和语文。正因为有这次补习开路，她随后的求学之路才可谓一马平川。

同年9月，晓研进了南京外国语学校的日语班。虽然初中我们是花费十万的自费生，但高中，她就成了凭实力考上的"平常生"。大二年级时她获得了最高等级的奖学金——江苏省政府奖学金。在三年级，不但获得了人民奖学金，还在一再放弃公派留学的机会以后，等到了名古屋大学的机会——实现了晓研归国前夕我们娘儿俩共同许下的心愿。

2003年春，晓研首次参加"一级日语能力考试"，满分400分的卷子她得了396分，名列华东区第一、全国第二。毕业前夕被南京大学外国语学院的日语系提前录取。最让我高兴的则是她在大学找到了心上人。毕业那年，因为学俄语的上海籍帅哥如愿考上了华东政法大学，已获保送本校研究生资格的晓研立即决定中断学业，并很快在上海的日企就职了。后来，因为方师兄说我的外孙女命中缺土，我就为她选了个"尧"字，因为繁体字的"堯"里有三个土——为女孩子用中性字取名，也算继承了爸爸为我命名的传统了。

顺便报告一下，我已于2004年与被爸爸妈妈夸赞厚道的小邬友好分手，也早已各自组成了新的家庭。如今我多了一门亲戚。就在几天前，晓研的奶奶还要我回去喝自家泡的杨梅酒呢。而我的另一半碰巧也是家里的第五个孩子，山东人取的小名是"老五"。

## 八、爸爸的著作是最好的教学参考书

1997年7月，在香港回归的日子，我回国了。随后我就去了淮阴，直到8月底才带着晓研回南京。在等待工作的日子里，我走进了股市。我曾以对联表达心愿：上书山览胜，下股海淘金。横批：两全其美。但事与愿违，结果可谓"两败俱伤"，这还是后话。

12月，我重新入职南京师范大学文学院，高高兴兴地当上了科研秘书。正因为自己不想做学问，所以满腔热忱地为做学问的老师服务。

不久，因为师资不足，院里安排我上课——最先上的就是《古代汉语》。爸爸妈妈听说后非常高兴。暑假我去淮阴探望二老时，一直教授《古代汉语》的妈妈搬出了她所有的备课笔记，还特地将小篆中特别难写的字指给我看。爸爸则依旧喜欢跟我一起喝酒，跟我谈诗词，谈诗话……曾经有不少知道我喜欢古诗词的人问我为什么自己不写诗，日本的导师也问过我相同的问题。我的回答都是："我没有思想。"

1999年，文学院筹建成立中国语言文学博士后流动站，我担任秘书，参与了全程。后来我回归古文献专业，做秘书属于双肩挑了，但我仍然乐此不疲。

2004年，为了弥补王力《古代汉语》中诗词格律方面的不足，我在教学院长马景仑老师的鼓励下，编写教学大纲，开设了新课《音韵与诗词》。爸爸的专著《唐人绝句类选》，尤其是2000年上海文艺出版社出版的《诗词蒙语》，成了最好的教学参考书。这门课反响不错，还曾受邀到中北学院开讲。在古代文学专业师资不足的时候，我也曾去中北学院上过中国古代文学史等。我给参加自学考试的学生上的辅导课就更多了，如中国古代文学史、古代文学作品选、外国文学作品选等。还因为前任不受欢迎，专门去宜兴进修学校上过古代汉语辅导课——那个学校送我的两个沙钵至今还能煲汤。

## 九、爸爸的爱保佑我化险为夷

2002年7月爸爸离开了我们后，由我陪住的妈妈在翌年10月26日又突然离开了我们。我的天塌了，整日以泪洗面，伴随我的只有一个又一个不眠之夜。这种状态大约持续了一个月，是爸爸唤醒了我。因为我想爸爸看到这样的我一定会心疼的，他喜欢的是那个开朗乐观的小五。偶像苏东坡就从来不会在逆境中倒下——就连流放黄州的时候也还开发出至今仍脍炙人口的东坡肉……

于是，我转念想：我对妈妈，问心无愧。我是个懂得知恩图报的女儿。苍天可以作证，三姨也可以作证：就连我从日本带回许多胶棒给爸爸校改书稿用，以及一到淮阴就给他俩修剪脚指甲这样的小事妈妈都曾写过信告诉三姨。爸爸走后，在她自责没有儿女心，如今却拖累我们的时候，我总是说些"你是我们的大树，我和晓研还要靠你呢"之类的话宽慰她。几乎每天都陪她散步，哪怕是下小雨的日子。此后，风和日丽的时候我会想，妈妈正在天上和爸爸一起散步；电闪雷鸣的时候我会想，生性胆小的妈妈已投入爸爸的怀抱，不用我再担心了……我终于放下了。后来远在日本的小民由衷地感叹道："小五，你真坚强！"

冥冥之中，爸爸还在西藏救了我。只差一点儿，我就在西藏与爸爸妈妈会合了。

2015年8月，我们家六人结伴去西藏游玩。因为高反，我一直昏昏沉沉的。可就在我们离藏的前一天傍晚，独自躺在宾馆的我突然觉得眼眶发热。于是立即致电外出吃饭的老五，说："赶快送我去医院,我今晚可能过不去了。"我是坐三轮车到附近的医院的。当医生测出我的血氧饱和度只有 62% 时,询问我是怎么过来的,然后说:"如果走来,就已经倒在路上了。如果在宾馆睡觉,肯定看不见明天的太阳。"……谢天谢地,靠连夜吸氧,我总算看见了第二天的太阳。后来省人民医院的医生说,你这种情况在南京已经切气管了——难道不是爸爸妈妈在保佑着我吗?

冥冥之中,爸爸还保佑我逃过了车祸的劫难。2018 年 4 月,老五开车带着他的哥哥姐姐去洛阳探亲和赏花。返程时在安徽境内竟然因打盹而追尾运送新车的货车。小车顶都被掀了,其他人小伤,我毫发无损——不是爸爸妈妈显灵又是什么?反正我信。

说到车祸,爸爸生前还助我逃过一劫,包括他自己。那是 1995 年小民从名古屋开车去东京的途中。小民一边介绍说日本车时速超过 120 码就会自动提醒,一边享受地听着悦耳的铃铛声。爸爸听说后连忙大叫:"太快了,危险!赶快减速!"铃铛声刚停不久,小车就突然颠簸起来,原来是后胎爆了。这件事至今想起来还是有些后怕的。

迄今为止,每年清明前后我都会去雨花功德园,疫情期间也不例外。我的方式就是叩头——咚、咚、咚地叩响头。我相信奶奶和爸爸妈妈一定听得见,一定会保佑我们的。

## 十、爸爸是我最好的老师

今生令我引以为憾的一件事情就是没有做过爸爸妈妈的学生。下放以后,我上同兴小学,妈妈却到查庄小学带课。记得妈妈曾说笑过,那里的孩子不肯背书,还理直气壮地说:"哪个老记得!"

考入爸爸妈妈都在的平中以后,我在甲班,爸爸却教乙班;妈妈是教甲班的，却比我高一年级。而小六入学的时候，不但爸爸做班主任，妈妈也去代过课。

但仔细回想起来，其实爸爸一生都在给我上课。

上小学后，爸爸就开始教我背诵《三字经》……按照爸爸的步骤，假以时日的话，我是应该能够成为饱读诗书的学者的。可惜，不久就进入了"史无前例"的时代。爸爸随即要求我背诵红极一时的"毛主席诗词37首"。我当然很快就把那本诗词包括简要的注解都背得滚瓜烂熟。虽然在记忆力最好的年华，我们无书可读，只按照学校老师的要求背诵了"老三篇"《实践论》《矛盾论》等，同时自然而然地几乎记住了屈指可数的八个样板戏全本。但因为爸爸的要求，我开始了解诗词格律，并有了进一步学习的兴趣。

高中时，爸爸喜欢带着我喝酒，喜欢和我谈诗人、诗话，促使我更加喜欢古典诗词。1958年爸爸因为被补划为右派，已排版的《宋诗选注》被出版社毁约，手稿也在"文化大革命"的抄家中销毁。即便如此，爸爸在1979年获得平反后，立即重新焕发了学术青春。很快，主要围绕诗词、诗人和诗话的成果层出不穷。

爸爸的书我最爱读。《唐人绝句类选》里的精妙点评，经手整理校点的《唐音癸签》，《唐才子传校正》的诗话故事以及被学界誉为"小文章见大学问"的论文集《读常见书札记》等都让我爱不释手。爸爸不但教我爱上古典诗词，甚至还为我准备好了教学参考书——《诗词蒙语》……是爸爸让我认识了开朗乐观的苏东坡，学会了在逆境中泰然处之，在顺境中找乐自强。

"文化大革命"期间，有一次爸爸被单位造反派逼迫挂着"反动学术权威"的木牌站在课桌上示众。其地点就在人来人往的南京市教师进修学院门前。可回到家的爸爸却神色如常。还是在食堂工作的邻居吴阿姨说着"你爸爸可怜，今天吃苦了"送蛋炒饭慰劳爸爸，我们才知道。爸爸的同事晁樾老师曾回忆说，爸爸挂牌示众后回到资料室，嘴里嘀咕着"说我是牛就是牛，说我是马就是马。我还是我……"晁老师安慰的话还没说出口，爸爸已经鼾声大作了。应该说的是同一件事。

下农村后，有一次爸爸在县城被偷了钱包。可回家后却大谈其他朋友被偷的趣事，以至于妈妈不解地问："你怎么好像捡了钱包似的？"既然丢了的钱包找不回来，又何必再伤神呢？我懂的。

这方面我是得到爸爸真传的。比如在股市，历经股灾，输得只剩零头时依旧报喜不报忧。既然物质上已经损失惨重，何必再自寻精神损失呢？再如每周一次的打麻将：赢了一定大喜，找乐嘛；输了却绝不大忧。因为原本目的就是寻找快乐、预防痴呆的，怎么能忘了初心呢？

爸爸常说"施恩不必记，受恩不能忘"。就因为善良的吴阿姨在他落难时送过鸡蛋炒饭，下放以后每次回南京，爸爸妈妈都要抽时间前去探望。

我家茅屋前有一棵碗口粗的榆树，原本是属于隔壁仁大爷家的（陆希仁。因为陆庄人大多姓陆，所以用名字称呼）。当我们告状说他家的竹篱笆明显占了我家的菜园时，爸爸说："人家送我们一棵榆树。"上集镇买了糖果什么的也要我送给他家的孩子们吃。原因还是"人家送我们一棵榆树"。后来，凡是遇到类似情况时，我都会主动说上一句"人家送我们一棵榆树"……

最近，远在美国的表叔回忆起有年夏天在我家看到的、感动至今的事：我家一直敞开煤炉烧开水，因为总是不断地有原本为了省柴草喝生水的农民来家里喝我们准备的茶水。而烧开水的煤基（蜂窝煤）不但是限量供应的，还是爸爸用板车从十八里外的平桥镇上千辛万苦地拖回来的。记得大姐抱怨爸爸让她第一次登门的男朋友一道拉煤时，爸爸生气地说："我就该死吗？"我知道爸爸的火来自"文化大革命"……

1955年考入北师大的施亚美回忆说：1956年，已调至南京市教师进修学院任教的周老师出席在北京召开的"全国语文教学会议"。没想到周老师还记挂着我这个已经从一中毕业的普通学生。会议结束后，特抽空赶来师大看我……临走时，又从袋中掏出十五元钱（那时她的生活费只有三元）塞在我的手中说："你喜欢古典文学，就拿去买几本书吧！"

1985年5月16日，奶奶因心肌梗死去世。爸爸以奶奶吴元玲的名字给淮阴妇女儿童中心捐了六百元，那是校点《唐音癸签》得到的稿费。后来曾给希望工程捐过三千元，却好像连正式收据都没有。再后来，电视上看到八千元可以在新疆造一个坎儿井助农，他和妈妈一次就捐了两个……

我嘛，境界低，但一看到农产品滞销的消息，总要买一些。举手之劳，求个心安。

大约是七八年前，当律师的大学同学碰到困难，找我借了五万。后来才知道他找过很多同学。有同学建议联合起来打官司追讨，我却摇了摇头："借给他的时候就没打算让他还。"以前同学聚会时他曾提供过整箱的茅台酒，这笔钱就算作是我来买单吧。唯愿这个同学能好起来。

## 十一、我终于上进了

妈妈曾问整天乐呵呵的我："小五，你什么都像爸爸，怎么单单不求上进呢？"当时我想的是，爸爸是教授，妈妈是副教授，我做个千年老讲师也不坏啊。反正我崇尚低碳生活，花费很少：二十年前的衣服照穿不误，现在也乐于穿晓研淘汰的。食物方面也得爸爸的真传，只要有营养,粗茶淡饭我也甘之如饴……轻轻松松地多活个一二十年,少拿的工资也差不多补回来了吧?正是基于这种想法,我对同学同事朋友的善意提醒都是一笑置之。后来听说有同事很不高兴地认为我这种说法是咒别人早死——至于吗?

今天,我要特别报告一声:爸爸妈妈,我终于"上进"了。这要特别感谢同一办公室的、已作古多年的马景仑院长。感谢他年复一年、不厌其烦地敲打我:"小周啊,你是徐老的关门弟子,你爸爸学问那么好,不应该就安心做个讲师啊。"

2005年,我终于由心动进而行动了。开始编辑有关《论语义疏》的论文,写有关《诗词蒙语》的研究文章,受张乃格兄关照参与编写《徐文化研究》,撰写教学论文,等等。2008年春,我终于凑齐了申报副教授的材料。

申报要通过学院、大学科组和学校三大关。虽然通过学院及大学科组评审属意料之中,但学校一级的评审却是难上加难。这是因为文科教师往往受学科所限论文数量大大低于理科而得票偏少。而那一年却是我的幸运之年。因为出席学校评审会的不少领导认识我:分管文科的潘校长是中文系77级的、原本就认识;作为资深科研秘书,科技处处长认可我;因管理博士后流动站卓有成效,人事处长夸过我;而对我有知遇之恩的顶头上司、分管科研的朱院长也正巧与会……帮助过我的人还有许许多多,最让我感动的还有社科处的王老师和汪老师。评审会前小汪热情洋溢地对我说:"我们这些娘家人一定要出力"——她要求其在学界大名鼎鼎的爸爸汪永进教授为我在理科评委中拉票……我成功了。爸爸妈妈你们一定感到欣慰吧!

……………

我是2017年3月退休的。退休前,我喜欢上的课是古代汉语。因为上课的时候我会走近妈妈:我会看到妈妈清秀的面庞和娟秀的笔迹,会听到妈妈当年那"我们家三个都能考上"的响亮回答……

当然，我更喜欢上的是我编写教学大纲推出的音韵与诗词。上这门课，我最喜欢讲的是苏轼。而讲苏轼，我必定会提苏轼自称平生不如人的三件事——"喝酒、下棋、唱小曲"。我会这样联想：我爸爸也五音不全，但他会下象棋和围棋，他得过南京市教工大赛冠军。他还会喝酒，半斤八两不在话下……曾经有学生回忆看爸爸滔滔不绝讲授唐诗时感叹：有时我怀疑他分明就是一位唐代诗人。而我想到的则是，我爸爸分明就是苏轼隔空穿越的兄弟！

如今，我依旧像爸爸一样爱笑，像爸爸妈妈一样喜欢旅行。每当有人感慨特别喜欢留影的我"年轻时一定是个大美人"的时候，我总想这样回答："一个被父母精心呵护、在爱的阳光下笑着长大的孩子，一定丑不了。"

有人说，幸福不是拥有想要的，而是喜欢已经拥有的——我应该是幸福的。我对当红的脱口秀女主播李雪琴所谓"痛苦自己、娱乐大众"颇不以为然。一个整天苦兮兮的人怎么可能让别人高兴？曾经有老师但凡到文学院都特地来看我。理由是看到开朗的周老师自己也会开朗起来。已经留校多年的杨同学对我说过，看周老师的朋友圈也和上周老师的课一样感到快乐。这正是我要的效果啊。因为有人说，使别人快乐是善良，使自己快乐是修行。

我正带着爸爸妈妈的爱行走在修行的道路上。但无论将来如何，我都会在生命终结的那一刻，带着满身酒香，高高兴兴地大声叫道："爸爸妈妈，你们的小五来啦！"

小五 2021. 清明

## 身教言教诗教,父亲教我做人
周武军

父亲周本淳先生的百年诞辰在即,淮阴师范学院已在筹备纪念活动。和大多数他那一辈老知识分子一样,父亲一生坎坷,但在改革开放后他得受知遇和重视,能够心情舒畅地教书育人发挥才干,同时我们这个家庭也得以安宁兴旺,儿女及孙辈们各有所成,尤其是父亲生前倾注心血、倾注感情的淮阴师范学院不断发展面貌日新,对这一切父亲在天之灵一定是欣慰有加。我,作为他老人家钟爱的幼子,此时想起在他身边四十四年的岁月,想起当年所受庭训教诲、耳提面命,更是思绪纷来百感交集。

我 1958 年出生在南京,上面有五个哥哥姐姐。我是这个多子女家庭最小的孩子,也是计划外的"漏网之鱼"。偏偏我的幼儿期赶上国家物资紧缺,市场供应紧张。从父母为我珍藏至今的出生证上可以看到上面记录着某天某日买鸡蛋,某天某日买猪肝之类,可以想见当年父亲为我的生长劳神费心。

1969 年,我随父母下放到江苏省淮安县平桥公社孟集大队陆庄生产队。从大城市来到偏僻的乡村,父母并无怨言,而是满腔热情地和村民们一起劳动,工余还要挖土填河,为盖新房打地基。那时生活是艰苦,但父亲苦中作乐,一边干活一边还给我们讲"愚公移山"的故事。父亲的诗作中有"晚岁师农兴未央""师农味永耐参寻"等句,都是真实的生活写照。那时我和哥哥姐姐课余参加劳动，割牛草挣工分，打猪草喂猪，自留地种蔬菜，我们学会了所有农活。下放出发前父亲还在南京买了多种科学种田的书籍和小册子，让全家在理论指导下劳作。晚上一家人在煤油灯下各自读书，累了就一起玩儿扑克牌游戏"二十四点"。这种艰辛质朴又其乐融融的日子使两代人比在大城市里有更多交流，也使我们兄弟姊妹更多地感受到了父母三春晖一般的温暖。

1974年夏，我升入平桥中学读高中。父亲那时已调入平桥中学教书，恰好是我的语文老师兼班主任。父亲有时要到县里编教学参考书，那时就由母亲来代课。所以我很荣幸地同时当过父母亲课堂上的亲传弟子。

父亲20世纪50年代就出版过指导中学生学习的《怎样学好语文》，虽然经过动乱家里已经没有这本书了，但是父亲还是在教学中用那本书里的方法教学。后来我在1985年到北京医科大学第一医院学习时，就在北京图书馆老馆里找到这本书，翻看之下恍然大悟：原来父亲当年就是用了书上所论的方法，只是在那种环境下不能说是源于自己著作而已。

在平桥中学印象最深的是当时开展的"批林批孔、评法批儒"运动。父亲打开家里珍藏的木箱精装的成套线装《史记》，翻到"西门豹治邺"一段让我读，不懂的地方父亲为我讲解，然后让我到班级讲台上去讲给全班同学听。这就锻炼了我阅读理解古文的能力和演讲技能。父亲做班主任持老庄思想的无为而治，主要发挥班干部的作用，让学生自我管理。我当时也是班干部，我觉得这种方法锻炼了班干部，对学生的成长也有好处。记得父亲常常在班级会议上强调"成人高于成才"，这一点对我们的影响非常大。

1976年2月，我在平桥中学高二下学期报名参军。这是我儿时的理想，在父亲的支持下终于如愿以偿。当我获准入伍时，父亲赋诗一首为我送行：

> 喜遂从戎志，亲朋壮汝行。
> 丈夫怜少子，万里看初程。
> 宝剑常磨利，纯钢久炼成。
> 相期真马列，慎勿骛虚名。

父亲把这首诗写在我的日记本上，后来还抄呈他的恩师王驾吾先生（浙江大学老教授，时任杭州大学中文系主任、浙江文史馆馆长）。王先生就拿这首诗教他几个孙子学古诗。2005年春我整理父亲遗稿时意外发现了父亲毛笔抄呈王驾吾先生的原稿，上面还有王老先生的朱批："字字炼语，深意郑重，可谓合作。驾吾"（朱批未断句），并有两个红双圈十二个单红圈。可见王老眼中父亲还是他当年最得意的门生。

那天我还找到了父亲启蒙老师张汝舟先生点评这首诗的一封信，原文如下：

> 谈艺术技巧方面所谓"炼字、炼句、炼意"。旧诗要求工稳，进一步要求通过炉火锤炼，所谓"炼字、练句"主要是为"炼意"。班超的"投笔从戎，遂平生志"被你炼成一句"喜遂从戎志"。"丈夫亦爱怜其少子乎？"被你炼成一句"丈夫怜少子"。"久炼成钢"一句俗话，被你加一个字，炼成一句好诗："纯钢久炼成"。上面对一句"宝剑常磨利"，很工整。似从荀子"金就厉则利"化出来的。诗的开头用班超典故，为少子占身份，为新中国儿女争光彩，"亲朋壮汝行"把旧社会征兵"哭声震断咸阳桥"的意思反映出来了，这就是"炼意"。

中间两联训子有方，甚为得体，也算是"炼意"。结句正好为本篇透露思想性，"真马列"一个"真"字，反假马列的旗帜就很鲜明。"慎勿骛虚名"正是防修的最要害的语言。

张老先生的解释，使我加深了对这首诗的理解。现在想想我还是生不逢时，自己也努力不够，有父亲这么好的老师却没有好好学习，现在只能"老大徒伤悲"了。这个日记本随我在部队行程万里，一直珍藏至今。父亲将这首《送幼子参军》收入《塞斋诗录》时把"喜"改为"得"，"纯"改为"精"，"久"改为"百"，三字之改有何深意当时未问，最近听到父亲的学生施梓云老师说了他的理解。他说这三个字改得好，"得"字跳出了仅仅"欢喜"的情绪层面，使读者感受到了从军儿郎的气势；"精"字是说精钢比纯钢更坚而不脆；"百"炼是指一次又一次锻打冶炼，而"久"炼只是时间长，两种效果当然不同。父亲的修改说明他很看重这首诗，力求精益求精、含蓄厚重，同时也说明了父亲对我深沉的爱和殷切的期许。

我在部队时，1977年初，父亲还给我寄了下面两首诗：

总理逝世周年天降瑞雪敬赋二律
总理何尝死，光辉耀五洲。
日边狂犬吠，心底与人讴。
终见妖氛豁，誓将遗愿酬。
神州能四化，泰岳峙千秋。

总理何尝死，分明战斗来。
丹心昭日月，浩气激风雷。
四害狂终灭，群情郁尽开。

天人钦共祭，瑞雪报春回。

此诗我也珍藏至今。

在部队服役时，父亲还给我写过长信专门讲新旧社会的对比。他说，在战争年代生活不安定，在和平年代要好好学习好好工作，为祖国贡献青春。他经常教育我要重诺守信，答应的事如果做不到，就会失信于人。在我成长的过程中父亲常常有这样的教诲。平时在家里聊天，父亲的社会正义感也会不时流露。见到不正常的社会现象，他都无情抨击，比如看到社会上的腐败现象，他就会找出一篇古文对我说：某人以不贪为宝。有人要送黄金给他他也不要，并说你认为黄金是宝，我是以不贪为宝。父亲看到古人的笔记里面有教育意义的小故事，就会讲给我们听，有时还写成小文章在报纸上发表。这类故事在潜移默化中给了我很大的影响。后来我工作踏上社会，遇到诱惑的时候还是有的，怎么才能抵制诱惑洁身自好，父母给我们树立了榜样。

虽然父母不是从医的，但是父亲给我讲过这样一个故事。他说，宋朝文人范镇在其笔记《东斋记事》里讲"疥有五德"：不生于脸而为仁，易传染人为义，指间瘙痒使人常作拱手状为礼，专生于皮肤薄嫩处为智，瘙痒每于睡前发作为信。仁义礼智信五字形象幽默地概括了疥疮的特点。这五点使我这个皮肤科医生更容易诊断疥疮这个皮肤病了。范镇说他二十岁时得过一次，六十岁时又得了一次，我深知此言不谬。可见当时疥疮的流行也有四十年左右的周期性，这种周期性现在依然。20世纪80年代疥疮在全球流行，缘于父亲提供的宋朝人笔记，我写了一篇关于疥疮的科普文章在报上发表，起到了比较好的宣传效果。后来我给医科大学生讲课时讲到疥疮，我总把"疥有五德仁义礼智信"的特点讲给学生听，可以让学生容易记住疥疮的临床表现。这个例子我讲了几十年，很多学生听过。父亲大概不会想到他在医学上也能给我直接的帮助。

医学是人学，文学也是人学。父亲读过万卷书行过万里路，他的人生经验在平时的言谈举止中流露，对我们的教育如春风化雨润物无声。我1989年开始喜欢上写作，写下放琐记，写家里的亲戚，写父亲母亲"艰难困苦 玉汝于成"，父亲曾为我亲笔修改，有的还发表在《崛起》杂志上。我的文章很幼稚，有些内容还凭空想象，比如说爸爸是乡下土老帽追求妈妈这教授家的千金。其实这不符合实际情况，妈妈觉得不对，爸爸却默认了，我知道他是为保护我的写作热情。我在工作之余，能够写一些科普文章和其他随笔，多亏了父母的鼓励和指导。

我和妻子林子荫曾经合作在《淮海晚报》上开设专栏连载科普皮肤病知识。经常写科普文章对我的临床工作也有帮助，不少病人是看了我们的文章来请我诊治的。2004年开始我在淮安电视台做现场直播的科普宣传，是淮安电视台第一次尝试开现场直播，平时写科普文章的积累发挥了较大作用。现在我用视频抖音等平台，受众更多，传播更快。在父母的影响下，经过自己的努力，我在业务方面也小有成就，曾经担任淮安市皮肤性病分会的主任委员，现在还是江苏省医学会皮肤性病分会的医学科普学组的委员。由于父母在淮安的知名度比较高，在各种场合介绍我时，人们多会加一句这是周老的儿子，这也使我时刻注意自己的身份，不能愧对父母的名声。

父亲性格耿直，他看到一些不正常的现象会直接指出来。据一位原淮阴市政协主席回忆，在市委召开会议征求对干部任用意见时，父亲就直率地对市委把一个口碑不好的县委书记调任市教育局局长提出意见，认为这是市委不重视教育的具体表现。这种话一般人是不敢讲的。受父亲影响，我也是这种个性，说话不会转弯抹角，有意见喜欢提。我会在工作中不怕提出建议和意见，有的别人不愿意讲、不敢讲的，我能够仗义执言，所以在群众中间有一定好评。当然，这首先是我提意见都努力像父亲一样出以公心。

父亲曾经连任淮阴市第一届、第二届政协副主席。我于2003年当选淮安市政协委员，我也学习父亲积极参政议政，为淮安市的发展献计献策，提出过影响比较大的几个提案并被采纳。2007年全国政协开会前夕，我写了一篇《公立医院应该姓公》的文章，投到全国政协机关报《人民政协报》，结果在3月5号的民意版上发表出来了，引得了好的反响。由于积极的参政议政，2005年我被中共淮安市委表彰为淮安市统一战线先进个人。2008年我当选淮安市政协常委。

父亲教书育人、著书立说都全力以赴，抓紧点滴时间。父亲酷爱读书，基本上书不离手。改革开放以后，父亲重新获得了发表著作的权利。其实那时他已是花甲之年，却给自己订了一个出十部书的计划。在父亲八十岁的时候，这个计划如期完成，包括其中几部大部头。父亲的最后几年是为南京大学的《全清词·顺康卷》做审订工作，当时书稿都是成麻袋装的。父亲用了全部精力来做这件事。在父亲重病期间，收到了南京大学周勋初教授的来信，告知这部书已经正式出版了。虽然未能来得及看到样书，但得到这一喜讯父亲已足欣慰。后来南京大学把这部20卷的巨著送了一套给淮阴师范学院图书馆。这也可算是父亲身后继续为学校的学科建设所做的一点贡献吧，但对我来说更值得永远铭记、永远学习的是父亲那终生孜孜不倦忘我工作的精神。

如今我也过了耳顺之年，由于工作需要，也由于受父亲教育影响，我在专业上取得的一点成就，医院安排我延迟退休发挥余热。我所取得的一点成绩，都是父母教育的结果；医术的逐步提高，也离不开病人的促进。父亲一直工作到生命的最后一刻，我也要学习他的这种精神，有一分热发一分光。

在父母众多的第三代里，只有我的女儿得天独厚地生活在爷爷奶奶身边。她是爷爷奶奶的掌中宝，自幼耳濡目染，获教最多。这使她后来在学习工作生活中受用无穷。父亲母亲传给我们的良好家风、学风、作风是我们这个家最宝贵的财富，我们一定要、一定会世代相传。

2021 年 2 月 26 日元宵节

# 我的爷爷奶奶
周润宁

## 爷爷

先看了些别人的纪念文章，对爷爷光辉的成长历史、高尚的道德品质有了更深的了解。但是，我眼中的爷爷除了这些耀眼的光环，还有单纯作为人的可爱、可敬的一面。

爷爷是一个非常可爱的人，幽默乐观、不拘小节，颇有些"老顽童"的架势，是我们家快乐的核心人物。奶奶曾经总结爷爷看小品，看的时候乐就不说了，多少年之后，想起来依然很乐，以至于提到那部小品就可以大笑出声，足见乐观。事实上，爷爷在为很久前看过的笑话小品兀自开心的时候，我们在旁边看着也觉得他很好笑，也算是"明月装饰了你的窗子，你装饰了别人的梦"。

他是个天生的五音不全，每以极大的热情和极离谱的调子唱《国民革命歌》都要被奶奶嘲笑，但他从来不在意。有一次他和我们讲他当年上小学时，有音乐课，一直是认真学习的好学生的他，坐在教室的第一排非常大声地跟着老师学唱。正唱到高兴处，听到老师极其气愤地骂"前面的那个，你不要捣乱好不好！"听者捧腹，言者亦颇有得色，此情此景令我至今想起仍忍俊不禁。一直以为，这种自嘲式的幽默，非天性豁达者不能为，此一件事，足以证明。

后来觉得爷爷最有意思的地方在于他喜欢看动画片，特别是国产动画片。比如《小蜜蜂》《熊猫晶晶》《太阳之子》什么的，尤其是后来拍的那个《西游记》的动画片，爷爷简直百看不厌，买了光碟一看再看。我一直认为动画片是极幼稚的东西，拒绝理解爷爷究竟是看上它们哪一点。当然我的同龄人似乎和我观点一致。每个到我家来玩的人，听见隔壁传来动画片的音乐，听我解释是我爷爷在看的时候，都是以几乎同样的直径张大了嘴巴，半晌说一句"啊，你爷爷真有意思"。我想，这个事实除了让我们觉得非常可乐之外，还可以令那些国产动画片的制作者们兴奋不已，因为他们可以宣称"七岁到七十岁都喜爱我们的作品"。可见爷爷做事总是利人利己，皆大欢喜。

我不知道爷爷是不是一个谦虚的人，因为我觉得没点傲气做不成一个出色的文人，但是我从来没有听他讲过他的任何一点成就，至少不是我现在在别人的文章里看到的被认为值得拿出来说一说的那些成就。于是，我了解的爷爷，从来不是一个有着怎样的丰硕成果的人，而是一个小时候看到过"狐仙"（这个故事具体是怎么说的我忘记了，不过他说是真事）、在湘西见过土匪、每天看书写文章、喜欢无聊（我的感觉）的动画片、练毛笔字、总是呵呵笑着的可爱的老人。

## 爷爷和奶奶

曾经和奶奶聊起过他们恋爱的事情，可惜日子颇久，许多细节记不得了，只有两句话历久弥新，至今想来仍会不自禁地微笑。一句话是：就是爱他的才；另一句是：这就是缘分。第一句话不用解释，不过奶奶说起时带点羞涩的幸福微笑让人觉得温暖不已。第二句话有个故事，话说当年恋爱中爷爷说话不慎，大大得罪了奶奶，奶奶于是决定分手，写了一封分手信去，可正赶上抗战中浙大搬迁，爷爷改了地址，这封信查无此人，辗转了半个中国又完好地退回同样也搬走了的奶奶手中（当时的邮递员真是负责任）。奶奶发出了缘分的感叹，也从此不再提分手的事情。动乱的年代成就了这对佳偶，但这样难得的经历也不得不令人感慨一句："缘分，一切都是缘分啊。"

爷爷豁达开朗不拘小节，奶奶敏感细腻认真谨慎，于是爷爷的书籍收放之处需要奶奶指点提醒，奶奶遇事不顺需要爷爷关怀开解。同样是给我讲成语，奶奶会告诉我"明火执仗"四个字分别意为"点、火把、拿、武器"，合在一起就指公开抢劫，引申为明目张胆做坏事，字字落实见其细致；爷爷讲"倾巢出动"，会问我全家都出来散步了，可不可以说我们倾巢出动，教学素材信手拈来亦见其机智。他们彼此需要互相扶持，风格迥异而相辅相成。

生活中，爷爷从大处着眼，综观全局；奶奶往小处入手，具体操作。他们的默契令人赞叹，但更令人印象深刻的是他们幽默的互动。爷爷是一家之主，但尊称奶奶为"老干部"，常常笑着说老干部说的总是对的。在报纸上看到过一个笑话，爷爷哈哈大笑之余也拿来自比，这个笑话是这样的：

一个男人向他的一个朋友道出了他婚后美满生活的"秘密"。

"我的夫人对所有的小事做出决定，"他解释说，"而我，对所有的大事做出决定。我们互不干扰，从无怨言，从不争吵。""很有道理，"朋友赞同他说，"那么，你的夫人对什么样的事情做出决定呢？""她决定我应该申请什么样的工作，我们应该住在什么样的房子里，应该买什么样的家具，应该到哪里去度假，以及诸如此类的事。"朋友很惊奇："那么哪些是由你做决定的大事呢？""噢，"这个男人回答说，"我决定谁来当首相，我们是否应该增加对贫穷国家的援助，我们对原子弹应该采取什么样的态度，等等，等等。"

他们互相关心互相照顾也互相戏谑调侃，真是其乐融融令人羡慕。

## 爷爷奶奶和我

爸妈上班较忙，童年的我倒有大半时间是和爷爷奶奶度过的，说到爷爷奶奶和我，一时间万千往事涌上心头。

他们对我最显而易见的影响，毫无疑问是文史方面的知识和能力。书架上的入学礼物《世界文学名著连环画》，为我打开了世界文学艺术殿堂的大门；《上下五千年》《世界五千年》《文学家故事》等书，架构出了我的文史知识基础框架；《365夜对联故事》《笑话大全》《成语故事》之类，增添了我对文字的兴趣。小时每晚随二老散步，他们带我玩词语接龙，从二字到四字，从俗语到成语，甚至挑战过诗词名句，这一标准的寓教于乐的游戏，极大地扩展了我的词汇量和知识面。爷爷教过我写毛笔字，奶奶教过我查四角号码，只是可惜没有使用的机会，都被我还给他们了。爷爷在饭桌上给我讲掉了大半部《西游记》，奶奶常提醒我注意报刊电视上出现的词句错误，似乎中文系的两大方向：文学和语言，刚好一人负责一半。对阅读的兴趣，对文字的敏感，与其说是天赋，不如说是后天训练得法。在这一点上，从爷爷奶奶那里，我获益良多。

其实，他们教给我的，并不只有知识，更有益的是在日常生活中，言传身教，指导我的许多做人的道理。奶奶教会我做饼，告诉我"自己动手，丰衣足食"；爷爷在我对报纸电视上报道的事件大肆猜测评论的时候当头泼盆冷水，教育我"没有调查就没有发言权"。联词游戏中学会的成语词语，奶奶要求我不但懂得词义，还要明白词的来历，不能"知其然而不知其所以然"；我很得意地告诉家人，因为别人考试没考好，我是班级第一的时候，爷爷说优秀不能建立在别人不优秀的基础上，要和自己比，不要和别人比。从奶奶那里，我学会踏实谨慎；从爷爷那里，我学会乐观积极。这些一点一滴注入我生命中的生活态度和信念，才更是我生活得自信充实快乐的根本。

爷爷奶奶从不吵架，但"抬杠"是他们喜爱的"口头运动"。诸如菜咸菜淡、饭硬饭软等等小事，只要可以见仁见智且无伤大雅，他们都可以找到不同的意见立场，说上个几句。年幼的我乐呵呵地看他们抬杠，顺便学到用不同角度观察问题得到不同结论，可算是他们关于辩证法的"另类教育"。

有爷爷奶奶在的地方，还有许多欢乐。有一段时间，电视台每天中午播田连元说的评书《包公案》，我和爷爷都喜欢听。也因为有爷爷"保驾"，我可以名正言顺地看电视不睡午觉，不亦乐乎。有一阵我喜欢吃一种盐炒的蚕豆，奶奶尝过也喜欢，于是奶奶提供"资金"（记得是7毛钱一包），我提供"人力资本"（去大门口的小店里买），然后念叨着"不劳者不得食"，开开心心地把蚕豆分吃掉，没有爷爷和爸爸妈妈的份。小时候家里晚上会三不五时地停电，于是我家开创了一种叫作"黑会"的家庭聚会模式，大家在会客室里坐好，依次表演唱歌、说笑话等不需看只需听的节目。曾为浙大合唱团成员的奶奶，唱起歌来自是不凡，每每令我们鼓掌叫好，爷爷的跑调歌曲同样令人捧腹。也正是因为爷爷的存在，我的些许跑调也在可以接受的范围内了，毕竟比上不足，比下还有余嘛。

想起爷爷奶奶，总会勾起许多美好的回忆，爽朗的笑声、鲜香的美食、好听的故事、有趣的书籍、机智的对话、温馨的散步。他们从容地携手走过晚年，也许也正携手活在另一个世界。我记得他们的微笑，也同样在微笑中祈愿和祝福：爷爷奶奶，一路走好。

2005年8月25日

# 回忆我的外公外婆

邬晓研

1997年4月从日本的小学毕业归国之后，为了能在9月份跟上国内的中学的进度，外公外婆热情邀请我去淮阴师专，住在他们家里补习语文和数学。外公外婆不仅自己教我，还为我请了淮阴最好的数学老师和语文老师。那时候我比较害羞，背书不敢出声，外婆总要责备几句，说背出声才能记得。有一次，我默念一首诗几遍，背得也一字不差。于是炫耀一般背给外婆听，仿佛获胜似的，外婆笑笑，当然还是会时不时提醒我要背出声来。碰到不懂的词句，外婆便叫我去向外公请教。我还有点不好意思，羞答答地不敢大声说话，外公也不在意，认真细致地讲解给我听。我似懂非懂，不过看到外公那认真的模样，就暗暗决定要好好学习绝不能辜负他们。

不仅是外公外婆给我的谆谆教诲，外婆的酒酿也给我留下了深刻的印象。记忆中婆婆只给我做过一次酒酿，酸酸的、甜甜的，因为用的全是糯米，发酵得好，酒味足，口感好。酒酿的材料不难买，做法也不复杂，但放多少酒药粉，发酵的程度，还是需要点技巧的。我一直很喜欢吃酒酿，喜欢这种酸酸甜甜又有点嚼劲的东西，也只有中国才有，在日本的时候想吃也吃不到。发酵的时候，我就盼星星盼月亮地盼着，不时地开一下锅盖，闻一闻那香味儿，看看它好了没有。当婆婆说可以吃了的时候，我特别开心，一口气吃了很多很多，几乎醉了。婆婆说吃太多不好，可是我很贪吃，控制不了，时不时从锅里偷偷地、悄悄地挖一点点。对自己说就一点点，一点点就好，只要吃一点点，我就心满意足了。虽然有一大锅，但一经我这个大馋猫之口，那么大一个锅，看着看着就见底了。我一直舍不得全部吃掉，吃完了下次不知道要等到什么时候才能吃。后来再求婆婆做，婆婆很爽快地答应了，却因种种原因最终还是没能实现。我还信誓旦旦地说，要跟婆婆学做酒酿，怕回到南京之后就再也吃不到那么好吃的酒酿了。离开淮阴的时候，还心心念念婆婆做的酒酿，提起婆婆的时候，总不忘提一下酒酿。而现在婆婆已经作古，我的小小心愿也无法实现了。现在，每当听到卖酒酿的木板敲出的声音，就会想起婆婆和公公，想起那年暑假婆婆给我做的、我心中全世界最好吃的酒酿，仿佛它的香味还飘荡在空气中，仿佛它的味道依然留在我的嘴里。

光顾着说酒酿了，还得说一下我后来的成长。那一年我在淮阴补习到 8 月底，顺利地进了南京外国语学校，虽然当时算是花钱的自费生，但经过三年的努力，凭成绩考上了本校高中，成了平常生。2003 年又被保送进入南京大学日语系。今年根据成绩排名，被推荐去妈妈曾经留过学的日本名古屋大学公费留学。我想，这一切的一切都是与公公婆婆的无微不至的关怀帮助分不开的，所以我的心里一直充满着对他们的感激之情，我将把这份感情永远珍藏在我的心里。

2005 年 8 月 4 日

# 附　录

## 关于设立本淳奖学金的申请信

尊敬的毛宗岗先生：

您好！

我是贵系已故教授周本淳的长子，今有一事想与您及贵系诸位领导商量一下。恳请拨冗指示。

先父母生前长期在淮阴师院工作，在工作上与生活上都得到了淮阴师院特别是中文系的多方关照，并与之结下了深厚的感情。先父之所以能在学术上有所建树，享誉学界，是与淮阴师院及中文系的支持分不开的。每念及此，则情动于衷，而欲发之于外也。

记得1996年春，父亲来日本访问时，曾跟我谈起拟在中文系设立奖学金、对品学兼优的贫困生提供帮助之事。我听后深受教育，至为感佩，当即表示当倾力襄成盛举。可惜因为某些因素（我估计主要是不愿意过分增加我的负担），终究未能付诸实施。

对我们来说，先父的学问、人品都是不可企及的。"虽不能至，然心向往之。"先父故去近两年了。两年来，有一个念头始终萦绕于怀：作为后代，该以怎样的行动，来学习、纪念和报答先父呢？

滴水之恩，当涌泉相报。先父生前曾不止一次地引《魏公子列传》语教导我们说："物有不可忘，或有不可不忘。夫人有德于公子，公子不可忘也；公子有德于人，愿公子忘之也。"于是我不禁想到：为了有德于父亲的学校，为了有大恩于我的父亲，为了父母所挚爱的教育事业，如果将先父的遗愿付诸实施，设立一个奖学金，或许是对先父最好的学习与纪念了。

基于以上想法，现郑重向您及中文系提出申请：由我们出资10万元人民币（其中包括我的长女即周本淳孙女周典娜多年积蓄的28万日元），在中文系设立一个奖学基金。

奖学金拟以"本淳"命名，称作"本淳奖学金"。因为这两个字不仅是先父的名讳，同时也能体现该奖学金的宗旨，寄托先父对学生的殷切希望。"本"指为人根本，亦指为学根基。孔子说过，"君子务本，本立而道生"（《论语·学而》）；此也是先父身体力行并常用来鞭策学生的。"淳"意为淳朴、笃实，既指人品，亦可指学风。先父爱读的苏辙诗云"老成慎趋好，后生守淳鲁"（《送柳子玉》）；为人淳朴，治学笃实，也正是先父所希冀于后生们的。

关于奖励对象，希望符合先父的初衷：品学兼优的贫困生。区区微力，杯水车薪，不为锦上添花，旨在雪中送炭。我以为只有在评选中真正做到公开、公平、公正，才能使奖学金真正起到"奖学"的作用。所以拟把评选标准落实成三个可操作的原则：

1. 非城镇户口者——体现助贫原则
2. 学习优秀者——体现奖学原则
3. 无明显违反校规行为者——体现树人原则

获奖者必须符合以上三个条件，并有义务向我作一次书面汇报。

此件一旦成立，希望奖学金由专门机构负责保管，定时公正实施。同时似应作公证，明确双方的义务与责任，以保证行之久远，无愧于已故者在天之灵。

现在学校已经放假，不知贵系能否拨冗一议。钱数很少，可是麻烦一样不少，实乃惶恐之至！

　　如蒙肯允，我八月下旬拟带上支票，专程前往，郑重捐献。若仓促之中难以决定，延至明春亦无不可。

　　我的初步想法汇报如上，恳请审查，敬候指正。

　　酷暑之中，如此打扰，深感不安。

　　敬颂

夏安！

周先民

2004 年 7 月 4 日于名古屋

# 在"本淳奖学金"设立签字仪式上的讲话

淮阴师院院长

詹佑邦

尊敬的周先民先生，同志们，朋友们：

今天，我们怀着崇敬的心情，在这里郑重地举行仪式，决定设立淮阴师范学院"本淳奖学金"。刚才，周先民先生作了讲话，充满深情地表达了在我院设立"本淳奖学金"的愿望。值此机会，我代表党委、院行政和全院12000余名师生员工向周先民先生及其家人表示深深的敬意和由衷的谢意！

周本淳先生是我院老一辈名师，在校内被大家一致敬称为"周老"。周老生前在我院工作、生活20余年。他的学者风范、优秀品质，是他留给我们的宝贵的精神财富，一直让我们铭记在心，激励着我们努力学习，勤奋工作，不懈进取。

周老一生治学严谨，德高望重，学为人师，品为人范，学术建树享誉学界，为提升和扩大我院在学界的影响力做出了特殊贡献。他校点的《诗话总龟》《唐音癸签》《震川先生集》《小仓山房诗文集》，他选编的《唐人绝句类选》，他的文集《读常见书札记》等，无不反映出他在古籍整理等学术研究方面独树一帜，堪为我院一代宗师。

"本淳奖学金"的设立，不仅是我们对周老的学习和纪念，而且对于家庭经济困难的学生，帮助他们顺利完成学业，激励他们勤奋学习、努力进取，促进他们在德、智、体等方面全面发展，都具有非常意义。

"本淳奖学金"设立后，我们将本着严格规范、善始善终的要求管好奖学金，本着公平、公开、公正的要求评定好奖学金，将"本淳奖学金"管好用好，充分表达设奖者的初衷和良好愿望，发挥其应有的作用，切实把这件事办好。

今天，我们追思周老，学习和纪念周老，就是要把他为学校事业毕生奉献的精神传承下来，开创我院各项事业改革与发展的新局面。我院成立以来，已顺利通过学士学位授予权评审和教育部本科教学水平评估，这是我院师生员工抓住机遇、迎难而上、自加压力、齐心奋斗的结果。我们相信，在我国高等教育事业蓬勃发展的大潮中，我院2006年冲击硕士点、2010年建成地方综合性大学的发展目标也一定会实现。

谢谢周先民先生，谢谢大家！

2004 年 8 月 26 日

# 在"本淳奖学金"设立签字仪式上的发言
周先民

各位领导,各位来宾:

首先感谢淮阴师院为本淳奖学金的设立举办这样一个隆重的仪式,感谢各位拨冗参加这个仪式!

下面我想借这个机会,向大家汇报一下设立这个奖学金的动因及过程。

2002年7月29日、2003年10月26日我的父亲周本淳、母亲钱煦相继突然去世,令我们悲痛万分。二老临行匆匆,并未能留下临终遗嘱。可是痛定思痛,总感到冥冥之中,他们在召唤我去做点什么。做点什么呢?我颇为惶惑。我对妻子说了我的心情。她建议我不妨考虑设立一个奖学金,为了先父母,为了他们所挚爱的淮阴师院,为了他们所牵挂的贫困学生。我随即想起1996年先父母访日时,先父曾对我谈起过他欲设立一个奖学金资助贫困生的设想。我当即表示当尽力襄成善举。可是后来因为种种原因,被搁置下来。于是我恍然悟到:在淮阴师院设立奖学金资助品学兼优的贫困生,正是先父母殷殷期望于我的,也是我应该做、能够做的一件小事。

决心下定以后,还是在妻子的催促之下,共同草拟了设立本淳奖学金的设想,妹妹周先林也反复帮助推敲文字,完善草案,终于在2004年7月上旬从日本发出信函,冒昧向淮阴师院中文系毛宗刚主任提出了申请，请求支持。结果是大家今天所看到的，淮阴师院的院系领导们都十分重视，毛宗刚主任、张国成副书记更是事无巨细，件件落到实处。从完善整个方案，到制定具体条款；从组织这个仪式，到对我们一行的热情接待，付出了大量劳动，花费了大量时间。我曾经在申请信上说，奖学金的数额很少，只有区区10万元，可是麻烦一样不少。请允许我谨在这里向已经付出以及今后将为此付出辛劳的各位同志致以衷心的感谢！

奖学金拟以"本淳"命名，称作"本淳奖学金"。因为这两个字不仅是先父的名讳，同时也能体现该奖学金的宗旨，寄托先父对学生的殷切希望。"本"指为人根本，亦指为学根基。孔子说过，"君子务本，本立而道生"（《论语·学而》）；此也是先父身体力行并常用来鞭策学生的。"淳"意为淳朴、笃实，既指人品，亦可指学风。先父爱读的苏辙诗云"老成慎趋好，后生守淳鲁"（《送柳子玉》）；为人淳朴，治学笃实，也正是先父所希冀于后生们的。

我在申请信里，引用了《史记·魏公子列传》关于人有可忘或不可忘之事的一段名言。大意是，受惠于别人，其恩不可忘也；有惠于他人，则应该忘掉。依稀记得二十多年前第一次聆听先父对我讲述此言时的情景，当时我还在读书，因先父在学术界渐有名望，南大、南师大的朋友常有劝其设法返宁工作的。我当然也抱此愿望，积极鼓动。先父则引用上述古语教育了我，言下之意，淮阴师专有恩于己，不可忘也。我想，设立本淳奖学金，也是先父报答淮阴师院感情的体现吧，只不过从他的生前延续到身后罢了。我第二次是在十余年前先父给我的书信里读到了这段名言。也许是自己在某件事上因施惠于人而微露自矜之色了吧，故先父再次引用此语谆谆告诫。我现在做的这件事，也许客观上会对他人有所帮助，但我要郑重申明的是，本淳奖学金的设立，我起到的作用是微不足道的，它是在座的各位、是淮阴师院的许多同志共同努力的结晶。大家为此都付出了很多劳动，所以爱护它、用好它也是我们大家的责任。

现在社会上有许多不正之风。我知道，评选获奖学生的工作，如果不能公正进行，将使它的奖励作用大打折扣，甚至与设奖者的初衷背道而驰。所以我恳切希望在大家的共同努力下，中文系在"本淳奖学金"的评选工作中，能够严格按照所定章程公正实施。我也由衷希望它能对淮阴师院中文系的发展起到一点促进作用。我想，这也是先父母的最大心愿吧。

我上面说，这件小事微不足道，绝非虚言。这里我想举个高尚者的例子。今年七月中旬，日本福井县遭台风袭击，受灾严重。某日，福井县政府收到了一封信，内有一张中奖彩票，获奖金额为两亿日元（约合人民币一千四百八十万元）。而且这位捐赠者未留下任何地址姓名。只有一片纸条，上面写着：希望能对受灾人员有所帮助。要知道，富翁们是不屑于买彩票的，所以获奖者当是一个普通的公民。两亿日元对普通人来说，是梦绕魂牵、朝思暮想的巨额大奖。可是这位公民却贴上一张邮票，就捐献出来了，动机是那样的崇高，方式又是那样的潇洒。和他相比，我所做的这点又何足道哉！

先父周本淳离开我们已经两年了。倘若身死而灵魂不灭，倘若先父九泉之下有知，那么，他老人家对本淳奖学金的设立，一定会非常非常欣慰的。所以请允许我再次向淮阴师院的同志们表示感谢！同时我也深深感到，先父那颗正直的心灵、那双锐利的眼睛，会一直关注着评奖的过程和结果。为了不辜负先人的期望，我们责任重大。拜托了，淮阴师院的同志们！

2004 年 8 月 26 日

# 编后记

先父周本淳生前所效力的淮阴师范学院为纪念先父一百周年诞辰，将隆重举办纪念盛会并拨款出版这本纪念集。作为长子及本书编者，我谨向淮阴师院以及负责此项工作的文学院致以崇高的敬意和衷心的感谢！

纪念集里的文章，大部分取自周本淳的五个子女——周先惠、先平、先民、先林、武军于2006年共同编辑印行的《我们的父亲母亲——周本淳钱煦追思录》一书。为此，除了要感谢我的兄弟姐妹以外，更要再次感谢当年为此书执笔撰稿的先父母的同学、同事、朋友、学生及亲戚们。此次将其中部分文章收入纪念集时，因为时间匆忙，未能事先征求作者的意见，此点还请各位海涵。当然，纪念集里也收入了部分新作，所以我也要深深感谢此次专门为纪念集撰稿的作者以及约稿者周武军。

下面简单介绍一下纪念集的内容。纪念集由代序领起，以下分为"遗文选登""生平履历""治学风采""人生剪影""悼诗一束""恩泽难忘"六个部分。

张强先生的《合肥西乡周氏与周本淳及桐城派之关系考论》索隐钩沉，追本溯源，深入考察了周本淳的家世出处和学术源头，具有独特而重要的学术意义。征得作者同意，用作本书的代序。

"遗文选登"里选登了一组手迹、四篇有自传性质的文章，希望能够增加读者对先父人生轨迹的直观了解。三篇纪念他人的文章，它们反映了先父尊师敬老的品德。其中《〈二毋室论学杂著选〉跋》是一篇文言文，可以让读者领略到典雅的文言文之美。而《我的治学经验》六篇，则体现了他对学子的谆谆教诲与热切希望，想来其最能直接体现"薪尽火传"之现实意义。

"生平履历"里的拙文《周本淳先生年谱》属旧文新刊，曾载于《淮阴师院学报》（2016年第4期），它将先父的人生足迹与治学成果按年编排，为了解其人生与治学，提供了一个直通窗口。

回忆文章大多兼顾了先父的为人与治学这两个方面，其实很难一分为二。但为了阅读方便，本书只能根据文章的侧重点，勉强分作"治学风采"与"人生剪影"两个部分。"治学风采"里除了《周本淳主要著述目录》与徐复的《赞》外，还收入了十篇文章，作者大多是知名学者。魏家俊、郁贤皓、吴金华、黄震云、童岭五位先生及我所写的文章相对具有专论性质，其中吴金华先生的《〈謇斋先生诗录〉集锦》一文别具一格，其对先父诗作的评点、评价十分精辟。其他四篇则常常夹叙夹议，在论述其学问及成就的同时，字里行间饱蘸情谊。特别是陈祖美先生的文章，感情极其浓烈深厚，读之催人泪下。这也是我用"治学风采"而非"学术成就"来概括这组文章的缘由。试图全面介绍先父学识学术的拙文《当代学林一鸿儒》近四万字，受限于篇幅，删减近半后曾刊载于《淮阴师院学报》（2019年第2期）。拙论认为从学识、学养看，先父应该称得上是一位当代鸿儒。

"人生剪影"收入了先父的同学、同事、朋友、学生、亲戚所写的回忆文章28篇，它们翔实生动地再现了先父在人生的各个阶段的许多场景，表现了先父为人、为友、为师、为弟子的许多侧面，同时其中有很多内容也都论及了先父的学识、学养和学术成就。张道锋先生的《张汝舟致周本淳书信十通校释》一文具有特别的意义，这些信件除反映了先父尊师爱师的侧面外，同时还将张汝舟这位硕学耆儒的风貌、风采、风骨生动展现了出来，开人眼界。这组文章的作者中，季家修、晁樾、章明寿、程中原、周桂峰、施梓云、文廿、张青运共八位先生都是曾与先父共事的老师；杨德威、万德良、赵世隆、张乃格、沈立东、蔡恒齐、卢新元这七位先生则曾先后做过先父的学生；而贡泽培、胡健两位先生则先是做学生，后来又成为学校同事。先父做了一辈子老师，他的同事与学生的上述回忆文章，使先父在执教生涯中所表现出来的高尚的师德、渊博的学问以及独特的神采，跃跃然现于纸上。韩愈说："师者，所以传道受业解惑者也。"我想，作为老师，先父未辱使命。将"人生剪影"和"治学风采"这两组文章合而观之，一个"本淳学洽"的鸿儒形象，栩栩然生于眼前。先父一生与兄长周伯萍的关系极为亲密深厚。感谢我的堂兄——周伯萍之子周轩进，他特意为此书写了《二爷和父亲》一文，对两兄弟的手足深情及人生的精彩作了翔实生动的记述。

"恩泽难忘"则主要是周本淳的子女及其配偶所写的回忆文章，从中可以看出作为一位父亲，他很爱他的孩子们，让他们受到了很好的教育，并促使他们各有所成。这也从家庭的角度说明了先父的为人以及人生的成功。

先父那过人的才华、那满腹的学问，曾经长期不合时宜，是淮阴师院给了他发挥才能、施展治学本领、实现学术抱负的自由天地。为此他感恩图报，全力以赴，也为淮阴师院的发展做出了很大的贡献。他一生以助人为乐，也常常教导我们应尽量帮助别人。父亲2002年去世后，为实现先父的夙愿，我曾于2004年捐赠10万元人民币，在淮阴师院中文系设立了"本淳奖学金"。现在淮阴师院为先父的百年诞辰举办如此盛大隆重的纪念活动，令我们五个子女感激不已。滴水之恩，当涌泉相报。感动之余，我们决定共同为"本淳奖学金"增资捐赠10

万元，以纪念父亲的百年诞辰，并表达我们对淮阴师院的衷心感谢！

庄子说："指穷于为薪，火传也，不知其尽也。"此薪尽而彼火传，这既是纪念集彰显先父"本淳学洽"之形象的目的，想来也是淮阴师院为先父举办百年诞辰纪念活动的初衷。衷心祝愿淮阴师院不断发展，更上层楼！

本书在策划、编辑过程中，得到了淮阴师院文学院陈年高副院长、我的老友日本南山大学蔡毅教授的多方面指导，得到了好友张道锋老师雪中送炭式的帮助，得到了家人的鼎力支持和帮助，特此致谢！

周先民写于 2021 年清明节